本书由南开大学"2011计划"——"中国特色社会主义经济建设协同创新中心"资助

深化改革时期的中国公共政策研究

张志超　雷晓康　吴晓忠 等编著

南开大学出版社

天　津

图书在版编目(CIP)数据

深化改革时期的中国公共政策研究 / 张志超等编著
. —天津:南开大学出版社,2017.12
 ISBN 978-7-310-05478-7

Ⅰ.①深… Ⅱ.①张… Ⅲ.①公共政策－研究－中国
Ⅳ.①D63－31

中国版本图书馆 CIP 数据核字(2017)第 240946 号

版权所有　侵权必究

南开大学出版社出版发行
出版人:刘运峰
地址:天津市南开区卫津路 94 号　邮政编码:300071
营销部电话:(022)23508339　23500755
营销部传真:(022)23508542　邮购部电话:(022)23502200

北京建宏印刷有限公司印刷
全国各地新华书店经销

2017 年 12 月第 1 版　2017 年 12 月第 1 次印刷
260×185 毫米　16 开本　25.25 印张　460 千字
定价:78.00 元

如遇图书印装质量问题,请与本社营销部联系调换,电话:(022)23507125

基金资助

本书在成书过程中，先后得到以下项目资助，一并致谢于此：（1）2017—2018 年度国家公共文化服务体系制度设计研究课题：《基本公共文化服务均等化实践模式研究——基于文化权利的视角》。（2）2015 年"陕西高校人文社会科学青年英才支持计划"（第二批）。（3）西北大学 2016 年哲学社会科学繁荣发展计划"优秀科研团队建设项目"《应急管理研究及西北地区社会治理能力建设研究》。（4）2011 年教育部人文社会科学重点研究基地重大项目《我国经济社会协调发展与缩小收入分配差距研究》（No.11JJD790038）。（5）2012 年国家社会科学基金重大项目《我国预算绩效指标框架与指标库建设研究》（No.12&ZD198）。（6）2014 年北京师范大学青年教师基金项目。（7）2015 年国家社科基金项目《我国税收改革政策宏观效果的统计测度与评价研究》（No.15BTJ010）。（8）2016 年国家发展和改革委员会地区经济司社会公开征集课题《新型城镇化战略下产城融合发展的理论与实践研究》。（9）2016 年国家社科基金项目《我国农村经营性土地资源配置宏观效应的统计研究》（No.16CTJ005）。（10）2018 年西北大学哲学社会科学繁荣发展计划重大培育项目《织密扎牢民生保障网 发挥社会保障兜底作用研究》。（11）陕西省教育科学规划课题《我国高校人文和社会科学实践教学体系建设研究》（No.SGH17H054）。

前　言

中共十八大以来，我国已经进入了全新的改革、开放阶段，社会经济发展环境发生了重大变化，社会福利实现程度也与十年前大不相同。同时，社会各界人士也越来越意识到，在各个领域的改革都相继进入了攻坚期和深水区之后，只有努力冲破旧式思想观念的束缚和突破利益固化的藩篱，才能最终取得改革成功。不言而喻，在这一攻坚深水区改革过程中，以公共政策为手段，促进我国社会主义市场经济效率的提高和社会主义基本经济制度的完善，并最大限度地实现社会公平正义，是深化改革时期的重要目标。十八届三中全会、十八届五中全会以及《中共中央关于全面深化改革若干重大问题的决定》对此做了进一步的战略部署：紧紧围绕使市场在资源配置中起决定性作用深化经济体制改革，坚持和完善基本经济制度，加快完善现代市场体系、宏观调控体系、开放型经济体系，加快转变经济发展方式，加快建设创新型国家，推动经济更有效率、更加公平、更可持续发展。与此相应，科学合理地分析市场效率与社会公平之间的矛盾，并通过制定、推行、改变、调整公共政策的方式，对国民经济活动进行干预，妥善处理深化改革时期的公共福利关系，是当前的工作重点。也正是在此意义上，公共政策在本质上体现了社会制度的选择与设计。换言之，合意的公共政策制定表明的是政府对于国民福利的价值取向，而制定合意的公共政策本身就是目标明确的制度性安排。

主流经济学理论认为，市场与政府是人们实现社会资源优化配置的两大互补性手段。我国当前正处于深化改革时期，市场在资源配置中的作用已由基础性作用向决定性作用转变；相应地，政府行为也应做出进一步调整，因为科学的宏观调控和有效的政府治理已经日益成为发挥社会主义市场经济体制优势的内在要求。有鉴于此，我们结合改革深化时期的主要特点和社会经济形势的变化趋势，对2005年由中国财政经济出版社出版的《中国转型经济时期的公共政策》一书进行了重大修订：除了对原书内容进行了全面删改以及对原书大部分数据、统计资料进行了大量更新外，还增补了许多新内容，其中不乏最近十几年国内外理论界取得的研究成果。此外，考虑到本书是在研究转型时期公共政策形成规律基础上，进一步探讨政府如何在深化改革时期依据公共政策理论与方法，制定合适的与市场调节相补充的公共政策等重要问题，将书名更改为《深化改革时期的中国公共政策研究》。

虽然公共政策研究广泛涉及哲学、政治学、伦理学、经济学、社会学以及历史学等多种学科，但是本书则主要从经济学视角观察公共政策问题并采用经济学理论与方法来分析这些问题。具体而言，本书基于福利经济学理论、制度经济学理论、公共选择理论、社会正义理论的核心成果，包括社会选择的性质与形成机制、公众偏好及其偏好显示和社会福利函数等，就社会经济制度与公共选择的关系、个人行为对制度建设的影响、制度的需求与供给关系等一系列重大问题，展开有关公共政策制定。其贯彻模式以及政策效果评估等方面的研究。在研究过程中，本书参照了英国公共政策学家迈克尔·希尔在分析社会政策问题时所不断强调的一些基本观点：(1) 公共政策（或广义的社会政策）的本质就是影响公共福利的国家行为；(2) 公共政策产生源于社会控制动机（稳定社会秩序）与人道主义动机（基本人权与自由的平等分配）的有机结合；(3) 公共政策应该视为从经济政策派生出来的政策，它决定由谁来控制经济和怎样分配经济成果；(4) 公共政策特点、性质取决于特定的社会条件、经济条件与政治制度；(5) 公共政策研究不能忽视政策实施问题。

本书在结构安排上与第一版《中国转型经济时期的公共政策》一书基本相同。全书分为两部分，第一部分为第一章至第四章，主要研究公共政策形成与制定原理，第二部分为第五章至第十二章，主要研究深入改革背景下我国的主要公共政策。

本书第一部分主要内容依次简介如下：第一章主要介绍公共政策的基本理论，阐释公共政策性质、形成机制，说明不同社会福利函数对政府公共政策目标选择的不同影响。该章较为深入地分析了在罗尔斯社会正义理论指导下政府组织公共政策供给之基本原则。第二章分析公共政策的制定与基本国情的关系。在论述深化改革时期我国国民经济发展状况、经济体制改革基本进程和现实阶段性基本特点的基础上，针对当前急需解决的社会经济问题，提出此阶段政府公共政策目标选择和制定原则。第三章分析公共政策制定与政府信用关系。在阐释政府信用理论（即政府公信力形成机制）的基础上，以不断加强政府公信力为目标，进一步探讨公共政策的设计及其相关问题。第四章重点研究公共政策的合意性及其评估问题。在深入探讨公共政策非合意性产生之主要原因（如个人有限理性和政府管理目标多元化等）的基础上，提出相应的改进途径，并试图建立公共政策绩效评估体系以期增加其合意性，使之真正发挥对经济生活的有效调节作用。

本书第二部分对深化改革时期的几种重要公共政策的形成背景和实施方

案建议（或改进建议）进行了全面论述。第五章深化改革时期的市场发展政策和第六章深化改革时期的"三农"政策，虽然在严格意义上可能不属于公共政策讨论范围，但是在我国目前情况下，如何设计发展市场经济的政策和如何解决农业问题的政策，往往关系到大多数社会成员的福利，对社会公平正义的实现具有特殊意义，以至成为深化改革时期的准公共政策。在此有许多问题值得研究：例如，怎样使国民经济尽快摆脱传统计划体制的影响，尽快向全面开放的、自由竞争的市场经济过渡。再如，怎样规范私人产权制度，它直接关系到经济自由化问题，也与市场准入、市场退出机制安排有关。又如，怎样妥善处理深化改革时期农民在社会经济福利不断增长过程中的利益分配关系，它既是保障农村社会生活稳定、文化进步且有效推进农村城市化进程的前提条件，也是维护中国农业可持续发展的基础。

第七章和第八章研究深化改革时期的社会保障政策和公共安全政策，这是各国政府目前所关心的最重要的公共政策领域。按照阿玛蒂亚·森的观点，对于像我国这样的发展中国家，社会保障政策还有更重要的社会、政治意义，以至成为影响经济发展的基础政策。在这方面的研究工作包括以下三点内容：（1）社会保障制度应在追求普惠福利的基础上，以实现社会的公平正义为核心价值取向和道德基础，在维护个体社会保障权的前提下，实现市场经济的健康发展和人的全面发展；（2）对我国社会保障体系的形成、发展过程进行了梳理，并从"公平"和"效率"两个视角对当前存在的问题进行了较为深入的分析；（3）如何通过政策与制度变迁来最终实现社会保障体系的效率性与公平性。当然，深化改革时期的公共安全政策也涉及诸多领域的研究，如公共卫生安全、社会秩序安全、突发灾害引发的公共安全等，本书对上述各个领域存在的问题进行了综述，并提出了可供选择的政策建议。

第九章主要研究中国的人口政策，这在老龄化趋势日益加重的背景下尤为重要。在中国，大部分社会、经济问题一般都与人口规模过大问题有关，其给社会生活带来了巨大的求学压力、劳动就业压力、人口老化压力等。因此，本章首先分析了人口政策（就业政策）的历史演进；再研究受深化改革时期特殊国情制约的人口问题（就业问题）现状、根源及其严重性；最后，在借鉴某些国际经验基础上，提出现阶段我国人口政策（就业政策）的目标选择和一些具体建议。与第九章研究的问题具有一定的相关性，第十章对我国的教育政策进行了近乎全面的研究。提高个人"可行能力"的基本途径之一是通过发展教育来提高个人的就业能力和增加国家的人力资本存量。因此，该章在对人力资本理论的发展进行简要回顾基础上，讨论了人力资本计量的基本方法，并用这些方法对中国的人力资本存量进行了尝试性测算，提出了旨在持续开发我国人力资本的公共政策基本框架及有关政策建议。

我国受传统经济增长模式的影响，国民经济发展已经付出了极高的资源、环境代价。因此，本书第十一章的关注重点是生态环境保护的公共政策，主要说明"可持续发展"理念如何转化为国民对某种公共政策的诉求，并就"可持续发展"的三个重要问题——宏观经济最佳规模、经济增长方式转变以及生态环境保护，阐释有关公共政策的制定原理及主要内容。

本书的第十二章是从财政史和制度变迁角度对深化改革时期如何破解"黄宗羲怪圈"问题，即如何解决社会收入分配失衡问题，进行相关公共政策的论述和探讨。阐明制定合意的社会收入再分配政策，不仅是促进社会公平、实现国家长治久安的制度保障，而且也是实现建立有特色的中国社会主义制度和推进国家治理体系和治理能力现代化等目标的必然要求。

本书在理论研究和行文论述方面具有如下一些特点：（1）鉴于公共经济学和公共管理学二者共同为公共政策研究提供理论支持和分析工具，本书将那些成熟的和形成共识的公共财政、公共选择、社会管理学、制度经济学等学科的知识体系和基本原理，作为公共政策形成的理论前提和制度背景，而把研究工作的重点放在具体的公共政策设计方面。这样做有助于在公共政策研究活动中不失其专业性特征的前提下，尽量提高读者对公共性的制度、政策及其管理的认知能力、判别能力和实际运用能力，取得超越"知之在人者谓之知"的"知有所合谓之智"的效果。（2）对于多数读者而言，往往习惯于文字思维方式，而不太熟悉符号、公式表达方式。因此，本书尽可能地通过文字和相关图表、数据、案例的有机结合方式，深入浅出地阐释各类公共政策的设计原理、实施路径、效果评测等问题，以使更多读者在学习公共政策专业知识时у通俗性中体验透彻、体认深邃。（3）每个国家在不同时期都要制定相适应的公共政策，我国亦不例外。因此，本书在研究、分析、借鉴他国现成经验的同时，尤其关注我国当前深化改革时期的公共政策在其形成、设计、选择上的具体性、差异性、民族性与时代性。另外，本书在写作过程中也注重时效性，尽量将国家法律、法规的引证以及相关数据、信息的采集等都更新至最近时期，以使读者能及时了解深化改革时期的政府政策动向。

当然，在我国，现代公共政策研究活动还处于起步阶段，不仅相关理论的成熟程度不高，而且对适合于基本国情的研究方式、方法以及研究工具的选择也还处于积极探索中。在此背景下，本书的完成也只能为广大读者提供一些阶段性研究成果。希望越来越多的国民通过阅读本书，不仅更加关注政府的公共政策制定和实施活动，而且提高积极参与公共政策形成、制定以及监督其实施的热情与能力。

目 录

第一章 公共政策的理论与方法 ·· 1
  第一节 公共政策概念与基本性质 ·· 2
  第二节 从社会选择到公共政策 ·· 5
  第三节 公共政策的供给与需求 ·· 8
  第四节 社会福利函数与公共政策 ·· 16
  第五节 公共政策与公共行政 ·· 25

第二章 基本国情与公共政策制定原则 ·· 33
  第一节 深化改革时期的经济发展状况 ··································· 33
  第二节 深化改革时期亟须解决的重大社会经济问题 ··············· 38
  第三节 深化改革时期政府公共政策的目标与制定原则 ············ 51

第三章 政府信用与公共政策 ·· 56
  第一节 政府信用的内涵及现实表现 ······································ 57
  第二节 政府信用形成的基础 ·· 61
  第三节 提高政府公信力的重要途径 ······································ 71
  第四节 政府公信力与公共政策制定 ······································ 76

第四章 公共政策的合意性与绩效评估 ······································· 79
  第一节 公共政策非合意性产生的根源 ··································· 80
  第二节 公共政策合意性的改进 ·· 87
  第三节 公共政策的绩效评估 ·· 92

第五章 深化改革时期的市场发展政策 ····································· 108
  第一节 深化改革时期市场发展的障碍 ································· 109
  第二节 发展市场的基本原则 ·· 114
  第三节 政府与市场的关系：发展市场的前提 ······················· 119
  第四节 发展市场的公共政策选择 ······································· 123

第六章 深化改革时期的"三农"政策 ······································· 135
  第一节 "三农"问题现状 ·· 136

第二节　"三农"问题形成的原因分析……………………150
　　第三节　旨在解决"三农"问题的公共政策……………………167
第七章　深化改革时期的社会保障政策……………………186
　　第一节　社会保障制度：从普惠福利到公平正义……………………186
　　第二节　我国主要社会保障政策的现状分析……………………190
　　第三节　深化改革时期社会保障制度面临的改革……………………203
第八章　深化改革时期的公共安全政策……………………219
　　第一节　公共卫生安全……………………220
　　第二节　社会秩序安全……………………239
　　第三节　突发灾害的公共安全……………………251
第九章　深化改革时期的人口政策与就业政策……………………261
　　第一节　我国人口政策的沿革……………………262
　　第二节　深化改革时期人口政策现状及存在的问题……………………267
　　第三节　深化改革时期的人口政策……………………274
　　第四节　我国劳动就业制度的演进……………………283
　　第五节　我国现阶段的就业状况与就业压力……………………290
　　第六节　深化改革时期的就业政策……………………293
第十章　国民教育与人力资本开发政策……………………302
　　第一节　人力资本理论……………………303
　　第二节　人力资本的计量……………………305
　　第三节　中国人力资本现状……………………311
　　第四节　深化改革时期的人力资本政策……………………325
第十一章　深化改革时期的生态环境保护政策……………………331
　　第一节　可持续发展与政府责任……………………332
　　第二节　保障经济可持续的财政政策……………………343
　　第三节　可持续发展的环境政策……………………355
第十二章　深化改革时期的社会收入分配政策……………………377
　　第一节　社会收入分配失衡问题……………………377
　　第二节　社会收入再分配与"黄宗羲怪圈"的破解……………………383
后　记……………………391

第一章　公共政策的理论与方法

正如本书前言中所云，公共政策研究广泛涉及哲学、政治学、伦理学、经济学、社会学以及历史学等多种学科，而本书则主要从经济学视角观察公共政策问题并采用经济学理论与方法分析这些问题。其实，即使仅仅局限于经济学领域进行公共政策研究，这种研究也是相当复杂的：首先，作为一种特殊的社会经济现象，人们一般要在普通经济学理论框架下使用普通经济学分析工具展开有关研究。其次，随着宪政经济学、公共经济学、制度经济学等经济学分支理论的发展，公共政策的内在规律得到了多角度阐释，不仅丰富了它本身的研究内容，而且使研究深度日益加深。最后，公共政策属于政府行为，其目标选择和实际绩效既受政府组织形式制约，也受政府官员行政伦理取向的影响。显然，现代社会经济生活中公共政策占有突出地位，其福利影响广泛涉及个人、家庭、私人企业、政府组织、非政府组织等。也正因为如此，对于公共政策理论与实践的研究日益受到上述各社会经济单位的极大关注。

本章及以下三章重点研究公共政策的理论问题：包括公共政策的基本概念、社会成员出于福利最大化考虑要求政府制定并实施特定公共政策的一般原理、政府制定合意的公共政策的理论依据和基本方法以及政府行为对公共政策目标选择的影响等。就本书的逻辑安排看，只有基于对公共政策基本性质、其对国民福利一般影响的正确理解，才能够提出适合于我国深化改革时期及以后的公共政策制定原则，进而在这些原则指导下科学地制定各项具体的公共政策，如特殊时期的"三农"政策、社会保障政策、人口与就业政策、公共安全政策等。

第一节 公共政策概念与基本性质

按照英国哲学家霍布斯的看法，自然状态注定会使人类生活变成"危险的""野蛮的""短暂的"。就是说，无政府状态在逻辑上无法存在，组成社会的个人必须通过（委托）权威机构（如政府）建立的一套可靠的公共秩序，才能从事有价值的社会经济活动。至于政府如何建立以及建立怎样的公共秩序，则取决于形成特定公共秩序的相应公共政策的具体性质。学术界在公共政策定义、性质、形成因素等方面提出过多种解释，也存在不少的争议。本书认为，把公共政策的一般性质理解为"影响公共福利的国家行为"以及"社会控制动机和人道主义动机相结合的产物"，的确揭示了公共政策的本质特征。

一、公共政策是影响公共福利的国家行为

人类很早就发现，个体的力量与智慧难以实现有效生存和自由发展目标，即使仅仅出于自身的生命、财产安全考虑，人们也必须组成社会，以便通过集体的努力使之得到保障。但是，组成社会的人们必须愿意放弃原始的自由（无拘无束、我行我素、自行其是），并把自己置于代表公共意志的"至高无上"的（通常由国家及其政府加以行使的）主权支配下。这种"至高无上"的主权支配所代表的公共意志，实际上就是人类所需要的社会秩序，或者用更通俗的语言讲，就是所谓的体现社会成员集体意志的"游戏规则"。

关于社会秩序的重要性，即社会秩序给人们带来的益处，法国著名宗教改革家约翰·加尔文在其《论政府》一文中有过十分精辟的阐释："……它对人类是如饮食、阳光和空气一样重要，而且更为优越。人们怎样靠饮食、阳光和空气得以存活，也怎样从社会秩序获得养生；并且从尊严来看，后者远胜于任何一前者。因为后者……使社会和平不受骚扰；使每个人能享受自己的产业而不受侵犯；使众人共同交易而可免于欺诈和不义；使正直和谦恭可以培植于人间；总之，使公开的宗教仪式能维持于信徒中间，且使人道能维持于人间"[1]。在这一阐释中，加尔文实际上已经明确指出了社会秩序的重要性、促使其产生的根本原因及其对所有社会成员的福利效应。

---

[1] [德]加尔文. 论政府[M]. 贵阳：贵州人民出版社，2004：85-86.

社会秩序，亦即公共秩序，是指特定社会中人与人之间、人与社会之间形成的相对稳定关系，属于汇总性概念。对于不同类型国家，或者对于同一类型国家的不同发展阶段而言，社会秩序（公共秩序）所汇总的具体内容以及对该国、该时期国民福利产生的具体影响，会出现明显差异。究其原因，这些差异主要源于各国（通过政府）在不同时期制定了不同的社会政策。有鉴于此，英国经济学家迈克尔·希尔便把社会政策定义为"影响公共福利的国家行为"。[①]不过，该定义过于简洁，希尔随后解释道，这个定义可能造成两种误解：一是认为只有国家行为才能影响或者促进公共福利，二是认为社会政策制定总是以促进公共福利发展为目标的。特别是第二个误解尤其需要予以澄清，为了不使人们将社会政策本身特征与政策倡导者、采纳者或实施者的动机与目标混为一谈，他指出："带有'社会'性的政策可能促进福利的发展，但它也可能成为实现其他目标的工具而对人民的幸福造成危害"[②]。

考虑到社会政策与公共福利密切相关，再考虑到社会政策的实施总离不开（以提供公共物品与劳务为基本职能的）政府或政府行为。那么，根据这两个标准进行判断，社会政策实际上就是公共政策，只是表述方法不同而已。一些学者（包括希尔在内）认为，公共政策外延大于社会政策，前者不仅包括社会政策，而且包括政府制定的其他政策。本书认为做这种区分没有实质性的意义。本书在以后的论述中一般采用"公共政策"这一术语，某些场合偶尔也使用"社会政策"一词。

二、公共政策是社会控制动机和人道主义动机相结合的产物

公共政策集中体现为现代政府[③]按照公众意愿对公众提供公共物品与劳务的行为，而在这些行为中，有效提供两类特殊形式的公共物品——维护合意的社会经济秩序与保障基本权利的平等分配——最为重要。前者是人类各项有意义生产活动得以持续进行下去的基础环境，而后者除了具有同样重要意义外则是人类本身实现全面发展的根本保证。事实上，不论社会经济发展水平如何，各国国民都应该享有如下一些公民的基本权利：（1）政治参与权，即参与社会

[①] [澳]M. 希尔. 理解社会政策[M]. 北京：商务印书馆，2003：13。希尔的"公共政策"概念与《牛津英语词典》的"政策"定义是相似的，即"政府、政党、统治者和政治家等采取或追求的一系列行动，所采取的任何有价值的行动系列"。另外，关于"政策"概念的更深入研究，读者还可以参阅 M. 希尔的《现代国家的政策过程》（中国青年出版社，2004 年）。

[②] [澳]M. 希尔. 理解社会政策[M]. 北京：商务印书馆，2003：13.

[③] 这里，现代政府应定义为：是由被授权制定公共政策与处理国家事务的个人和机构组成的政治组织，其重要作用在于妥善安排、协调国家的内政、外交关系，这些关系往往涉及政治、社会、经济、文化等各个领域。从经济学角度看，搞好这些关系之所以重要，是因为它们均在不同程度上影响国民的福利水平。

选择的权利，具体表现为选举权、公民权、言论自由、信仰自由等以及要求各项经济制度、法律条例等的贯彻都必须以公开形式行使的权利。（2）经济自由权，即享有为生产、消费、交换而运用自己的、社会的经济资源的机会的权利。（3）社会机会均等，即获得社会教育、公共卫生以及其他社会安排提供的各种利益的权利。（4）防护性保障，即要求所有社会成员同样有效地获得社会生活安全网的利益的权利。① 如果上述四项公民的基本权利——简称为生存权、发展权、自由权和政治参与权——被严重剥夺，或者这些权利在国民之间的分配出现严重不平等，部分社会成员就会陷入贫困状态且难以摆脱出来，进而在社会财富、收入分配极化条件下，社会秩序也会趋于紊乱，甚至导致社会解体。

  当然，不能简单地认为，社会强调保障基本权利的平等分配并由此推动政府制定相应公共政策的动机仅仅在于控制和稳定社会秩序。其实，随着人类政治文明与物质文明的不断进步，作为社会正义之核心内容的人道主义观念便日益深入人心，它以同样甚至更大的力度要求政府推行保障基本权利的公共政策。因此，关于公共政策的成因，可以最一般地理解为，它是人类社会自身发展的必然结果，是"……社会控制动机和人道主义动机相结合的产物"。② 应该指出，以往理论在解释公共政策成因问题上，实际是仁者见仁和智者见智。例如，某些较为激进的政治理论认为，以提高公共福利为目标的公共政策实际上是社会矛盾激化的产物。换言之，工人阶级与资本家阶级的持续较量迫使以保护后者利益为主的资产阶级政府不得不推行福利国家政策。这种政策可以实现多重社会目标：一是可以有效防止工人阶级的过激行为，否则可能给社会经济带来破坏性后果；二是通过基础教育和医疗卫生保障，为资本主义经济发展提供足够的合格的劳动者；三是对于国家统治者来说，福利政策有助于调和社会各阶层、各阶级的经济利益，具有长期维护其现行政治统治的巨大利益。又如，倡导"福利国家"制度的英国大主教担普尔则认为：现代社会生活中客观上要求独立国家有一个集中的政府，要求政府扩大其职能范围；国家要存在，就必须为其民众服务；国家要维持社会秩序，就必须关心其民众的福利。如果人们普遍接受这种观念，实际上就会放弃（总是导致战争和压迫的）"权力国家"的概念，代之以（反映社会发展的客观要求并关心民众福祉的）"福利国家"的概念，进而使其成为现代政府所追求的重要经济改革目标之一。再如，凯恩斯也曾指出，社会财富与收入分配有欠公平的基本原因，既有社会原因，也有市场原因，还有人性本身的原因（如自私自利、唯利是图等）。对此，他以为，政府应该负起

---

① 正是基于这些基本权利，阿玛蒂亚·森提出了他著名的"工具性自由"的概念。工具性自由，就是那些能够直接、间接帮助人们按照自己的合意方法生活的自由，这些自由相互关联，而且互相促进。[印]阿玛蒂亚·森. 以自由看待发展[M]. 北京：中国人民大学出版社，2002.
② [澳]M·希尔. 理解社会政策[M]. 北京：商务印书馆，2003：14.

管理人性的责任。所谓管理人性，就是要求政府既要承认"发财的动机"与"私有财产制度"是人类有价值活动产生的基础，又要使人们的"发财游戏"能够在一定的规则与性质中得以进行。不过，这些理论通常只是从某一侧面来解释公共政策的形成，或者仅能说明某些时期的公共政策的成因，缺少理论汇总性或概括性。因此，除非需要对某项公共政策之成因进行具体的历史考察，一般情况下，人们对公共政策成因仅做概括性理解就足够了。①

出于同样理由，对公共政策变化规律做一般性解释，即做概括性理解，甚至更为重要。因为这样做不仅不排除对某一类型公共政策演变问题做具体研究，而且特别容易把握公共政策变化机制、路径选择特点。通常情况下，可以把"公共政策"视为特殊形式的公共物品，这与利用经济学基本原理——"供求理论"研究私人产品来研究公共政策供求变化的一般规律是一样。实践说明，这一方法具有广泛的实用性。就目前关于公共政策变化规律的研究成果看，以下一些结论是重要的：（1）从理论上讲，一国公共政策的形成与不断完善，既取决于作为公共政策需求方——民众——对属于自己的自由、民主、人权等基本权利需求之迫切程度和追求能力，也取决于作为公共政策的供给方——政府——对自由、民主、人权等在人类发展进程中所具有的重要价值与普遍意义的认识程度。（2）公共政策制定与调整常会导致各种利益集团（包括政府官员在内的）的利益格局发生变化，最终结果取决于各方参与的博弈过程和福利计算性质。（3）通过公开对话、讨论、辩论等公共过程形成的公共政策，对于供求双方而言，均是低成本且效果最好的行为方式。这本身也说明自由、民主在形成公共政策中的巨大作用。（4）公共政策的完善与持续发挥作用是一个渐进的过程，需要政府与国民共同为克服公共政策中不尽人意的部分做出努力。

本章以下部分，主要通过经济学原理阐述公共政策理论与方法。

第二节　从社会选择到公共政策

一般来说，社会选择与公共政策之间存在着辩证统一的关系：公共政策的形成是社会选择的结果，它既要反映社会选择的内在要求，同时也影响社会选择的性质。通过社会选择过程制定公共政策的好处有二：一是直接体现社会选择的基本目标——增加"公益"，减少"公害"；二是免于少数社会成员打着"社

---

① 本书在后面各章研究主要类型公共政策时，还会分别就其成因问题做比较深入的分析。

会利益""社会公正"的旗号建立为少数人服务的"公共政策"。当然，社会选择的性质、形式、路径在不同的国家政治体制下具有不同特点。但是，无论如何，政府在政策制定过程中，有必要把公共选择理论引入公共政策研究。

一、社会选择转化为公共政策的基本步骤

英国政治家杰里米·边沁曾经指出，人的目的就是追求幸福，任何行为中导向幸福的趋向就被称为"功利"，而背离幸福的趋向就是"祸害"。人们通常按照"功利"与"祸害"的标准来决定个人行为，这就是"功利主义"原则。人们按照"功利主义"原则行事，目的在于使个人福利最大化。不过，在自由竞争的市场环境下，个人行为会给其他社会成员带来"有利的"抑或"不利的"影响，在经济学上把前者称为"正的外部性"，而把后者称为"负的外部性"，或者更通俗地讲，就是"公益"与"公害"之分。同样，按照"功利主义"原则，任何社会成员都希望增加"公益"而减少"公害"，这也成了社会成员的普遍愿望。经济学把人们这种最普遍的愿望概括为最基本的、最广义的社会选择。不难发现，就选择标准而言，社会选择和个人选择二者没有本质性区别，都严格地遵守着"功利主义"原则。但是，两类选择在实现程度上存在着巨大差异。个人可以轻而易举地完成个人选择，而任何个人则无法单独地实现他所希望的社会选择。换言之，社会选择需要一个代表公众的主体——政府来实现，由这一主体按照公众的意愿，采取专门行动并通过特殊路径进行社会选择。

大量研究发现，要实现旨在增加"公益"和减少"公害"的普遍愿望，第一步要为最广义的社会选择确立能够使社会成员普遍认可的社会目标，如社会公正、自由、平等、公共安全、社会秩序稳定、经济持续发展等；第二步则要把这些实际上属于高度理想化的社会目标再分解为可以指导政府行动的具体目标，如政治参与权、收入分配平等化、充分就业、物价稳定、经济增长等等；此后，即第三步，政府要按照大多数社会成员选择的具体目标排序——预示某种为大多数社会成员愿意接受的合意的社会状态选择——采取适宜的活动，这些行动便具有了公共政策性质。公共政策形成之所以要经过如此复杂的过程，原因在于，人们实际上要逐渐通过实现不同层次的相对具体的（社会选择）目标才能最终实现最广义的社会选择。一旦这样做，社会成员间对不同层次的相对具体目标的排序就会产生差异。例如，在目标排序上，对于富人来说，公共安全、政治参与等可能被列为优先目标；而对于穷人来说，社会保障、充分就业、收入平等化等可能被列为优先目标。不同阶层的社会成员本能地了解自身的优先目标，不同的目标排序构成不同的社会状态，而不同社会状态对他们的

福利会产生不同影响。那么，社会成员之间，基于个人价值标准，对不同社会状态的偏好排列必然也是多样性的。其之所以因人而异，关键在于人们知道只有自己认为合意的社会选择作为个人福利函数的一个重要变量，才有可能使个人福利（效用）最大化。[①]当然，也可以这样理解，个人能否实现个人经济福利最大化必然取决于特定社会状态的影响，只有最佳的社会状态才可能使社会全体成员的效用最大化。为此，作为制定公共政策的政府，首先要确立评价不同社会状态优劣的标准，进而研究改善社会状态的政策与措施；反过来，这些标准又被用于判断、检验实施中的政策的实际效果。

二、社会选择的矛盾及其解决方式

不过，个人在社会选择方面表现出来的差异性与政府在社会选择方面所要求的单一性之间存在着矛盾，这也一直成为政府在公共政策制定过程中所面临的难题。在实践中，不同类型国家的政府是依据不同的假设来解决此矛盾的：在权威型国家，政府假定理想的社会状态可以独立于社会成员的愿望而独立存在，大多数情况下个人偏好应该服从政府确认并借以形成既定公共政策的社会偏好；而在民主型国家，社会成员普遍认为理想社会状态必然以个人利益为基础，社会选择不能脱离个人利益、愿望而独立存在。那么，要创造一种最大可能保证政府所制定的公共政策符合大多数社会成员偏好机制，至少需要一个允许所有社会各阶层成员（或所有利益集团）对重大社会问题展开公开讨论、辩论、争辩以至讨价还价的公共过程。该过程不仅有助于公众广泛反映自己的社会偏好并把有关信息直接传导给政府，而且有助于政府在政策制定全过程的各个环节及时获得公众的反馈信息。正如阿玛蒂亚·森所指出的那样："公共政策的作用不仅在于实施那些从社会价值标准和认同中产生的优先主次，而且在于推广和保障更充分的公共讨论。……（自由与民主的——作者加）视角核心是这样的思想：公众是变革的能动的参加者，不是指令或资助配给的被动的、顺从的接受者。"[②]

相比较而言，在权威型国家，政府制定公共政策的成本可能较低，其政策形成时间也可能较短，但是由于缺乏所制定的政策符合大多数社会成员偏好的

---

① 在加里·贝克尔的《口味经济学分析》（北京：首都经贸大学出版社，2000年）一书中，个人效用函数可以扩展为：$U = U(x_t, y_t, z_t, \cdots P_t, S_t)$，其中 x、y、z …表示 t 时期的商品与劳务消费，P 代表 t 时期的个人拥有的人力资本，S 代表 t 时期个人拥有的社会资本。这里，也可以把 S 视为既定的社会选择，借以说明个人福利（效用）状态与社会选择的函数关系。如果该社会选择对个人而言是合意的，无疑会对个人福利（效用）产生积极影响。

② [印]阿玛蒂亚·森. 以自由看待发展[M]. 北京：中国人民大学出版社，2002：278.

机制，政府当局制定的公共政策常常偏离公众的社会选择，导致一些重大社会问题长期得不到有效解决。同样，由于偏离公众的社会选择，按照政府观念、意愿制定的那些"公共政策"也常常难以顺利推行，即使有些时候可以勉强推行下去，其政策效果也并不理想。最典型的例子是，在苏联、东欧等长期推行计划经济体制国家，各国政府都没能很好地制定诸如人权保障、社会保障、社会救助政策，国内经济发展不平衡以及国民收入分配不公平问题远较一些发达国家严重。类似的情况在我国也曾经长期存在，虽然在当前转轨时期政府开始关注社会选择对公共政策形成的一般影响，但是在公共政策制定方面仍然没有摆脱"精英模式"或"学院模式"。当然，根据阿罗的"不可能性定理"，即使是民主型国家，除非政府对社会选择过程加以适当的条件限制，否则也无法保证从个人对社会状态的多样性排序关系中推导出达到完整社会共识的社会排序关系。尽管公共选择理论借此能够证明公共选择过程的确存在着"低效率"问题，但是各国长期实践说明，经济社会若希望公共政策带来的社会福利依存于全体社会成员的价值判断，依靠市场方式（原则）制定公共政策的相对效率往往高于其他方式。如果按照经济学的市场供求理论分析，民主型国家的公共政策市场更具有"买方市场"的特征，更大程度上通行着"消费者主权"原则；而权威型国家的公共政策市场则大多具有"卖方市场"特征，在客观上忽视了"消费者主权"原则。

第三节　公共政策的供给与需求

在一般意义上，政府制定的重大的社会、经济制度具有公共物品属性。而长期、稳定的公共政策实质上具有了制度性质，成为按照公众意愿由政府垄断供给的、特殊形式的公共物品。鉴于此，制度经济学家曾经利用普通经济学的"供求原理"来分析制度的供求关系及其变化规则，得出了大量有价值的研究成果。同样，利用这一原理也可以充分阐释公共政策这一特殊形式的公共物品之供求关系和变化规则。

当然，仅以供求理论说明公共政策形成机制是不完全的，因其排除了那些结构因素、组织因素、程序因素以至制度因素对公共政策的产生和变化的影响。不过，正如在上述社会选择理论研究中所看到的，人们把注意力通常放在公共政策的需求方面那样，在利用制度供求原理分析公共政策形成问题时，人们的注意力通常会放在公共政策供给方面。这不仅有助于更好地考察政府的政策供给行为的特点，而且也便于说明不同国家间（或者同一国家不同发展时期）政府在公共政策供求形式、供求关系性质上出现的巨大差异，而进一步研究这些差异还可能对特定国家公共政策未来的供求变化趋势（尤其是供给变化趋势）做出一般性判断。

一、公共政策的供求理论

人类社会可能发生的社会状态是无限多样性的，这导致社会选择的复杂性，不仅给公共政策制定主体——如政府——在具体了解社会选择性质方面带来极大困难，而且也给在选择适当手段以实现社会选择目标方面带来极大的不确定性。这预示着政府无法采取一蹴而就的办法来解决与社会选择有关的社会问题，那么为实现社会选择各具体目标而采取的行动必然具有动态性质。可以认为，正是社会选择的复杂性，导致经济社会通过政府建立一些能够发挥约束个人选择、规范个人行为且具有纠偏作用的公共政策。经济社会通过这些公共政策建设可以取得稳定秩序和减少不确定性的社会效果。长期、稳定的公共政策实质上成为按照公众意愿由政府垄断供给的特殊形式的公共物品。也有人认为，长期、稳定的公共政策具有制度性质。这种判断无疑是正确的，而且从一般意义上讲，政府制定的重大的社会、经济制度同样具有公共物品属性。这里，需要对制度与政策的关系做些简要说明：（1）广义的制度概念中，取决于社会选择的性质和范围，既包括基于传统、习俗自发形成的制度，也包括政府按照社会经济发展需要有计划建立的制度；而公共政策（无论是原政策还是衍生政策）则总是行动主体——政府、政党、统治者和政治家等——精心设计的产物。（2）制度与公共政策通常形成相互作用关系，（带有元政策性质的）公共政策通常会演化为具体制度，增加了该政策的透明性、稳定性与可操作性；而在既定制度框架下制定、调整的公共政策（可能属于元政策，但更多地还是衍生政策）则对现行制度运行提供保障作用或纠偏作用。①（3）制度、公共政策与社会选择之间存在着辩证关系，按照公共意志发生的社会选择是影响制度建设、政策建设的基本力量；而制度与政策则反作用于社会选择，因为它们对公共意志的选择范围已经施加了某种限制性。

制度经济学家利用经济学的"供求原理"分析社会、经济制度的供求关系和供求变化规则，得出了大量有价值的研究成果。同样，利用这一原理也可以

---

① 例如，私有产权制度下，如果市场经济活动主体之间无法妥善解决外在性问题——如造纸厂对周边环境的污染，政府可以利用公共政策进行干预——或是对造纸厂征税补偿周边居民，或是要求造纸厂增加防污染设施投资，或是采取其他办法。只要这种政策能够得到有效推行，经过一段时间，防工业污染制度便会形成并取代当初明显具有权宜之计色彩的政策。

充分阐释公共政策这一特殊形式的公共物品之供求关系和变化规则。一些学者指出，在多角度的政策理论研究中仅以供求理论说明政策形成机制是过分简单化的做法，并且不能完全排除那些结构因素、组织因素、程序因素以至制度因素对公共政策产生、变化的影响。就希尔在其《现代国家的政策过程》一书里所阐述的各种涉及公共政策形成的国家理论看，上述诸因素首先影响的是政府行为，而后再通过政府行为反映出其对公共政策形成、变化产生间接影响力。然而，在利用制度供求原理分析公共政策形成问题时，重视各种国家理论的研究成果有利于我们对供求变化做出合理的判断。

从需求方角度看，诸如社会保障、社会救济、社会援助、社会应急类型的公共政策，本身反映着公众对基本社会公平与基本自由保障的固有需求。按照阿玛蒂亚·森的观点，这些公共政策直接关系到国民的基本自由和"可行能力"[①]的改变，据此，阿玛蒂亚·森指出："人们可以成功地实现什么受经济机会、政治自由、社会权力、促进良好健康的条件、基础教育以及对于开创性行为的鼓励和培养等因素的影响。提供这些机会的制度性安排，又取决于人们对其自由的实施，即人们是否运用其自由来参与社会选择、参与促进这些机会发展的公共政策。"[②]既然如此，至少在理论上，政府对这些公共政策的供给应该是无条件的，既不应该受本国经济发展水平制约，也不应借口与本国文化传统下形成的国民价值观不符而免于提供。然而，现实生活中的政府十分清楚，提供这些（本质上属于公共消费性支出的）公共物品需要动用巨额财政资金，而在财政资金规模实际上受到限制情况下，增加这类公共物品的提供就会增加财政压力，必然要相应削减某些行政支出或本质上具有公共投资属性的建设性开支。当然，政府也可以通过增加税收方式缓解社会发展与经济发展矛盾给政府带来的财政压力。而这一方式是否可行，则取决于公众的意愿，即公众是否愿意为获得更多的权利保护与社会发展利益而同意相应减少自己的可支配收入。正是由于社会发展与经济发展矛盾客观上导致国家财政收支结构要发生相应的变化，迫使公众和政府都不得不寻求相对有利的公共政策之供求方式。丹尼尔·W.布罗姆利在其《经济利益与经济制度》（上海三联书店，上海人民出版社，1996年）著作里，以煤矿产生安全设施供求为例，说明在安全投资与各自经济利益比较基础上，雇主、雇员通过"制度交易"方式，最终会在"安全"供求方面形成某种均衡状态。该书描述的"制度交易"模型对研究政府、国民

---

① 受社会环境和经济发展的影响，一国国民实际上享有的能够自由选择不同生活状态的潜在能力，即为可行能力（Capabilities）。通常认为民主和政治自由对国民发挥这些潜在能力具有重要影响，而且公民之潜在能力发挥得越好，政府实际上承担的发展责任和面临的发展压力就越小。

② [印]阿玛蒂亚·森. 以自由看待发展[M]. 北京：中国人民大学出版社，2002：3.

的"公共政策交易行为"同样具有相当的解释力。①

二、公共政策的交易行为

假设上述某些公共政策（作为公共物品）给公众带来的是社会安全福利。对于政府来说，提高国民的社会安全福利不仅可以改善他们的生活环境、工作条件，改善他们的人力资本积累速度并相应减少社会防止犯罪的政府开支，而且还会激励从事有价值的经济活动的积极性与能力。那么，政府提供旨在加强社会安全的公共政策，无论从社会发展角度还是从经济发展角度观察，均是有效率的做法。但是，随着政府提供的社会安全福利不断增多，在全社会范围内这种公共政策的边际效用就要下降，而其边际成本则会上升。同时，政府把更多的财政资金用于支付社会安全开支，势必减少用于刺激经济发展的公共设施投资，进而可能会使经济增长速度放慢。这里，假定政府通过财政手段刺激经济增长，作为一个重要政策目标，有其特殊利益。那么，政府就要对建设性财政支出的规模变化与受到有利因素、不利因素影响的预期经济增长利益进行对比，才能最终决定公共政策的供给程度，使之达到有"效率"的水平，见图1-1。

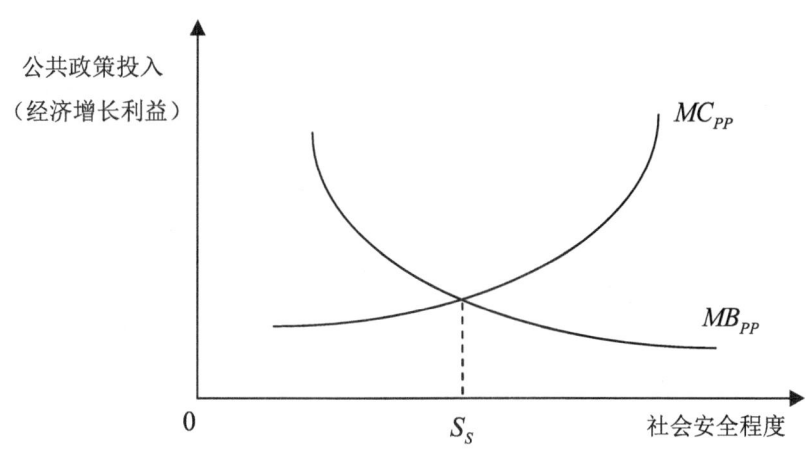

图 1-1 社会安全的供求均衡

---

① 在这方面研究中，拉坦有杰出的理论贡献，他不仅对制度变迁诱致性原因进行了归纳和总结，而且更重要的是，提供了一个制度变迁的供给理论。他认为，科学与技术知识的进步、社会科学和有关专业知识的进步都能够降低技术变迁形成的新收入流的成本，成本降低成为激励人们努力从事制度变迁活动的重要诱因。也就是说，（制度的）潜在收益与成本的相对变化诱发了制度变迁的需求与供给。参见拉坦的《诱致制度变迁理论》（载《财产权利与制度变迁[M]．上海，上海三联书店，上海人民出版社，1994年）。拉坦关于制度变迁的研究为制度的均衡分析、制度交易的分析奠定了重要的理论基础。

在图 1-1 中，MB_{PP} 是国民对公共安全（公共政策）的需求曲线，MC_{PP} 是政府对公共安全（公共政策）供给的边际成本曲线，同时也可以视其为国民对公共安全这种公共政策需求的机会成本曲线——在不同公共安全程度下，国民如果放弃社会安全福利则相应可以在经济增长方面得到的补偿规模。S_S，即 $MB_{PP} = MC_{PP}$，为供求双方（政府与国民）认可的公共政策开支规模达到的均衡水平。

根据以上道理，人们可以就旨在增加社会安全的公共政策实施成本与社会安全环境对国民未来可支配收入的影响及其对政府未来经济增长利益的影响来计算并求出公共政策调整（即改变公共物品供给结构）的净现值。在此，公共政策调整成本为出于提高社会安全程度的财政支出的增加（社会安全投资），公共政策调整收益为更安全的社会经济环境给国民和政府带来的经济利益增加。按照成本—收益原则，公共政策调整（供求变动）的净现值为：

$$V = -C_G + \sum_{t=1}^{T} \frac{(B_t - C_t)_G + (B_t - C_t)_P}{(1+i)^t}$$

上式中：V 表示公共政策调整的净现值；C_G 表示初始时期 $(t=0)$，政府为社会安全进行的投资；$(B_t - C_t)_G$ 表示社会安全环境进一步改善，国民从事经济活动的积极性提高，导致国家经济增长质量提高，进而给政府财政带来的收入增加；$(B_t - C_t)_P$ 表示社会安全环境改善，国民从事经济活动的积极性提高，给自己带来的收入增加；i 为折现率，一般以资本市场利率表示；t 为终值 T 的时间流。国民增加收入的现值 $PVNB_P$ 和政府财政收入增加的现值 $PVNB_G$ 分别为：

$$\sum_{t=1}^{T} \frac{(B_t - C_t)_P}{(1+i)^t} = PVNB_P$$

$$\sum_{t=1}^{T} \frac{(B_t - C_t)_G}{(1+i)^t} = PVNB_G$$

进一步比较 $PVNB_P$、C_G 和 $PVNB_G$ 三个值，至少理论上可以认为：如果满足 $PVNB_P > C_G - PVNB_G$ 的条件，国民就会提出公共政策调整的要求。这是因为这个条件暗示着社会生活中存在总体效率改善的机会，在这种情况下，即使政府无意进行公共政策调整，公众出于改善社会安全环境的愿望，也希望通过增加税收缴纳的方式（自己付钱增加社会安全投资）实现这一愿望。这样做，意味着对增加国民社会福利有好处，是对国民而言有效率的选择。国民愿意增加税收的程度（WTP_P）按照 MB_{PP} 曲线表示的不同社会安全程度所对应的社会安全支出（MC_{PP}）决定，（在零交易成本情况下）约束条件是 $PVNB_P \geq WTP_P$。这种公共政策调整满足"潜在帕累托改善"的条件是：

$$WTP_P > C_G - PVNB_G$$

即使考虑到交易成本（TC）的存在，只要满足 $PVNB_P - TC > C_G - PVNB_G$ 条件，国民就不会放弃要求公共政策调整的努力。当然，在上述条件无法满足的情况下，国民可能就会放弃公共政策调整的要求。

这里，公共政策调整活动明显具有"制度交易"的性质：国民不喜欢在缺少特定社会安全程度的经济环境——原先政府设置的政策环境——中生活，并且预见政策调整会给他们带来利益，于是形成一种动机——自愿支付额外的税收去改变原先的政策环境，制度交易由此完成。

理论上还可以出现另外一种"制度交易"（此处为"政策交易"）形式，即政府不提供社会安全保障，但同意通过减税方式给国民一定的安全补偿（WTA_P）。这种情况下，需要满足的条件是：$PVNB_G - TC > -PVNB_P$，该条件也意味着"潜在的帕累托改善"是存在的。如果交易成本为零，只要 $PVNB_G \geq WTA_P$，政府一般愿意采取补偿办法，而不希望直接为社会安全增加财政开支。

可以把前一种"政策交易"称为"国民需求型政策交易"，而把后一种"政策交易"称为"政府供给型政策交易"，那么两种的均衡是可以实现的。

"国民需求型政策交易"决策的依据为：

$$V = PVNB_P - (C_G - PVNB_G)$$

其满足帕累托改善的条件为：

$$WTP_P > (C_G - PVNB_G) \text{ 且 } PVNB_P \geq WTP_P$$

"政府供给型政策交易"决策的主要依据为：
$V = PVNB_G - WTA_P$（假设这里 WTA_P 与 $PVNB_P$ 相等），且

$$PVNB_G \geq WTA_P$$

把两类依据结合在一起消去 V，得到：

$$PVNB_G - WTA_P = WTP_P - (C_G - PVNB_G)\text{，即：}$$

$$C_G = WTA_P + WTP_P$$

该式表明，如果经济社会在公共政策实施方面的费用（像这里列举的社会安全投资）等于（政府）不直接进行社会安全投资但通过诸如减税方式给国民适当补偿的支出与国民自愿通过诸如增加税收方式进行社会安全改善的付出，两类"政策交易"最终达到同样效果。

三、以供求理论解释公共政策形成的适用性与局限性

按照经济学供求理论和交易理论，再考虑其于社会实践中对公共政策供求决定的适应程度，逻辑上可以得出以下结论：第一，人们只要预期的"公共政策调整"带来的福利增加之现值能够补偿为了进行这种政策调整而发生的收入损失现值且有经济剩余，即客观上存在着获得"帕累托改善"的可能性，就会产生追求此"帕累托改善"的动机，进而成为促使国民积极从事公共政策调整活动的重要动力。

第二，即使国民从事"公共政策调整"的动机是相同的，他们追求的具体目标也可能不同。例如，就"社会安全政策调整"而言，有些国民愿意为改善社会安全付费，有些国民则希望在政府免于提供社会安全保障的情况下得到政府的补偿。"公共政策调整"的出发点不同，决定了"公共政策调整"活动可以采取不同方式、不同路径进行。至于实际上会采取何种方式，则取决于现行社会中政治权利结构安排的性质。

第三，在"公共政策调整"活动中政府与国民使用不同的决策规则、决策依据，不能认为这仅仅取决于各自的单纯经济利益计算结果。其实，现实生活中"政策交易"决非零交易成本，尤其是在"交易成本"极高的情况下，"公共政策调整"几乎难以实现。在"政策交易"过程中，其交易成本大小取决于多种因素，一是与国家政治体制结构有关，二是与国民和政府间信息畅通程度有关，三是与政府对国民提出的"公共政策调整"之合理预期能力有关。

第四，"公共政策调整"动态地反映国民对公共需求偏好的变化，即使作为公共政策供给方——政府——对此变化不缺乏合理预期能力，最终完成"政策交易"也需要很长的时间——集中体现为政策供给时滞。这是因为政府必须认真研究不同时期的公共需求到底应该包括哪些具体需求、如何确定某种具体需求的强度和这一需求对未来社会经济发展方向、性质的影响以及通过何种具体途径满足这些需求变化等重大政策实施问题。政策供给时滞实质上属于一种额外的交易成本。

第五，新公共政策的制定或对现行公共政策的任何调整，都会给不同社会利益集团（包括政府官员自身在内）的福利状况带来不同的影响。事实上，即

使在民主政体国家，在上述过程中要解决利益冲突问题或政策改变与传统观念冲突问题均是困难的。在这种情况下，简单的"政策交易"模型实际上失去了解释力，而特定政治过程往往成为解决问题的唯一途径。可以认为，这种情况属于单纯市场原则无法使公共政策供求达到均衡的状态，即特殊形式的"市场失灵"状态。那么，公共政策供求便进入政治市场过程。在此过程里，政府、国民均不再单纯计算经济利益，双方首先对"社会正义"与"经济效率"进行权衡，而后在一系列"讨价还价"活动——包括游说、辩论、对抗、让步、妥协等——基础上，最终决定由政府提供何种公共政策以及采取何种方式提供这些公共政策。

第六，一旦制度供给（公共政策供给）决策在政治市场过程形成，即取决于社会中利益集团之间的权利结构状况，那么政治上取得绝对优势或者在影响政府决策方面占有某种相对优势资源的利益集团将对公共政策供给具有关键作用。不过，这两种情况还是有差别的：属于前一种情况的大多发生在"政治集权主义"社会；属于后一种情况的大多发生在"政治多元主义"社会。在政治权力广泛分散于所有利益集团的具有显著"政治多元主义"色彩的社会（如西方工业化社会），由于任何利益集团都有影响政府决策的权力，而没有一个属于在政治上取得绝对优势的利益集团，那么哪个利益集团能够对何种具体的公共政策之政府供给决策产生关键性影响，主要看该利益集团是否在金钱、信息、专业知识等构成社会权利资源的要素占有上具有比较优势。在这种政治结构中，实际上并不存在在所有公共政策供给方面均具有完全影响力的利益集团。但是，在"政治集权主义"社会，政治上取得绝对优势的利益集团必然对所有公共政策供给具有完全的影响力，该利益集团只能在预期某种公共政策可能带来的社会利益与集团利益相同情况下，才能要求政府提供这种公共政策，而且更多的情况是，该利益集团在其预期的集团利益高于社会利益情况下也会影响政府进行公共政策供给，于是一些不符合社会利益的"公共政策"就会出台并得以强行贯彻。粗略判断，在公共政策供给方面，多元政治结构社会比集权政治结构社会更有效率，更具平等性，发生重大失误的可能性也更少。所以，有效公共政策供给条件实际上包括合理政治体制结构的要求。

第七，以上分析进一步说明，只有在国民政治权利平等分配条件下，"制度交易理论"对公共政策的供求关系特点才能具有相当的解释力。因为政治权利的平等分配，不仅可以有效避免（公共政策形成基础）社会选择过程受控于在经济生活中（源于经济权力分配的不平等）处于主导地位的利益集团，而且（如阿玛蒂亚·森所曾经指出的那样）成为社会生活中对政府官员不可缺少的一种政治激励因素——在一个民主的政体下，政府官员只要谋求继续得到选民支持，他们就要倾听民众的意见。就这个意义讲，政治权利的平等分配和民主自由具有同样性质，既是目的，也是工具——约束政府随意性，保持社会选择的有效性、可靠性。强调政治权力的平等分配是人类追求社会正义的核心内容，而社会正义又是社会制度的首要价值。原则上，政府就应该无条件提供与保障公民平等权利及其有关的公共政策（如社会扶持政策）并予以落实，即使这些政策常常引发关于"平等—效率"争议。

第四节 社会福利函数与公共政策

常识和理论均表明，任何公共政策都会导致公共福利的变动，而最优的公共政策选择目的就在于不断提升公共福利水平。但是，如何度量出一个社会的福利水平并据此来判断该福利水平的变动是否是合意的就成为公共政策研究必须予以说明的问题。福利经济学家通常使用"社会福利函数"这个概念来表征社会的总体福利状态，但是对于这个概念的内涵、函数形式、函数形状以及个人福利函数的可加性问题，在不同经济学家之间以及不同政府官员之间都存在着较大分歧。这些分歧的产生主要缘于人们对社会正义标准有不同的理解。

事实上，政治哲学认为，判断某一社会状态优于另一社会状态的标准，是该社会状态比另一社会状态对社会成员具有更大的凝聚力，能够更充分地实现社会成员之间的合作并在合理利用有限经济资源基础上最大限度地提高每个人的经济福利。但是，要实现具有如此特征或者不断接近如此特征的社会状态，则须以政府推行的符合社会正义的公共政策为前提。

一、社会正义理论与公共政策

社会正义，作为一种道德哲学，其基本功能在于指导社会制定合意的公共政策以便匡正人类不平等这一自然事实。如果社会置人类不平等于不顾，则社会凝聚力无法产生，人类社会进步也失去了基本保证。对此，人们没有疑义，即通过社会过程控制人类不平等程度，防止人类社会因极端的不平等而归于解体，是人类社会的正当且必要的选择。但是具体通过何种途径实现社会正义，历史上有关争议从未停止。其争议的焦点是：人类应该通过选择"效率"途径或是应该选择"平等"途径来实现社会正义。换言之，"效率"与"平等"到底何者是社会经济的中心问题，即何者相对更为重要，人类社会至今尚未达成共识。于是,产生了一些具有代表性的社会正义理论。经济学理论并不回避效率、平等及其关系问题,但很少直接介入有关社会正义之争,它在这方面的重要贡献是发现并深入研究了"效率—平等的交替换位"现象。

按照"帕累托效率"准则,竞争性的市场经济,在自由价格机制作用下,最终会实现资源的优化配置,并且达到这样的效率状态:进一步改变现行资源配置格局不可能使得至少一个社会成员福利增加而同时不减低另一个社会成员的福利。但是,这个效率标准并不涉及社会成员之间的福利分配状况,即使在社会收入分配、财产分配存在极大差距的情况下,效率目标也可以实现。以私有财产制度为基础的自愿交换性的市场经济往往出现收入分配不平等问题,属于市场失灵的重要表现之一。

当然,人们可以通过政府利用政治过程解决收入分配不平等问题以及由于收入不平等导致的社会机会不平等问题。不过,如此一来,经济效率损失在所难免,至少赋予政府行使收入再分配职能就要求社会成员为之支付成本——相应减少个人所得。于是,社会经济生活就经常出现"效率—平等的交替换位"现象——提高社会收入分配的平等程度就要以某种程度的经济效率损失为代价,而追求经济效率则必须程度不等地放弃一些社会平等。

假设有两个社会成员 A、B,他们的社会无差异曲线——表示无论二人的个人福利如何分配,社会总的福利水平不变——为 S_0、S_1,分别位于社会的效用能性边界(UPP)的不同位置,如图1-2所示。

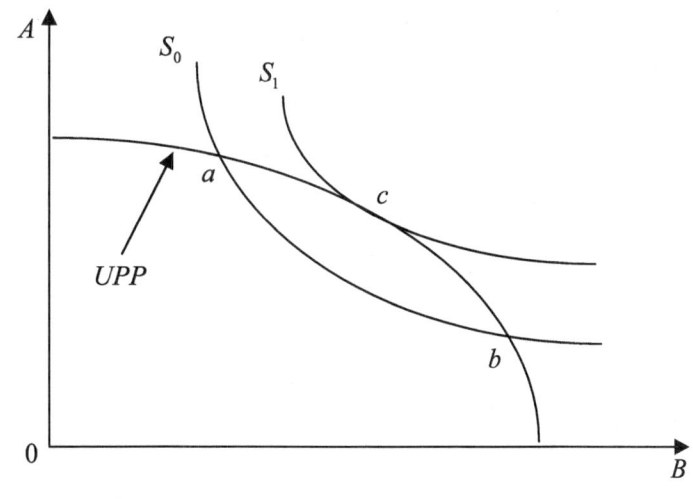

图1-2 平等与效率

图1-2说明:(1)b点表示社会总效用分配有利于B而不利于A,鉴于此时的S_0低于S_1,A、B二人的总效用并未达到最大化。(2)通过市场活动,社

会无差异曲线可以提高到 S_1，与效用可能性边界上的 c 点相切——表示效率改善。但是，此时的社会效用的分配明显有利于 A 而不利于 B。（3）假设 A 已经很富，b 点表示的效用分配格局对改善 B 的经济福利有重要意义，这说明提高 B 的经济福利——实现社会收入更加平等化的目标——就要以经济效率损失为代价。这是典型的效率与平等的交替换位现象。（4）只有在 B 已经很富有的情况下，在 c 点上从事经济活动以提高 A 的福利，此时即使 B 的福利有所损失，但从全社会角度看，则是效率和平等都得到了改善。这说明在特殊情况下，效率改善与平等并不矛盾。（5）至于经济社会是在 b 点组织经济活动，还是在 c 点组织经济活动，取决于社会成员的共同选择，体现为解决或平衡效率—平等冲突的社会选择过程。

如前所述，通过社会过程控制人类不平等程度和防止人类社会因极端的不平等而归于解体是人类社会的必要选择。据此，应该正确认识经济学所做的关于"效率—平等交替换位"研究，并非诱导政府在制定有关的公共政策时要对"效率""平等"做非此即彼的抉择，而是提醒政府在政策活动过程里必须注意对社会公平与经济效率进行必要的权衡。最理想的结果是，政府所使用的旨在实现社会公平的各种手段应尽可能地减少对经济效率的伤害。经济学认为，政府必须对纯市场条件下形成的收入分配不平等问题进行政策干预，以体现社会正义的要求。此外，不同社会收入分配状态，作为一般社会状态的集中表现，对一般社会福利产生的影响是不同的。因此，政府通过公共政策调整社会收入分配状态，最终可以达到改善所有社会成员福利水平的目标。但是，在干预过程中政府不能回避"效率—平等交替换位"这一客观事实，作为一种政策选择约束，政府只能在各类公共政策供给上对"效率""平等"配之以不同的权重。

现代经济学依据不同的社会正义理论，将不同的社会状态与社会福利联系起来，描述了不同的社会福利函数；进而说明，（不同社会结构的）政府倾向于接受何种社会福利函数实际上决定了其所制定的公共政策的性质。就是说，公共政策的具体取向，往往取决于政府决策时观念上接受的特定的"社会福利函数"，或者政府在制定公共政策时，往往以特定的社会福利函数为依据。

二、"功利主义"社会福利函数

社会福利函数就可以简单地理解为组成社会的个人效用函数的函数。或者定义为：对社会目标的陈述，其中社会的福利水平被看作为资源配置方式的一个函数。社会福利函数的最一般形式为：

$$W = W(u_1, u_2, \cdots, u_H)$$

该函数，正如下面所分析的那样，可以写成各种具体形式，以便解释不同的公共政策目标选择标准。

受英国著名思想家休谟的正义理论影响，古典功利主义的创始人边沁认为，国家的福利（幸福）就是每个公民的满意程度之和，即假设个人间效用是可加的，因此最简单的功利主义社会福利函数为"加式福利函数"，表达式为：

$$W(x) = \sum_{i=1}^{H} u_i(x)$$

这里，假定个人效用为 u_i，如果可比，且 H 人配以相同权数，那么社会状态（x）的社会效用 $W(x)$ 就可以表示为个人状态（x）的效用之和。[①]功利主义社会福利函数的一般图形如图1-3所示。该图中，W 代表不同社会状态下的社会经济福利；W_1、W_2 分别代表假设由两个社会成员各自福利（U_1、U_2）组成的社会福利函数，即社会无差异曲线。

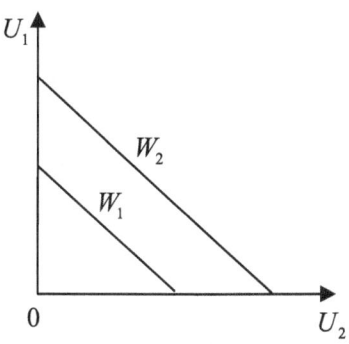

图1-3 功利主义社会福利函数

功利主义，作为一种伦理哲学、社会正义理论，在指导政府公共政策制定上，主要强调公共政策可能带来的实际后果——社会福利状态和用以计算社会福利的效用总量。功利主义者认为，如果现行社会状态存在"效用总量损失"而不去改变它，就是社会"非正义"；如果在社会状态 A 的"效用总量"高于社会状态 B 的情况下，选择社会状态 B 而不选择社会状态 A，也属于社会"非

---

① 如果对不同社会成员的福利分配规定不同的权数，功利主义的社会福利函数表达式则应该改写为：$W = \sum_{i=1}^{H} a_i u_i$。

正义"。所以，把功利主义观念作为个人自由、社会正义的基础，就必然要以社会效用最大化原则指导公共政策的制定、选择。一般认为，政府制定公共政策时，强调某种公共政策造成的结果比强调政策制定过程、方法、程序选择以及具体内容更重要，而且政府关注社会福利与强调公共政策结果并不矛盾。这是功利主义原则应用于公共政策选择方面的长处。但是，正如森对功利主义原则提出的指责那样，该原则存在一些明显缺陷：第一，功利主义原则过分强调某种公共政策导致社会福利总量最大化的同时，对社会福利分配的公平性缺乏应有的注意，即不甚关注个别社会成员实际福利下降问题。这是因为，功利主义的社会福利函数属于加式福利函数，对社会收入平等化问题没有严格要求，在现行社会收入分配状态下，随国民收入增长，即使某些社会成员的实际收入出现下降，社会总福利也可以提高。

第二，功利主义原则过分强调物质财富对个人、社会的效用与价值，而对权利、自由以及其他个人效用影响因素的客观价值注意不够。例如，在某些发展中国家，工人工资之低仅仅略高于生存工资水平，但是这样的工资水平至少在短期内（被证明）对社会总福利的增加有益，于是这些工人的权利、自由就在政府公共政策选择中被置于次要地位。

第三，功利主义原则按照个人对现行社会状态的满意程度来评价社会福利状态的性质，这从方法上看极不可靠。例如，在某些发展中国家，人民长期处于被剥夺状态，他们之所以满足现状，是因为他们没有勇气要求改变现行状态，是一种所谓"麻木"状态下的"满足"，属于适应性行为——力求保住现行状态，而不敢企望可能获得另外一种状态。

针对功利主义的上述缺陷，森指出，在利用功利主义原则对公共政策之社会结果进行评估时，特别是在计算社会福利总量时：（1）一些社会阶层福利状态相对下降的问题必须引起关注；（2）公民权利平等、个人自由保障等因素对个人福利的直接、间接影响必须予以关注；（3）对某些社会成员在适应性行为影响下的福利评价应该注意进行必要的调整。

三、"贝尔努力—纳什"社会福利函数

与功利主义的社会福利函数（即加式社会福利函数）不同，贝尔努力—纳什社会福利函数采取的是联乘法，其表达式为：

$$W = \prod_{i=1}^{H} u_i$$

如果给个人配以不同权数，a_i 作为个人效用的指数，则广义贝尔努力—纳

什社会福利函数表达式为：

$$W = \prod_{i=1}^{H}(u_i)^{a_i}$$

图1-4给出了贝尔努力—纳什社会福利函数的一般图形。

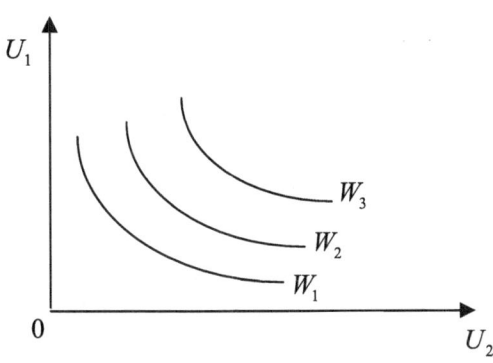

图1-4 贝尔努力—纳什社会福利函数

加式社会福利函数与乘式社会福利函数的差异在于后者突出了社会福利函数总量计算规则的平等性质。在加式函数中，收入分配的差异可能不会影响社会福利总和，而在乘式函数中则表现为收入分配越是平等，社会福利总量越大。① 乘式福利函数表明，"社会收入分配状况越平等，社会福利总和就越大"。如果政府以此为作为其制定有关公共政策的指导依据，则必然优先考虑如何解决社会收入分配平等化问题，而不是如功利主义社会福利函数所表现的那样会优先考虑收入增长问题。那么，在该福利函数图上的较高的社会无差异曲线所代表的"社会福利总和"与功利主义福利函数图上较高的社会无差异曲线所代表的"国民收入总和"就不具有可比性。

这里应该指出的是，经济学中对上述两个函数的比较研究，目的并不在于说明哪种社会福利函数倡导的公共政策选择标准（即指导社会资源配置的标准）对提高社会福利更有利，它不过提示政府在公共政策选择上应该注意以下问题：（1）在对不同社会收入分配状态进行优劣评估时，人们对于一般评估标准的讨论总是围绕着效率与公平关系展开的。实践说明，政府如果能够在收入增长与

---

① 例如，单位货币的个人效用评价为100，社会共有收入为10元，两个社会成员平均分配，每个人得到5元，各自效用均为500。在加式函数情况下，社会福利总和为1000，而在乘式函数情况下，社会福利总和为250000。假设，让某一社会成员得7元，另一位得3元，在加式函数情况下，社会福利总和仍为1000（100×7+100×3）；但在在乘式函数情况下，社会福利总和会低于250000，为（700×300=）210000。另外，在加式福利函数情况下，社会收入分配允许在个人效用方面出现负数或零，即使出现负数或零，社会福利总和也可以保持为正值。但是，在乘式福利函数情况下，社会收入分配不允许在个人效用方面出现负数或零，因为一旦出现负数或零，社会福利总和也就变成负值或零。

收入分配之间找到合意的平衡,或者能够及时调整它们之间的关系,解决大部分社会、经济问题就会更容易一些。(2)一国涉及收入分配的公共政策,其目标选择——无论是强调效率优先还是强调平等优先——没有固定的标准,取决于该国的社会收入状态与一般国民福利的关系性质,而后者还要受到诸如基本国情、经济发展水平、国民传统等多种因素影响。(3)一国政府如何确立公共政策的选择标准以及对重要的社会经济结果(如社会收入分配状态)的评估标准,关键在于事先确立一些适用的基本原则,如效率原则、平等原则、基本权利分配原则等。但是这些原则的确立,必须经过一个有效的和由广大社会成员参与的社会偏好显示过程,即现代公共政策理论所强调的政策形成之公共过程。

四、"罗尔斯主义"社会福利函数

罗尔斯主义社会福利函数正是考虑到政府在确立公共政策选择标准时应该事先确立正确的原则这一要求而建立起来的。按照美国思想家约翰·罗尔斯的观点,给人们以自尊和自治的那些必要条件必须平等分配,不管人们的出身、天赋、品行、财富有什么差别,在公民和政治权利领域他们是平等的。任何人……他都期望自己享有宪法保障的公民权利和自由。这些权利和自由是"不管他有什么他都想要的那些东西","这些东西"给他以自主的身份、独立的地位和安全感,在任何情况下都不能剥夺,也不能拿来和经济利益交换。基于这一基本原则,罗尔斯的社会福利函数中的社会福利不仅要以境遇最差的社会成员的效用来计算,而且社会福利状况的改善也以这些境遇最差的社会成员的福利改善程度予以衡量。

该社会福利函数的表达式为:

$$W = \min(u_i) \qquad i = 1, 2 \cdots, H$$

罗尔斯的社会福利函数确定地表达了这样的一种看法,只有社会福利最差的社会成员的效用提高了,社会福利才会发生改善,被称为"最小最大"原则。该社会福利函数实际上表达了这样的观点,经济社会中社会福利最大化过程中,穷人的福利与富人的福利具有互补性特点(如图 1-5 给出的罗尔斯主义社会福利函数基本图形所示),而不像功利主义的社会福利函数那样,认为在此过程中穷人的福利与富人的福利具有替代性特点(如图 1-3 给出的功利主义社会福利函数基本图形所示)。不难理解,在罗尔斯社会福利函数中,"最小最大"原则被视为比较社会状态的外部原则,或基础原则。该函数倡导社会应该优先考虑解决社会底层成员的基本(社会与经济)权利分配问题,而不是优先考虑一般社会成员间的社会收入公平分配问题，或单纯的经济增长问题。罗尔斯认为，通常情况下社会要赋予其所有成员一些基本权利，主要是个人的自由权，包括基本的政治权和公民权；在公共政策与这些个人自由权发生冲突时，后者具有绝对的优先性，即政府不能出于任何经济、社会等原因而削弱个人的自由权。可以说，罗尔斯的自由权优先理论是"一种可以和功利主义抗衡并能够替代它的道德哲学，它不仅符合人们的道德直观，而且在制度上具有可操作性"。①

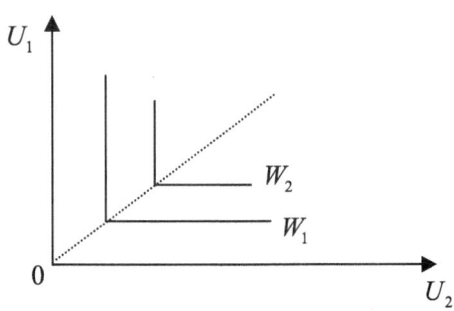

图 1-5　罗尔斯主义社会福利函数

按照森的理解，自由权优先理论的提出具有保障社会底层居民利益的作用，因为它是保护个人基本利益的最后屏障。但是，在现实社会中，自由权优先与其他社会、经济目标往往不可避免地发生冲突，成为政府在制定公共政策时必然会遇到的一个实际难题。过度强调这种权利也可能忽视必要的经济利益，而放弃对这种权利的坚持也会带来意想不到的社会后果，因为自由权在社会生活中的政治方面的显著意义远远超过坚持这种权利所可能带来的经济利益。那么，妥善处理经济利益和自由权冲突，重要的是处理好如下关系：（1）每个人的自由权具有同等重要性，不能在坚持某些人的自由权时破坏其他人的自由权。（2）对自由权重要性的评价不应以个人坚持这种权利所能够得到的经济利益为标准，而应该对坚持这种权利的社会意义建立共识。

罗尔斯的社会正义理论及其衍生的社会福利函数，在当代对政府公共政策研究与实践活动的最大贡献在于，它指出了具有最大凝聚力，即最有效推动社会经济发展的社会结构必然是允许所有人享有与其他人同样的基本权利及自由的社会结构；在此重要结论基础上，其确定了政府在制定公共政策中从容平衡"平等—效率"关系的原则——社会和经济的不平等必须符合处于最不利地位的人的最大利益。可以说，在任何类型国家，罗尔斯的上述结论都能够轻而易举地形成社会共识。或者反过来讲，在任何类型国家，人们也无法通过任何严肃

---

① 信春鹰. 正义是社会制度首要价值[J]. 读书, 2003（6）.

的研究来否定上述结论的真理价值。例如,森在批判"李光耀命题"时曾经指出,权威主义政府至今未能证明,对基本的政治与公民权利进行压制有助于国家的经济增长。就导致东亚经济成功的各种原因——如对外开放、运用国际市场与国际条件、提高识字率、提高就学率、进行土地改革以及对资本、出口和工业化进行公共支持等——进行分析,发现所推行的政策没有一项是与更多的民主、更多的自由绝对不相容的。自然更无法证明这些政策只有在权威主义条件下才能发挥作用。一些发展中国家政府断言"发展中国家公民对政治和民主权利无动于衷"。对此,森反驳道,在普通民众几乎没有政治机会表达个人意见、看法以及更无法与当局进行辩论的情况下,上述命题根本无法检验。"对这些权利和自由的轻蔑,当然是许多第三世界国家政府领袖的价值标准系统的一部分,但把它当作人民的观点是大成问题的。"① 其实,发生在世界各国的很多事实足以说明,穷人对于政府不给他们自由和政治权利的不满,并不亚于对经济贫困的不满。认为穷人有理由放弃政治与民主权利以换取经济利益,实际上是对穷人的污蔑,也是从"民主有碍于发展"这一命题推导出来的结论。一些亚洲国家政府曾经声称政治自由与公民权利是西方的价值观,与亚洲价值观相冲突。对此,森的反驳更为简单,他说,仅从人类作为一种社会动物这一特征看,断言个人不要求参与政治、社会活动,不珍视参政、议政的权利,既不符合逻辑,也是绝对不合理的。特别是在现代环境下,政治自由不仅仅是个人的权利,而且是形成民主政体的基础。当然,一些国家政府不能公开讲自己不需要这样的体制,故只能以所谓的传统价值观为借口来推迟其体制变革时间。

五、罗尔斯"社会正义"标准的广泛适用性

在逻辑上,只要承认罗尔斯的上述"社会正义"标准,政府公共政策供给活动便能够在两个层面上进行:凡是与保障公民平等权利及其有关的公共政策——至少包括社会保障政策和社会援助政策,政府最好把它们视为社会生活中不可或缺的最重要的公共物品,在任何财政条件下都应该承诺无条件地予以提供并保障落实;而其他类型的公共政策供求平衡问题则可以通过公共过程并通过市场原则处理。其实,认真分析可以发现,按照市场原则确定公共政策供求平衡本质上符合罗尔斯的社会正义要求,尽管市场本身存在着种种缺陷,但是它提供了人们实现交易自由的场所,而(按照森的观点)交易自由可能是各类自由中最重要的一种,只要否定这种自由,便会给社会经济带来重大损失。

---

① [印]阿玛蒂亚·森. 以自由看待发展[M]. 北京:中国人民大学出版社,2002:152.

以劳动市场为例，在一些发展中国家政府至今仍然困扰于因缺乏就业自由而导致的种种社会、经济问题。人身依附性劳动、计划性劳动安排、大量使用童工以及妇女就业受到歧视等问题的存在，显然无法有效提高国家的经济效率，而且这种事实上的劳动自由限制又成为导致大量社会成员普遍贫困的重要原因。

至于如何解决类似劳动市场缺乏自由导致普遍贫困等实质上已经成为社会问题，森提出"广泛使用市场并与扩展社会机会相结合"的建议：（1）通过公共政策创造社会机会，提高国民通过自由选择途径获得自己认为满意结果的可能性。（2）政府公共扶持政策的范围、成本、管理制度以及可能产生的各种后果等重大问题，都应该通过公共过程进行公开讨论后予以制定。（3）政府在推行公共扶持政策以扩大社会机会的各种活动时，不应该以此为借口放松对财政赤字的规模控制，否则会导致包括政府机构膨胀、通货膨胀等在内许多的社会经济问题。为此，在推行这类公共政策时，一个重要原则是严格控制财政资源被用于那些社会利益远不清楚的目标上。不难发现，在处理公共政策问题上这种建议实质上坚持了"社会和经济的不平等必须符合处于最不利地位的人的最大利益"原则。

第五节 公共政策与公共行政

以上分析了公共政策的形成机制，着重解释了不同社会福利函数对政府政策目标选择的不同影响，以及在罗尔斯社会正义理论指导下建立起来的公共政策供给之基本原则。但是，理论上再好的政策也不会自发地起到提高社会福利、改善社会福利状态的作用，这些作用要依靠特定的公共行政过程才能发挥出来。那么，与政策形成过程相比，政策的实施、落实，即政策的公共行政过程同样重要——高效率的行政过程不仅保障了特定政策贯彻的及时性、可靠性，而且能够不断提高国民的满意程度，减少矛盾与冲突从而降低行政成本。

一、认识社会问题与公共政策决策

通常政府推行一项公共政策要经过认识、决策、执行以及绩效评估[①]几个

[①] 读者会发现，本书仅仅考虑到对公共政策理论研究的完整性，于本章内容安排上简要涉及政策执行理论。根据研究对象和研究范围的界定，本书后面内容一般不再对政策执行理论进行更为深入的探讨。至于公共政策的绩效评估问题，在本书第四章将做专门分析。

主要阶段。从发达国家（如英国）公共政策发展变化历史看，一些重大公共政策形成背景差不多都是因为人们发现日益严重的社会问题、社会矛盾，或是已经危及现行社会秩序的稳定，或是正在阻碍社会经济的健康发展，从而责成或推动政府制定有关的公共政策。有些时候，比较敏感的政府组织、政府官员也会就某些社会问题提出政策制定建议。英国在工业化初期，人口流动规模日渐庞大，最终导致该国中央政府制定了旨在要求各教区承担帮助穷人责任的公共政策，并以《安置法》的形式予以执行。随着工业化、城市化的发展，不断涌入城市的外地贫民和受商业周期影响而沦为失业者的城市居民，给社会生活带来诸多新问题（控制传染病、妥善安置移民、失业家庭救济等），迫使政府逐渐认识到应该对伊丽莎白时代制定的《济贫法》进行了必要的修改，以适应现代社会生活的需要。为此，1834年政府颁布了旨在实现济贫工作现代化的《济贫法修正案》，并且为贯彻新法案而在行政组织机构建设方面付出了极大的努力。

除了对社会现实的观察与认识推动政府公共政策形成外，自然科学和社会科学的进步在这方面也日益发挥了积极影响。18世纪亚当·斯密在其《国富论》中对政府通过财政手段支持国民基础教育对个人福利、社会发展意义所做的精辟见解，无疑在极大的程度上推动了英国义务教育活动的开展，使之成为世界上最早由政府参与初等教育并通过《教育法》确定在发展基础教育上的政府责任的国家。后来，福利经济学的理论和有关政策主张促使国民和政府逐渐接受了"福利国家""社会保障"等新观念，这对英国现代社会保障制度的建设同样起到了巨大的推动作用。1911年的英国政府颁布了《国民保险法》不仅明确了政府在解决国内失业、社会医疗救助等问题方面的基本责任，而且逐渐创建并完善了与社会保障事业发展密切相关的管理技术，如把社保缴费与收入审查结合起来以及将社保收支纳入政府预算等等。19世纪科学发展揭示了环境卫生与疾病的联系以及安全饮用水与人们健康的联系，这在相当程度上推动了英国《市政法》的出台与实施。作为一项公共政策立法，该法确立了在城市（特别是在人口稠密城市）在保持环境卫生、提供卫生水源以及科学处理垃圾等公共事业方面的政府责任。总之，自然科学、社会科学的进步，一方面为人们提供了更多和更精确的关于公共政策利益与成本比较的知识，从而发挥了不断降低政策边际成本（即将政策供给曲线不断向右推移）的作用。另一方面，随着科学研究制度化、职业化特点的形成，社会制度变革、政策调整过程获得了更好的人为控制。和以往那种单纯依靠"试错法"相比，这无疑极大地提高了政府从事制度变革、政策调整活动的可预见性，相应减少了不确定性。再者，自然科学、社会科学教育的普及，提高了一般公众的相关知识水平，对经济政策改变、调整往往能够予以善意理解并主动配合，这也有助于提高公共政策的质量。

二、公共政策的决策模式

推行政府提供公共政策的动因，可能源于公众方面，也可能源于政府方面，这些都无关紧要，但是公共政策决策活动则只能由政府主持。通过决策过程，政府最终确定推行该政策的适宜方案、组织安排和具体方式方法。对于政府来说，为推行公共政策选择最佳实施方案是最为困难的事情。首先，政府要对必须采取公共政策手段才能解决的社会问题的基本性质——产生原因、严重性、影响范围、与解决其他社会问题相比较而言的紧迫程度等——做出正确判断，这是为推行特定公共政策寻找"好方案"的前提。其次，政府要在一系列内部的、外部的约束条件下——现行政治制度、行政管理程序、组织结构、财政能力以及社会传统与文化环境、经济国民经济发展潜力，甚至国际压力等，研究方案选择标准，进行可行方案的选择。再次，对各可行方案的优势与劣势进行比较分析，尤其需要注重分析不同方案的执行成本和它可能产生的外部性。在这方面，政府不应仅仅通过局部均衡分析法来辨认特定方案的社会、经济影响，而在可能的情况下最好采取一般均衡分析法对其成本归宿、利益归宿问题进行科学判断。①最后，政府要就可选方案在执行过程中受不确定因素影响问题做敏感性分析或稳定性分析。理论上认为，稳定性越强或敏感性偏低的方案在执行中越不易偏离公共政策既定目标。至此，至少在理论上，政府便为推行某一公共政策选择了一个既能够有利于实现公共目标也能够实现决策者价值最大化的方案。

上述决策模式在美国管理学家西蒙的《管理者行为》著作中被总结为"理性决策模式"。按照该模式，政策决策任务包括三个步骤：列出所有可供选择的策略，确定每种策略的全部结果，对各种结果进行权衡和比较。鉴于这种决策模式常常受限于决策者能力以及直接受一些重要因素（如信息供给及时性、充分性）影响，被认为是一种难于广泛推行的且成本极高的决策模式。后来，西蒙提出"有限理性模式"，即不再强调实现决策者价值最大化的决策方案，而是选择一个令人满意的或者足够好的方案。在决策过程中也不强调寻找所有的可能的备选方案，而只要寻找到一个令人满意的方案就可以定案。

---

① 因为特别是推行一项针对特定社会成员的公共政策，其社会福利可能会明显地转移给其他社会成员，而成本则一定会由全体国民承担。于是，产生新的社会不公平。例如，美国政府为老年人进行的医疗费用补贴，客观上减轻了原先要对自己老人医疗开支承担责任的子女的经济负担，而这一负担实际上通过复杂渠道转嫁给全体纳税人。类似的公共政策产生的福利转移问题，不仅使公共政策带有过多的收入再分配色彩，并且诱导更多的社会成员希望参与社会福利的分享，进而导致公共支出压力日益提高。诸如此类的问题多与贯彻公共政策的具体方案选择不当有关，这也是公共政策方案需要随时间推移不断进行调整的重要原因。

应该看到，无论是"理性决策模式"，还是"有限理性决策模式"，都需要比较严格的条件支持，而在现实生活中，鉴于这些条件很难同时具备，那么按照这些决策模式产生的决策方案就未必是最佳的。正是因为注意到这个问题，政府实际上在政策决策过程中通常采用的是渐进主义的"连续有限比较"方式。该决策模式最先由美国政策研究专家林德布洛姆提出，这种决策方法并不考虑所有可能的政策方案，只考虑与现行政策存在微小差异的政策方案，也不必权衡比较决策方案的全部结果。可见，这种大为简化的决策模式不仅是低成本的，而且具有较大的自由裁量色彩。按照希尔的解释，这种决策模式具有如下特点："……决策者只对具体决策方案进行比较，确定这些政策方案一旦付诸实施各自能够实现目标的程度，在此基础上做出决策。……渐进决策的一个基本优势是，渐进的政策变迁能够评估出自己所采取的行动的正确程度，在此基础上，他就可以决定是继续贯彻一定的政策，还是调整方向"。①应该说，渐进主义的决策方法比较适用于公共政策的调整与完善过程，因为实践说明，一般情况下政策都要经过尝试、实验、总结经验、调整、再调整过程而实现其自身的不断完善，或者通过相似过程实现政策变迁。不过，渐进主义的决策模式很难应用于公共政策过程中的元政策制定，特别是对于某些公共政策原本供给不足的发展中国家来说更是如此。在这种情况下，元政策的决策最好还是使用西蒙的"有限理性决策模式"。当然，如果发展中国家能够有效借鉴其他国家的某些公共政策经验，或者直接引进外国的公共政策方案，结合本国情况，按照渐进主义的"连续有限比较"方式进行决策也未尝不是理性考虑。②

除了决策模式影响政策方案选择外，人们还注意到，其他一些属于决策输入因素实际上也影响、制约、控制政策方案的选择。一般认为，影响政策方案选择的重要政策输入因素包括三类：意识形态、制度和文化传统。例如，与个人主义意识形态较强的社会相比，在集体主义意识形态较强的社会，政府比较容易按照功利主义（或者集体功利主义）社会福利函数标准进行政策实施方案的选择。同样，在传统上受"平均主义"意识形态影响较深的社会，政府就要考虑在政策方案选择中是否应该接受"贝尔努力—纳什社会福利函数"标准。由于这两个福利函数的效用水平不具有可比性，所以在不同意识形态下形成的价值判断标准就会成为公共政策决策的不可忽视的影响因素之一。另外，社会

---

① [美]希尔. 现代国家的政策过程[M]. 北京：中国青年出版社，2004：85-86.
② 美国经济学家德热认为，在现行政策基本令人满意而问题性质具有高度连续性且解决问题的手段也具有高度连续性的国家，渐进主义模式是适用的。但是，不充分具备上述条件的国家，或者期望进行重大社会变迁的国家，该模式并不适用。为此，他提出所谓的将现实主义和理想主义结合起来的"规范最适决策模式"。该模式在政策决策过程里除了强调理性因素作用外，还强调诸如判断力、创造性、头脑风暴等属于个人政治智慧内容的那些超理性因素的作用。参见希尔的《现代国家的政策过程》（北京：中国青年出版社，2004年），第五章。

经济研究过程不能避免价值判断的原因还在于其研究方法的特殊性。社会科学没有可以控制的实验，也无法运用试错法，所有参与公共政策决策的决策主体（政治家、政府官员、各派利益集团代表等）都只能对各种决策方案可能产生的具体结果进行解释、判断。鉴于他们受不同的意识形态影响，具有不同的道德意识，就难免在价值判断中渗透道德情感，甚至形成争议。据此，也可以解释为什么某些公共政策决策过程是如此艰难，以至在某些极端情况下，甚至要修改公共政策的目标以适应政策方案选择过程的特殊要求。

制度因素与文化传统因素的研究，主要涉及国家基本政治制度和文化传统特点对公共政策决策的影响。在希尔的著作中，他分析了反映在英美两国政府公共政策决策性质差异上的两国政治制度的差异。英国属于实行中央集权的一元化的政府体制国家，而美国属于实行联邦制、国会两院分权制和行政主导的总统制国家，"正是美英政治制度的这些差异，对于美国公共政策制定过程中的强烈的交易特点具有尤其重要的影响"。①至于文化传统特点对公共政策决策的影响，其情况更为复杂。虽然各国人民对生存权、发展权、社会公正、集体安全、共同分享经济增长的福利与机会等人类基本价值——给予了几乎同等的重视，但是政府在进行公共政策决策时则不能不考虑本国文化传统的特殊性要求。例如，美国政府对儿童权益保障的公共政策实施方案，在一些亚洲国家会被认为存在着过分纵容儿童任性的副作用。同样，在中国长期受儒家意识形态观念熏陶形成的道德规范，可能很容易被融入某些公共政策方案中；不过，这些道德规范在其他国家则可能因为缺乏必要的功利性而难以被多数国民所接受。正如人们长期实践所发现的那样，任何单一模式、单一理论、单一国家经验等不可能推广用于对所有国家的社会、经济现象的研究，对公共政策制定的研究尤其如此，其根本原因之一就在于各国文化传统存在着巨大差异。这些差异导致：（1）各国国民对公共政策的理解以及对公共政策的信念不统一；（2）即使在同一国家，不同社会阶层、不同地区、不同时期、不同经济环境下，国民对公共目标的制定以及对公共政策赋予何种信念也表现出各种差异；（3）在某国表现为成功的公共政策实施经验，在另外一些国家却难以取得同样的成功，甚至归于失败。由此可见，政府在进行公共政策决策时不仅要意识到政策方案的选择受限于理论、经验、制度等因素，而且要意识到在简单的社会经济现象下，可能还存在许多深层次的文化传统问题，这些问题错综复杂且解决起来又具有极大的挑战性。

---

① [美]希尔. 现代国家的政策过程[M]. 北京：中国青年出版社，2004：108.

三、公共政策的执行

公共政策的执行——接受具体公共政策实施方案的政府行政部门所采取的行动——就是政策的输出过程，通过该过程公共政策对国民福利产生实际效果的同时，也对决策者提供反馈信息以便他们对实施效果做出及时、客观、公正的判断。

不言而喻，政府制定的一项公共政策能否取得成功绝对地取决于：（1）政策方案的可行性程度，（2）行政活动的完美性程度。但是，在现实生活里，二者表现为互为因果关系。仅就公共政策的执行过程看，如何改善行政质量则一直是公共政策研究领域中的重大课题。英国学者胡德认为："完美的行政可以界定为这样一种条件，在这一条件下，可用的资源和政治认同程度等'外部'因素与'行政'相结合，从而导致了完美的政策执行。"[1]英国学者豪格伍德与葛恩在做认真分析后，归纳出实现完美政策执行的 10 个先决条件，关于这些条件的研究成果对各国政府提高、改进政策执行质量具有很强的现实指导意义。其中主要条件包括：（1）执行机构的外部环境没有对其构成足以使之瘫痪的限制。（2）执行机构拥有足够的资源与时间来执行政策。（3）所要执行的政策建立在一个有效的因果关系理论基础上。（4）最好只有一个执行机构，如果必须引进其他机构，则主要执行机构对其他机构的依赖性，在数量上和在重要性程度上，均应降低到最低限度。（5）在政策执行中，应该对每个政策执行的参与者所要履行的任务，按照严格的时序进行细致的分解。（6）在与政策有关的各种要素之间，存在着良好的沟通与协调。（7）政策之执行过程里的权威人物有维持良好秩序（特别是要求下级服从）的能力。[2]应该看到，所谓完美的执行条件是十分苛刻的，有些甚至是过于理想化而在现实生活中几乎无法形成，如"执行机构拥有足够的资源与时间来执行政策"。不过，在理论上做这样的探讨是允许的，至少提示政策决策者在决策过程中充分考虑政策执行的要求。否则，再好的公共政策也会因为行政原因而归于失败。

完美行政的条件暗示政府，为提高政策执行质量所做的各种努力，其重点应该放在明确界定政策性质、妥善安排执行机构、不断改善外部环境以及加强控制执行主体能力方面。目前，各国在政策执行研究中归纳了两个基本模式："自上而下政策执行模式"和"自下而上政策执行模式"。如果某种公共政策的

---

① [美]希尔. 现代国家的政策过程[M]. 北京：中国青年出版社，2004：111.
② 有关这方面理论的较为详细分析，参见希尔的《现代国家的政策过程》一书（北京：中国青年出版社，2004 年）第六章。

决策方案目标明确，执行程序和规则清楚，政策执行的外部环境比较理想，执行部门事权与财权安排对等且准确，那么采取"自上而下政策执行模式"相对有利。因为在该模式下，并不要求执行部门过多地行使"自由裁量权"并且上级政府也较容易控制下级政府的行为。如果某种公共政策的决策方案具有目标明确的特点，但执行程序和规则需要在执行中加以摸索，进而导致在政策执行部门的事权与财权安排上出现某些模糊性，则适宜采取"自下而上政策执行模式"。因为在该模式下，需要执行部门有更多的灵活性，更大的"自由裁量权"，否则无法在执行过程中及时克服贯彻政策目标遇到的许多预想不到的困难。当然，在这些场合上级政府对下级政府行为的控制能力必然会衰弱。这两个政策执行模式各有其适用场合，对所有公共政策按照其某种性质（如贯彻的难易程度）进行分类，然后再选择适宜的执行模式，会明显降低政策执行成本并提高政策效果。无论采取何种模式，在政策决策者和政策执行者之间进行有效沟通、协调都是不可忽视的事情。因为"控制权"与"自由裁量权"之间具有辩证统一关系——一般情况下，对抗产生内耗，和谐产生效率。

必须指出的是，在正确制定公共政策实施方案并且政策执行过程中没有重大技术障碍的情况下，公共政策能否顺利、有效实施，还取决于政府行政部门的性质。如果政府尚未建立能够照章办事的公务员体制，如果大多数行政官员能力有限且无法根据正确的现实或科学的假设预测预算收支，如果各行政部门职责混淆、重叠、办事拖拉且很难协调，如果公共服务不到位、质量差、成本高、浪费严重、腐败成风，则再好的公共政策实施方案也无法得以有效贯彻。关于公共政策执行的效率问题，各国实践说明，与对私人厂商的经营绩效状况进行分析相比，对政府行动结果进行绩效分析普遍存在着更多的困难。例如，可以假设私人厂商以追求利润最大化为单一目标，而政府行政机构的目标则日益趋于多样化、复杂化并有相当的模糊性。行政机构目标的多样化、复杂化，一方面使公众难以一目了然地把握这些机构及其管理者的实际意图，另一方面则增加了行政机构管理者在政策执行过程中所拥有的任意处置权（"自由裁量权"）。再如，私人厂商提供私人产品通常要经过市场竞争环节，而政府行政机构则被规定为专门负责提供某种公共物品，实际上是采取垄断方式提供这种产品。这意味着公民，在作为其顾客时，既对行政机构提供的产品或劳务没有任何选择余地，也无法施加竞争压力去刺激其改善质量和降低成本。又如，评价某一厂商的经营效率相对容易，通过比较其竞争者赢利状况就可以大体做出"有效率""低效率"抑或"无效率"的判断。但是，国民判断某一政府行政机构的工作效率则比较困难：一是几乎找不到据以参照比较的效率基准，即使找到也相当薄弱；二是无法解释同样具有"经济人"特征的政府行政官员为什么一定会追求（对公众而言的）行政效率，即找不到与此有关的可靠的理论依据。

对各类国家政府行政活动中普遍存在的由于制度僵化、官员渎职、权力滥用等导致的财政资源浪费、行政低效率问题及其给社会经济发展带来的负面影响，最近几十年发展起来的有关政府行为理论（如公共选择理论、委托—代理理论、X—无效率理论等）对此进行了比较透彻的分析。这些理论研究几乎得出一些共同的认识：高效率的政府行政不是政府官员美德的产物，而是特定观念的产物和制度安排的结果；建立并维护一个有效率的、负责任的政府是持续提高国家行政质量和相应节约财政资源的关键；"……良好的政府不是一个奢侈品，……没有一个有效的政府，经济和社会的可持续发展都是不可能的。"[①]具体到公共政策领域，人们不仅更加重视（集中体现在公共政策实施方案中的）政府承诺，而且也对政府不能及时履行自己的承诺——特别是源于行政因素而难以有效实施既定公共政策方案——表示更多的担忧。因此，在许多国家，特别是在发达国家，国民不但要求对政府的政策决策、政策执行过程有更多的参与权、知情权，并且提出按照公司治理原则实行政府治理的要求。所谓"政府治理"，就是一整套用于指导政府官员决策与行政活动的制衡与控制制度，该类制度具有规范政府官员行为方式、加强公共财政资金管理以及提高政府活动绩效的作用。政府治理有助于提高政府行政过程的可观察性或透明度，创造不断提高其行政管理水平的刺激。

应该注意，研究政策执行问题对于政策决策具有相当重要的意义，即要求政策决策者在政策方案选择时必须考虑备选方案的可行性。那些缺少可操作性的公共政策无非仅仅具有象征意义而已，即仅仅意味着政府赞同某些社会选择的目标，但不去考虑如何实现这些目标。久而久之，公众会对政府失去信任，政府的公信力也会因此丧失许多。

---

① 世界银行. 1997年世界发展报告——变革世界中的政府[M]. 北京：中国财政经济出版社，1997.

第二章 基本国情与公共政策制定原则

实践证明，对于政府而言，任何政策思路的设计，均应立足于特定的时代背景，即只有从客观现实（基本国情现状）出发，才有可能在不同的政策思路中做出正确的选择。目前，我国尚处于经济深化改革时期，制定公共政策必须符合国情特点，即要求政府应该在深思熟虑且充分把握现实的条件下制定出符合国情要求的公共政策，推动市场的发展进程，促进社会进步。

如何根据基本国情确定我国的公共政策目标和制定原则是本章的研究重点。本章首先说明深化改革时期我国国民经济的发展状况，顺便阐释经济体制改革的基本进程和现实阶段性的基本特点。其次，简要分析深化改革时期内急需解决的最重要的社会经济问题，它们是失业问题、"三农"问题以及环境矛盾造成的可持续发展问题。最后，在对上述问题分析的基础上，立足基本国情，从中引申出适合我国国情的公共政策的一般原则。

第一节 深化改革时期的经济发展状况

中国经济改革是通过由易到难、由浅入深、由农村到城市、由体制外到体制内的改革方式逐步推进的，渐进式改革极大地促进了我国的经济增长和人们生活水平的改善。经过三十多年的改革，中国经济取得了令世人瞩目的成就，提高了我国在世界上的整体竞争力。

一、深化改革时期我国国民经济的发展与成就

从1978年开始，经过三十多年的经济改革，中国的经济发生了巨大变化，取得了辉煌的成就，这些成就集中体现在以下方面。

1. 国民经济保持稳定、高速增长，综合国力显著增强

经过三十多年的改革，国内生产总值从1978年的3645亿元增加到2015年的676708亿元，按可比价格计算，年均增长率为9.63%，超出世界同期年均增长率6.33个百分点。1989—2015年间，面对复杂多变的国内外环境，我国经济仍保持快速发展的态势，年平均增长速度达到9.69%，比世界经济增长速度快6.39个百分点，是世界上发展最快的国家之一。

经济的快速增长缩小了我国与发达国家的差距。根据国际货币基金组织估算，与1989年相比，2015年中国的经济总量已由世界第八位上升为第二位，超过了日本，仅次于美国。1989年我国国内生产总值（GDP）仅分别相当于美国、日本、德国、英国和法国的8.2%、15.1%、37.9%、53.3%和45.6%，到2015年，除与美国差距仍较大外，已分别是日本、德国、英国和法国的215%、307%、410%和404%。中国经济增长的时间之长和幅度之大，在世界经济的发展史上也是少见的。在经济持续增长和效益改善的基础上，2015年我国财政收入达到152217亿元，平均年增长速度为16.8%。

2. 经济结构实现战略性调整且成效显著

三次产业结构趋向协调，在坚持巩固和加强第一产业的基础上，继续提高和改造第二产业，积极发展第三产业，使三次产业结构逐渐向合理化的方向发展。（1）农业结构不断优化。农业区域化合理布局、专业化分工的趋势逐步显现，主要农产品生产向优势产区集中。（2）工业的整体素质和国际竞争力明显增强。传统产业改造升级步伐加快，高技术产业成为新的经济增长点，装备制造业发展取得新的成绩。长期以来，困扰我国的基础设施、基础工业对经济社会发展的瓶颈制约基本解除；能源生产、交通运输能力大为提高；邮电通信业突飞猛进；城市基础设施有了很大改观。（3）服务业结构不断改善。传统服务业比重有所下降，现代服务业比重上升，咨询、物流、连锁经营、社区服务等新兴服务业方兴未艾。

经济结构实现重大调整，工业化进程加速。伴随着工业化进程，产业结构呈现出明显的由低级到高级、由严重失衡到基本合理的变动趋势。从我国产业结构、制造业实力以及出口结构来看，可以做出这样的判断，我国已经由工业化初期阶段进入中期阶段。其主要表现在以下几个方面。

第一，在农产品总量迅速增加的前提下，农业的产值比重明显下降。至20世纪末，农业发展迅速，农产品供给实现了由长期短缺向总量基本平衡、丰年有余的历史性转变。2015年，第一产业增加值的比重由28.1%下降为9.0%，第一产业内部结构也发生了积极变化，农业的产值比重下降，林业、牧业、渔业比重上升，传统农业由单一生产结构转变为多种经营，逐步向现代农业过渡。

第二，经济结构趋向合理。在人口总量增加3亿的情况下，农业劳动者比重由62%下降为34%，第二产业增加值的比重由43%下降到40.5%，第三产业增加值的比重大幅上升，由29%上升为50.5%。长期制约我国经济发展的原材料、能源和交通运输等"瓶颈"得到基本缓解，现代服务业正在兴起。

第三，已经建成比较完整的工业体系。制造业能力比较强大，有一定的科技含量，能够为国民经济提供相当部分的技术装备；交通、运输、通信设施日益发达，为经济增长创造了有利的基础设施条件。工业增长迅速，结构调整和科技进步的贡献日益明显，高新技术产业成为拉动工业乃至整个经济增长的重要力量，工业生产对需求变化的适应性逐步增强。

第四，出口结构发生变化。机电产品、高新技术产品所占比重持续上升，劳动密集型产品所占比重不断下降。2015年出口总额达到2.28万亿美元，机电产品出口13119.3亿美元，同比增长0.1%，占外贸出口的57.6%，比2014年同期提高1.8个百分点。其中，手机、船舶、灯具等出口分别增长8.5%、13.3%、15%。七大类劳动密集型产品出口4720亿美元，同比下降2.7%，占外贸出口的20.7%，其中纺织品、服装、鞋分别下降2.3%、6.4%和4.8%。

第五，生产力布局发生重大重组。东部地区经济实力显著增强，2015年东部地区人均GDP突破70000元，达到72002元，而中西部地区的发展也逐步加快，到2015年中西部人均GDP分别为41182元和40658元。中国经济结构的变动呈现出由满足基本需求为主转向逐步适应消费升级和需求多样化的趋势，这是工业化加速阶段的新特征。

不过，人们还需看到，虽然取得了可喜的成绩，城镇化进程在最近几年明显加速，但我国仍有相当多的劳动力从事农业生产，从事工业生产的劳动力占总劳动力人数的比重与发达国家相比仍有较大差距。因此，从目前看，中国工业化进程尚未完成，现在处于工业化的中期，继续完成工业化，实现产业结构的升级以及与此密切相关的城镇化是我国现代化进程中艰巨的历史性任务。

3. 对外开放的范围与深度持续扩大

我国对外开放的范围逐步扩展，全方位、多层次、宽领域的对外开放格局不断完善，对外贸易跃上新的台阶。在世界贸易排名中，我国由1978年的第25位上升到2015年的第1位。进出口总额由1978年的211亿美元增加到1989年1117亿美元的基础上，2001年的进出口总额增加到5097亿美元，2015年的进出口总额进一步增加到3.96万亿美元，1979—2015年期间年平均增速达15%。我国吸引外资已经连续24年居发展中国家首位，并连续六年稳定在1000亿美元以上。外商投资领域逐步拓宽，开始从农业、工业、交通、饮食娱乐业等领域向邮电通信、商品零售、金融保险拓展。境外大公司、大财团来华投资增多,世界500强企业中已有约400家在华投资。1978年,我国外汇储备只有1.6亿美元,1989年增加到56亿美元,2001年迅速增加到2122亿美元,在日本之后居世界第二位。2001年底加入世界贸易组织标志着我国对外开放进入了新的阶段。2004年,我国在世界贸易中的排名上升至第4位,仅次于美国、德国和日本;进出口总额突破万亿大关,达到11000亿美元;吸引外资的数量达到606亿美元,同比增长13%,继续保持全球排名第一。2015年,我国在世界贸易中排名第1位,超过美国、德国和日本;2015进出口总额达到3.96万亿美元;2015年吸引外资的数量达到1262.7亿美元,同比增长5.6%,长期保持较高水平。

总之,从总体上看,我国的经济改革是成功的,但这并不意味着经济转型已经完成,现代市场经济的制度建设仍是个长期的过程。十八届五中全会对我国"十三五"改革发展进行了战略部署,在这个特定的历史背景下,"十三五"重在谋划好、把握好经济转型与增长的路径选择,以转型改革释放巨大的内需潜力,实现经济保持中高速增长、产业迈向中高端水平的目标,并实质性提高发展的平衡性、包容性和可持续性。

二、我国经济转型的新趋势、新结构和新动力

美国著名的投资银行高盛公司在《关于中国与世界的五大神话》系列研究报告的第一篇中总结到:"'中国故事'真正伟大之处在于总体的经济转型。"[①]当前中国经济进入工业化后期,无论是增长的趋势、结构,还是动力均呈现出与以往不同的新变化,增长转型改革高度融合的特点突出。其具体表现为[②]以下几个方面。

(1)经济转型的新趋势。尽管当前经济下行的压力增大,但经济转型升级呈现新的变化,使经济稳中向好面临着重要的历史机遇。第一,在"互联网+"的趋势下,"中国制造"正由生产型制造业为主向服务型制造业为主转型,有望形成制造业的竞争新优势。第二,在户籍制度改革的推动下,规模城镇化加快向人口城镇化转型。估计到2020年,人口城镇化率有望从现在的不到40%提高到50%左右,从而使人口城镇化率与规模城镇化率的差距从目前的17%缩小到10%。第三,消费结构正处于从物质型消费为主向服务型消费为主的快速转型中。估计2020年城镇居民的服务型消费比重将由现在的40%左右提高到50%左右,发达地区有可能超过60%,使消费在拉动经济增长中的作用进一步提升。

---

① 谢宝康,单羽青. 高盛破解中国神话[N]. 中国经济时报,2002-8-22.
② 迟福林. 十三五:经济转型趋势与改革路径选择[N]. 上海证券报,2015-11-3.

（2）经济转型的新结构。当前经济转型的新趋势将释放巨大的内需潜力，由此引领经济结构升级上一个新台阶。第一，基本形成以服务业为主体的产业结构。据估计，服务业比重将由2015年前三季度的51.4%提升到2020年的55%以上，同期生产性服务业占GDP的比重将从15%左右提升到30%左右，使服务业成为引领产业结构升级的关键。第二，基本形成消费拉动经济增长的新格局。据估计，"十三五"期间消费每年还会以8%~10%的速度增长，到2020年消费总规模将达到50万亿元左右，对经济增长的贡献率将稳定在60%~65%的区间。第三，基本形成以服务贸易为重点的对外开放新格局。据估计，服务贸易占对外贸易的比重将由2014年的12.3%提高到2020年的20%左右，从而使中国在推进双边、多边以及区域性、全球性的自由贸易进程中形成新的竞争优势。

（3）经济转型的新动力。与其他国家不同的是，中国正处于经济转型与经济结构调整同步推进的关键时期，机遇与挑战并存。"十三五"既是经济转型的历史机遇期，又是经济结构调整的"最后窗口期"。当前经济转型面临的结构性矛盾比较突出，不仅影响短期经济增长，而且掣肘经济结构调整升级。搞得好，就能够把握主动权，不仅能明显缓解短期经济下行的压力，而且将为中长期保持6%~7%的经济增长奠定重要基础；搞不好，就会陷入被动，并有可能加大经济社会风险和危机因素。其关键取决于结构性改革选择，取决于改革在多大程度上能够适应经济转型趋势不断破题发力。

推进结构性改革，是对传统重化工业时代形成的一整套政策体制的全面调整和系统性重构：既涉及政策调整，又涉及体制变革；既触及行业利益、企业利益，又触及部门利益、地方利益。这就需要加强改革的顶层设计，强化改革的组织协调，加大改革攻坚的力度，打破利益固化对结构性改革的掣肘。具体表现为：第一，破题投资体制改革，把投资建立在有效需求的基础上。突出消费的导向作用，推进投资转型，扩大有真实需求的服务业投资比重。第二，加快推进以消费税和"营改增"为重点的财税体制改革。对特定领域的中小企业加大"定向"减税力度，实现工业与服务业税负平等。第三，深化金融体制改革，加快发展以社会资本为主体的中小金融机构。支持为中小微企业提供服务的民营银行、社区银行等民间金融创新发展、规范发展，通过发展多层次的资本市场扩大直接融资比重。

第二节 深化改革时期亟须解决的重大社会经济问题

人们普遍了解,当前处于深化改革关键时期的我国,最难,也最为迫切需要解决的重大社会经济问题主要有四:一是因人口基数过大和国有企业改革等原因产生的较严重的失业问题,二是社会、政治、经济体制改革进入攻坚阶段后产生的"三农"(或"新三农")问题,三是传统经济增长方式与资源、环境矛盾造成的可持续发展问题,四是法制建设滞后与社会腐败问题。本章这部分内容仅简要说明这些社会经济问题的一般状况,对其深入研究和旨在解决这些重大问题的公共政策设计,则在本书后面各有关章节中进行论述。[①]

一、我国当前失业状况

中国是世界上人口最多的国家,也是世界上劳动力最丰富的国家,因而也就成为世界上就业压力最大的国家。随着市场化改革的不断深入,我国失业率逐年上升,人们对就业问题日趋关注。因此,降低失业率就成为中国经济发展的首要任务。

1. 失业的概念

按照国际劳工组织(International Labor Organization)的定义,失业人员是指在一定年龄之上和在参考时间内(例如4周或3个月)的那些没有工作或者目前可以工作而正在寻找工作的人。根据这个定义,失业者必须具备三个条件:有劳动能力,有劳动愿望,没有工作但有寻找职业的活动。

1994年以前,我国一直用"待业"一词代替失业。待业按其本意来说是等待就业或延迟就业,它属于广义的就业范围,并非失业。之后,我国劳动部对失业人员有了明确的定义,即在城镇非农户口的劳动年龄内(男16～60岁,女16～55岁)有劳动能力、无业而要求就业并在当地劳动部门进行失业登记的人员。

1995年起,我国借鉴了国外以"工作时间"作为就业和失业判定标准的方法,将就业定义为调查标准时间前一周内,工作或劳动时间累计大于或等于 1

[①] 对上述各社会经济问题的分析,构成了本书公共政策研究内容工作的基础框架,除了这些问题外,本书还专门研究其他相对重要的社会经济问题,如人口问题、人力资本开发问题、公共援助问题、社会保障问题等。

小时，而且由此取得了一定的报酬，不论其从事的是固定性工作或临时性工作，均视为就业。这与过去以是否到劳动部门登记为标准相比，无疑是一大进步，但对工作时间的量化标准有较多的争议。这一定义与国际劳工组织对失业的定义相比较，明显存在一些问题：失业人员的范围过于狭窄，只考虑城镇失业人员，而没有包括农村失业人员在内；对时间长短未做规定，没有规定多长时间没有工作才算失业；不包括愿意就业而没有工作的未到劳动部门登记求职的人员。

反映一国失业状况的指标有失业人口数量与失业率。失业率是失业人口占劳动力人口的比例。失业率的高低反映了一个国家经济中劳动力资源的闲置程度，失业率的波动则是一个国家经济周期的主要参数，因而其是衡量国家宏观经济的一项重要指标。

2. 失业状况

中华人民共和国成立以来，我国出现了三次较大规模的失业高峰。第一次是中华人民共和国成立初期，当时由于特殊原因，我国曾经面临着严峻的就业形势和压力，从1949年到1953年末，全国登记失业人员332.7万人。各级政府采取介绍职业、鼓励创业等措施，用了大约五年时间平抑了这次失业高峰，到1957年底就业问题基本上得到了缓解。在此以后，由于我国缺乏正常的失业统计，具体失业状况难以准确地估计、反映和把握。大致说来，城镇失业率呈现走低的趋势。第二次失业高峰出现在"文化大革命"后大批知青返城时期。1980年，全国登记失业人数541万人，其中失业青年占70.6%。这一时期各级政府通过鼓励国有企业建立经营实体、子女顶替和大力发展个体、私营经济等措施，同样用了五年的时间平抑了这次失业高峰。进入20世纪90年代中期，我国又出现了第三次失业高峰，城镇就业形势十分严峻，下岗问题十分突出。

近些年，我国的失业问题十分严重，就业形势严峻。从失业率和失业人数上看，均呈现明显的上升趋势。从城镇登记失业人口的分布状况看，也呈现出较大的差异。2015年我国城镇登记失业人数达到1705.68万人，登记失业率为4.05%。从失业人口的年龄分布来看，失业青年构成登记失业人员的主体，16岁～25岁登记失业人员占登记失业人员总数的近23.3%。从失业持续时间来看，68%的登记失业人员失业持续时间超过半年以上，属于以长期性为主的失业类型。从失业人口的地区分布情况来看，西部地区和重工业地区登记失业率较高。应该指出的是，城镇登记失业率并不能完全反映我国失业的真实状况，因为城镇登记失业率仅限于在当地服务机构登记失业的劳动年龄人口，而不包括未进行登记的失业人员；仅限于公开失业，而不包括社会上存在的大量公开的下岗、放假人员。其实，劳动者一旦失去了劳动或工作岗位，也就步入了失业者的行列,失业是较为规范的概念。

事实上我国的失业主要表现在劳动力供给与需求的结构性矛盾方面,其持续性较强。人力资源和社会保障部部长尹蔚民估计[①]:从供给看,"十三五"期间16岁~59岁劳动年龄人口仍将保持在9亿人左右。"十三五"时期年均需在城镇就业的新成长劳动力在1500万人以上,加上近千万的城镇登记失业人员,需在城镇就业的劳动力年均约2500万人,与"十二五"时期基本持平。同时随着城镇化加速推进,"十三五"时期每年还会有近300万的农业富余劳动力需要转移就业。从需求看,受国际国内各种因素影响,企业生产经营面临困难,加之技术进步和"机器换人",生产方式变革和劳动生产率提高,这些都会直接或间接导致劳动力需求相对减少。供给不减,需求下降,我国劳动力总量压力依然很大,结构性矛盾更加凸显。一段时期内,人岗不匹配的结构性矛盾仍将成为就业领域的主要矛盾,"招工难"与"就业难"并存。

另外,我国当前青年就业任务艰巨。青年就业是世界各国面临的共同难题,我国也不例外。"十三五"时期我国高校毕业生规模将持续增加,年均达到770万人左右。目前市场上适合的岗位还不充足,企业招聘意愿有所下降,加之高校毕业生教育结构、就业观念与市场需求脱节的结构性矛盾仍然突出,就业压力仍然很大。同时,新生代农民工比重大幅增加,他们的文化水平和技能素质总体不高,但对就业岗位有更高的要求,对融入城市有更强的诉求,一旦经济下滑出现大规模失业,他们很难回到农村。结构调整中的职工安置任务繁重。"十三五"时期是我国经济结构调整的攻坚期。目前,化解钢铁、煤炭行业过剩产能的工作已全面推进,如果再考虑到其他过剩产能行业的经营困难企业及"僵尸企业"出清,职工安置任务更加繁重。特别是在资源型城市、老工业基地等去产能重点地区,受产业结构单一、再就业门路狭窄等因素制约,失业人员再就业面临更大困难。同时,一些长期生产经营困难企业,降薪甚至欠薪、欠保等问题多发,由此引发的劳动关系矛盾可能也会增多。

3. 失业问题的主要特点

概括来说,我国失业现状呈现以下主要特点。

第一,隐性失业问题严重。在存在显性失业的同时,我国的隐性失业问题相当严重。在城镇中,企业被大量冗员充斥。据专家估计,按15%~20%的冗员率计算,我国国有企业共有冗员2500万~3000万,扣除已经下岗的1200万左右,尚有1300万~1800万左右的冗员。[②]在农村,有近2/3的劳动力处于半闲置状态。2012年,我国农村劳动力达到3.96亿人,而农业耕地面积只能承

---

① 尹蔚民. 在推动经济发展中促进就业稳定增加[J]. 求是, 2016 (15).
② 俞志宏. 经济转型时期失业率提高的原因及解决措施[J]. 经济科学, 1999 (2).

载 1.7 亿劳动力,除乡镇企业和为农业服务的行业吸收一部分农村劳动力外,将有 2 亿的剩余劳动力。①另外,在政府部门和事业单位中,机构臃肿,人浮于事的状况也很严重。

第二,真实失业率偏高。目前,我国的失业统计主要采取登记失业率指标,而且只统计城镇登记失业率。这种失业率的统计存在着很大的缺陷,主要表现在以下几个方面:一是我国的失业率统计没有反映农村的失业状况;二是我国的失业统计指标没有反映有寻找工作行动的下岗人员;三是我国的失业统计指标是社会显性失业率指标,不能反映隐性失业问题;四是我国的失业率统计过程受到户籍制度的影响,在就业服务机构登记的失业人员只是本地户口的失业者,而不包括流动的失业人员。由于统计方法的缺陷,目前公布的失业人员和下岗人员统计数据与真实情况相比,可能有较大的出入。国务院发展研究中心有关研究人员利用较大规模的抽样调查资料,并综合其他有关数据进行推算:20 世纪 90 年代中期以来,将有就业愿望而未能就业的失业人员和下岗人员合并计算,城镇的年真实失业率在 10%以上,1997 年、1998 年等年份,真实失业率可能高达 13%~15%。②如果加上国有企业隐性失业及农村剩余劳动力,那么我国的失业问题则更加严重。

第三,失业类型复杂多样。目前我国正处于经济深化改革时期,失业是由多方面的原因造成的,因而失业类型也多种多样。西方经济学中所区分的失业类型,如摩擦性失业、结构性失业、季节性失业、工资性失业、周期性失业、隐蔽性失业等,在我国城镇均有不同程度的存在。随着市场经济的发展和国有企业改革的深化,从一种职业(单位)转移到另一种职业(单位)需要一定的时间间隔;青年学生学校毕业后暂时找不到工作也越来越普遍,这属于摩擦性失业。随着产业结构的调整,一些行业逐渐衰落,衰落行业或产业中的劳动者面临失业的危险;企业在激烈的市场竞争中面临停产、倒闭、被兼并的风险,这些企业中的劳动者有可能加入失业大军,这些属于结构性失业。我国宏观经济运行中存在明显的周期性波动,周期性失业的存在也在所难免;一些企业生产的季节性,也使得季节性失业成为可能。此外,作为发展中国家,我国城镇不仅存在着一支规模不小的公开失业队伍,而且还潜伏着数量十分庞大的非公开性失业人口。就我国非公开性失业而言,效益不好的国有和集体企业单位的职工实际工作时间远远低于他们愿意工作的时间,甚至有些单位对部分职工长期放假(就业不足),工作时间利用不充分的现象十分普遍;政府机关、行政事

---

① 曾道明. 世纪之交的中国失业状况、困难及对策分析[J]. 南方经济,1998(6).
② 国务院发展研究中心社会保障制度改革研究课题组. 中国城镇失业保障制度改革的回顾与前瞻[J]. 管理世界,2001(1):82.

业单位中的工作人员尽管全日制上班,但满负荷工作的时间很少(变相的就业不足)。一些学校的毕业生因为就业困难不得不继续上学,有些妇女也因为无法就业不得不走向厨房(隐蔽性失业)。社会上提前退休的现象也绝非个别。此外,以损害效益或生产无效益形式存在的非公开性失业也比较普遍,尤其是以生产无效益形式存在的非公开性失业使得许多国有企业人浮于事、生产效益低下的现象仍然存在。

二、深化改革时期的"三农"问题

我国经济发展经历了二十多年的高速增长,已经从计划经济时代的"短缺经济"转变为买方市场,已经从计划经济时代的"短缺经济"转变为具有典型市场经济特征的"需求制约经济"。然而,经济的高速增长并未解决我国城乡经济发展的失衡问题。从根本上说,我国"三农"问题是长期以来城乡经济发展不平衡的集中表现,其本质是城市经济的自我发展不能带动乡村经济的共同发展。

1. 深化改革时期的农村改革与发展

经过二十多年的改革,中国农业的发展取得了可喜的成就。从宏观体制角度上说,计划经济已经退出了历史舞台,农村社会主义市场经济体制的基本框架已初步形成,市场在调节农村社会资源配置中的作用日益重要;从微观主体角度上说,随着家庭承包制的推行和双层经营体制的建立,农民作为独立的商品生产者和经营者逐步成为市场主体。可以说,随着农村总体小康的实现,农村改革表现出不同于从贫困向温饱、从温饱向小康过渡阶段时的规律和特点,标志着中国农村改革进入了深化配套完善的新阶段。

我们也需看到,由于处于经济深化改革时期,市场经济的成熟度并不高,城乡之间的经济交流仍处于分割状态,城乡统一的劳动力市场也还没有形成。从市场主体发育看,农民的市场主体地位还没有真正确立。迄今为止,农民的合法财产权利还没有得到应有的尊重,土地承包经营权和农业生产经营自主权还经常受到侵犯,农民的民主政治权利还有待进一步扩大。

从农村资源配置上看,市场机制还没有发挥基础性调节作用。商品市场体系有待完善,要素市场体系还没有建立,尤其是农村土地市场发育滞后,农民还没有把承包地当作自己的资产来经营,行政调节仍是主要的调节方式;从农村社会保障体系建设上看,作为农村社会主义市场经济体制不可或缺的组成部分,这项工作才刚刚起步;从政府职能转变的角度看,还不适应市场经济的要求,政府管理体制也需要进一步深化改革,农村工作的领导方式和工作方法也需要进一步转变；从法治建设上看，农村法治建设还很薄弱，有法不依的现象还很突出，这远远不能适应农村市场经济的发展要求。

总之，目前农村改革已经远远落后于城市改革。农村改革落后于城市改革是我们统一规划城乡经济社会发展的很大障碍，加快推进农村改革已迫在眉睫。

2."三农"问题的特殊性

任何一个由传统农业国向现代工业国转变的国家在其发展中都会遇到类似"三农"这样的问题，工业化和现代化本身就是对"三农"问题的扬弃。我国的"三农"问题不仅具有发展中国家的一般规律性的特点，也因中国特殊的国情和发展阶段而具有"中国特色"。中国社会主义现代化进程中"三农"问题的特点突出表现在其特殊性上。

中国社会主义现代化进程中"三农"问题的特殊性，是由我国国情所决定的。具体而言，包含以下五个方面的内容[①]。

第一，特殊的历史背景和文化传统。以小农为基础的自然经济传统和建立其上的社会文化传统已经成为农业现代化发展的阻滞力量。为实现工业化的赶超战略，长期的、超经济的农业"输血"政策是形成"三农"问题的基础性根源。农业积累不足、城乡二元结构造成了城乡经济发展的不平衡。文化传统中的小农意识以及行政调节的计划色彩，使得我国农业缺少持续发展的潜力，农业大规模生产程度低。在市场经济面前，由于无法承受激烈的竞争，造成"三农"问题日益严重。

第二，特殊的客观现实。我国是世界上独一无二的农业大国和农民大国，资源约束和现代化过程中的社会成本和压力巨大。中国现有农村劳动力近3.96亿人，按照不同的计算口径和方法，中国农村仍有1.1亿至2亿农村劳动力处于隐蔽性失业或不充分就业状态，近乎无限供给的、价格极低的农村剩余劳动力难以转移。

第三，特殊的外部环境。面对激烈的国际竞争，我国大部分农产品与国外相比缺乏竞争优势，"带病上路"，危机重重。发达国家是解决"三农"问题之后才放开国内市场的，而我们在打开国门的同时还要解决"三农"问题，艰巨程度可想而知。

第四，特殊的农村治理结构。目前我国乡村治理结构还带有计划经济的痕迹，仍以行政调节为主要手段。庞大的管理机构、大量的行政管理人员、落后的管理方式和难以适应农村发展的素质低下的农村管理干部，在一定程度上扰乱了市场管理秩序，是造成"三农"问题严重的原因之一。

---

① 邓大才. 论我国"三农"问题的特殊性[J]. 中州学刊，2003（1）.

第五，特殊的社会意识形态。解决"三农"问题，帮助农民增收致富，是所有政府的责任，也是衡量政府绩效的重要标志。由于我国是社会主义国家，"三农"问题往往与意识形态交织在一起，具有很多特定的含义，出于稳定因素的考虑，政府给予了"三农"问题更多的关注。首先，我们党始终把全心全意为人民服务作为执政的宗旨，如果占人口总数 47.4%的农民问题不能解决，其就会失去对党的信任和支持，中国共产党的执政之基就有可能发生动摇。其次，社会主义的根本目标是实现共同富裕，如果城乡居民收入差距继续扩大以及农村发展滞后进一步加剧，农民的不满情绪会越来越大，一旦矛盾激化，将影响社会的稳定。最后，土地公有是农村社会主义的基石。土地的社会主义国家所有保证了农民人人有土地，但土地的使用效率问题并没有得到解决，控制土地的机会成本极大，使得党和政府在解决"三农"问题时任务更重，压力更大，政策选择的空间更小。

总之，"三农"问题是影响社会主义市场化进程的重大问题，我们必须给予高度重视，通过政策调整，缩小城乡居民收入差距，促进农村市场经济的发展，实现共同富裕。

三、深化改革与可持续发展

可持续发展是指在满足现代人需求的同时又不损害满足后代人需求的能力。换句话说，就是指经济、社会、资源和环境保护协调发展，这几个方面是一个密不可分的系统，经济要发展，人类赖以生存的大气、淡水、海洋、土地和森林等自然资源和环境更要保护。可持续发展的核心是发展，要求在严格控制人口、提高人口素质和保护环境、资源永续利用的前提下进行经济和社会的发展，而深化改革的目的也是为了求发展。可见，深化改革与可持续发展两者之间有密切关系，在深化改革中不可忽视可持续发展问题，在追求可持续发展中又要考虑深化改革的实际情况。

1. 国家可持续发展能力不容乐观

改革开放以来，我国经历了三十多年的经济高速发展，虽然作为可持续发展能力之一的经济资源承载力有了极大的提高，但这一成绩的取得是在传统的发展战略指导下以一定的资源消耗和一定程度的环境退化为代价来实现的，即走的是一条以"高投入、高消耗、高污染、低产出"为特征的资源消耗型的工业化道路。经济资源承载力虽然提高了，但自然资源承载力不断减弱，环境容量弹性减小。

可持续发展的评价体系是一个复杂的系统，包括人地系统、城市生态环境和社会经济资源三部分。我国除上海属于可持续发展状况较好的地区外，大部分经济地区仅属于勉强或中等可持续发展状况。从地理分布上看，东部强于西部，南方强于北方。华东地区的城市可持续发展能力最强，其次是中部地区的京广线沿线城市，东北地区、西部地区城市的可持续发展能力最弱。总的来看，随着传统工业化的进一步发展，除个别经济发达地区外，我国可持续发展能力总体上有减弱的趋势，现阶段可持续发展能力不容乐观。

2. 经济改革与可持续发展

改革开放三十多年来，我国经济获得了巨大发展，但与此同时，我国的环境污染和生态破坏也很严重。为了应对人类面临的日益严重的生态环境问题，一部分西方学者认为应当抑制各国的经济增长，提出了"低增长"和"零增长"的主张。我国不能接受"低增长"（按西方经济学的观点，国民生产总值（GNP）的增长率为2%～3%）的主张，更不能接受"零增长"的情况。只有持续、稳定、快速的增长才能拉动经济和社会的发展，才能扩大就业、迅速提高人民收入和生活水平。也只有加快发展，才有可能逐步解决生态环境问题。

应该说，人口压力较大是影响我国可持续发展的最主要因素。今后20年我国人口持续大量增加。据统计，2010—2020年间我国人口总量将达到高峰，[①]大规模人口城镇化将在相当程度上改变消费结构，额外增加能源、水资源的消耗，废弃物也相应增加。按照我国现行的人口政策，我国人口每年净增1000万人以上，2010—2020年间达到高峰，超过15亿。我国城市人口的生活能源消耗相当于农村人口的3～5倍，淡水的消费量也大得多，且城市用水取水集中，对局部地区的水资源平衡状况往往产生很大影响。如果对人口流动不加控制，至2020年，将有8.7亿左右的人口住在城市区域。城乡接合部的面积将不断扩大，空间拥挤，基础设施差，加之工业与城市污染，将使这种区域产生突出的生态和社会问题。

此外，我国人均国民收入较低，在相当长的时间里不可能有大量的资金用于环境治理和生态建设。只有随着经济实力和福利水平的提高，才可能在国民收入再分配中以较大的份额用于生态环境保护。在部分西方发达国家中，用于环境与生态方面的资金占国民生产总值的比重自20世纪80年代以来呈明显的上升趋势。目前，美国用于污染治理方面的资金占国民生产总值的2%～3%，而我国只占1%左右，而且由于各方面的原因，其中相当一部分资金并没有发挥作用。

在以上的社会背景特点下，我国的工业化如果继续走粗放式的传统道路，

---

① 国家人口和计划生育委员会主任李斌在改革开放与人口发展论坛上发言时表示，预计到2020年，中国人口总量将达到14.5亿人，2033年左右达到峰值15亿人。

我国经济发展的物质保障体系将面临全面危机。这是因为老式经济增长模式与资源容量的矛盾日益扩大，最终会导致经济增长过程的中断。

第一，能源需求量逐年增加。2011年工农业总产值为1980年总产值的72倍以上，2015年中国能源消费总量为36.8亿吨标准煤，尽管同比下降3.5%。但按世界银行计算，在对产业结构做出合乎要求的调整的情况下，最低能源消耗将达到27亿吨，消耗量也是很大的。据估计，2020年全国工农业总产值相当于1980年的4倍，达到11.2万亿元（1980年不变价计），相当于1980年、1990年（实际值）的15.8倍和5.5倍。要保持如此巨大的经济总量，一次能源要求达到35亿吨标准煤左右。如果油气勘探不能出现重大突破，只有扩大煤炭开采量，但大量开采还会引起占地、环境污染等一系列问题。因此，解决的主要出路只能是提高技术含量，节约能源。

第二，粮食耕种面积减少，粮食需求量有增无减。随着经济的发展，生产和城市建设征用地逐年增加。按2020年全国总人口15亿计算，人均占有耕地将由目前实际数0.0011平方公里下降为0.0008平方公里。东部和中部一些省区人均耕地将分别下降到0.0004平方公里和0.0005平方公里以下，由于经济作物蔬菜、果类占地的增加，粮食播种面积不得不继续缩小。如果2020年要保证人均消费粮食达到450公斤（1990年为388公斤），粮食总产量要求达到6.75亿吨，相当于1990年我国粮食进口量的16.7倍。世界粮食市场根本不可能提供如此巨额粮食，出路只能是增加产量，控制消费。

第三，钢、石油化工、火电等产业消耗强度大。由于中国现在尚处在工业化起步阶段，按照传统工业化发展道路的要求，钢、石油化工与海洋化工、建材、火电、造纸等产业属于资源消耗强度大和废弃物排放量多的产业。但是，为适应经济发展的需要，属于"大污染"的"三大部门、六大企业"在相当长的历史时期内还要以较快的速度增加规模。

以钢铁工业为例，据国际钢铁协会对各国钢铁消耗汇总研究的结果，在一个国家较低水平的人均GNP向中等水平的人均GNP发展进程中，钢铁消费量是不断上升的，而成为发达国家之后，钢铁消费呈停滞状态，甚至有所下降。当人均GNP未达到300美元时，钢铁消费量的增长不算太高；当人均GNP达到300~1500美元时，钢铁消费量几乎是直线上升；当人均GNP达到1500~2500美元时，钢铁消费量达到顶峰；当人均GNP达到2500美元以上时，钢铁消费量明显下降。2012年我国钢产量为72388.22万吨，人均GNP达到6081美元左右。按照上述规律，2007年人均GNP已达到2766美元左右，突破2500美元，对钢的需求量应该是不断下降，然而2012年我国钢产量继续增加，较2011年增长6%。尽管2015年钢产量比上年减少0.1%，但在"去产能"的大背景下，产能过剩问题依旧显著。以 2000—2015 年一次性能源消费增速和能源消耗弹性系数分析可知，我国当前产能过剩问题亟须消化（见图 2-1）。"十五"期间，中国能源消费以 10.2% 的速度增长；"十一五"期间在国家倡导节能减排的号召下，能源利用效率有所提升，但超过 10% 的 GDP 增速仍然导致每年能源消耗净增加 1.8 亿吨标准煤；"十二五"期间经济增速放缓后，能源消耗压力开始缓解，2015 年增速更是跌至 0.9%。从能源消费弹性系数看，也基本经历了先升后降的过程，从 2000 年的 0.42 上升到 2004 年的高峰值 1.67，随后下降至 2008 年的 0.32；而"十二五"以来工业增速放缓导致能源平均消费弹性系数下降至 0.43，其中 2015 年更是跌至 15 年来的最低水平。严重产能过剩势必造成资源利用率低下，加剧资源和环境的承载压力。因此，我国必须不断降低钢铁产量，减少大中型钢铁厂和特大型钢铁基地的建设。石油化工为国民经济提供大量的原材料和消费品，目前中国有近 20 个大型石油化工基地，远远不能满足 13 亿多人口的需要。与此类似，中国的电气、水泥、纸张的消费量还将有大幅度的增长。

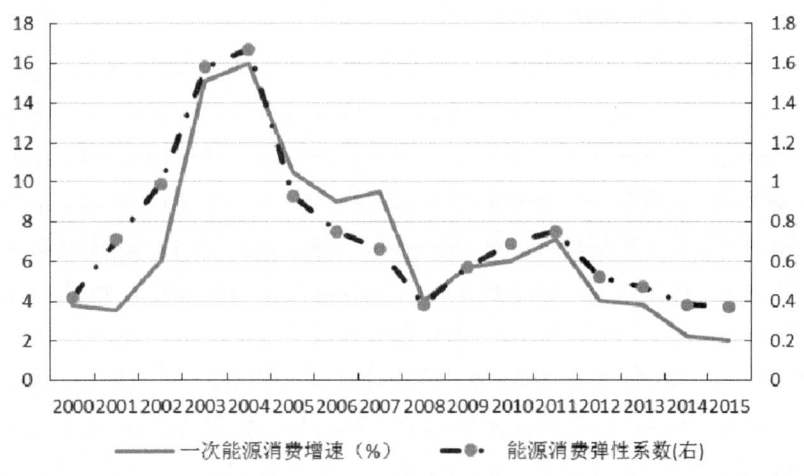

图 2-1　一次性能源消费总量和能源弹性系数（2000—2015 年）

在资源容量不断增加的同时，我们不能不对我国可持续发展状况产生忧虑。众所周知，我国现在的环境污染和破坏程度已十分严重，如果这些"大污染"产业如钢、石油化工、火电等规模进一步膨胀的话，我国的环境将恶化到令人难以忍受甚至崩溃的地步。因此，传统的工业化道路显然会使我国未来经济发展面临无法克服的障碍。我国要想顺利实现工业化，必须对传统的工业化道路进行重新认识。

四、法制建设滞后与社会腐败

建立统一、规范的社会主义市场秩序离不开完善的社会主义市场经济法律体系,没有完善的法律体系作为基础,市场经济的有序运行是难以想象的。我国市场经济运行过程中出现的许多混乱现象,都与市场规则的不完善、法制建设的滞后有关。

1. 深化改革时期法制建设滞后带来的经济、社会问题

改革开放以来,特别是 20 世纪 90 年代中期以来,我国加快了市场法制建设的步伐,市场经济有序运行所要求的法律体系的框架基本形成,过去长期存在的无法可依的混乱状况得到了根本改变。但我们也应该看到,目前的法律法规建设与市场经济的要求还有一定距离,其表现为法律的制定还没有实现真正的民主化,部门痕迹严重;市场法律体系仍不完善;一些法律法规没能体现市场经济要求的公正、公平原则;一些法律很笼统,在实践中缺乏可操作性;执法不严的现象依然存在。

深化改革时期法制建设的滞后带来了一系列的经济、社会问题,整个社会的经济秩序出现了一定程度的混乱。从目前市场中出现的一些混乱现象来看,和法制建设的滞后有一定关系,但更多的问题仍然是法治不健全、执法不严、违法不纠。例如,经济欺诈现象较为严重,逃、废债行为相当普遍,债权人利益不能得到有效维护,金融诈骗、逃汇骗汇、骗取出口退税等违法犯罪行为较为猖獗;假冒伪劣商品愈演愈烈,不仅损害广大消费者的利益,而且也危害了许多人民群众的身心健康;国家权力机关凭借手中的权力非法进入市场的例子仍经常发生,个别情况下,不受约束的权力在市场上甚至横行无忌;违反法律、法规和市场经济公平竞争原则的政策规定在一些地区大行其道,地方保护、地区封锁和部门垄断依然存在;乱收费、乱罚款、乱设卡屡禁不止等一系列问题,均与深化改革时期法制建设的不健全、不完善有关。

2. 政府腐败与职务犯罪

权钱交易、职务犯罪是腐败现象的最典型特征,也是政治和经济以某种扭曲的方式进行结合的产物,其实质是一种畸形的交易行为。掌握权力的一方通过直接或间接行使权力来谋取金钱或其他物质利益,即通过权力和金钱的交换,以牺牲国家或集体的利益以及损害执政党和政府的形象为代价,来满足个人或小团体的私欲。

改革开放以来,由于新旧体制转换时期法制的不健全、社会伦理道德的偏差,在商品经济大潮的冲击下,消极腐败现象再度猖獗,权钱交易这一形式被

赋予了许多新的内涵。权力物化、商品化，权力资本与金钱资本在目的、手段、影响等方面都有所进化，贪污贿赂数额攀升等腐败犯罪问题日益严重。

以贿赂罪为例，在经济运行中，在某些地方，贿赂与经济行为相结合，甚至成为生产、流通领域得以完成的必要润滑剂，并从一种单向的行为变为双向的行为。出卖权力、接受贿赂的掌权者也步入了商业化的浪潮，甚至把行使权力作为一种经济活动，把权力作为经济资本以获取利润。某些政府官员已经不满足于明面上或暗地里被动地接受贿赂，而是做"姜太公钓鱼"，寻求合作者，进行合伙经营；而行贿者的眼光也变得"长远"起来，不再追求眼下短期的利益，他们通过不断的贿赂与资本投资，以扩大和形成一条牢固的金钱纽带，换取更多的长远利益。腐败行为已经从自然人发展到法人，从经济部门蔓延到执法等部门，行贿、受贿等腐败行为甚至在某些地方公开化、广泛化，影响了正常的市场秩序，破坏了政府在人民群众中的形象，毒害了良好的社会风气。

3. 社会腐败现象有渗透蔓延的趋势

现阶段，一方面人们对腐败现象恨之入骨，深恶痛绝；另一方面，腐败现象不断蔓延，日益严重。甚至社会上已形成普遍的贿赂心理，并且凝固成一种心理定式，外化为行动习惯。

第一，金融、商业、建筑、供销、物资、外贸、房地产、证券、期货等经济部门是腐败犯罪的集中多发区。长期以来计划经济和改革开放后双轨制的并存，为经济部门的腐败犯罪创造了机会。根据有关部门统计，在有些地区和部门，以权谋私、以贷谋利、贪污索贿等现象占有相当比例，犯罪率持续上升，犯罪数额较大，携款潜逃现象严重。

第二，腐败向行政执法部门和司法机关等渗透蔓延。工商、税务、海关等行政执法部门和公安、检察、法院等司法机关大都处于权力与利益的结合点，与公众和社会接触广泛。随着改革开放的深入，行政执法部门越来越多地介入经济生活，在经济活动中发挥着越来越重要的作用。这使得越来越多的不法分子将目标转向他们，不仅是为直接获取金钱和眼前利益，更重要的是编织更大的关系网，谋取"靠山"，形成"势力"和"保护伞"，通过各种途径向行政执法部门和司法机关进行权钱交易。加上政治体制改革的滞后性、法制观念和法制环境的不健全，社会分配不公现象突出，使某些执法行政人员金钱欲望逐渐膨胀，腐败现象日益猖獗。

第三，群体、法人腐败增多，牵连犯罪增多，并与社会上不正之风、利益分配失衡等矛盾相互影响，交叉感染，恶性循环。这主要表现为集体行贿、集体走私、集体偷税逃税和集体制假售假等方面的法人犯罪，往往打着"为公"的旗号，满足了个人或小集团的利益，损害了国家和集体的利益，名目繁多，数额较大，既难清理，也难处理。这是目前我国腐败现状的又一特点。有的行政部门甚至把国家赋予他们的管理职能与小团体的利益联系在一起，利用手中的权力搞有偿服务，乱罚款、乱摊派，以权谋私的情况也相当严重。正因如此，中央做出决定，从1999年1月1日起，党政机关、政法部门和军队不得从事经商活动，不得创办企业等经济实体，并且从2000年起开始进行税费改革，减少行政收费项目。2016年，中央更是明确军队和武警部队全面停止有偿服务。

4. 腐败形式呈多样化且具有隐蔽性

从腐败的形式上看，目的不一，形式多样。贪污受贿等经济犯罪案件越来越严重，犯罪人员增加，犯罪数额越来越大；以权谋私问题突出，部门和行业不正之风屡禁不止，危害的范围越来越广；铺张浪费、公款消费的现象相当严重，花样不断翻新；形式主义、官僚主义作风和弄虚作假现象也普遍存在；粗暴强制和欺压群众的恶劣事件，在一些地方的基层严重存在；腐化堕落、道德败坏的案件逐年上升，赌博现象相当普遍；政法队伍中执法犯法和徇私枉法问题严重，个别的甚至充当不法分子的保护伞和黑社会势力的内线；组织人事上的不正之风蔓延，任人唯亲、跑官要官在有的地方和部门盛行。

从腐败行为的实施手段上看，愈发隐蔽并呈现智能化趋势。腐败犯罪多属于职务犯罪，主体对抗性大，发案隐蔽，权钱交易的非法占有活动混杂在合法执行公务之中，查处腐败犯罪的难度系数要远远高于查处其他犯罪活动。其主要原因如下：

第一，是由犯罪主体的身份决定的。某些政府官员一般都是有职有权的人物，活动能力强，活动范围广，且大都具有较高的文化水平，因而这些人犯罪前总是想方设法变换作案手段，想方设法隐瞒其罪行，以逃避法律制裁，作案后往往又有对策，具有较强的反侦查能力，常常干扰侦查活动的正常进行。

第二，是由犯罪者利益的一致性、犯罪方法的多样性和证据的难侦破性决定的。以贿赂罪为例，不论是行贿方，还是受贿方，或居于双方之外的介绍贿赂方，大都是非法利益的获得者，其目标利益是一致的，存在互相关联性，一旦一方受到查处，另一方也难逃法网，这种紧密的连带关系使他们互相保密，决不轻易暴露，以免殃及自身。同时，贿赂的方式名目繁多，花样翻新，如将贿赂行为融于正常的业务活动之中，内化为双方一种自律的行为，没有第三者闯入或意外事件的发生很难被发现，或者通过不等价业务往来，使暗中的差额成为事实上的贿赂。

第三，腐败犯罪的手段也出现了新的变化。一些犯罪分子通过利用先进的科学文化知识和先进的技术手段作为犯罪的工具，如利用信息网络技术，擅自非法转移他人银行储蓄账号，将其存款据为己有等。

第四，腐败犯罪的方式从个体向群体发展。突出表现为内外勾结，里应外合。例如，在对外经济交往中，少数国家工作人员利用职权便利，有意损害国家利益，为外商谋取好处，然后将其中一部分以回扣的方式据为己有，通过多种途径变换形式转回国内或出国享用。

第五，善于利用体制的漏洞做文章。腐败犯罪的行为往往与民事馈赠等行为、地方政策、经济转轨期法律法规的不健全等相联系，很难区分和界定。同时，犯罪分子也常常利用新旧体制转换中的摩擦碰撞和法律不完善以及机制不健全来趁机捞一把。

总之，关于法制建设滞后与社会腐败的问题，我们不能不对其产生忧虑。众所周知，经济改革的过程也是法治建设不断完善的过程，如果任其腐败现象肆意蔓延，将会阻碍我国社会主义市场经济体制的建立，阻碍市场秩序的发展。因此，我们要把加强法制建设和大力惩治社会腐败放在首位，同各种违背市场秩序的行为做斗争。2016年2月，中共中央办公厅印发了《关于在全体党员中开展"学党章党规、学系列讲话，做合格党员"学习教育方案》，并发出通知，要求各地区各部门认真贯彻执行；开展"两学一做"学习教育，教育引导党员自觉按照党员标准规范言行，进一步坚定理想信念，提高党性觉悟；进一步增强政治意识、大局意识、核心意识、看齐意识，坚定正确政治方向；进一步树立清风正气，严守政治纪律、政治规矩；进一步强化宗旨观念，勇于担当作为，在生产、工作、学习和社会生活中起先锋模范作用，为党在思想上、政治上和行动上的团结统一夯实基础，为协调推进"四个全面"战略布局、贯彻落实五大发展理念提供坚强的组织保证。

第三节 深化改革时期政府公共政策的目标与制定原则

公共政策的质量对于一个国家公共利益的实现具有极大的影响。高质量的公共政策，可以减少人与人之间的利益冲突，通过有限资源的优化配置，来实现社会福利的最大化。因此，政府在制定公共政策时，要更多地考虑国家的公共利益，其主要价值目标应建立在效率基础上，致力于追求和维护社会公平。

一、目标选择与基本原则

根据以上深化改革时期的国情分析，考虑到我国基本政治体制的特殊性和国家宪法设定的社会发展目标,深化改革时期我国政府在制定所有公共政策时,其目标选择应该体现以下理念。

第一,公共政策的基本目标要集中体现公共性,确立以民为本的理念。政府的服务要面向公众,对公众的利益和要求要具有灵敏的反应能力;政府的一切活动要围绕着公众利益,改善同服务对象之间的关系,实现便民、利民、亲民,树立顾客至上的理念。政府是一个富有高度权威的公共服务组织,而公众是政府行政环绕运行的一个中心,公众的意愿是政府行政的出发点和归宿点,政府依法行政的目的就是要为民众追求利益,创造良好的环境要件。政府的行政管理过程,不仅是政府自主性的扩张过程,更重要的是政府与公众之间互动的过程。以人为本和以民为本已成为现代政治合法性的基本标准,是政府依法行政的价值追求。随着市场经济的深入发展,政府根本价值理念亟须由权力行政向服务行政转变,确立民本位的价值理念,追求社会公共利益最大化。

第二,公共政策的主要价值目标是致力于追求和维护社会公平,兼顾经济效率。随着社会整体发展水平的提高,公众在更高的层面上要求政府通过公共政策更为有效、合理地分配社会资源,"公平"成为政府必须确立的又一种基本的价值标准。换言之,随着国家经济的不断发展,人们不仅关心经济的发展程度,而且关心如何分配经济发展的成果,包括分配标准、分配过程、分配形式等规则及其有效性,这就要求政府组织行为必须以追求公共利益为己任,即谋求最大多数人的最大幸福。当然,在现代市场经济中,政府服务也是一种经济行为,需要进行成本效益分析,只有其收益高于成本才是合理的。因此,政府服务也存在降低成本、提高效益的要求。衡量政府行政效率的标准,要通过政府行政体系追求和达到行政价值目标的社会结果来判断。行政效率不仅体现在速度和产出投入比率上,更重要的是体现在社会效益上。政府服务应本着"低成本、高收益"的原则行事,最大化满足公众需要和提高服务质量。这就要求建立一个具有较高的行政效率和良好的公共服务的政府。

第三,公共政策在实施上要始终贯彻"依法行政"的理念。以法律为准绳是我国公共政策的基本特征。现代市场经济是以法制为基础的规则经济,这就要求政府必须按照市场经济的规律要求行事,逐步调整或修正公共行政权力关系,通过发布公共政策,不断明晰和强化市场的竞争规则,建立合理、有序的市场秩序。同时,公共政策的制定要体现公平性、合理性、公开性、透明性的原则,自始至终都要贯彻依法行政的价值理念。经济深化改革时期,我国政府面临着大量复杂多变的政策问题,承担着艰巨的政策调控任务,这就决定了在制定公共政策时,必须加强对我国国情的研究,提高我国公共政策的科学化、民主化水平。我国政府正在由人治政府向法治政府转变,标志着我国政府治理理念和模式的巨大变革,是政府行为由权力控制法律走向法律控制权力的过程,是由"官本位"向"法本位"过渡的过程。法治政府的核心在于政府要受法律的约束和控制,因此要加强对违法行政行为的监督力度,规范政府行为。

除了在公共政策目标选择上需要坚持以上理念外,政府在具体的公共政策制定过程中还要坚持遵循以下一些原则。

第一,政府按照市场经济要求的原则,制定针对性较强的公共政策。如何处理好市场配置与政府配置、市场调节与政府调节、市场机制与政府引导、控制之间的关系,成了我国公共政策决策面临的一个重要课题,也是在很大程度上决定着我国经济运行状况和资源配置效率的一个关键性因素。因此,我国公共政策的决策者应该明确,市场始终是资源配置的基础,包括公共政策在内的政府活动,不能破坏这个基础,而只能促进市场配置基础作用的有效发挥。还应该明确,现代市场经济中的政府公共政策,它一方面必须有助于市场资源配置作用的充分、有效发挥,而不是人为地改变甚至扭曲这种作用;另一方面,政府又要通过宏观经济调控,通过公共政策的制定和实施,以克服和矫治市场的固有缺陷,解决那些市场解决不了或解决不好的问题。

第二,以法律为准绳制定公共政策。现代市场经济是法制经济,这就要求现代市场经济条件下的政府以法律为准绳来管理社会经济生活,规范社会经济秩序,包括资源的配置与利用规则。由于法律所涉及的范围总是有限的,其条款也只能是原则性的,因而需要某种更为灵活并且又较为规范的方式来加以弥补或调节,这就为公共政策的产生提出了需求。公共政策的制定和实施,既解决了政府在某些无法可依情况下的被动与无奈,同时又能在变幻莫测的经济变动和社会冲突中增强政府的宏观调控与相机抉择能力,适时化解经济和社会发展中的矛盾和障碍。

第三,制定公共政策须兼顾实现效率、公平与发展三重社会目标。在市场经济条件下,政府公共政策对提高效率的作用和影响,从根本上说来自于纠正市场失灵所造成的效率干扰和效率损失。具体来说主要是对妨碍市场竞争、影响市场效率的垄断现象的消除;对社会必要公共产品的充足提供,以及对公共坏产品即外部负效应的克服;为所有企业创造平等竞争的有利环境等。在保持效率的同时促进公平,是现代政府和公共政策的一项重要职责,主要手段包括实行累进所得税制、建立转移支付和社会保障制度等。在现代市场经济、知识经济和经济全球化趋势不断发展的条件下,政府适时、有效的宏观经济调控和公共政策选择,对于保持本国经济、社会的可持续发展势头和较强的市场竞争能力则是问题的关键之一。

第四,以广大人民利益为出发点是公共政策决策的根本价值取向。我国是社会主义国家，我国公共政策的基本目标必须坚持以人民利益为重，制定公共政策也是为了更好更快地实现人民的利益。人民是政府行政环绕运行的一个中心，人民的意愿是政府行政的出发点和归宿点，政府依法行政的目的就是要以广大人民利益为出发点，为人民追求利益创造良好的环境要件。

二、深化改革时期我国公共政策的发展特点

虽然改革开放以来的实践已经充分显示了我国公共政策范式转变的大体轮廓，但是仍然有一些不确定性的因素对政策范式的发展形成深刻的影响，特别是全球经济一体化、市场化的进程的加快深刻影响着我国的经济和社会生活，党的执政方式和政府公共管理方式必然会进一步发生深刻的变化。目前，我国公共政策的发展特点主要包括以下几方面：

第一，政策的公共性进一步强化。改革开放以来，政府公共政策逐步成为管理社会公共事务和对经济实施宏观调控的有力工具。深化改革时期，具有与时俱进品格的中国政府，进一步探索适应中国国情的执政规律，始终坚持以民为本的目标，强调代表全国各阶级、阶层和各族人民的共同利益，这实质上就是党的政策"公共"性的体现。全球范围内出现的政府治理改革已经逻辑地包含了政府公共服务职能进一步强化的理念，在全球经济一体化背景下的中国政府继续改革和深化政府治理国家的方式。

第二，党政政策职能分工进一步深化。执政党与政府的关系问题是我国政治体制改革中的基本问题。中华人民共和国成立以来的经验告诉我们，执政党包办政府职能，用党的政策取代政府公共政策，无论对于党自身的建设还是对于社会公共事务的管理都是十分有害的。因此，应从我国实际出发，深化党政政策职能分工，应该在坚持和完善人民代表大会制度和共产党领导的多党合作与政治协商制度的前提下进行。党的政策侧重从实现"总揽全局，协调各方"的目标着眼，充分发挥战略性、前瞻性和原则性的指导作用；政府公共政策则侧重从发挥管理社会公共事务和对经济实施宏观调控的作用出发，加强技术性、规则性、操作性功能。党政政策职能是既相对分离又相互结合的，党的政策是政府公共政策的指导原则，政府公共政策是党的政策的具体化。党经过法定程序把自己的政策变成国家意志和政府的政策法规，政府通过公共政策贯彻执行党的路线、方针和政策。

第三，公共政策领域的国际合作与交流将进一步发展。加拿大学者萨维曾经对全球化和行政改革的关系做过评论，认为全球化的经济就是要求国家自由裁量权的某种牺牲，把它们让渡给国际机构并服从国际规则。这说明全球化趋

势下的政府公共政策，已经部分超越民族国家的范围，开始关注全球性的公共问题。例如，世界银行和国际货币基金组织需要面对国际金融自由化问题；世界贸易组织（WTO）规则目标是解决国际贸易自由化问题；亚洲太平洋经济合作组织（APEC）需要协调亚太地区各国政府在经济和社会发展问题上的政策等等。加入这些国际组织，就意味着政府公共政策在这些领域与国际社会的合作和交流，并使政府公共政策与国际规则相衔接。此外，在全球性的生态环境问题、反对国际恐怖主义等问题上，各国政府需要有广泛的合作与交流。

在当前经济全球化一体化的趋势背景下，我国在公共政策领域与国际接轨，与不同社会制度的国家在面临的共同问题上将进行更为广泛和紧密的公共政策方面的合作与交流，共同规划解决全球生态、经济和贸易自由化、反贫困战略等问题的公共政策项目，甚至引进国外智慧解决国内的社会公共问题等等，会成为越来越普遍性的工作，这预示着我国公共政策的"公共性"在某些方面正逐步扩大到全球范围。

第三章 政府信用与公共政策

信用是人类社会最原始和最重要的道德规范之一。作为私人信用，它在社会生活中起到维系社会成员相互关系的纽带作用；而作为政府信用，即公共信用，同样起到维系政府与国民相互关系的重要纽带作用。在处于良好的公共信用的情况下，即拥有较高公信力的情况下，政府不仅能够在公共政策贯彻过程中有效地降低交易成本和提高政策绩效，更能够顺利地促进社会经济发展和社会文明进步。

历史上，我国封建统治者较早地意识到不断提高、改善政府公信力的重要性。例如，根据自身的政治经验，古代政治家管子就讲过："错国于不倾之地，积于不涸之仓，藏于不竭之府，下令于流水之原，使民于不争之官，明必死之路，开必得之门，不为不可成，不求不可得，不处不可久，不行不可复。"[①] 其中的"不处不可久"和"不行不可复"，就是告诫政府既不要推行（从事）那些可能侥幸成功的政策（活动），也不要推行（从事）那些言而无信的政策（活动）。可见，政府只有坚持公正治国且杜绝滥用职权，推行实事求是的各项政策活动，避免失信于民，国家才能长治久安；而且只有在此基础上，政府才能够更好地要鼓励国民从事有价值的工商业活动，从而在有生命力的经济基础上组织社会生活。

外国一些学者最近几年的有关研究发现，政府公信力下降具有全球性趋势。造成这一趋势的重要原因在于：（1）政府规模越大，事权越大，管理环节增加，各类疏漏明显增加。（2）政府管理成本持续上升，导致国民税收负担加重，但是政府绩效却难以得到相应改善、提高。（3）政府行政的低效率问题和政府官员的腐败问题等造成公众对政府不信任。（4）公众对政府的期望值提高迅速，而政府行政改革相对缓慢。具体到我国，也有类似之处：政府规模过大、行政效率偏低、官僚主义、官员贪污腐败等现象同样成为影响政府公信力的重

---

① 管仲. 管子[M]. 北京：华夏出版社，2000：3.

要因素。我国虽然经过二十多年的改革开放，市场经济已初具规模，但整个市场经济面临着信用危机，特别是政府失信问题十分突出，且日益严重。再加上日常生活中频繁出现的某些政府部门徇私枉法、野蛮执法、暴力执法现象，使得政府公信力进一步下降。事实上，在政府失去公众信任及其公信力明显缺失情况下，任何公共政策都难以顺利推行并且难以达到预期目标。因此，加快构建包括政府公信在内的我国市场信用制度以保证市场经济健康发展，已经成为全社会亟待解决的重大问题。

本章就如何提高政府公信力问题进行专门研究。首先，阐述政府信用的一般理论；其次，分别从产权、道德伦理、法治和民主监督四个方面入手，阐释政府信用——政府公信力——的形成机制；最后，出于不断加强政府公信力的考虑，探讨操作层面的有关制度设计。

第一节 政府信用的内涵及现实表现

从词源学上看，"信用"一词有着"信任"和"借贷"两重含义，现代市场经济发展就是建立在错综复杂的信用关系之上的信用经济。1920年英国经济学家马歇尔在其《工业与贸易》中扩充了"信用"的内涵，赋予其"信誉"的含义。在此基础上，1934年美国制度学派经济学家的代表人物康芒斯在其《制度经济学》一书中进一步指出："信用"不只是一种心理现象，也不只是一种借贷活动，它更是一种"制度"，存在于整个社会经济生活之中，是社会经济活动赖以存在的基础和环境。基于这种认识，可以说信用是一种制度规范，它反映了人们在社会交往过程中最原始和最重要的道德规范，是人类社会相互关系的重要纽带和基石。

信用本身涉及人类心理活动、社会活动、经济活动等各个方面，其特点主要体现在：(1) 主体性。作为一种内化了的伦理道德、习俗习惯，"诚实"和"信用"是一种自我道德人格的意识、感觉和认知，是人的主体性自我确认。作为社会道德范畴的信用是作为经济和金融范畴的信用的基础和前提。与自己的思想动机相符合为"诚实"，与自己的行为动机相符合为"信用"。信用是由健全和健康的人格决定的。就是说，当一个人遵守和实践这种道德规则时，完全受其个人主体意志的支配，即使一些外界因素也会产生影响，但它们不起决定性作用。(2) 实用性。诚实和信用既是一种道德准则，也是一种有价值的个体行为表现。尤其是在市场经济中，各种交易契约之所以能够缔结并得以履行，其基础就是当事人之间的彼此相互信任；即使是在信息不完全条件下制定的契约，也仍然是缔约双方或各方基于信用预期的结果。同样，没有信用基础，任何交易契约都无法订立，交易活动的成本会大为提高。①在社会信用环境缺失的情况下，信用资金规模会减少。(3)外部性。在市场交易中，当绝大多数经营决策者缺乏信用时，少数提供信用者必然单方面吃亏受损，其信用投资就无法获得应有的回报。这就是信用危机给正常经济活动带来的负外部性，这种外部性最终导致信用的主体性丧失，经济活动当事人之间信用链条断裂，社会经济活动日益陷入恶性循环状态。

信用的上述特点不仅体现在经济活动中的个人或企业之间的相互关系上，而且在政府与国民的一般关系中同样体现出大致相同的特点。

一、政府信用及其作用

市场经济是信用经济，正是由于各个市场主体按信用行事，才能保证市场交易的稳定性和可预见性。按照市场信用主体的不同，信用可以分为个人信用、企业信用、政府信用等。个人信用，是指社会公民在市场交易活动中所表现出的信誉，它是社会信用的重要组成部分。企业信用，是市场交易中最重要的主体，是市场要素资源最主要的生产者和消费者，也是市场经济制度、机制、知识、技术、产品创新和伦理道德价值的最直接的体现者。政府信用，即政府在管理社会事务过程中所表现出来的信誉。政府是特殊的市场主体，拥有特殊的市场职能和政治权力，并垄断地占有全部国家暴力资源的政治组织；正因为如此，政府同时成为市场规则的制定者和市场活动的管制者。此外，政府不像企业那样单一追求盈利目标，其活动具有多种目标选择的特点，即其目标函数为多元化。上述这些特点共同决定了人们对政府活动进行有效监督的困难性，即使能够实现对政府活动的监督，监督成本也非常之高。

有鉴于此，政府建立自身良好的信用形象不断提高自身的公信力在现代社会生活中具有重要意义。政府具有特殊的社会地位，拥有（包括使用经济手段、合法的暴力手段等）特殊的权力资源，因此它能够成为市场"游戏规则"的垄断制定者和解决市场经济活动纠纷的"仲裁者"。2013年11月党的十八届三中全会审议通过的《中共中央关于全面深化改革若干重大问题的决定》（以下简称《决定》）指出，"经济体制改革是全面深化改革的重点，核心问题是处理好政

---

① 诚实和信用能够提高个人或企业的声誉，塑造良好的个人或企业形象，进而形成"无形资产"，它们具有很高的货币价值和使用价值，并随个人或企业的发展而不断增值。不过，说到底，支撑这笔无形资产价值的还是信用。

府和市场的关系,使市场在资源配置中起决定性作用和更好发挥政府作用"。《中华人民共和国国民经济和社会发展第十三个五年规划纲要》提出,"加快形成统一开放、竞争有序的市场体系,建立公平竞争保障机制,打破地域分割和行业垄断,着力清除市场壁垒,促进商品和要素自由有序流动、平等交换。"因此,更好地发挥政府的作用意味着在市场配置资源有其固有的缺陷的情况下,仍需政府还权于市场,使市场在资源配置中起决定性作用。同时,在面对市场失灵时积极发挥补偿性、调节性作用以促进整个社会福利水平的持续改善。不难理解,政府信用对其他市场主体产生明显的"示范效应",影响甚至决定着整个市场信用制度的形成和发展。例如,政府作为市场交易的"仲裁者",在其他市场交易主体发生利益冲突、法律纠纷时,其职能部门应该秉公执法,公正仲裁,坚决维护市场交易制度和规则。否则,任何有失公正的裁决,都会给政府形象造成损害,不利于市场信用的建立,不利于市场健康发展。又如,政府作为市场主体之一参与经济活动时,跟其他普通的市场主体相比,所处的地位、拥有的信息、占有的资源均具绝对优势。如果政府部门不遵守交易规则,就无公平可言,交易对方必然受损,进而损害政府的信誉。同样,如果政府在经济交易中存在着机会主义和败德行为,故意使特定的交易对方受益,暗中损公肥私,这不仅损害了政府廉洁为民的良好形象,更破坏了长期建立起来的市场交易的信用规则,势必导致严重的社会后果。大量研究发现,在一些国家的市场经济活动中普遍存在的诡诈、欺骗、不履行合同、不讲究信誉等行为,而这些不良行为都与其政府信誉缺失所产生的不良社会影响有关,这些行为最终导致社会经济活动中出现"零和博弈"或"负数和博弈"的结果。

除了"示范效应"外,政府如果忠实履行职能并讲究信用,还会创造出一种交易秩序良好的市场环境,不仅有利于节省交易成本,而且可以提高整体社会经济资源的使用效率。所谓交易成本就是为达成协议或完成交易所需耗费的时间、人力和金钱等经济资源支出,它包括为缔结契约而发生的成本,即"事前成本",以及为保证契约真实履行而进行监督执行发生的成本,即"事后成本"。具体而言,其主要有:进行市场调查、获取各种市场信息的费用;谈判和缔结契约的费用;监督合同签订者是否忠实履行合同的费用;解决任何一方违约造成的经济纠纷所需要的诉讼或调节费用;为保护签约双方合法权益免于第三方侵权的费用。实践证明,只要政府能够长期维护一种合意的市场交易秩序,各经济活动主体之间就比较容易建立良好的信用关系,他们获取市场信息所花费的时间成本就会降低,其讨价还价的契约过程就可以大为缩短,其执行契约所需的监督成本也会降低。在市场交易成本持续下降的情况下,市场效率则会相应提高,意味着交易者各方的信用行为有助于在社会经济活动中持续产生"正数和博弈"的结果。

政府的信用是在长期施政过程中逐步积累起来的，它是施政的历史与现实的信用表现不断向外扩展并得到认同的结果。经济学分析表明，政府信用也是其行政绩效的递增函数，而且一个政府的行政绩效越好，其越有能力和动力建立并维护好自身的信用。在政府信用和施政绩效不断改善的情况下，其公众信誉的预期收益就越高，其公信力也就越强，政府就越能够顺利推行各项公共政策，并且使政策效率接近最大化。上述关系可以通过政府信用与行政绩效函数关系，即 $C=f(P)$，予以说明：一般来说，政府绩效 P 及预期发展得越好，其信用度（C，公信力）就越高，公众就愈加信任政府，就能主动配合政府的政策行为以更顺利地实现政策目标。同样，绩效 P 也是信用 C 的函数，即政府信用函数 $C=f(P)$ 的反函数 $P=f^{-1}(C)$，称为效益函数。这些函数在性质上都属于单调增函数。

二、市场经济对政府信用的诉求

经过三十余年的渐进式经济体制改革，我国经济持续快速增长，社会繁荣发展。目前，我国市场经济体制大致有了一个雏形，形成了一个基本框架，在一些经济领域，"无形之手"调节经济和配置资源的基础性作用不断增强，特别是党的十八届三中全会审议通过的《中共中央关于全面深化改革若干重大问题的决定》指出市场在资源配置中起决定性作用，更是直接指明了其关键性作用。但是，也必须看到，与发达国家成熟的市场经济制度相比，我国市场经济制度在生产、交换、流通、消费各个环节，资源配置违背价值规律要求导致资源低效配置甚至严重浪费的现象十分普遍。深入分析发现，这些问题与政府行为不当导致的市场信用缺乏和市场经济秩序混乱以及竞争无序状态有直接联系。例如，地方政府推行保护主义政策造成国内市场被人为割裂以及局部市场垄断、价格垄断的现象并非罕见。又如，政府部门不能依法行政和部分政府官员有法不依、违法不纠以及甚至徇私枉法导致司法不公现象严重。再如，国有企业厂长（其身份实际上也属于政府官员）普遍"寻租"，形形色色的官商勾结进行集团犯罪，市场主体之间相互提防和猜忌，相互欺骗，毫无信用可言，等等。市场信用缺失导致了巨大经济损失，根据 2014 国家发改委网站的数据显示，我国企业每年因信用缺失导致的直接和间接经济损失高达 6000 亿元。这些巨大损失严重影响和制约了市场经济的健康发展，阻碍了市场配置资源基础性作用的正常发挥，导致资源配置低效和浪费，严重影响了我国经济发展和社会进步。因此，如何从深化民主政治改革、加快民主法治建设步伐以及严格规范政府行为、建立良好的政府信用这个治本之道开始构建一个讲究信用、公平交易、有序竞争、效益最大化的市场经济社会，如何更好地发挥政府的作用，已成为十分迫切的问题。

在当前全面深化改革的大背景下，迫切呼吁信用制度的建立。值得注意的是，近来一个时期，从学术界到政府，对建立和完善社会信用体系和市场秩序进行了大量的讨论，甚至政府还召开会议做出了关于整顿和规范市场经济秩序的若干规定。国务院2014年发布了《关于印发社会信用体系建设规划纲要（2014—2020年）》，对我国信用体系建设提出了明确的时间表。"十三五"规划纲要也提出，"清理废除妨碍统一市场和公平竞争的各种规定和做法。健全统一规范、权责明确、公正高效、法治保障的市场监管和反垄断执法体系"。同时，对于如何提高政府公信力，不少学者从政府机构改革、政治民主建设、法治建设方面开出了药方。诚然，政府公信力的提升需要多元要素的共同作用，任何单一的措施都不可能取得长期的效果，它是跟一个国家的经济制度、政治制度、宗教与历史文化、法治环境等密切相关的。因此，政府信用危机实质上是社会综合征的集中反映，提高政府公信力只能靠综合治疗。

第二节　政府信用形成的基础

政府作为一种社会组织，是社会发展到一定阶段的产物，也是人类摆脱弱肉强食的"原始状态"和追求公平秩序、尊重自我权利以及优化资源配置的理性选择。由于政府的产生跟社会民主、政治制度、经济基础、道德文化、宗教信仰等紧密相连，并且政府组织的职能使命、运行规则及其组成人员都要受到上述各种因素的影响。因此，政府信用的形成也就离不开产权制度、道德伦理、宗教文化等因素的影响。

一、政府信用形成的产权基础

产权，即人对某项资产的所有权，[①]是一种通过社会强制性规范的约束得以实现的对某种财产（包括有形与无形）物品的多种用途进行选择的权利，体

[①] 按照一般性理解，财产的经济意义就是"资产"——能够给占有者带来各种形式的收益，这是由资产的"稀缺性"决定的；而资产的法律意义就是"财产"——既然财产是"稀缺性"的，那么合法的财产占有者自然取得了"财产占有权"。进而，如果把资产和财产占有权放在一起，就是通常的"财富"概念。对此更为详细的论述，请参阅康芒斯的《制度经济学》（中译本，商务印书馆，1981年）。

现了所有者之间行为权利的关系。"产权安排确定了每个人相对于物时的行为规范，每个人都必须遵守他与其他人之间的相互关系，或承担不遵守这种关系的成本。"[1]它是任何一种社会系统形成与运行的制度基础。信用本质上是一种产权关系。讲究信用意味着交易各方既尊重各自的权利，也相互尊重对方的权利。良好的信用关系意味着交易各方对自己占有的资源有可靠、明晰的权利边界，并且增加各方之间交易成功的预期。如果在交易中一方对另一方进行欺诈，实际上是不尊重、不承认对方所拥有的权利，公平、自由的市场法则就无法得到保护，市场交易链条就会断裂，交易秩序就会陷入无序混乱状态。例如"三角债"问题，互相不讲信用，似乎欠债有理，欠债于己有利，导致市场交易无法正常进行。实质上，这种恶化的信用关系反映了产权关系的混乱。由于产权边界不清，市场主体之间的权利关系处于模糊和混乱状态，也就无法建立起良好的信用关系。可见，信用制度本质上体现的是产权制度。如果一个社会的财产权利边界清晰、所有权牢靠，市场交易就会有序、讲信用，即所谓"有恒产者有恒心，无恒产者无恒心"。否则，就难以确立市场信用关系，甚至欺诈也会变得"合理合法"，类似"公地悲剧"的现象将层出不穷。

1. 产权形式与信用的形成

基于产权所有者的外延，可以将产权分为私有产权和公有产权。所谓公有产权，就是一个国家的全体公民或部分公民对于某种资产行使的某种权利。在社会主义国家里，财产的全民所有制、集体所有制形式均属于这种公有产权。当然，在资本主义国家里，如公有铁路、航空或公共场所、设施以及社会公共领域（如治安、国防、卫生、文物等）也都属于公有产权。所谓私有产权就是个人拥有的资产所有权，包括对资产的占有、使用、处置和收益的权利，严格排除了他人对资产的支配性权利的可能性。

私有产权与公有产权对于信用机制的形成机理所产生的影响不同。其根本原因在于具体的个人对于某项资产的利益关联度不同，因而由此所产生的责任心和情感也不同。私人财产涉及所有者个人的切身利益，是资产全部收益和全部风险的唯一和最后的承担者，因而所有者会对其资产的占有、使用、处置等行动所发生的收益和风险单一负责。在市场交易中，所有者会挖掘自己的潜能，不遗余力地占有信息和筛选信息，抓住一切有利机遇甚至是对方的漏洞或破绽，与交易对方讨价还价，绝不会为了缔结某种交易契约而采取用自己的金钱去行贿的方式；当其与某些对象进行交易并且认为这种交易如果持久下去将会给自己带来收益或效用时，他会自觉遵守双方缔结的交易契约，保持良好的信誉，

---

[1] [美]科斯等. 财产权利与制度变迁[M]. 上海：上海三联书店，1991：97.

并且为了把自己塑造成为"恪守信用"的良好形象而不断做出真诚的努力。在市场中，交易双方经过讨价还价而达成的每一次交易就是一次博弈，而双方达成互利的成交价格，就是一个纳什均衡。买卖双方为了彼此的互惠互利而进行长期合作，就是重复博弈。重复博弈必然产生信用机制，没有信用就没有重复博弈的基础，交易双方恪守初始契约、讲究信用是重复博弈（即长期交易合作）的内生机理，而为了彼此的私利则是建立重复博弈的根本动力。

公有产权因其全民所有的属性，其全部收益和全部风险跟任何个人的关联程度不高，甚至几乎没有关联，只在理论上存在关联（比如全民所有制企业的资产）。那么，具体到其经营者（代理者），与资产的关联度也是跟其他公民相同的，不同的只是具有行使对于资产使用、处置、收益的代理权，而恰恰是拥有了这种代理权，制度上给代理者以寻租和败德的机会和权力[①]。因此，单靠代理者的内在道德自律机制是行不通的。缺乏制度上的规范性和严密性，将普遍导致产权配置效率低下，使产权效用不能充分有效地发挥，甚至成为市场无序失信、非公平竞争的渊薮。从本质上看，公有产权缺乏产生市场信用的内在机制，缺乏建立重复博弈的基本动力；公有产权下的个人（代理者）具有破坏契约和信用的积极性，代理者更倾向于保护或达成自身利益而忽视公共利益，只要代理人道德上不是"超我"的高尚的人，他就很难真诚地保持与交易对方建立长期信用的愿望。因为在制度上，行使这一产权所带来的收益和风险对于他个人的利益影响都不是全部的，即增加收益不全部为他所有，增加风险的损失也不全部由他承担。在极端的情况下，代理者为了增加自己的收益，在与交易对方讨价还价中故意让利给对方，以便从暗中收取个人好处或给自己带来无形利益，从而损害市场交易的公平和信用原则。

2. 政府信用主体的所有权结构及其信用特征

基于公共选择理论的观点，政治市场中的每一个参与者都是"经济人"，他们也有自己的私人利益，而且往往将这个利益强加于公共利益之上。因此，政府的行为并不一定完全符合社会公众的利益，政府对市场经济活动的过多干预必然使社会资源的配置效率低于市场机制下的效率。与此同时，政府官员的个人决策与公共决策之间会发生冲突，公共决策让位于个人决策的可能性并不低。布坎南在运用成本—收益分析法比较个人行为决策与公共行为决策后指出，制度约束对于不同主体行为的选择有着重要的影响。这里的制度就包含着信用制度。政府的信用约束与个人的信用约束对于个人行为决策的影响是不同的，

---

① 该词最初是在保险业中使用的。它是指投保人能够充分预防和避免发生损害的情形而不采取任何预防措施以避免损害的行为。肯尼斯·阿罗（Kenneth Arrow）把保险经济学中的这一特殊委托—代理关系问题称之为"败德行为"，参见：Arrow, K.J. The Economics of Information[M]. Sasil Blackwell Limited, 1984。

所带来的结果对于自身利益的损益也不同。

布坎南在其《自由、市场与国家》一书中对私人、代理人和集体在决策时的个人选择问题进行了比较分析，按照"制定决策—采取行动""采取行动—承担责任"两个环节的联系与分离程度，布坎南将经济决策模式分为三种：（1）以私人身份进行的经济决策模式；（2）以纯代理人身份进行的经济决策模式；（3）以参与集体决策过程进行的经济决策模式。[①]这里，我们仅对政府作为经济决策主体的行为选择及其信用特征进行分析。

政府机构的行为选择过程符合布坎南所说的"以参与集体决策过程进行的经济决策模式"。该模式的特点是，参与决策者不负责采取行动，采取行动者不承担任何结果与影响，即决策、行动与结果相互独立。虽然政府机构不是一个营利性的经济组织，但因它通过向社会提供各种公共服务的方式成为市场交易活动的一个重要参与者。包括基础教育、公共卫生、国防、环境保护等在内的公共服务的产权属于"国有"，资金由政府划拨，其"产出"由行政指令分配，不需要直接的利润回报。如果把行政机构看作一个垄断的供应商，它面临的消费者只有一个，即国家——国家为了公共利益向行政机构购买服务。但是，在购买什么、如何购买、购买多少等决策行为的选择中，需要经过民主决策程序，以表决方式来进行确定。一般情况下，民主决策过程是利用"多数原则"来确定某一决策方案的。在这个过程中，作为数量众多的选民中的一员，其选择可能与集体决策的结果截然相反。个人选择与基于集体决策结果的行动是相互分离的，集体决策的结果对于个人福利的影响与个人对于自己福利的预期也存在差异。在这种情况下，个人就没有足够的动力去参与集体决策，导致现实生活中选民投票的积极性不高。因此，集体决策尽管极其重要，但是对于个人而言则不是刺激其积极参与集体选择过程的有力诱因。由此可见，在以参与集体决策过程进行的经济决策模式中，个人没有动力保持自己的信用。

与集体决策形成鲜明对比的是，在以私人身份进行的经济决策模式中，进行决策与采取行动这两个环节有机统一，采取行动与行动结果的影响对象、范围直接且明确。个人决策在计算福利变动与机会成本方面相对容易，相对准确。个人对个人的决策（选择）行为表现得最负责任。若从"经济人"理性上分析，这种经济决策过程的信用程度比较高，因为出于对自己负责，就会有内在动力去规范自己的选择行为，去遵守交易规则，履行自己的交易承诺。在以纯代理人身份进行经济决策的模式中，采取行动与行动结果的影响对象、范围变得不那么直接。个人（代理人）决策在计算福利变动方面相对容易，但计算团体因

---

① [美]詹姆斯·布坎南. 自由、市场与国家[M]. 上海：上海三联书店，1989：18.

此种决策而支付的机会成本则相对困难,也不会准确。在此模式中,个人部分地承担其行为选择的后果或成本,但他的个人行为选择又必须体现多数人的偏好或意愿,因此,代理人出于自身利益的考虑,就会积极寻找发生失信行为的空间。比如,他可能以"为大多数人谋利益"的名义来达到自己的行为选择。这正如国有企业厂长(代理人)以"改革"的名义谋取私利一样,把个人选择的风险成本和机会成本完全转嫁给国家(企业员工)。在以"代理人"身份参与的经济决策模式中,进行决策与采取行动以及采取行动与行动结果的影响对象、范围既不直接,也不明确。一方面,在集体决策过程中,计算个人福利变动可能是困难的;另一方面,计算集体因此种决策所支付的机会成本也是不可能的。在此模式中,个人对个人的决策行为表现得最不负责任。

二、政府信用形成的道德伦理基础

本质上说,政府信用是由政府公务人员的个人信用和政府组织行为信用共同构成的。一方面,政府公务人员在执行公务过程中,其具体的行为不再代表个人意志,而是体现政府的施政意志与行为意图;另一方面,作为政府组织的整体决策和施政行为是由被法律及合法组织赋予一定职能、职责的个人所完成的,无不打上个人的烙印。因此,诚信人格不仅是维护社会道德伦理关系的重要保证,也是政府信用形成的重要基础。政府组织与产权、道德、法律、信用都属于人与人、人与组织的社会关系范畴。人类社会的伦理道德关系有助于界定个人及其组织在社会生活中的权利、义务、责任,是各种社会关系的基础。

诚信是东西方社会道德伦理的共同价值取向,也是健康的道德人格的重要内涵。中国先秦时期的《周易·乾》说:"修辞立其诚,所以居业也。"主张君子要以诚信立业。孔子不仅提出了"人而无信,不知其可也"的思想,而且把"诚信"提升到"民无信不立"的高度,从政治伦理层面上强调民信对于政府维护国家秩序的重要性。孟子将诚信结合在一起,阐发了诚与信的内在联系和规范意义。孟子曰:"诚者,天之道也;思诚者,人之道也。"他把"诚信"升华为"天道",把遵守"诚信"的意识升华为"人之道"。孟子还多次谈到要通过反身自律的修养而达到"诚"的道德境界,与自然之道的"诚"相统一。荀子则把它进一步推广到选贤治国方面,强调君臣上下都应以诚信为本。荀子说:"诚信生神,夸诞生惑。"就是说,诚信才能国泰民安,浮夸失信将导致社会混乱。这可以说,荀子已将诚信作为施政的理念了。[1]在国外,也把诚信作为立

---

[1] 罗国杰. 中国传统道德[M]. 北京:中国统计出版社,1997.

人立业之本。哲学家培根说:"诚实守信当为人处事第一原则。"美国科学家富兰克林说:"诚实是一个人得以保持最高尚的东西。人与人的相互关系中,人生的幸福最重要的莫过于真实、诚意和廉洁",等等。中西方伦理文化都把诚信作为个人内在的美德,肯定了诚信道德行为对于维护社会秩序、推进文明进步的普遍价值。

按照上述逻辑,政府公信力的形成有赖于政府行为的客观效果和公众对政府行为的主观感知。在这方面,政府信用除了受自身执政伦理价值理念的影响外,还受公务员个体与群体道德素质的影响。因为政府施政的计划、决策、实施、评估等以及司法的各个环节都是由具体的公务人员实施操作的,那么,公务员个体的道德素质直接代表和影响着政府行为和政府形象。个体诚实可信的人格品德不仅是形成政府信用的重要基础,而且也是维护市场社会信用制度的重要保证。从发达国家的政府公务人员队伍来看,其综合素质比较高,行政作风、能力和信誉相对较好。这除了健全的法律制度的规范约束和社会公众普遍监督的外部因素作用以外,政府公务人员的以个人诚信为核心内容的道德人格的形成无疑发挥了十分重要的作用。

基于以上分析,不难得出以下结论:政府既是市场活动的主体之一,也具有经济伦理主体的属性。十八届三中全会《中共中央关于全面深化改革若干重大问题的决定》提出,市场——"无形之手"——在资源配置起决定性作用,那么政府——"有形之手"——核心职能是弥补市场失灵。《决定》提出加强政府在"保持宏观经济稳定,加强和优化公共服务,保障公平竞争,加强市场监管,维护市场秩序,推动可持续发展,促进共同富裕,弥补市场失灵"等方面的作用。伦理价值目标是维护社会正义与公平。这个伦理价值目标对政府信用也起到了严格的约束作用,就是说,政府恪守信用是实现此目标的根本前提。正如前述,政府是特殊的市场主体,拥有特殊的权力资源,如果因其随意干预市场活动而失信于民,不仅无法发挥"有形之手"的调节作用,更无法实现社会正义,进而必然导致政府的信用危机,甚至是严重的社会冲突。

此外,还有一个值得注意的问题。国际金融危机爆发以后,各国都受到冲击,中国也不例外,但是对于中国来说,这是一个机遇大于挑战的历史时期。中国应该牢牢抓住世界经济格局变革的难得机遇,在坚持对外开放基本国策和大力提高开放型经济发展水平的过程中,抓住机遇,发展自己,在国际经济往来中,坚持基本的经济伦理道德。这个经济伦理价值取向应该是自由、平等、公平、互利。由此目标决定了一个国家的对外经济政策、贸易政策、金融政策等(当然跟一个国家的政治制度、经济制度、民族文化价值观、外交政策等密切相关)。但是,这些政策的实施都反映了一个核心问题,即国家(政府)信用问题。一个负责任的国家（政府）在国际经济事务中、在对外经济政策实施中一定会自觉强化信用约束，既取信于国内民众，又取信于国际社会，以保持良好的国家信誉形象。

三、政府信用形成的民主法治基础

信用与法律是相互依存、相互支撑的。法律是信用的制度化和普遍化的基本形式，信用是法律的本质，也是法律追求的重要目标之一。法律不能没有信用这一精神支柱，没有信用的法律则会成为"恶法"，在社会生活中也难以有效实施。这种信用与法律的相互依存关系，同样反映在政府信用与政府依法行政的关系中。

另外，健康的法治社会的建立必须基于"民主政治"体制。按照其希腊语词源，"民主"最简单的概念就是"人民"进行"统治"的含义。从国民实际所处的政治过程特点看，"民主"意味着：（1）在国家重大政策制定中，国民应该具有同等的、有效的参与机会；（2）在就政策实施与否进行表决时，国民应该具有同样的、平等的投票机会；（3）国民对政策选择具有平等的、充分的知情权；（4）国民对各项政治议程有最终的控制权。[①]逻辑上，只有适应上述民主过程的政府，才是国民可信赖的政府，其公信力才能得到根本性保障。基于此，政府信用的形成要以民主、法制为基础。

1. 信用是法律的本质

信用和法律都在一定程度上反映了人与人的社会关系，但是由于人们的动机不同和行为选择不同，其作用的机理和产生的结果也不同。诚信，反映一个人的人格品质，属于道德伦理的"软规则"，具有"自律"作用。法律，则属于对人的行为进行规范和约束的外在力量，是"硬规则"，有着强制性的"他律"作用。对于法律制度，就个体行为来看，大致可以分为三类人：一类是愿意遵守和维护法律，自觉约束自己的行为，不想违法；另一类是内心本不愿遵守法律，但由于违法成本太高而不敢违法，一旦可以逃避法律责任仍会选择违法；第三类是为了获取个人的最大利益，置法律于不顾，以身试法，违反法律。第一类人，即守信的人，遵守法律制度是出于道德自律，是自觉自愿的，法律与道德在他们身上已达到了统一。社会整体信用程度越高，这类人就会越多，社会的文明程度也就越高。第二类人，即心存侥幸者，对于他们，单靠道德伦理规范和约束不起作用，只有法律才能起到约束和震慑作用。第三类人，即不守

---

① [美]罗伯特·达尔. 论民主[M]. 北京：商务印书馆，1999：138.

信之人，伦理道德起不到任何约束作用，法律如同废纸。这类人越多，法律惩治负担就会越重，甚至出现"法不责众"的危险局面，法律信用就会受到极大挑战。

法律的信用本质是由法律所具有的预见性和引导性特征决定的。国家颁布法律，是对整个社会行为所做的一种强制性的承诺。公民只要不违反法律，其行为选择的后果是受到法律保护的，这也是健康法治社会的基本特点。相反，如果人们忠实地遵守法律规定却不能享受到法律规定的权利，那么法律的权威和尊严就会丧失，法律的信用基础就会受到破坏，法律也就失去了生存的土壤。

法律也是政府信用的重要保障。它为政府与其他市场主体的信用关系提供了普遍、规范和公正的规则，是政府信用的重要监督机制。在现代社会化大生产和市场经济条件下，市场主体之间形成了十分广泛但极其复杂的信用关系，而有效地调节这种广泛和复杂的信用关系，形成稳定和普遍的市场信用秩序，就必须具有普遍、规范和严格的法律来约束。在市场交易中，信用关系是一种基于双方承诺的契约关系，由于存在信息不对称和利益冲突，只有在一个公正的第三方的监督约束下，双方的信用契约关系才能得到有效维持和实现。法律正是一种公正的具有强制性的约束机制，以此弥补伦理道德"软约束"机制的不足。特别是对于政府这一特殊的市场参与者，更必须要以健全的民主与法制来强制约束，使他们不敢轻易违反游戏规则，否则，不仅将使相关责任人承担高昂的违约成本，受到法律规章的处罚，而且将威胁政府的声誉。

2. 政府信用与法治

信用关系的灵魂是人与人之间的自由和平等。在市场交易中，人是生而自由平等的，包括人格、权利意志、进退市场资格以及获得市场机会的自由平等。人类社会实践证明，实现人的自由平等的唯一可靠的途径和保证就是法治。只有在法治社会里，法律的尊严受到每个人的保护，民主制度得以真正建立，人的基本权利才可以最大限度地得到保证，公共权力受到有效的监督和制约，而且社会意识形态的多元化、宗教信仰的自由化保证了人们思想、精神、道德人格的自由与健康。这些无疑都是市场信用制度构建的重要条件。

所谓法治，是相对人治而言的，作为一种治国的基本规则，其基本含义是依法办事，法律面前人人平等，法律具有超越任何权力的至高无上的绝对权威，是规范所有社会主体、社会成员的普遍原则。欧美国家的法治主要有以下特征：（1）宪法和法律至上。宪法和法律具有绝对权威，在整个社会系统中处于最高地位。现代国家是宪法的产物，国家的权力必须来源于宪法或法律的明文授权；各国家机关在行使各自的权力时，必须依据宪法和法律，从而遏制国家权力对公民权利、自由的侵犯，避免不受限制的权力给社会造成灾难。（2）保障人权。为防止国家权力随意、专断地对待公民个人，近现代宪法和法律普遍确立了保护公民基本权利的原则，明文规定公民的财产权、平等权、自由权、幸福权、参政权等基本权利，并宣布这些权利不受侵犯，国家有保护的义务。因此，法治意味着自由原则的确立和权利制度受到保障。权利制度的基本条件是"自由"原则，"自由"存在于宪法和法律不禁止之处，就是说法治的重要目标是约束和防范权力对自由的侵犯和限制，而不是为"自由"划定范围。（3）权力制衡。法治是制约权力、防止权力腐败的最理性、最有效的社会政治机制。法治下的政府只能是一个权力有限的政府，权力只有通过权力才能加以控制。因而既要对国家权力进行限制，也要对国家权力本身进行适当分解，由不同国家机关对不同事项分工负责，以相互牵制。在这一原则之下的制度设计，大致有以英国为代表的君主立宪制政体和以美国为代表的共和制政体。①（4）代议立法。只有选民的代议机关才有代表人民表达立法意志的资格，因而除了少数最重大问题需人民直接投票表决外，应当由人民选举产生的议会行使立法权。这是宪法和法律保障下的民主，人民通过立法来表达自己的自由意志，从而限制国家权力，法治之下的民主才是真正的有保障的民主。（5）独立司法。把行政与司法职能分开，行政机关必须依法——在法律制度限定的范围内行使对社会事务的管理权力。法官则不参与社会公共政策的形成过程，并在履行职务时仅依法和自我理性良知做出判断，而不接受其他国家机关的指示和支配，以保证法律的实施。

　　从上述特点可以看出，法治社会为政府信用的构建创造了必要的条件。首先，权力的制约保证了市场主体的平等。权力产生腐败，绝对权力产生绝对腐败，不受法律制约和限制的权力是市场信用制度的最大破坏者。因为权力是特殊的市场资源，除了政府，其他市场主体都不具有这种特殊资源，以不平等的主体地位、主体资格进行竞争，必然会破坏公平、自由的市场法则，而没有这个市场法则，建立市场信用制度就无从谈起。其次，人权保障使市场主体具有遵守信用制度的内在动力。拥有私人产权并自由地参与市场竞争，为获得长远利益，实现自我效益最大化，从而产生了珍视个人声誉、恪守信用的内在激励机制。再次，健全、完善的法律为政府信用的维护和发展提供了有力的保障。最后，受到宪法和法律限制和制约的政府，廉洁行政，谨慎决策，注重声誉，讲究信用，追求效率，从而为整个社会和公众树立起榜样。

3. 政府信用与民主政治制度建设

美国政治家罗伯特·达尔在其《论民主》一书中简要解释了为什么要实行

---

① 英国分权制约体现在议会两院之间的权力互制、议会与内阁权力互制和议会与法院权力互制。美国是典型的三权分立、相互制约的政体，国会、总统、法院分别行使立法、行政、司法权，其权力互制体现为总统与国会权力互制、国会与司法机关权力互制和总统与司法机关权力互制。

民主。按照一般理解,是因为民主政体可以充分实现人们普遍向往的结果:(1)避免暴政;(2)基本公民权得到保障;(3)普遍的自由;(4)自主决定个人的行为或决策;(5)道德的自主;(6)有助于自由、独立并尊重他人权利的人格的培养;(7)保护基本的个人利益;(8)政治平等;(9)通过民主实现世界和平与普遍的经济繁荣。

至于民主制度与政府信用关系问题,可以这样理解:为限制公共权力的滥用,除了不断进行行政制度改革和创新以及不断健全法律约束机制外,更重要的还在于对民主政治制度进行改革与完善,借以加强对政府权力的制约与监督,以规范政府官员的行为(如廉洁行政、依法行政和防止腐败),确保政府行政效率和政府公信力的不断提高。在这方面,具体做法主要有以下四个方面。

第一,宪法性设计,在宪法制度上实行权力相互制约。这一思想最早是法国哲学家查尔斯·孟德斯鸠提出来的,并为欧美资产阶级革命家所推崇。其典型的做法是在政府的立法(规则制定)、行政(受制于规则的执行)和司法(裁决冲突)权力之间设立制衡机制,即在控制集体行动的三类权威的执掌者之间设置监察和平衡系统。另外,分解集体行动的权力还有另外一种形式:通过宪法安排,在政府体系中按照某种标准建立若干自治性政府层次,以便分解、控制管理权限,特别是当中央政府和地方政府同时拥有独立的征税权时,这种相互制约还是极为有效的。

第二,建立有效的监督机制。在西方发达国家,一些地方政府(如州政府)的决策就采取直接民主制,由公众直接表决来决定一项公共事务。这样,政府决策过程就直接置于公众的监督之下,有效地防止腐败,为树立良好的政府信誉提供了可靠的保证。在我国对政府及其官员的行为实施监督方面可以将代议制与直接民主制结合起来。随着公民综合素质、政治参与意识的不断提高,以及信息网络技术的发展,为实行直接民主制提供了可能。例如网络问政,即政府通过互联网做宣传和决策,更全面地了解民情和汇聚民智,以达到取之于民并用之于民的目的,从而实现科学决策、民主决策,真正做到全心全意为人民服务。互联网成为中国公民行使知情权、参与权、表达权和监督权的重要渠道。一项调查显示,87.9%的网民非常关注网络监督;当遇到社会不良现象时,99.3%的网民会选择网络曝光。政府与人民群众的距离更近了,方法也更灵活了。

第三,建立信息沟通机制。代理人的机会主义与腐败行为往往是由于信息不对称而导致的,因为代理人拥有更多的私人信息,比其监督者(人民和代议者)具有信息上的优势,所以采取欺骗手段谋取私利成为可能。如果在委托人与代理人之间,监督者与被监督者之间存在信息不对称的情况下,要实现对代理人权力的有效监督则是根本不可能的。因此,应通过法律制度,在议会与政府之间建立良好的信息沟通机制，使议会掌握政府从事每一项公共事务的充分信息，如年度预算计划报告、独立的财务会计审计报告、公共项目的稽查及其标准以及独立的新闻舆论监督、社会信用评级机构的专家监督等，最大限度地减少委托人与代理人之间的信息差距，使人民对政府的监督更为有效。

第四，建立问责制度，建设责任政府。现代民主政治文明要求，必须对政府官员实行问责制度，并相应地建立严格、规范的包括反省、诫勉、弹劾、引咎辞职等内容的惩罚制度，以使政府官员普遍提高责任感，内化法治精神，法律规定了政府的责任。

对政府信用形成因素所做的上述分析，表明政府在市场信用制度建设中的地位和作用是无可替代的：一是政府通过颁布法律、法规和制定政策为市场交易活动提供信用制度规则，从而降低交易成本和提高市场资源效率。二是在培育和建设市场信用体系的长期过程里，无论是社会信用评级体系和社会征信制度的建立，还是社会信用中介组织的培育、市场信用信息的整合与披露等，都有赖于政府提供的信用制度安排。三是政府作为市场信用的监管主体，对市场交易行为依法进行指导、监督、裁决和处罚，以约束和限制不正当竞争、违规交易和失信行为，维护市场公平竞争秩序，创造良好的市场信用环境。正是因为政府在创造市场信用环境过程中具有如此特殊的地位和重要的作用，所以政府在市场经济中本身就要率先成为严格遵守信用这一（市场经济中最重要的）道德规范的典范。西方国家的历史经验说明，如果政府自身约束不力、行为失信，就会产生滥用权力的现象，不仅会直接破坏市场公平交易的秩序，而且释放出巨大的"寻租"空间，导致政府腐败。只有随着民主政治制度建设的不断发展和完善，政府权力最大限度地受到法律和社会公众的限制、约束和监督，政府信用才能不断提高，从而推动整个社会信用的发展。

第三节 提高政府公信力的重要途径

世界银行前行长詹姆斯·D. 沃尔芬森在《1997年世界发展报告》的前言中写道，"历史反复地表明：良好的政府不是一个奢侈品，而是非常必要的。没有一个有效的政府，经济和社会的可持续发展都是不可能的。"[1]这里，所谓"有效的政府"实质上就是指对国民而言的有政策能力、有行政权威、具有极高公

---

[1] 世界银行. 1987年发展报告——变革世界中的政府[M]. 北京：中国财政经济出版社，1997.

信力的政府。换言之，只有一个讲信用的政府，才能为实现自己管理社会、实现公平的目标制定出有效的公共政策，也只有这样的政府，才能成为一个公正的市场参与者，促进社会均衡的发展。

当然，鉴于社会信用体系的整体性和复杂性，提高政府公信力必然要以提高整个社会信用水平为基础。在这方面，政府也应该有所作为，即政府要在构建和规范社会信用管理体系过程中付出不懈努力。在积极推行民主政治和促进社会整体信用水平持续提升的情况下，政府公信力，作为市场信用体系中一个重要的组成部分，才最终能够回归到其应有的地位。

一、构建健全的社会信用及其管理体系

西方主要发达国家从19世纪开始，经过一百多年的努力，逐步建立起健全有效的国家信用管理体系。国家信用管理体系是一种社会机制，也是一种市场交易行为规范，它使一个国家的市场经济由以原始支付手段为主的市场交易方式向以信用交易为主的市场交易方式转变。同时，建立和规范社会信用管理体系也使政府行为全面置于法律约束和公众监督之下，这对于提高政府信用、声誉、公信力等发挥着极其重要的作用。

借鉴西方主要发达国家信用制度管理体系的构建模式，我国政府应从以下方面加以考虑：第一，建立企业、消费者个人征信体系。该体系主要是企业、个人信用信息数据的采集、披露和信用评价。在发达国家，比较典型的市场征信体系首先形成于美国的"民营征信系统模式"。该模式中的信用调查机构主要由私人和法人投资组成，其市场信息总量大，覆盖面广，信息来源渠道广泛，除了来自银行和相关的金融机构以外，还来自信贷协会和其他各类协会、财务公司或租赁公司、信用卡发行公司和商业零售机构等。它面向全社会提供信用信息服务，服务对象主要包括：私人银行、私人信用机构、其他企业、个人、税收征管机构、法律实施机构和其他联邦机构以及本地政府机构等。[①]

第二，加强市场信用管理法律的立法和执法。美国在信用管理方面的法律约有17种[②]，其目标都集中于规范授信、平等受信机会、保护个人隐私权等。其中著名的法律包括：《公平信用报告法》——规定消费者个人对资信报告的权利并规范化资信调查机构对信用报告的传播方式；《平等信用机会法》——规定

---

① 一些欧洲国家则建立了"公共征信系统模式"，它与"民营信用调查系统模式"有较大区别。公共信用登记系统是由金融监管机构设立的，更多地体现了监管者的意志和需要；它主要是为金融监管部门的信用监管服务，而不考虑社会的商业化信用信息需求；它的数据强制性地来自于银行等金融机构，其数据使用更多地是金融机构内部为防范风险的信息互通。考虑到我国的具体国情，我国宜采用美国模式。

② 20世纪80年代美国政府禁止了其中的一种：《信用控制法》（Credit Control Act）。

不得因种族、宗教信仰、年龄、性别等因素做出歧视性授信决定;《诚实租借法》——规定一切信用交易条款都必须向消费者公开以使其充分了解内容和效果,以及《公平信用结账法》《信用卡发行法》《电子资金转账法》等。这些信用管理方面的法律对稳定美国经济、保护消费者隐私权、规范信用交易秩序、明确惩罚机制和解决一些特殊的社会问题发挥了积极作用。实践说明,适宜的法律法规和健全的社会信用管理体系是国家信用机制良好运行的重要保障。

第三,加强对信用管理组织的监督与管理。政府是维护社会信用的权力组织,也是强力组织,应充分发挥其对信用管理组织建立、监督与管理的重要作用。在西方发达国家,信用管理组织机构比较健全,既有政府支持和管理的各类信用管理公司,也有很多行业信用管理组织,其功能覆盖了全社会信用管理与信用服务的各个层面。[①]政府对信用管理组织机构的监督和管理主要体现在建设信用管理体系,促进信用管理相关立法的出台及相应细则的不断完善,保护信用管理企业依法获取企业和消费者个人信用信息、数据的权利,对信用管理组织机构及行业协会进行监督和管理,使其合理合法地利用征信数据和传播数据等。

第四,加强对信用管理相关法律的监督和执法。在美国,政府部门和法院被称为信用监督或执法机构,这些机构中有些主要负责与非银行有关的信用法律监督、解释和执法,另外一些则主要负责与银行有关的信用法律监督、解释和执法。美国最重要的与信用管理有关的政府管理和执法部门是美联邦贸易委员会,其主要职责是:(1)消费者信用保护类法律法规的执行机构;(2)制定和修订特定法规的主要提案机构,如"公平信用报告法""公平债务催收作业法""平等信用机会法"等法案的提案;(3)确保受法律规范的企业运营的安全稳定;(4)举报违法并造成消费者实质伤害的不公平或欺诈的交易。可见,政府按照法律法规对市场社会信用的管理,既有效约束了自身的行为,也在维护市场交易秩序的过程中提高了自身的公信力,从而提高了实施公共财政政策以及社会福利政策的预期和效率。

与发达国家相比,我国在上述各方面均还存在很大差距,尤其是在社会信用法律的执法方面还存在不少问题,导致法律威严受损以及政府公信力下降。我国应该结合本国社会信用管理实际,创造性地吸收和借鉴发达国家的那些有效做法,加快市场信用管理制度、信用管理组织以及相关法律规章的建设,力争在较短时期内使政府在社会信用建立和管理方面取得令公众满意的成果。这

---

① 以美国为例,该国信用服务行业主要有三大类:第一,资本市场上的信用评估机构,如穆迪、标准普尔和菲奇公司等;第二,商业市场上的信用评估机构,如邓白氏集团公司;第三,对消费者个人信用评估的机构,或称为"消费信用报告机构",如 Trans Union 公司、Equifax 公司和 Experian 公司。

是改善政府信用、提升政府公信力的关键途径。

二、提高政府公信力的基本措施

要提高我国政府的公信力,除了需要加快社会信用基础建设工作和大力推进社会法治建设工作外,同样重要的是,还须尽快建立并规范对政府权力实行有效监督与制衡的社会机制。对此,应该考虑着手实施以下措施:

第一,制定《政务公开法》,包括官员财产申报和公示,保障公民的知情权。反腐关键靠法治,应致力于源头反腐。从原始意义上说,尊重和满足公众知情权的行为主体应是政府。自1945年美国记者肯特·库柏首次使用"知情权"一词以来,尊重和满足公众的知情权便被解释为西方国家政府的法定义务和公民应享有的一种民主权利。政治文明和政治民主的重要原则之一就是公权力的行使要透明,而切实保障公民的知情权则是民主政治的重要基石。既然宪法明确规定"中华人民共和国的一切权力属于人民",而人民又不是抽象的主体,是由全体公民组成的,那么,每一个公民对于这个国家所发生在政治、经济、军事、社会、文化等各个领域内的重大事件以及与自己生命财产攸关的一切信息均享有神圣不可侵犯的知情权。①对于公民知情权的保障意味着政府有披露信息的义务和责任。诚然,公共权力的行使过程并不要求都必须向社会公开,但是,政府公共权力行使过程中哪些信息必须公开,以何种方式公开,公民、法人可以查询、质询哪些信息,哪些信息可以不必公开,或者在多长期限内不予公开,这些必须要由相应的法律来规定,以确保政府部门定期发布它所掌握的与公众利益密切相关的信息,接受公众的提问、质询和监督。此外,还应制定《重大决策程序条例》,用以约束和规范领导干部的重大决策权。

第二,政府减少对新闻的控制力,强化新闻舆论的监督职能。国家机关不应当以会产生"负面影响"为由过度干预和管制新闻。公民的知情权也包括"负面影响"的知情权。究竟何为"正面",何为"负面",不应当仅是公共权力主体的判断,还包括公众的主体判断。公民能够享有知情权的一个重要渠道就是新闻媒体。因此,保障公民知情权的最重要手段是要保障公民有能够最大限度地从新闻媒体中获取真实信息的自由。国家公共权力应当只有在新闻媒体的报道危及国家安全、经济金融安全、社会公共安全、社会道德危机等时行使其干预及管制的权力。现今政治生活中通过严格的新闻管制而剥夺公民知情权的状

---

① 过去长期以来政治生活存在着一个不正常的现象,就是"封锁消息"。由某位主管官员就可以自己决定哪些消息应当让公民知道,哪些消息不应当让他们知道,这是典型的"愚民政策"。显然,这是与政治文明、政治民主和法治精神相悖的,宪法所赋予公民的知情权利,任何组织和个人都无权剥夺。

况，应当通过推进民主法治建设得到逐步改进，给公民以更大的新闻自由度、新闻透明度、新闻选择度。

第三，建立科学的"政府公信力评估系统"。公信力是公民对于政府机关行使公共权力的信任程度。公信力如何，这就需要社会公众来评估。因此，有必要建立起具有一定权威的民意调查网络。例如，西方发达国家建立起来了各种民意调查网络。民意调查就是公众给国家机关及其负责官员"打分"。中国由于缺少这种民意调查的机构和机制，即使有民意调查机构也不允许对国家机关的公信力进行调查，即使允许这种调查，也不允许将其调查结果公之于众。因此，政府机关总是感觉良好，觉得自己的公信力很高，缺乏来自声誉和民意的压力，因而也就没有进一步提高行政效率、廉洁行政行为的激励和约束。

第四，积极培育有足够行政能力且具有崇高职业道德的政府官员、公务员队伍。提高政府官员、行政工作人员队伍的素质是提高政府公信力最基本、最重要的前提和基础，这是因为政府官员廉政与否和行政工作人员素质的高低直接影响着政府的信誉和形象。在这方面主要应该做好四种工作：（1）官员晋升、公务员聘用前的考绩制度。一般经验表明，考绩制度越科学、越少人为干预的国家，其政府官员、公务员队伍的行政能力越高。（2）使用中的晋升制度对公务员的行政能力产生巨大影响。一般情况下，越是基于个人才干进行晋升的国家，该国公务员的行政能力越强；反之，越是以上级偏好决定晋升的国家，该国公务员取悦于上级领导的能力越强，而行政能力越弱。（3）道德教育，鼓励公务员树立团队精神。团队精神体现对一些道德标准、行为准则和目标的共同理解和自觉遵守，这种精神有助于在公务员队伍中形成归属感、目的感，有助于他们矢志维护自己队伍的荣誉，有助于在他们之间形成为实现团队目标而努力的自律意识。（4）还应该考虑合理化政府官员、公务员的工资标准，他们的工资水平不能太低，否则他们缺乏积极工作的热情。①

第五，在我国，还要针对政府官员腐败和司法人员不作为等严重破坏我国政府形象及其极大削弱政府公信力问题，在深化政治体制改革过程里，率先健全对政府官员的监督机制和制约机制。在加强领导干部队伍思想道德、科学文化、法律法规的学习教育和提高公职人员队伍的综合素质以及树立正确的价值观和先进的行政理念并提高行政能力和行政水平的同时，严格落实政府官员、公务员奖惩制度。对于那些为了局部利益或一己私利而不惜损害广大国民利益的官员，对于那些放纵违法、违纪行为的官员，对于那些严重贪污腐败的官员，必须加大打击力度，以便增加他们从事各种非法活动的成本，相应降低从事这

---

① 世界银行. 1997年发展报告——变革世界中的政府[M]. 北京：中国财政经济出版社，1997.

些非法活动的比较利益。

第四节　政府公信力与公共政策制定

　　前面关于政府公信力问题所做的那些分析说明：在一个法治社会里，政府公信力程度主要取决于两个因素，一是政府能否一贯地坚持依法行政，二是在行政过程中是否始终坚持"公开、公正、透明"原则。如果政府不能依法行政，则该政府毫无诚信可言，进而它便难以得到民众的支持和信任。同样，不能坚持依法行政的政府，它就不可能主动地提高自己工作的公开性和透明度，更不可能尊重公众的知情权。在上述任何一种情况下，社会无法制定出合意的公共政策，即便可以勉强予以制定，也无法有效贯彻实施。换言之，较高的政府公信力是推行合意的公共政策的基本保证，至少从逻辑上说明，较高的公信力既意味着政府免于滥用权力，也意味着政府尊重并保护民众的合法权利。

　　就最一般意义而言，较高公信力的政府在制定公共政策时必然会坚持"以人为本"的原则，即充分按照国民的基本偏好的特点确定政策目标和选择合适的政策工具。中国古代政治家管子认为，治国之道就在于迎合国民的下述偏好：国民普遍厌恶劳苦，就要使他们在辛苦劳动之后得到充分休息；国民普遍厌恶贫困，就要保障使他们得到与其贡献相当的财富；国民普遍厌恶从事危险工作，就要保障他们的劳动安全和财产安全；国民本能地害怕伤亡、伤害，就要保障他们的人身安全、生命安全。[①]按照现代观点，就是指政府在制定公共政策时，必须把立足点放在促进社会全面进步和民众全面发展上，而要达到这些目标，关键在于政府所推行的基本公共政策必须有助于保障国民的基本人权和使国民平等地获得（如阿玛蒂亚·森所提倡的）实质性自由，即"……包括免受困苦——诸如饥饿、营养不良、可避免的疾病、过早死亡之类——基本的可行能力，以及识字算数、享受政治参与等等的自由"。[②]例如，2004年我国政府废止了执行多年的《生活无着的城市流浪乞讨人员收容遣送办法》，而代之以《生活无着的城市流浪乞讨人员救助管理办法》，就充分反映了政府对社会底层人员的基本自由权（包括乞讨自由权）的肯定与尊重。

　　进一步讲，较高公信力的政府在制定公共政策时还必然会坚持"社会公正"

---

　　① 原文："政之所行，在顺民心；政之所废，在逆民心。民恶忧劳，我佚乐之；民恶贫贱，我富贵之；民恶危堕，我存安之；民恶灭绝，我生育之。……"（管子. 管子[M]. 北京：华夏出版社，2000：2）。
　　② [印]阿马蒂亚·森. 伦理学与经济学（中译本）[M]. 北京：商务印书馆，2000.

的原则。在纯粹自然的条件下，社会成员由于自然禀赋的差异，如智商、能力、受教育程度、年龄、性别及出身等方面的差别，往往导致实际经济机会获得上的不平等，进而转化为经济获利能力上的差距。加之市场机制本身产生的"马太效应"的作用和现行社会经济体制、制度中存在的某些缺陷的影响，上述不平等将进一步被扩大化而产生社会平等危机问题。此时，政府的公共政策就应该成为解决社会平等危机和坚持社会公正的重要手段之一。"经济平等"和"社会公正"的理念之于公共政策，应该是"满足多数，保护少数"。"满足多数"是指公共政策要优先考虑社会绝大多数人的需要，"保护少数"是指公共政策要兼顾处于社会底层或被边缘化的群体的利益；只要公共政策能够做到"满足多数，保护少数"，就从实际上保证了社会经济增长的利益惠及一般公众，而不仅仅局限于少数特权阶层。

较高的政府公信力还体现在政府制定公共政策时自觉地尊重民意，而不受某些"有能力"的利益集团的意志或少数当权者意志的影响。那么，在公共政策形成过程中，政府就会坚持民主程序，并且鼓励国民通过民意调查制度、信息公开制度、听证会制度、院外游说制度、协商谈判制度、公民请愿和公民投票制度进行偏好显示和反映民情。政府重视公共政策之形成的民主过程无疑有助于提高它的公信力。这是因为，民主的价值观反映在公共政策上主要体现为"公共性"，它是公众在公共领域的政策表达，是有意识的、合理的政策序列设计及其安排。"公共性"意味着"公众性"，因为公众具有对公共政策及一切重大公共事务的话语权、知情权、参与权和监督权，在涉及公共物品提供等集体行动中存在着有效的决策参与通道和决策选择机制。同时，公共政策也是政治系统或公共权力机构协调和平衡公众利益的途径与手段。"公共性"意味着"合法性"，因为任何政策要让公众接受并发挥实际作用，就必须从形式到内容都是合法的。"公共性"又意味着"公开性"，因为在公共空间内公众通过自我理性而不是单纯的个人偏好对公共事务进行关注和公开讨论。

公信力越高的政府，其公共政策过程的透明度就越高，就越有助于公众就政策问题与政府进行有效磋商，通过民主程序整合社会各阶层的经济利益，最终推动了公共资源的优化配置。当然，在公共政策领域，人们对效率的关注主要体现在国民希望一项公共政策能够以最小的投入获得最大的政策产出，即以最小的社会成本（或政府工作量）最大限度地解决某个政策问题，从而凭借有限的政策资源尽量扩大政策收益。在深化改革时期，有效率的公共政策必须体现科学的发展观，即坚持"以人为本"——尊重人、解放人、依靠人、为了人、塑造人——的社会经济发展模式。科学的发展观就是全面的、协调的、可持续的发展观。为此，政府在制定、推行公共政策时必须做到：既要考虑人口政策、能源政策、环境政策等各方面具体政策的配套协作，又要考虑城乡、区域、阶层等各方面的统筹协调；既要考虑当前发展的需要，又要考虑未来发展的要求；既要考虑当代人利益，又要顾及后代人的存续等。总之，政府要立足于中国国情，在坚持社会经济可持续发展、社会公正等原则的基础上，确定各项公共政策的具体目标并在政策实施过程中不断改善各个环节——政策规划、政策决策、政策执行、政策评估和提高其效率，从而整体地提高公共政策的有效性。可以设想，如果政府的公共政策过程在促进社会经济协调发展的同时，还能够不断提高公共资源的配置效率，国民自然会更加信任、更加依赖自己的政府。国民对政府的信赖不仅是政府持续提高自身公信力（信用和声誉）的重要基础，而且其信赖程度是测度政府公信力的唯一的客观标尺。

第四章　公共政策的合意性与绩效评估

公共政策是政府对国民经济、社会进行管理的一种工具，但由于公共政策在制定、实施过程中的各个环节上存在的有限理性、政府管理目标的多元化以及政府行政部门之间的利益冲突关系等，使公共政策有时不仅不能成为调节经济、解决社会难题的工具，反而可能对社会发展、社会公平起到阻碍作用。此外，"上有政策，下有对策"的博弈格局也使得经济生活中的利益主体倾向于进行逆向选择。因此，如何使公共政策摆脱上述问题的困扰，使之真正发挥对经济生活的有效调节作用就成为本章研究的重点内容。

作为一种新的管理实践和管理技术，政府绩效管理——政府治理工作的重要组成部分——在公共行政中受到广泛关注，其以政府机构或公共部门为治理对象，以最大限度提高经济效益、社会效益以及政府公共服务质量和公民满意程度为基本目标。通过这种管理来改善政府部门间的协调性，最终促使政府真正作为一个整体组织对社会生活产生积极作用。政府绩效管理，作为一种特殊的管理体系，把政府明确视为一个有机结合的整体，在此基础上，将政府服务计划、资源分配、成本控制、绩效展示、监督检查等环节有机地联系起来。最后，对政府行政过程的产物——单项公共政策和相互联系、相互影响的公共政策整体对社会生活产生的实际影响——进行绩效评估并把评估结果反馈给政府。对于公众而言，通过政府绩效管理活动，可以完整地了解公共政策产生的一般效果，并评估这些效果是否符合他们的预期要求，客观地判断出政策效果与政策成本是否对称。据此提出公共政策改革意见，无论是要求修改公共政策目标，或是要求政府调整公共政策实施方式，都有助于政府在推行政策的过程中进一步提高其经济效益与社会效益。总之，在政府不断进行机构改革的今天，公共政策的整合程度及其产生的实际结果已经成为考核政府部门工作效率的重要指标。

第一节　公共政策非合意性产生的根源

公共政策依赖政府强制力，一旦制定并执行，就会影响到社会生活的方方面面。基于制度经济学的基本思路，将公共政策作为影响社会经济活动的内生因素，构建如下生产函数来讨论政策的基本作用：

$$Q = f\left(x_i, P_0, P_j\right) \tag{4-1}$$

其中：$x_i(i=1,2,\cdots)$ 代表某种经济活动（如生产过程）的投入，可以是各种生产要素，也可以指各利益当事人；P_0 代表政府针对此项经济活动而制订的公共政策；$P_j(j=1,2,\cdots)$ 表示其他非针对本经济活动的公共政策对于本经济活动的影响；Q 作为经济活动的产出，也可以理解为经济活动的社会效用。

从理论上讲，"慈善政府"总是把追求社会效益最大化作为公共政策的基本目标。所以，对于合法的或政府鼓励的经济活动来说，$\partial Q/\partial P_0 > 0$，即公共政策对经济活动本身应该发挥促进作用；而对于那些不合法的或政府不鼓励的经济活动来说，$\partial Q/\partial P_0 < 0$，即公共政策对于这种经济活动应该起到某种限制性作用。然而，现实情况并非这么简单。

一、公共政策对于相关利益主体的激励

任何一种经济活动的顺利进行都离不开各种生产要素的配合，而每一生产要素又都代表了一种利益当事人。政府针对经济活动制订公共政策或其他经济、社会政策并付诸实施时，就会对不同利益当事人产生不同的影响。由于各个利益当事人的利益诉求不同，所以政策对他们各自的影响作用或激励作用也就不尽相同。以上述生产函数为例，存在着以下几种可能：如果 $\frac{\partial Q}{\partial P_0}|_{P_0} > 0$，说明现行政策对利益当事人 x_i 产生了正向激励；如果 $\frac{\partial Q}{\partial P_0}|_{P_0} < 0$，说明现行政策对利益当事人 x_i 产生了反向激励；如果 $\frac{\partial Q}{\partial P_0}|_{P_0} = 0$，说明该政策并未对利益当事人产生任何激励，其经济活动本身也就不会发生任何变化。从政策制定者的角度来看，最希望出现的格局是对 x_i 的激励都是正向的。但是，现实中经常会出现的情况

是，对 x_1 产生正向激励而同时对 x_2 产生反向激励。这种格局常常会使公共政策处于两难境地。正如阿特金森和斯蒂格里茨所言，"（政策间）存在着间接的或一般均衡的效应，它们可能会强化直接效应，或可能从相反方向起作用，从而削弱预期的后果"[①]。例如，我国政府在经济转轨时期推行的国有企业"债转股"政策，实际上就陷入了这种困境。

自 1999 年 4 月 20 日中国信达资产管理公司挂牌以来，中国全面实施了旨在推进国有企业改革的"债转股"政策。从政策设计的目标来看，债转股是为了解决国有企业过高的负债比例以及由此引发的金融风险。从做法上来看，它是通过将国有企业的银行负债转成银行对于企业的股权。这样一种政策实施后对于银行、国有企业以及资产管理公司来说都产生了不同的激励作用。

国有企业因政策的出台受到激励。债转股政策通过将国有企业的银行负债转成银行对于企业的股权，可以为企业减轻极其沉重的历史包袱，有效降低资产负债率，进而使其获得新生。看到这种政策给企业带来的潜在收益，更多的国有企业都希望能够给自己的企业实施债转股工程，尽管国家对于债转股的企业的条件有明确规定。在条件等同的情况下，哪些企业可以首先得到这种制度安排并进而得到这种制度的收益？这时，债转股企业就成为企业寻租的对象。

众所周知，实施债转股的企业必须具备一定的条件，[②]可是在操作的过程中如何量化这些指标并进而按照这些指标选择债转股企业，问题就不是那么简单了。在债转股预期收益的激励下，国有企业总会寻找充分的理由论证其产品的市场前景。对于不满足条件的企业试图通过寻租行为达到目的，在这种情况下，即使是满足条件的企业也可能被动寻租。对某些国有企业，如果把债转股视为吃完了上市、ST、PT 和"壳资源"后的最后的免费晚餐，那么寻租活动可能愈演愈烈。

对于银行的激励作用。债转股对于银行来说，是将自己过去对企业的债权转化为对企业的股权。企业对银行的负债构成了银行的资产，在银行账目上，企业贷款的利息作为银行的收入，依据这个收入银行还应向税务部门交纳税金，如果企业不能向银行按时归还贷款和支付利息，那么反映在银行账目上的利息收入就完全是不可能的，而银行却要为这不能得到的利息而支付税金。这对于银行来说很不公平。造成这种现象的原因除了银行信贷人员自身因素外，主要是历史及政策的因素。实施债转股后，银行将这部分不良资产转移到了相应的

---

① [英]安东尼·B. 阿特金森，[美]约瑟夫·E. 斯蒂格里茨. 公共经济学[M]. 上海：上海三联书店，上海人民出版社，1994：715.
② 实施债转股的企业必须具备五个基本条件：一是产品品种适销对路，质量符合要求，有市场竞争力；二是工艺装备为国内、国外领先水平，生产符合环保要求；三是企业管理水平较高，债权债务清楚，财务行为规范；四是企业领导班子强；五是转换企业经营机制的方案符合现代企业制度要求，各项改革措施有力，减员增效、下岗分流的任务得到落实。

资产管理公司,所以债转股有利于银行降低不良资产率,降低金融风险,进而改善银行的经营状况,并为银行实施新的贷款分类方法做好准备。受到这种激励,更多的银行希望通过实施这种制度安排得到改善经营状况的好处,那些最不可能收回的不良资产会最先进行债转股,银行将其风险转嫁出去。

债转股对于资产管理公司的激励。债转股是在国家组建资产管理公司并依法处置银行原有不良资产的基础上,对部分国有企业的银行贷款以金融资产管理公司作为投资主体实行债权转股权。金融资产管理公司实际上成为企业阶段性持股的股东,依法行使股东权利,参与公司重大事务的决策,但不参与企业的正常生产经营活动。资产管理公司从成立之日起就担负了解决不良资产的重任。然而,其运作本身就包含着两难选择。其一,资产管理公司运作效率越高,不良资产存量的化解速度越快,资产管理公司存在的"醒目性"就越小。资产管理公司是以国家财政为支持的一个新的国有独资单位,如果其本身的行为最终导致其组织的消失,那么资产管理公司作为理性的经济人,积极处理不良资产的动力就会受到怀疑。其二,资产管理公司可以对那些迫切要求债转股的企业与银行主动设租;第三,资产管理公司所运用的是财政资金,激励资产管理公司用好这些资金本身又是一个难题。

再如,政府制定的涉及汽车安全问题的公共政策也会陷入类似的困境。美国经济学家曼昆在他的《经济学原理》一书中便提到了有关汽车安全带与汽车安全政策的关系问题①。政府为了减少交通事故,要求出厂的汽车上必须安装安全带,但该政策实施后并没有使交通事故的发生率下降,而只是使交通事故中司机的死亡率下降。这是因为汽车安全带政策在实施中对于汽车司机、行人产生了不同激励。对于司机来说,安全带的使用会降低交通事故中司机的死亡率,从利己角度讲,司机倾向于在驾车中使用它。也正因为如此,司机在驾车时也相应降低了谨慎程度,成为导致交通事故发生率上升的重要原因。对于车外行人和其他车辆来说,这无疑意味着他们的危险系数在增加。在该过程中,司机们逆向选择的结果是不谨慎驾车,造成旨在减少交通事故的公共政策却带来相反的结果。至于行人,他们本能地意识到汽车安全带的使用在一定程度上降低了自己行路的安全程度。于是,他们理性的选择就是减少上街次数,或选择行走在汽车隔离的道路上。不言而喻,整个社会交通的安全系数实际上在下降,每个人的福利水平也在下降。

"公共政策总有些无意的后果,导致它们的净收益几乎总是低于预期。"②

---

① [美]曼昆. 经济学原理(上册第一章)[M]. 北京:北京大学出版,1999.
② [美]罗杰·理若·米勒,丹尼尔·K. 本杰明,道格拉斯·C. 诺斯. 公共问题经济学[M]. 上海:上海财经大学出版社,培生教育出版集团,2002:8.

公共政策对于利益相关方产生了不同的激励，利益相关方的逆向选择，这种类似的现象在我国表现在许多方面。例如，在中国高考中实行的保送生制度，在开始时各个学校一般都能将自己学校中最好的学生保送到大学，但是由于升学率与任课教师的经济效益挂钩、学校之间相互竞争升学率等，这种制度激励学校进行逆向选择，理性的学校会将那些最不可能考上大学的学生保送，以提高升学率。又如政府扩大国债发行规模以推行积极财政政策，由于其对民间投资发生了"挤出效应"，后者在一定程度上抵消了积极财政政策的效力。肇端于20世纪90年代末的教育制度、医疗制度、住房制度、养老制度改革给国民的激励不是增加消费，而是增加储蓄，这与政府多次减息以至课征利息税的初衷存在着明显偏离、冲突与不配合。①

二、公共政策的相互匹配

从式（4-1）中可知，非针对某项特定的社会经济活动制定的属于其他方面的公共政策也可能对该社会经济活动产生影响，即政策之间存在的"外溢效应"。正如英国经济学家安德鲁所说：由于政策本身所具有的外溢效应（spillover effects），有时政策之间的效果"是相互抵触的：这些外溢效应能够改变其他组织所制定政策的影响，甚至趋向于完全抵消那些政策的作用"。②

公共政策的外溢性表现在两个方面：其一是其他公共政策对于本经济活动产生了正的影响，即 $\partial Q/\partial P_j > 0$；其二是其他公共政策对于本经济活动产生了负面的影响，即 $\partial Q/\partial P_j < 0$。当出现受其他公共政策负面影响时，政府需要解决的问题就是如何保持相关公共政策之间的协调与配套。下面以劳动最低工资政策为例，进一步说明公共政策的"外溢效应"现象。

为了保护某些行业劳动者的生活水平，政府在这些行业中实施最低工资制。这种最低工资制实际上是政府实施了价格管制中的一种，即支持价格。由于支持价格破坏了原有的市场均衡，造成供给多而需求少的局面。对于实行最低工资制的行业，劳动力的供给增加，但企业在工资成本固定的前提下，由于工资水平的提高，企业愿意雇用的劳动者会减少。如图4-1。

---

① 关于公共政策对于不同利益集团所产生的不同激励，进而导致了不同结果产生的大量案例，有兴趣的读者可以参阅米勒，本杰明，诺斯合著的《公共问题经济学》（上海：上海财经大学出版社，培生教育出版集团，2002年）一书。
② [英]安德鲁·休斯·哈利特. 宏观经济的相互依存与政策协调[C]//大卫·格林纳韦. 宏观经济学前沿问题. 北京：中国税务出版社，北京腾图电子出版社，2000：214.

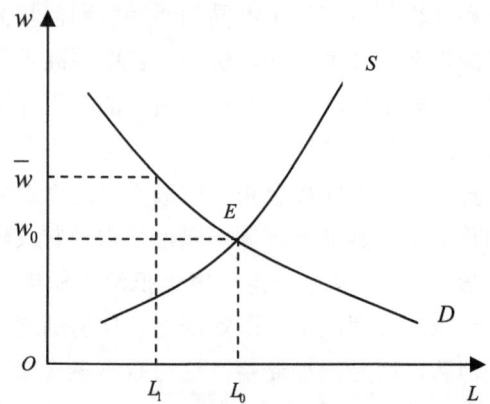

图 4-1　最低工资制度引起的劳动力减少

图 4-1 中，横坐标代表劳动者的数量，纵坐标代表工资。当实行最低工资 $\bar{w}$ 后，企业对劳动者的需求由 L_0 减少到 L_1。减少的量为 $(L_0 - L_1)$。那么是否造成了 $(L_0 - L_1)$ 的失业人口呢？这需要进一步分析。

假设一个社会有两个行业 A 和 B，其中行业 A 实施了最低工资制，行业 B 未实施最低工资制度。这个社会劳动力的供给是固定的，所有劳动者都能同样熟练地在这两个行业工作。如图 4-2。

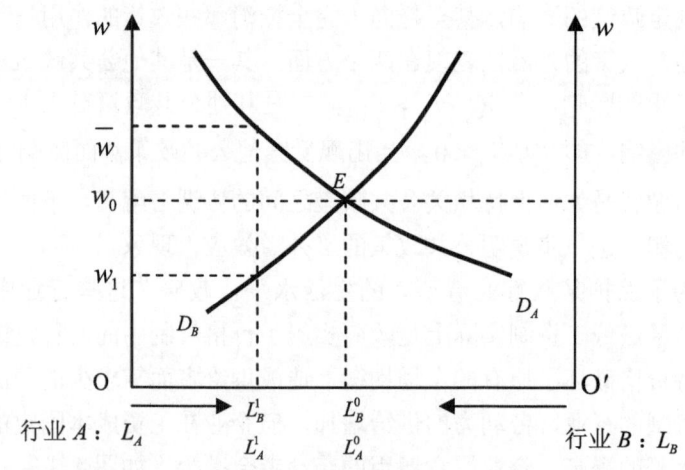

图 4-2　行业 A 的政策对行业 B 员工工资的影响

图 4-2 中横坐标 OO' 的距离表示总的固定的劳动供给。从坐标点 O 向右移意味着行业 A 的劳动力投入的增加；从坐标点 O' 向左移意味着行业 B 的劳动力投入增加。D_A 代表行业 A 对劳动力的需求曲线，D_B 代表行业 B 对劳动力的需求曲线。如果行业 A 没有实施 $\bar{w}$，市场工资在两个行业中均为 w_0。实施 $\bar{w}$ 后，

84

行业 A 的受雇劳动力减至 L_A^1（原为 L_A^0）。从行业 A 失业的（$L_A^0 - L_A^1$）劳动力转到没有实行最低工资制 $\bar{w}$ 的行业 B，使行业 B 的劳动力投入从 L_B^0 增至 L_B^1，工资从 w_0 减至 w_1。

以上说明，虽然实施 $\bar{w}$ 旨在保护某些劳动者的收入水平，这种制度使一部分劳动者（那些继续留在行业 A 的）受益，但使其他劳动者的工资和收入下降。这些劳动者包括原来在行业 B 工作的劳动者以及刚从行业 A 转移过来的劳动者。换句话说，针对行业 A 实行的最低工资制度对行业 B 的职工产生了负面的影响，其工资下降。这个公共政策作用的结果与政府的目标可能适得其反。即使我们改变上述假设条件，这个结果也是成立的，最低工资制度陷入两难境地。

上面假设了劳动者的总供给是固定的。一般说来，劳动力的供给量会随工资水平的变动而变动，如一部分劳动者可能因低工资而退出劳动力市场。那么当行业 B 的工资从 w_0 下降至 w_1 时，退出劳动力市场的劳动者会导致 OO' 之间的距离变短（即总劳动供给会减少）。即使这样，只要总劳动供给减少的程度小于（$L_A^0 - L_A^1$），行业 B 的工资还是会低于原来的 w_0。只要原来的工资 w_0 不是所有劳动者的最低可接受工资，总劳动供给就不可能下降（$L_A^0 - L_A^1$）。

在现实中由于公共政策不匹配导致的问题很多。如国家提出对于政府机构的"减员"行动，由于相关制度的不健全及其利益集团力量的强大，往往是政府机构公务人员"越减越多"，走上了一条"精简—膨胀—再精简—再膨胀"的不归路。再比如，当经济紧缩，理论上要求扩张性的财政政策与扩张性的货币政策配套使用，但达到这一点很难。从我国的情况可以看出，从1998年起国家开始实行扩张性的财政政策，但中央银行一直采用的是适度从紧的货币政策等，宏观面上中国经济的繁荣和微观面上企业经营困难这种现象的出现可以说是这种不配套的政策组合产生的结果。

三、公共政策本身的非合意性

如前所述，政府制定公共政策的目的是希望通过公共政策的导向、协调、纠偏、控制机制来提高国民的社会福利水平。但是，由于政策制定和实施过程中存在诸如信息不对称、监督不完善、利益集团竞争性寻租等复杂因素影响，常常造成公共政策失灵，以至政府失灵，致使合法的经济活动无法抵御非法经济活动的破坏而难以产生国民普遍希望得到的福利改善。这就是公共政策过程中产生的非合意性问题，具体表现为现实生活中经常可以看到的（在某些特定社会阶层中出现）的"上有政策、下有对策"行为。这种情况可以区分为两类：一类是政府（或中央政府）的政策是正确的，各类利益集团（或地方政府）为了保护或取得局部利益而制定相应的对策；另一类是政府（或中央政府）制定的政策存在着这样或那样的问题，各类利益集团（或地方政府）在执行过程中不得已而采取的对策。

对于第一类情况而言，地方保护主义和对局部利益的追求是产生问题的根源。现实生活中这类情况很多，如地方保护主义和地方利益导致中央政府的环境保护政策、产业布局政策、引进外资政策、税收优惠政策、土地政策等落不到实处。这种情况一般可通过加强行政监督机制建设来解决，这不是此处要谈的重点。这里着重要讨论的是第二类"上有政策、下有对策"现象，即公共政策本身的非合意性。产生的原因主要表现在以下几个方面。

（1）信息不对称。按照信息经济学的原理，信息的分布是不对称的，总存在着信息的优势方和劣势方。在集权的政策体制下，上级政府拥有政策的决定权，而处于信息的劣势方，下级政府拥有信息优势，但无权决策。在这种体制中就有可能产生上级政策不能有效反映地方的具体情况，出现了"下有对策"的现状。从这层意义上来讲，"上有政策，下有对策"未必一定是坏东西，它在一定程度上能够弥补上级政策的不足，即使在地方高度服从中央的制度安排中也被认为是合理的。

（2）公共政策实行过程的时滞。除了上述信息不对称的原因外，公共政策实行过程的时滞原因也会导致"上有政策，下有对策"现象的产生。

（3）制度的根源。一是地方政策拥有"因地制宜"的权利。这是由于信息的不对称，上级政府在出台政策时往往会留出地方创新的空间，而这种制度安排就为"上有政策、下有对策"提供了前提。二是在缺乏上下级政府适当分权的条件下，所有政策的制定权都高度集中在上级政府，上级政府制定的政策往往分为两类，即反映全局利益的政策和反映局部利益的政策，区别这两类政策的主动权掌握在地方政府手中，"因地制宜"的权利往往给地方政府有充分的理由以对策方式对付上级反映局部利益政策的政策，既然可以通过对策来对付反映局部利益的政策，自然也可以以对策来对付反映全局利益的政策，从中谋取地方利益。在信息不对称的条件下，地方政府报喜不报忧，可以通过其他方式讨好上级，而在实践上却未必真正接受中央的"统治"。

在经济转轨时期这种例子还有很多，如中国每年要发放扶贫款，目的是促进这些贫困地区的经济能有一定的发展，但从实施的情况来看，每年的扶贫款是否全部投向最贫穷的地方？这个答案可能是否定的。长官意志可能决定了扶贫款的投向，也可能投向那些最擅长向中央政府表示其最穷、最需要扶贫的地区。真正最穷的地方是否有能力进行"贫穷"意志的表示？这个答案也可能是否定的。

公共政策及其系统在执行过程中的这些问题，一方面导致公共政策不能达到预期目标，追求公共利益的公共政策会因为这些问题成为个别利益集团获取部门利益的工具，使不公正的格局进一步加强，民众对这一问题会更加反感；另一方面，它严重影响到政府的公信力和政府行政能力，民众只会从公共政策出台后所取得的结果来评价公共政策，而不会基于政府出台公共政策的初衷。因此，提高公共政策的合意性已迫在眉睫。

第二节 公共政策合意性的改进

一、公共政策系统内部冲突的必然性及本质

哥德尔不完全性定理说明，在一个系统内部，如果这个系统是完备的，那么这个系统内部必然存在矛盾性。那也就是说，系统的完备性与系统内部的冲突性是并存的，而要降低系统内容的冲突性，系统完备性的要求就会削弱。完备性削弱的一个表现就是政策目标追求的次优而不是最优，即从政策制定者的角度出发，将其制定政策的目标降低。公共政策确定目标的原则是什么呢？根据19世纪英国经济学家J.穆勒的观点，即"把最小量的东西给予最大量急需帮助的人时不适当地依靠的原则"，这个特点十分适用于现代决策者所面临的政策困境。有效地利用所得到的资源是重要的，这意味着要尽可能地把资源用于最需要他们的人。[①]

人类的有限理性也使得冲突必须产生。有限理性表现为人们在信息、技术、知识、能力等方面的不完美。"摸着石头过河""试点"的渐进式政策制定模式虽然有助于解决人类决策的有限理性，却埋下了政策之间存在不匹配的种子。公共政策是相关利益集团博弈过程的一个均衡解，有限理性可以促使均衡解的产生，但并不能保证这个均衡解的最优性，有时这个均衡解可能是所有结果中最差的，冲突便由此产生。

政府政策追求的多样化结果甚至是彼此相互冲突的目标，也是导致公共政策冲突的一个质的规定。"当被认为不好的某一目标的某一方面被另一目标认为

---

① [英]蒂莫斯·贝斯利，拉维·坎波尔. 确定目标的原则[C]//V·N. 巴拉舒伯拉曼雅姆，桑加亚·拉尔. 发展经济学前沿问题. 北京：中国税务出版社，北京腾图电子出版社，2000：79.

是好的时候,目标之间就存在冲突",①如政府对于公平和效率的追求,这就是一对相互矛盾的目标。"一方面,政策的实施力求社会损失最小,由于实施过程中要使用资源,所以政策的运用会引起损失,而且政策也会引起经济行为的扭曲。政策设计的效率问题就是使这些损失最小化。另一方面,政府为了更加公平地分配经济资源而认为应该对经济加以干预,同时往往对经济活动总水平的关注程度下降。这种干预动机代表了政策设计的公平方面"。②再如,宏观经济调控要实现的四大目标中充分就业与物价稳定之间、国际收支平衡与外汇储备之间的矛盾,这种相互矛盾的目标产生的根源在于政府是社会发展唯一的管理者,也是解决所有社会发展问题的唯一的决策者。

从本质上来讲,公共政策的冲突在于不同利益主体间的利益冲突。从制定公共政策那个时间点来看,公共政策的出台是各方利益妥协的产物,是一个动态的均衡。在公共政策实施的过程中,由于不同利益主体的地位和影响力不同,会使不同利益主体因为公共政策的实行而得到不同的收益,而正是这种不同的收益又会产生冲突,并且将冲突不断外化,推动着公共政策的演进,公共政策的调整会给不同的利益主体带来新的收益。

对公共利益的追求是公共政策制定的一个目的,然而由于政府行政人员的个人利益、行政组织的部门利益以及行政区域的地方利益在不同程度上破坏了公共利益原则。这也导致公共政策的非合意性产生,究其原因包括公共利益本身内涵的不确定性、制度改革带来的对公共利益理解上的不确定性、公民参与和社会参与的不充分、法律对行政控制的失效以及政府自身管理能力的不足。针对上述原因,政府应该采取有效的矫正措施:在操作层面上定义公共利益的内涵、发展公共利益的社会表达和参与、建立支持性的法治环境以及提升政府管理能力等。

二、公共政策合意性的改进

不难理解,要提高公共政策的合意性,亦即提高公共政策的社会、经济效果,政府就要借助某些技术干预手段,努力使公共政策的作用结果与其实施目标之间产生高度一致性。如何促进这种一致性的不断提高,按照各国的实践经验,政府做好以下各个环节的工作是必要的。

1. 提高公共政策制定的科学性

公共政策的制定一般要经过调研、起草、征求意见、协商、审查、通过、

---

① [美]弗兰克·费希尔. 公共政策评估[M]. 北京:中国人民大学出版社,2003:78.
② Myles, Gareth D. *Public Economics*[D]. Cambridge: Cambridge University Press, 1995, 6.

审批、备案以及公布等环节。公共政策科学性的提高来自于各个环节操作的科学性、民主性。

公共政策实施的目的是解决某种经济、社会问题，确定社会、经济问题的性质及程度是制定公共政策的第一步。所以在政策调研阶段，尽最大可能取得相关信息是一个有效政策成功的前提。对于社会公共问题，需要将其放在一个系统中进行研究，从系统的角度认识问题，了解其与其他经济、社会现象之间的关系，同时需要预测这种经济问题的扩散效应，从中掌握一旦这个问题解决会引起的相关反应。由于公共政策都具有一定的时效性，所以在这里也应注意取得有效信息的适度问题。[①]

在取得必要的决策信息后，就进入了政策的起草阶段。我们要以经济理论为基础，以解决经济问题为目标，加强政策的可操作性。由于信息的不对称性及获得信息必须支付成本，所以为解决经济问题的经济政策的制定权应下移，这是防止出现"上有政策，下有对策"和打政策的"擦边球"现象的有效手段。因为只有问题当事人才最清楚问题所在，才最知道需要以什么样的制度安排来解决。埃莉诺·奥斯特罗姆在论述如何解决公共物品问题时对此做了详细的论述。她提出，在一定的自然条件下，面临公共事物两难处境的人们，可以依靠自己的智慧，确定自己的体制安排，来改变他们所处的情境结构以避免悲剧。[②]这也就是说，当事人在自己利益得失面前，不会选择"搭便车"，会主动合作起来避免不利于自己的政策出台。同时，公共制度的变迁只有在绝大多数人都有改变制度的动力时，或者人们有危机感时效率最高。相同的道理，对于新的公共政策，得到大众的支持是提高政策合意性的一个保证。

在征求意见时，需要给利益相关人充足的时间。现实中经常遇到的情况是，给当事人发一纸红头文件，如发文时间是星期三，下级到星期四才拿到文件（有时时间可能更长），可文件上要求在本周星期五下班前交回意见，这对于一些大的政策来说，几乎是不可能的。此外，当事者知道这种政策的执行往往会影响到自己的利益，由于有搭便车的思想存在，往往不去认真思考，再加上当事人认为自己提的建议上级未必采纳，所以很多政策在征求意见的过程中得不到有建设性的建议，使其在实施过程中问题百出。为避免这种情况发生的一种可行性方案是对当事人的激励。经济学认为，人是理性的，个人的私利是个人行动的最大激励，但是在现实生活中，这种最大激励作用的发挥是有条件的。如在上述例子中个人意志能否有效地反馈到上级，这涉及公共选择的问题。公共选

---

① 世界银行. 1998/1999 年世界发展报告：知识与发展[M]. 北京：中国财政经济出版社，1999：1.
② [美]埃莉诺·奥斯特罗姆. 公共事物的治理之道：集体行动制度的演进[M]. 上海：上海译文出版社，2012.

择是个人理性与集体理性相互博弈的结果。公共选择的结果与个人理性的不一致性也降低了经济政策的合意性。

在对政策征求意见的过程中,还会面临的另一个困境是如果事先让当事人知道某种政策的作用目的,当事人有一种理性的反映是趋利避害,即对于与自己有利的政策积极支持,而与自己不利的政策就大加阻碍(当个体有足够的能力去影响决策集团时,这种阻碍的力量就更加明显,以至于政策的流产)。对于这个问题,需要用政策的系统性来解决。系统性表现在以下几个方面。

第一,建立经济政策非合意性的预测防范机制,进而建立一个经济政策的动态调整系统。如同一个企业必须建立自己的风险防范机制,经济政策本身的运作也需要有一个这样的机制。即运用博弈的分析方法来考虑当事人双方之间的利益改变及相应的福祉水平的变迁。博弈法要求在确定概率的前提下给出一方当事人的可能选择,由此一步一步地形成经济政策的决策树。从这个决策树中,可以清晰地看出影响决策的各个方面以及各种情况出现的概率。目前,公共政策的调整发生在现有公共政策的副作用已经明显表露出来时,经济成本很大。如果能够建立一个预测防范机制,就会将这种不必要的成本降低。

第二,在一般均衡论的分析框架中设计公共政策,避免静态决策。如果按线性方法进行决策,势必会造成经济政策的非合意性。非线性是指尽可能将影响政策的各种因素都作为制定政策的自变量,在一个动态的相互关系中研究政策的制定。"一般均衡论是分析公共政策全部影响的唯一手段,它无疑是最合适的分析框架。"①相比之下,只进行局部均衡分析就会忽略公共政策的某些重要影响,当市场中存在重要的调整而这些调整又不是分析的重点时,尤其如此。不过局部均衡分析常作为一种有用的手段对问题做初步分析,其局限性很大。

2. 加强对公共政策执行的过程管理

过程管理,最早出现于企业对于产品质量的管理,在国际标准组织ISO9000系列产品质量认证体系中,为了保证产品的质量,要求在产品生产的每一个环节都要达到质量文件的要求,只有每一个过程合格,才能保证产品质量的合格。借用这种思想,在公共政策实施过程中,引入过程管理,即在实施公共政策的每一个环节,都要及时评价这个环节能否有效地实现既定目标,或者说能否为目标的实现起到作用。美国联邦政府的管理与预算局(OMB)在2002年7月12日公布的"项目绩效评估等级确认方法"(*Program Assessment Rating Tool*,PART),就是按照这种思想,对联邦政府所有项目利用一系列"提问"(实际上是一套评价指标体系)进行过程管理。通过对联邦政府每一个项目按不同标准

---

① Myles, Gareth D. *Public Economics*[D]. Cambridge: Cambridge University Press, 1995, 9。

进行打分，及时评价每个项目的运作过程，出现问题及时纠正，这就保证了公共政策最终目标的实现。①

3. 冲突目标之间的排序

前面已经提到，公共政策的冲突来源于政府追求目标的多样化，为了解决这一冲突，就需要决定究竟哪一个目标应该优先达到。这是一个逻辑上需要更高标准的过程。按照更高级的标准或目的将各种目标进行排序，当确定一个目标优于另一个目标时，就可以说前一个目标拥有更高的"政策诉求权"。泰勒（Taylor）举了这样一个例子来说明这个问题："假设一个军队有两条规则，一条是必须服从长官的命令，另一条是没有通行证任何人不得进入这座大楼的命令。如果一个长官没有特别通行证，但是命令值班士兵让他进入大楼，那么这个士兵应该遵守哪条规则？一个管理有素的军队对这种相抵触的政策规定会通过一个更高级的规则来说明优先次序。"②

4. 公共政策的整合与调整

回到前面提到的生产函数 $Q = f(x_i, P_0, P_j)$ 上来。就单个公共政策 P_0 和 P_j 而言，其本身的正确性并不能保证当 P_0 和 P_j 共同作用于经济活动 Q 时的正确性，而要保证这种正确性，就得注意 P_0 和 P_j 的整合和配套问题。

分析政策之间的配套问题的一个思路是借鉴计量经济学中分解变量的方法，即首先确定每一个公共政策的决策变量（找出自变量），再对不同政策间的自变量进行比较分析。然而对于很多公共政策来说，其自变量之间在很大程度上是同一个，或者具有很高的自相关性，这就无法有效地进行变量分解。分析公共政策匹配问题的另一个思路是基于博弈论分析方法。公共政策的出台是不同利益集团相互博弈的结果。根据奥斯特罗姆的公有池塘的资源理论及多中心的政治体制理论，不同的利益集团在竞争性关系中，在相互重视对方的前提下，可以通过相互签订各种各样的合约，并从事合作性的活动，或者利用核心机制，来解决可能存在的冲突。③

基于第二个思路，公共政策的整合也就是将不同利益集团针对不同的社会问题、经济问题的诉求进行很好的整合，这就需要民主，需要打通不同利益主体表达其诉求的通道。目前我国公共政策中很多利益诉求没有得到充分反映的根本原因就在于此。美国著名民主理论学家罗伯特·达尔指出，民主就是两个

---

① 关于美国联邦政府的管理与预算局对于公共项目的 PART 评价方法，有兴趣的读者可以查阅美国联邦政府 2004 财年的两个预算文件，一个是 "Performance and Management Assessments"（http://www.whitehouse.gov/omb/budget/fy2004/pdf/PMA.pdf），另一个是 "Instructions for PART Worksheets"（http://www.whitehouse.gov/omb/budget/fy2004/pma/Instructions.pdf），系统了解 PART 的运作方法。

② Taylor, Paul W. (1961). *Normative Discourse*[M]. Englewood Cliffs, NJ: Prentice-Hall, 128-129.

③ [美]埃莉诺·奥斯特罗姆. 公共事物的治理之道：集体行动制度的演进[M]. 上海：上海译文出版社，2012.

要素，一是参与，二是竞争。这里的参与就是表达，竞争就是用竞争的方式把不同的利益整合成公共政策。

另外，基于公共政策外溢的特点，公共政策的制定者在制定政策时，要充分意识到本政策对于其他政策的影响，同时考虑其他公共政策决策者的预期行为是必要的，明确的政策协调可以恢复政策的效力，正确选择政策作用的时机，从而产生超额收益。[1]

第三节 公共政策的绩效评估

提高公共政策的合意性离不开在公共政策执行过程中的监督和评价。"政策评估就是了解公共政策所产生效果的过程，是试图判断这些效果是否达到预期效果的过程，是判断这些效果与政策的成本是否符合的过程。"[2]公共政策从制定到实施，再到最后的评价、改进是一个不可分割的过程。及时对公共政策进行绩效评估，可以通过总结其中存在的问题来不断提高政府制定公共政策的能力和水平。

公共政策绩效评估始于20世纪60年代，于80年代至90年代因"新公共管理"学派的大力提倡而达到高峰，并且成为政府治理活动的重要内容。20世纪80至90年代，针对传统行政模式的缺陷，一种新型管理方法——新公共管理方法在公共部门逐渐形成。它主要包括三个方面内容：一是对公共部门的职能做了更为清晰的界定，提出政府在管理社会公共事务中主要是起催化作用，政府应该把"掌舵"的职能（即政策和规则的制定）与"划桨"的职能（服务提供者的执行）区分开来。[3]二是要求公共部门应该大量借助社会和市场力量进行变革。政府可利用市场机制要求服务提供者在绩效和价格的基础上对业务展开竞争，政府还应开发社会力量，运用全社会的治理参与机制来解决社会问题。三是强调对私营部门管理方式的借鉴。这包括建立企业家政府、创建公共部门的绩效管理模式、实施顾客战略、公共部门的标杆管理、公共部门实施文化战略、推行政府的全面质量管理等，这种转变的合理性在于需要将私营部门

---

[1] [英]安德鲁·休斯·哈利特. 宏观经济的相互依存与政策协调[C]//大卫·格林纳韦. 宏观经济学前沿问题[M]. 北京：中国税务出版社，北京腾图电子出版社，2000：229.
[2] [美]托马斯·R. 戴伊. 自上而下的政策制定[M]. 北京：中国人民大学出版社，2002：203.
[3] [美]戴维·奥斯本，特德·盖布勒. 改革政府：企业精神如何改革着公营部门[M]. 上海：上海译文出版社，1996.

经证实有效的管理手段转到公共部门中加以运用。①通过对公共政策的绩效评估，人们能够判断某一公共政策本身的价值，从而决定政策的延续、变革或终结。同时，还能够对政策过程的各个阶段进行全面的考察和分析，总结经验，吸取教训，为以后的政策实践提供良好的基础。所以，绩效既包括政策推动的结果，又包括公民心目中认定的满意程度。

就公共政策绩效本身而言，它具有全面性、综合性和复杂性的特点，不仅其绩效表现有多维度、多层面的特征，而且其绩效程度还取决于多种因素的具体影响。此外，绩效评估需要在科学框架下进行，评估结果需要通过一系列指标予以反映，而这一系列指标之间有时可能也存在冲突与矛盾。从评估的时点来划分，公共政策的绩效评估可以分为两大类，一类是事前的评估，即在制定公共政策时，要对可能的成本和收益（或效果）进行预先的估计，通过对不同预选的公共政策进行比较，从而决定选择哪一种公共政策进行具体实施；另一类是对于已经实施的公共政策进行评价，可以在政策已经实施完成后进行，也可以在执行过程中进行评价。本节主要讨论第一类公共政策的评估思路和一些基本的方法。②以下通过介绍美国政府的做法来分析公共政策的绩效评估等事宜。

20世纪60年代，林登·约翰逊（Lyndon Johnson）总统上台并发动了"大社会计划"（Great Society）和"对贫困宣战计划"（The War Poverty Program），在此期间大量项目仓促上马，为了检验项目的有效性和评价执行这些项目的政府部门的行为，约翰逊总统颁布行政命令批准联邦机构招募人员从事计划、分析项目发展的工作。这些人员对联邦政府的最高决策者负责，直接为这些机构的政策问题进行全面规划。在行政命令的强烈刺激下，政策分析取得了长足的进步：一方面出现了一些新的分析技术，另一方面为适应新的工作需要还使得一大批政策分析人员得到了专业培训。到了20世纪70年代，政策评价的水平得到了更显著的提高，其中美国国会关于项目评估的立法被认为起到了重大的作用。这些法律要求促使各级政府提高人员素质、增加人员数量，这样各州当地政府的政策评价人员大大增加。大量的评价活动要求各级政府机构寻求私人咨询的帮助，这样又促使私人部门大量参与评价活动，并最终形成了评价产业（Robinson and Wellborn，1971）。美国国会本身甚至成为政策项目评价的一个主

---

① ［美］戴维·奥斯本，彼德·普拉斯特里克. 摒弃官僚制：政府再造的五项战略［M］. 北京：中国人民大学出版社，2002.

② 对于第二类公共政策的评估，具有代表性的就是美国联邦政府管理及预算办公室推出的 PART 方法。详细介绍可以参阅美国联邦政府 2004 财年的两个预算文件，一个是"Performance and Management Assessments"（http://www.whitehouse.gov/omb/ budget/fy2004/pdf/PMA.pdf），另一个是"Instructions for PART Worksheets"（http://www.whitehouse.gov/omb/budget/ fy2004/pma/Instructions.pdf）。

要来源，总审计局、国会预算局和技术评估局都被认为是联邦政府可靠的政策评价主体。

1992年，克林顿总统上台后大张旗鼓地提出要"再造政府"，于1993年国会通过了里程碑式的《政府绩效与成果法案》（GPRA），政府绩效被首次提到国家法律的高度。在讨论该法案的过程中，公共政策绩效评价受到广泛的关注，《参议院政府事务委员会关于政府绩效及成果法案的报告》中提及："国会的政策制定、支出政策执行以及总体政策因为缺少足够精确的项目目标和充足项目绩效信息，受到了严重的制约。联邦管理者也由于缺少明确的目标和有关结果的信息，在试图提高的项目效益和有效性的过程中处于不利的地位。"1993年，美国还成立了"国家绩效评议委员会"，专门对联邦政府的政策制定框架和政策绩效进行评价。

2003年9月美国政府颁布的《政策规定绩效分析》[①]，对实施公共政策绩效评价做了系统、全面的规定，其目的是为了预测和评价政策规定的实施效果，帮助政府部门分析政策规定绩效，尤其是分析政策规定的经济效益。根据第12866号总统令第3（1）条款，美国政府部门在废除或修改已有政策或者制定新政策时都应进行政策绩效分析，尤其需要分析政策所带来的经济效益。[②]从这个规定中可以看出美国政府对于政策绩效分析的重视程度。按照有关规定，为了提高政府出台的公共政策的绩效，各公共政策的制定部门应该进行绩效分析。这样做的好处在于："（1）了解提案能否收支平衡，（2）提示备选方案是否更有效率。好的政策规定绩效分析向公众和政府部门（包括分析机构）提供各项方案的效果，它可以指出某些方案的不足，也可以证明另一些方案是否更加全面、合理和公正。"[③]政策绩效分析则须包括三个基本要素：说明制定公共政策的必要性，对各种备选政策方案所进行的评估，对所有备选方案的成本与效益进行定量、定性分析。

从评价方法来看，美国公共政策绩效评价以定量分析为主，定性分析为辅，成本—收益分析法和成本—效果分析法是两种最基本的分析方法。成本—收益分析法（CBA）将公共政策的收益和成本皆用货币单位来量化，普遍适用于政府公共资本的投资项目。收益与成本的差额即为净收益，一般而言，净收益越大的项目绩效越好。当公共政策的收益与成本无法用货币量化时，使用成本—

---

① 美国政府文件：《政策规定绩效分析》，由美国财政部管理及预算办公室（OMB）于2003年9月17日颁布，中译文载于财政部财政科学研究所《绩效预算》课题组：美国政府绩效评价体系[M]. 北京：经济管理出版社，2004：367-412.

② Executive Order 12866, *Regulatory Planning and Review*, Signed by USA President Clinton, http://www.whitehouse.gov/omb/inforeg/eo12866.pdf.

③ 财政部财政科学研究所《绩效预算》课题组. 美国政府绩效评价体系[M]. 北京：经济管理出版社，2004：368.

效果分析法（CEA），由于公共政策作用的多样性和复杂性，CEA 方法的适用面更广，但此法需明确指出不能量化的重要价值，以利于决策者将它与量化损益相比较，因此使用难度也更大。

一、制定公共政策的必要性

为什么要制定一个新的公共政策以及它是针对什么样的社会问题而设立，这是一个政策制定者应首先回答的问题。因此，准确提出政策的目标是进行公共政策评估的第一步。

基于现实生活中出现的问题以及问题的严重性进行政策立项是制定公共政策的前提。公共政策出台的必要性可以利用以下的逻辑来解释，即如果不出台新的政策，可能会造成各种经济、社会问题，而公共政策的出台正好解决了这些问题。美国联邦政府管理与预算办公室（OMB）就是用以下几个指标来测量公共政策的必要性："（1）项目目的清楚吗？（2）项目的设计是为了解决特定的事件、问题、需求吗？（3）该项目的设计对于解决特定的事件、问题、需求有重要影响吗？（4）在解决特定的事件、问题、需求时该项目是否有独一无二的作用？（5）对于解决国家事件、问题、需求等该项目的设计是否最理想？"[①]一般来说，社会问题的产生往往与市场失灵有关，按照主流宏观经济学派的观点，市场失灵主要表现在外部性、公共物品、市场垄断、信息不对称、收入分配、社会秩序、社会歧视等方面。这些问题的出现都需要政府出台相应的政策来约束。

对于选定的某一社会问题，具体应该由哪一级政府出台相关政策是接下来需要解决的。多样性的政策引起政府间的竞争而为公众带来好处，但也可能成本较大。如果中央政策更适合解决跨省问题，就不应该再重复制定地方性政策。注重地方利益的政策可能会分割全国的政策体系，从而使总成本提高。因此，公共政策的绩效分析应该考虑对地方政策放权或收权程度的问题。

由于任何政策都会对市场交易行为产生影响，所以制定政策时还需要考虑最大限度地减轻政策对于正常市场交易的干预程度。从理论和实践的角度来看，有必要限制下列公共政策：控制竞争市场的价格；限制竞争市场的生产或销售配额；对商品或服务强制执行单一质量标准，而这种标准完全能自发确定或通过买卖双方信息透明度来确定；控制就业或生产的进入，除了出于公众健康与安全考虑或管理公共资源。

---

① 美国联邦政府管理及预算办公室 2004 财年预算文件，"Instructions for PART Worksheets"，第 6-9 页，（http://www.whitehouse.gov/omb/budget/fy2004/pma/Instructions.pdf）。

二、公共政策的选择

要提高公共政策的绩效（或称为成本收益率），在出台公共政策时就需要从以下几个方面加以考虑。

（1）政策的法律权限问题。一般要求，公共政策不能违背现行法律规定的权利与义务范围。如果在现行法律框架下制定更详细的政策，就要考虑政府机构的法律权限及政策规定的特定要求。

（2）公共政策生效日期的选择。时间对政策规定的收益有重大影响，不同的生效日期会产生不同的收益。推迟生效可能使未来收益产生重大损失。对需要提前一年或更多时间来制定生产计划的行业而言，不同生效日期会有不同的成本，有缓冲期的政策比立即生效的政策成本低得多。

（3）公共政策执行过程中监督手段的选择。为了提供最有效的激励，各级政府的执行手段各有不同，包括现场监测、定期报告和未达到要求的惩罚等。不同的监测与报告手段的成本收益不同，应该确定一个最优组合。例如，随机监测费用更低，效果却与持续监测近似。

（4）公共政策作用对象的差异性对于公共政策本身的影响。依照预计成本与收益的不同，对于不同作用对象应该有不同的要求。企业大小不同，损益的考虑标准也不一样，如果需要大量固定成本，小企业会不胜负荷。反之，对行业龙头企业强行摊派、加重高效率企业的负担只能降低总体效率。另外，还得注意对公共政策进行目标管理，让作用对象灵活地选择不同的执行方法，以便更好地控制成本，但必须注意这个过程中的监督问题，防止对于公共政策目标的偏离。公共政策作用对象的差异性对于公共政策制定提出的另一个要求就是选择适度的公共政策执行程度。通常公共政策越严格，其执行成本会增加，当然其效益可能越高。但是，随着严格程度加大，边际成本会增加而边际收益也会减少。

（5）考虑公共政策实施的地域差异性。同一政策在一个国家的不同地域实施，可能带来了完全不同的收益和成本，特别是像中国这样的大国。若损益的地域差别过大，就应该考虑把政策细化，以适应不同地域的要求。

（6）优选市场导向而非直接政府干预。相对于政府直接行政干预，致力于市场导向的政策选择具有更高的效率。市场导向是指以经济利益为诱因，方法包括收费、罚款、津贴、市场准入或退出。例如，解决信息失灵和信息不足这个问题时，政府可以通过很多种间接的方法来提高信息的透明度，以补救由于信息不对称所引起的市场失灵。如政府建立标准化测试与评估系统、强制市场的信息披露机制以及政府自身通过政府公告、热线电话、公共广播等形式提供的信息。然而，增加信息透明度，同样会给市场带来一些成本和损失，如强制信息披露的成本不仅包括收集信息的成本，还包括公布信息所丧失的净收益，再如忽略或误解信息所带来的不良后果、强制披露信息可能导致某种产品或服务的过度投资与消费等。只有充分衡量各种信息化手段的损益后，才能采用能达到立法效果而又最少负面影响的信息化措施。为纠正信息化市场失灵，政府只需要建立非强制使用的标准化检测与评估系统就行了，测评结果自然能够被公众所接受。

三、公共政策的绩效分析

1. 评估的主体

在公共政策的绩效分析中，对于绩效评估的主体的选择非常重要。发达国家的政府公共政策绩效评估在评估主体上体现了如下特点。

首先，有一个政策评估主管部门总领政策绩效评估全局。如美国的"国家绩效评议委员会"，专门对联邦政府的政策制定框架和政策绩效进行评估；法国的全国评估委员会，负责领导跨部门的评估工作；韩国除了专门的政策评估委员会，还有直属于国务总理的政策协调办公室，以及在政府内部专门设立的政策分析与评估局；日本的行政评估局，负责对内阁和政府部门的各项政策实施全面深入的绩效评估，同时对政府部门已实施的政策评估实施再评估。有一个专门进行政策评估的主管部门，能增强政策评估的组织保障，从而避免政策评估成为政府部门运动式或阶段式的活动，使政策绩效评估工作趋于连续，并使评估的权威性得到保障。

其次，政策绩效评价从业人员的高素质。美国的政府和大量大学政策研究机构使一大批政策分析人员得到了专业培训；法国政策评价从业人员的选择极其严格规范，必须接受资格认定，普通的大学毕业生要在专门的政策评价培训学校受训，接受严格的考核后才能成为正式的评价师。从业人员的高素质使政策评价的能力和水平日益提升，发达国家的政策绩效评价活动逐步走向了专业化和职业化的道路，并逐渐发展成为一个成熟的政策评价产业。

最后，评价主体的参与多元化，注重保障民间意志的表达。在发达国家的政策评价活动中，参与者除了纯官方的政府部门外，其余有半官方组织（政府部门提供资金支持，如美国兰德公司、韩国的公共行政研究所等）、完全独立的民间组织（如美国布鲁金斯学院等）。在政策评价的过程中，除了专业政策评价从业人员外，都会积极吸纳民间人士的参与，使政策评价不再局限于精英阶层，公众意志得到充分表达和尊重,而这恰是我国目前公共政策绩效评价中最欠缺的地方。如法国的大区委员会由公务员、民选议员和评价专家组成;韩国的政策评价委员会中仅有一位只挂职但并不履行评价的国务调整室室长是政府官员,其余成员皆为民间专家;日本的政策评价和独立行政机构评价委员会,从全国专家学者和名望较高的人中选出5000名作为委员。

2. 评估的方法

在政府绩效评估中应用最多的方法就是成本—收益分析法(CBA),特别是当某种公共政策的收益可能以货币单位来计量时,这种方法能发挥很大的作用。如对政府的公共资本投资项目进行评估(修建一条高速公路、新建一座水库、城区改造、土地征用、修建新机场或建一座核电站等)。当收益不能货币化时,通用的方法就是成本—效果分析法(CEA),这是对公共政策所带来效益、成本的定性分析。

(1)成本—收益分析(CBA)

CBA最大的特点就是公共政策的成本和收益都能以货币来计量,从而能统一计量与评价政策方案。逐步严厉的政策,其绩效也会逐步提高。净收益的大小,即收益和成本差额的绝对值,反映了公共政策的效率,一般来说,净收益越大越好。但是,收益与成本的比例并不能衡量净收益,有时比例分析会得出错误的结论。

(2)成本—效果分析(CEA)

相对于CBA方法,CEA最大的优点是无需将成本和收益货币化,它能找出最有效利用资源的政策方案。增量分析法①是对效果进行定性评价的一种好的方法,它可以有效避免基于均值的CEA可能带来的错误,这个错误表现在按均值分析成本—效果比率最小的选择不一定最优。同时,如果对效果的计量方法不对,CEA可能会出现错误,如由于不同的污染物对健康和环境的影响程度是不同的,仅以吨计量所削减的污染物排出量会产生误导。对于一系列宽松程度不同的政策规定,应将每个选项的成本—效果与基数做逐一对比,同时,随着政策力度的加强做持续增量分析,最理想的做法是对所有选项做出线性比较。然而,很多时候由于选项过多(或有效影响)不可能分析所有组合,这时需要职业判断来选择合理的方案。构建和比较成本—效果比率时,应该仔细衡量备选政策是否相互排斥或能否相互融合。如果能相互融合,就应该考虑在不同预

---

① 增量分析法是边际分析法的变形,二者的共同之处是判断决策优劣的实质相同,即都要看由此决策引起的收入是否大于决策引起的成本,都体现了面向将来、向前看的决策思想。两者的区别在于,边际分析法分析的是变量的微量(或单位)变化对收入、成本或利润等的影响,因此要运用高等数学中的微分方法;增量分析法分析某种决策对收入、成本或利润的影响。某种决策可以是变量的大量变化,也可以是非数量的变化(如提高产品质量或改进技术等),增量分析法只用初等数学,在决策时有更大的简便性、可操作性。

算限制（外在的或内含的）下哪个方案更优。运用这些标准能够排出方案的优劣，同时排除劣等选项。

分析不同公共政策时，CEA标准的一致性很重要。这种一致性主要表现在两个方面：成本计量和效果计量。成本计量需要包括所有相关社会成本，公共的和私人的。成本—效果比率的分子是净成本（＝公共政策的毛成本或总成本－节约的成本）。应该注意的是，不要重复计算分子分母，如某种公共政策的实施延长了人类的寿命，在计算成本—效果比率时，延长的寿命已经作为效果计入分母，就不要再将延长寿命的货币价值作为减少的成本计入分子。为了计量某种公共政策的全部最终效果，如挽救的生命、延长的寿命等，最好的办法是计量中间产出，如减少的污染吨数、避免的事故或减少的疾病数等。如果要改变计量单位，必须保证新的计量单位能够计量所选效果，并说明这种选择。

如果只有部分收益能用货币计量而大部分效果无法用货币量化，则可从总成本中减去能够货币化的收益得到净成本（这时净成本可能为负，即货币化收益大于成本）。应该在分析中提及忽略部分附加收益会高估成本—效果比例。如果净成本不包含这些应计的损益，那么CEA分析结果不准确。

CEA分析应该注意保证公共政策对不同人群的公平。选择不同的方式计算效果、执行政策规定，会对公平产生不同的影响。同时还需要指出的是公共政策成本的分担者与收益的获得者通常不是相同的人，所以公共政策的执行会产生收入分配效应。这种分配效应会随着时间的不同而发生改变，甚至跨及数代人。所以公共政策绩效分析时应该单独说明分配效应，以有助于决策者综合考虑公平与效率。如果分配效应很重要，应该尽可能地阐述各种备选方案，包括重要性、相似度及对相关群体的影响程度。需要注意的是相同的公共政策可能对不同的群体产生完全不同的结果。虽然有时难以计量，市场价格变化引起的再分配效应、利益和成本在不同时期的分配都是很重要，尤其是对于跨越世代的公共政策而言。

3. 估计成本和收益（或效果）

正确估计出公共政策的成本和收益（或效果）是进行绩效评价的前提，那么如何具体地估计某种公共政策的成本和收益呢？以下的工作思路可供借鉴。

首先，确定评价公共政策的参照基数。分析公共政策的成本收益时，要与参照基数进行比较，这个参照基数就是指不实施这项公共政策时的效果。这为评估政策提供了很好的基础。在选择参照基数时需要考虑的因素包括：市场未来的发展变化趋势；影响成本收益的外部因素的可能变化；相关法规的变化；执行主体受其他法规的限制程度等。

当有多种参照基数可供选择时，并且针对不同的参照基数会有不同的结果，则要根据各种基数做出不同的评估，对其他部门的政策或自身已有政策的执行程度做出不同假设从而分析损益。另外，可以运用敏感性分析①来评价基数的合理性，对每一个基数应确定预测中的主要不确定因素。通过多种基数分析，可以有效说明某一公共政策实施及其变化带来的损益。

其次，评估备选方案。分析公共政策时应该列出所有备选政策方案并说明选择最终方案的原因，选择的标准是公共政策的成本—效果比率在所有备选方案中是最高的。同时选择备选方案时还应该注意政策的所有相关特征和条款，从而选择适当的方案；如果有一系列连续的相关方案（只是松紧程度不同），那么应该至少分析三项：最优选择、有额外收益的更严厉的方案（也有额外成本）以及更宽松的方案（成本收益都很少）。

选择方案时需要慎重考虑，例如某项公共政策的实施对于技术水平要求很高，这时就不应对其他方面要求苛刻。收益必须与成本相匹配。仅仅比较中选方案与基数是不够的，还应报告备选方案损益的总量与增长情况，即要说明随着严厉程度的放松损益的增长情况。还要说明的是增长情况指与上一级方案的比较，相近各方案的逐级比较结果尤其有用。分析含有多项独立条款的政策时应分析每项条款的损益。如某项条款影响了其他条款的损益，这可能会使分析变得更复杂，不过仍需要单独审查其余条款。审查方法是评估该条款存在与不存在时各自的损益。当然，如果条款数量众多，相互影响深远，不可能分析所有组合。这时应选出最重要或最相关的来做分析，列出一张表，列明所有组合及挑选哪些组合来分析。

由于公共政策绩效分析在政策制定过程中的巨大影响及其特定作用，所以对于公共政策绩效分析结论的质量要求很高，同时要求写明分析是建立在哪些科学、技术、经济信息基础上。好的政策绩效分析应该是透明的，结论可重复检验，这就要求分析结果必须说明基本假设、方法、数据及分析的不确定性，以便其他人和组织能够理解该报告的基本要素及分析方法。同时为了让更多的人看到报告，要把结论公示在互联网上并披露外部咨询人员的资格及聘用历史。如果由于利益问题（隐私、产权、商业秘密等）不能公示，应严格检验分析的结论和使用的数据。之后，还应遵守信息质量标准及相关法律。

最后，确定成本和收益。公共政策绩效分析主要是分析各种备选方案预计的收益与成本，即如何产生预计的损益、损益是多少。分析结论中应该包括损益的大小、种类和时间，说明那些不能货币化的损益及其时间，列明不能量化

---

① 敏感性分析是管理经济学中常用的一种项目评估方法，它是给定自变量的一个变化来看因变量变化的情况。如在进行利润分析时，考察当某种原材料的价格上涨5%时会对利润产生多大的影响。有时也可称为弹性分析法。

第四章 公共政策的合意性与绩效评估

的损益，说明损益评估所采用的数据及研究方法。如果损益不能确定，则要说明损益的概率分布。如果可能，将损益概率分布的上下限作为主要趋势和其他估计的补充。如因为技术或获取资料限制的原因不能做概率统计，则需指明公共政策各种方案的损益及各种方案的假设前提与论据的特点。

在确定具体的成本和收益时，经常使用的一个概念就是机会成本。机会成本是指从事一项活动而放弃的用于其他可能用途的最大收益。如禁止销售某种商品（毒品、食品添加剂或有毒化学品）的机会成本就是指失去的净收益（如损失的消费者和生产者剩余），同时还应考虑给潜在替代品带来的好处。计量机会成本有两个重要的指标，一个是愿意支付（willing to pay，WTP）[①]，它是指个人为某项收益而愿意付出多少。WTP 是通过实验的方式来测定人们对于某种商品或者服务偏好的价值，在一些公共部门的活动中——如医疗保健，决策者必须对有限的资源进行分配，这就需要估计两种资源的运作成本和它们的收益（如健康收益或其他福利），对于收益的评价可以用 WTP 方式，即通过设计一些问题来反映人们的偏好，通过这个信息来选择对社区能够产生最大收益的决策；另一个是愿意接受（willing to accept，WTA），是指个人为得到某项福利而愿意接受的补偿。WTP 和 WTA 两种方法都是以有市场价格为前提的，所以对于市场价格的充分研究和理解可以获得人们的偏好，获得人们偏好的另一种直接的方法就是设计调查问卷。

利用市场数据显示人们的偏好。政策制定者可以直接利用市场交易的各种价格来反映人们的偏好。在供给保持不变时，需求上升，价格自然就会上升，这传递出来的信号是人们对此类商品或服务的偏好在增强。价格正向地、直接地反映了市场的需求状态。但由于市场不完全或政府干预，有时市场价格不能反映商品或服务的真实价值，这时就需要利用各种手段来还价格以本来的面目，即使用"影子价格"。如有一种危害农作物的空气污染物，控制该项污染可以提高产量，这时收益可以用农产品价格计算。但如果价格在政府的控制下高于市场价格，以这个价格做出的估计就高于控制污染的实际收益。这时应用新增产量的实际价值来计算影子价格，从而反映农作物的边际社会价值。

在"净化"市场价格时有以下原则可以遵循：（1）市场是不是竞争的，如果市场中存在着各种垄断，应该利用影子价格来反映真实的社会价值；（2）市场上是否存在信息不对称现象，如果存在，则应该讨论市场价格对影子价格的偏离并调整为影子价格；（3）市场有没有外部性，如存在外部性，则应讨论市

[①] WTP 这种方法已经存在了很长时间，但是直到 20 世纪 60 年代，才有一篇文章（Davis, 1963）利用这种方法进行环境政策评估的实证研究，其是对美国缅因州地区人们在未开发的森林地区进行户外娱乐活动的收益进行了评估。

场价格对影子价格的偏离并调整为影子价格;(4) 被研究的市场参与者是否具有代表性,能够代表公共政策影响的目标人群;(5) 应设计有效的研究框架,包括对替代品和互补品的数据收集、模型采纳和合理的计算方式,合理地确认替代品和互补品需要获得一系列相关数据,如无法取得这些数据就应该做出合理的假设并在报告中说明这种局限性;(6) 应合理运用统计与计量方法,对合理范围的条件变化,绪言应该同样可靠;(7) 结论应与经济理论相一致。

需要指出的是,究竟采用哪种方法最合适,有时还需要职业判断。如果采用的方法有某种技术缺陷,如缺乏外部证据,则说明引起这种缺陷的原因或不确定性。在公共政策绩效分析中不应该采用有明显缺陷的研究方法。对于那些没有市场价格而明显具有使用价值的东西来说,如清洁的空气和安静的环境等,就需要通过替代的办法来获得其相对价格,如保护环境的价值可以参考旅游成本或参考房地产的价格变化等。

设计问卷来调查人们的偏好。这种方法的特点是设计关于商品或服务价值的调查问卷,得到消费者对价值的评估及所愿意支付金额的信息。设计或评价问卷调查偏好时应注意:(1) 清楚、完全、客观地描述待评估的商品或服务,并反复测试问卷。(2) 关于支付意愿的问题,应该考虑被调查人的收入水平、可供选择的替代品以及别的消费方式。(3) 调动被调查者的积极性。(4) 调查的内容易于统计分析、能够覆盖目标人群并能用概率表示,从而得到整体的加权平均数。(5) 采取措施尽量提高调查表回收率。过低的反馈率表示存在误差,不能形成普遍性的结论,应该做进一步的分析研究。仅以人口资源为基础的样本不太具有代表性,可能的话应该对反馈率不足的调查做统计学调整以减少误差。(6) 具体的调查方式,如面对面、电话、邮件、电脑、因特网或多种方式组合,应由问题的性质、问卷的长短与复杂性等决定。(7) 提供下列信息,即目标人群、选择方法及在目标人群的覆盖率。选样方法包括分层选样、分组选样等。另外应报告累积反馈率(包括每一阶段的反馈率)、关键问题的未回答率、所设计的问题措辞及顺序、调查员受到的培训及其技巧等。(8) 分析搜集数据时透明、适当并正确运用统计与计量方法。在以上标准中或多或少会用到职业判断,公共政策绩效分析中没有现成的公式直接告诉人们哪个方法完全正确。如果采用了有缺陷的方法,在报告中应说明这些缺陷,包括导致的偏差和不确定性。问卷调查方法更适用于有市场交易、受访者熟悉的商品和服务。相比之下,由于被访者可能不熟悉这些价值,甚至可能通过这次调查第一次接触这种商品或服务,问卷可能因此具有了诱导性,所以在设计问卷时应该尽量避免这些问题。

利用市场价格信息和利用调查问卷这两种方法都可以显示人们的偏好,也都是公共政策绩效分析中常用的方法,可以考虑两种方法同时使用,并比较结论。如果结论大相径庭,就比较各自论据的数量和质量,同等情况下首选利用市场价格信息所显示的偏好,而不选择利用调查问卷所得到的偏好显示。这是因为前者比较客观,市场参与者具有理性,会对其选择负责任,后者则没有足够的激励机制保证人们所说的是真话。

对于不能货币化的损益的处理。在尽可能可靠的前提下用可行的方式去货币化损益,如果做不到,解释并提供可用物理单位量化的数据。如某项公共政策提高了水质和鱼群数量,虽不能货币化,但可以量化这种收益,如用增加的可行驶航道里数和钓鱼者增加的钓鱼量等予以量化。说明这些效果的时间和可能性,并避免在同一分析中重复计算货币化效果与实物效果。对于不能量化的损益的处理,则要详细描述难以量化的损益并伴以相关可以量化的信息。例如生态收益、生活质量提高等,说明这些不能量化的信息参考程度和局限及不能量化的原因。比如人们可以了解风险的大小却不能知道涉及的人数;又如风险未知或风险基于不确定性的假设等。说明不能量化的损益影响到公共政策的抉择,详细解释损益的性质、时间、可能性、地点及分布。另外列出一个汇总表,将所有不能量化的收益与成本写入其中,并运用职业判断,联系不确定性、严重性和可逆性等因素,对这些损益按重要性进行排序。

值得一提的是,公共政策绩效分析中不应该只看到政策的直接损益,还应注意重要的附属收益和风险。附属收益是指公共政策主要目的以外取得的正面效应,如提高轻型货车省油标准的政策同时减少了炼油厂的排气量。附属风险指由一项政策引起(但未计入该公共政策的直接成本)的经济、健康、安全或环境的负面效应,如提高轻型货车的省油标准同时也增加了安全隐患。如果概率小、后果不严重,通常不需要正式报告,但如果它们大到足以改变分析的主要选项时,就需要认真分析。

4. 贴现率的选择

公共政策不仅会在当期产生损益,也会在未来若干年内产生损益。在对公共政策的损益进行绩效评价时,对于未来的损益,就需要采用贴现的方法将其转化为现期的损益。当且仅当损益折现为现值后才能相加决定净收益的价值。根据贴现系数公式 $1/(1+r)$ 可知,贴现率越高,在给定未来年份成本收益值的情况下,其现值越低,这可能会使一些有效的公共政策或公共工程因为现值过低而不能通过可行性分析,同时,过高的贴现率会刺激人们更早而不是推迟消费资源,影响到代际平衡问题,也会影响到资源在公共部门之间、公共部门与私人部门之间的配置,所以选择适当的贴现率非常重要。

美国管理及预算办公室(OMB)第 A-94 号文件建议公共政策绩效分析的

贴现率为 7%。7%是美国私有资本的平均税前回报率,可适用于房地产、中小企业及股份公司,它可视为资本的机会成本,也是私人部门中受公共政策影响而改变用途的资本的贴现率。经过认真研究和广泛调查,1992 年,OMB 修改了 A-94 号文件。最近研究表明,其平均资本报酬率依然接近于 1992 年估计的 7%。

同时,OMB 还建议公共政策绩效分析时使用 3%的贴现率,这主要是考虑到通货膨胀以及个人消费的因素。OMB 认为,公共政策并不只是影响资本分配,还会影响到个人消费,而对有关个人消费的公共政策(如提高商品和服务价格的公共政策)应该采用较低的贴现率。常用的方法称为"时间偏好的社会贴现率",即将未来消费流量折为现值的"社会"贴现率。可以用储户对将来消费的平均贴现率来衡量社会对消费时间的偏好,从而合理地估计政府长期债务的实际报酬率。自从 20 世纪 70 年代以来,这个报酬率以税前为基础,平均为 3%。[①]

鉴于此,OMB 建议在进行公共政策分析时应同时采用 3%和 7%来估算净收益。同时如果不能确定机会成本的大小,应该在采用 3%和 7%的同时,用更高的贴现率做敏感性分析。[②]

5. 对不确定性的处理

通常不能确定公共政策的确切后果,但可以知道它们的发生概率。公共政策绩效分析应尽早分析重大的不确定性,这些不确定性表现在损益主要构成因素的可变性以及信息不完全性带来的可变性。通过分析不确定性的产生及其对损益的影响,可以向决策者和公众说明各备选方案的效果及其概率大小。

分析不确定性时必须做到可信、客观、真实和科学。应该披露分析不确定性所用的数据和模型,并说明所用数据的质量、所用的推断与假设及可选择的结果。在结论中应说明不确定性的程度及其对结论的影响。有时不确定程度过高,以至于只能独立评估各个备选方案,不能以数字表明它们的相对概率。例如,评价一项公共政策对环境的影响时所用的多个方法的结论可能大相径庭,这时应该列出所有合理的、可能的结论,并提供所有的相关信息,选出最优方案。各机构制定公共政策时应该仔细研究对结论产生重大影响的不确定性。轻率的决策可能产生严重后果,尤其是不可逆转或重大的投资项目。如放弃进一步的研究,必须解释其原因——进一步研究的成本(如包括政策延迟带来的伤害)是否大于信息的价值。由于数据匮乏而不能确定某项政策的效果,就应暂且搁置这项政策,直到获得足够的资料,转而考虑有清晰完整数据的方案。除了进一步搜集分析数据的成本,政策的延迟也有成本,权衡延缓政策的成本和

---

① 这个 3%的数值是通过以下计算得来的:10 年期国债的收益率为 8.15%,同时该期间消费价格指数(CPI)平均增长率为 5%,意味着 10 年间的平均收益是 3.1%。
② 对于公共投资贴现率选择的其他原则及争论,可以参见[英]布朗、杰克逊:《公共部门经济学》(第四版)(北京:中国人民大学出版社,2000 年)一书中"贴现率的选择"一节中的论述(第 200-204)。

收益。有多种方法可以用来评估决策的延缓，主动或被动地通过搜集资料延缓投资时间能够降低风险，延缓投资而降低风险的收益可视为立即决策的成本，但是延迟决策可能带来损失，如损害公共健康、安全和环境污染的加重。

对于不确定性本身的分析，可能使用定量分析的方法来表征不确定性。定量分析应该包括两个部分，即公共政策效果产生的概率及其经济价值，这两个部分是相互关联的。由于操作性的限制，分析不必过分详细，也不必分析每个方案的每一步骤，而需要分析引起重大后果的不确定性，但是很多时候这个问题成为不确定性的来源。由于缺乏资料，只能对前提做出假设，这些假设应该明确、合理。报告中应该指出不确定性的程度、改变主要假设所依据资料的可信度和这种改变带来的收益和成本，以方便决策者决策。对于重大决策（美国财政部 OMB 规定年度经济利益超过 10 亿美元的决策），应该正式分析相关损益的不确定性，即计算损益的概率分布，概率分析的指标有主要趋势（中位值和均值）、变化范围、方差、百分位等。对于不确定性的分析不能太过精确，否则容易产生误导。

从上面介绍的美国政府对于公共政策绩效评估的做法可以看出，对于公共政策绩效的预测和评估，可以保证公共政策在出台时的最优性，可以向民众说明选择公共政策的选择集，同时也可以说明选择某一公共政策并执行其的根据和成本收益。这些都为公共政策实现其政策目标提供了前提和保证。上述这些评价方法同样也可用于对现有公共政策作用结果和实施过程的绩效评价。相对于论证到底应该哪一种公共政策应该出台，对已有公共政策的绩效评估有时可能会容易一些，因为其作用结果已经显示出来，或者正在显示，其不确定性程度降低了很多。对于这一类绩效的评估就是将现实的结果与公共政策的设计目标做比对，说明在多大程度上实现了目标，同时对没有实现的目标做出解释，找出其产生这种结果的原因。在此过程中也存在着对于各种结果如何量化、货币化和如何选择恰当评价指标以及如何进行成本—收益估计等。这与上述的方法是完全相同的。

四、中国公共政策绩效评估的取向

就我国目前公共政策的制定、实施现状来看，与美国政府之间存在着很大的差距，这也为我国改革公共政策的制定、将公共政策的绩效评价方法引入我国的公共行政提供了方向。诚然，由于政策目标的不确定性、多指向性、评估资料的有限性、数据资料的不完整性、评估过程的非理性等因素的存在，使得对于公共政策的绩效进行评估是一件极其敏感而又困难的工作。要做好中国的公共政策绩效评估工作,需要从以下几个方面入手。

第一,建立第三方公共政策评估机构。公共政策的评估主体可以是立法机关、司法机关、行政机关以及第三方评估机构。目前,面对日益复杂的社会问题,政府公共政策的数量日益增加,干预规模日益扩大,政策实施的各种风险增加,社会对政策效果的要求和预期也日益提高,建立专门的第三方评估机构显得尤为迫切。第三方机构并不是公共政策的直接参与主体,其与政府并无隶属关系和利害关系。传统的政府公共政策评价只有单一的评价主体,即上级组织人事部门,评价自上而下,造成部分地方政府官员和领导班子在制定政策时,只对上负责,不对下负责,大搞"政绩工程""形象工程",政策评价也往往流于形式,成为炫耀工作业绩、歌功颂德、掩盖不足的手段。在我国,一般意义上的第三方主要是指专业机构,包括大学院校和研究机构等。第三方机构具有非盈利性、非强制性、民间性、独立性和组织性的特点,使得其在政策绩效评价的过程中天生具有超然地位,评价结论更为客观和公正。另外,第三方作为独立的外部力量介入,在一定程度上也对政府部门施加压力,督促其对自身的评价体系进行整改。事实上,整个社会都越来越相信第三方的"证据"力量,而不太愿意接受利益主体的"诉苦"和政治家们的"说教"。①

第二,提高公共政策绩效评价结果的可信度。人为因素对于客观评价指标的干涉影响了可信度。由于公共政策目标确定的不合理,造成政府公共政策在执行过程中不能有效地完成目标,但是为了不影响自己的政绩,做假数据、虚报指数等欺骗行为不断出现,严重背离了绩效评估所要求的客观实在性。避免"数字化政绩"这一问题在公共政策绩效评估中出现的一个有效方法就是从源头上保证各种评估资料的准确性,而准确性来自于制度上的保证:由谁来对公共政策的绩效进行评估,是由部门自己对自己制定的公共政策进行评估而只向公众提交一份报告,还是有一个专门的部门来评估,这两种制度安排都会有一定的局限性,如前者往往会造成"夸大政策的效益而有意尽量淡化政策的成本",②后者的局限性在于信息不对称。所以可以将两者结合起来,让一个专门的机构对行政部门的绩效评估报告进行再评估,以保证可信度的提高。

第三,加快公共政策绩效评价技术平台建设,完善数据采集、反馈、分析和改进机制。公共政策绩效评估是建立在有充分信息资料的基础上,没有完善的信息交流与沟通机制,也就没有政府绩效管理与评估。绩效管理有赖于获取的信息,良好的绩效需要一个完善的信息系统。这就要求在日常的行政工作中采用信息管理系统的形式,及时进行信息资源的总结、整理。因此,运用信息

---

① 周建国. 政策评估中独立第三方的逻辑、困境与出路[J]. 江海学刊, 2009 (6).
② [美]托马斯·R. 戴伊. 理解公共政策(英文版)[M]. 北京:中国人民大学出版社, 2004: 316.

技术的手段和方式把先进的管理理念表现出来、构筑数字化政府以及建设公共政策绩效评价技术平台尤为迫切。这主要可以从以下几个方面来考虑：一是开发"公共政策绩效评价信息系统"。即优化数据采集及反馈功能，被评对象报送各项指标的结果信息，经系统采集处理后反馈给被评估单位，以促进被评估单位改进工作。二是建设公共政策绩效管理信息库。即分类收集各单位公共政策绩效管理的做法和效果、意见和建议、问题和不足、改进措施，加强交流反馈、跟踪处理和统计分析，使之成为绩效管理工作的"电子智库"。三是实行公共政策绩效评价状况分析。即充分利用实时评估和信息库数据，每半年对公共政策绩效的总体状况、实际效果和落后指标等进行综合分析，为改进绩效提供依据。[①]

第四，突出公众满意导向。完善满意度评估机制，突出公众满意导向。除涉及隐私、产权、国家和商业秘密外，把政策评估结论公示于互联网上，同时注明资料来源、模型假设、方法采用、数据分析等各方面的不确定性，让社会能够清楚地理解政策分析的过程和结论。要充分听取和收集公众对政府的评价意见，及时反馈相关部门，开展常态化的公众满意度调查。如2012年中秋节、国庆节实行高速公路免费通行的政策，群众议论很多，建议有关部门就"好事办得怎么样"进行政策评价，将决策始末、执行过程等做出认真分析，这样不仅可以还政府一个公道，而且让社会了解今后该项政策会怎样改进。

第五，结合中国的特点制定出符合国情的评价指标体系。对于公共政策的决策者、执行者、政策对象来说，由于不同角色的价值取向不完全一致，所以对公共政策绩效评估会有不同立场、态度和期望。任何一项公共政策的绩效，要想在决策者、执行者以及政策对象之间达成共识，就应该在评价指标体系的设计上有效整合各不同价值取向主体的观点，以求尽可能达到公正、公平、有效。评估指标既要全面系统，又要抓住关键，工作方式方法既要综合配套，又要简便易行。在评估过程中，要把结果作为绩效评估的目标，把决策过程和能力作为取得预期效果的重要保证。全面评价客观上"做出了什么"和主观感受上"做得怎么样"，在注重客观评价的同时，拓宽公众参与渠道，增强满意度评价的科学合理性，着力构建科学、规范、全面、可行的公共政策绩效评价机制和制度框架。我国地区差异较大，要结合我国国情、省情、市情等，从有利于改进组织管理、改造业务流程、关注绩效结果三个方面入手，以职能为依据，以各级政府中心工作为导向，构建公共政策绩效评价指标体系。加大对各级政府重大决策的评价力度，围绕当前经济社会建设中的薄弱环节加强有针对性的评价，根据未来发展需要开展前瞻性和导向性的评价。

---

① 中国行政管理学会课题组. 政府公共政策绩效评估研究[J]. 中国行政管理，2013（3）：20-23.

第五章 深化改革时期的市场发展政策

以邓小平同志1992年初南方谈话和1992年10月召开的党的十四大为标志，我国改革开放和现代化建设事业进入了一个新的发展阶段——社会主义市场经济体制开始建立。1993年11月第十四届三中全会通过的《中共中央关于建立社会主义市场经济体制若干问题的决定》，为发展社会主义市场经济提出了工作重点和方向。经过二十余年的改革建设，中国政府在培育和发展市场体系方面做了许多重要的工作，市场机制在资源配置过程中的作用不断加强。市场价格机制逐渐形成；商品市场得到有效发展；金融市场、劳动力市场、房地产市场、技术市场和信息市场等生产要素市场从无到有，从小到大，不断规范与发展。与此同时，政府也加强了对市场的管理和监督，不断规范市场交易行为，打破地区、部门的分割和封锁，反对不正当竞争，创造平等竞争的环境，形成统一、开放、竞争、有序的大市场。2003年10月第十六届三中全会通过的《中共中央关于完善社会主义市场经济体制若干问题的决定》，对如何进一步完善市场经济体制提出了一系列新的要求，如加快建设全国统一市场、推进市场对内对外开放、加快要素价格市场化、发展现代物流方式、促进商品和各种要素在全国范围内自由流动和充分竞争。同时，大力发展资本和其他要素市场，加强市场监督，维护市场秩序，建立健全社会信用体系等，这一系列决策为进一步完善社会主义市场经济体制指明了方向。

在2013年11月十八届三中全会通过的《中共中央关于全面深化改革若干重大问题的决定》中提出，使市场在资源配置中起基础性作用，建设统一开放、竞争有序的市场体系。该《决定》指出，必须毫不动摇地巩固和发展公有制经济，坚持公有制的主体地位，发挥国有经济的主导作用，不断增强国有经济的活力、控制力、影响力。必须毫不动摇地鼓励、支持、引导非公有制经济发展，激发非公有制经济的活力和创造力。同时，提出完善产权保护制度，积极发展混合所有制经济，推动国有企业完善现代企业制度，支持非公有制经济健康发展。十八届五中全会通过的《中共中央关于制定国民经济和社会发展第十三个五年规划的建议》也指出，加快形成统一开放、竞争有序的市场体系，建立公平竞争保障机制，打破地域分割和行业垄断，着力清除市场壁垒，促进商品和要素自由有序流动、平等交换。

然而，在我们取得市场化改革成绩的同时，我们也应该清醒地看到深化改革时期仍然存在很多制约市场经济不断完善的新问题、新情况：某些要素市场缺失的现象、地方保护主义影响下的市场分割和不统一的现象以及市场竞争不公平、机会不均、市场信用缺失的现象等仍然存在，劳动力等生产要素仍不能完全自由流动。对此，"十三五"规划提出，要健全要素市场体系，推进价格形成机制改革和维护公平竞争。

如何促进中国市场机制的形成和竞争格局的确立？如何促进产业结构的升级和充分发挥比较优势？如何解决地区发展不平衡问题？这一系列问题的背后需要各个方面的共同努力，特别是要突出政府在深化改革中的作用。本章的重点就在于说明政府在制定公共政策方面对于市场发展的作用，通过公共政策的设计来给出相应的政策建议。

第一节　深化改革时期市场发展的障碍

市场经济的发展，有其自身特有的规律和道路，任何国家的市场化建设都必须遵循这种规律，对于这些规律的深刻认识是改革的前提和基础。完善现代市场体系就是要建立统一开放、竞争有序的市场体系，要规范市场秩序，清除市场壁垒。因此，必须对我国目前的市场秩序和市场发展的障碍做出科学的分析。目前，我国市场秩序混乱的突出表现是不合理的市场准入制度阻碍市场主体平等、自由地参与市场竞争，市场上存在着严重的假冒伪劣、拖欠借款等欺骗行为以及行贿、受贿等不正当的竞争。这些问题可归结为信用缺失、市场规则不健全、法治意识不足、政府对市场的不良干预过多。但是，我们也要清楚地认识到，这些市场发展中的障碍问题基本上是体制改革中产生的问题，也只有通过深化改革才能加以解决。因此，只有把握市场标准的选择，寻找市场秩序混乱的根源，才能找到规范市场秩序、完善市场体系的有效制度。

一、市场参考体系：标准的选择

发展自由、充满活力的市场需要什么样的社会和政策环境，这关系到经济改革最终目标的实现，关系到市场的形成和发育。因此，选择明确的市场标准是实现预定改革目标的关键，是完善市场环境的首要问题。培育和完善市场至少涉及以下几个标准，这几个标准需要好好把握。

1. 运行标准

市场经济的运行标准要求产权明晰化，降低交易费用，提高资源配置效率。产权明晰化是市场经济存在的第一原则，是市场经济有序、高效运行的关键。斯密强调保护产权，为越来越多的交易和经济增长提供空间。产权明晰化包括产权在法律上的明晰和经济上的明晰。通过法律确定财产的最终归属，保护所有者权益；通过对产权主体的权、责、利进行明确，界定各种经济权利。有效的产权保护要求合约各方可以通过有效行使退出权来实现，也可以通过对一切破坏现有产权规则的行为进行严惩来实现。

市场经济的有效运行要求价格机制的进一步市场化。价格协调供求是优化资源配置的指示器。社会主义市场经济体制下的价格形成机制应以市场形成价格为主，即凡是能由市场形成价格的都交给市场，政府不进行不当干预。政府对价格的管控，主要应该限定在公共产品与服务领域、农产品价格和网络型自然垄断环节等，并且随着企业市场化改革而逐步减少。

2. 保障标准

法治和道德是市场经济有效运行的保障，也是形成自由平等、竞争有序的市场环境的内在要求。市场经济的法治标准要求有一个良好的法治环境与秩序。市场经济以经济自由为基础，是一种自由经济，但经济自由的实现离不开法律的维护，市场经济越自由，越需要强调法治。法律一方面保护个人自由的权利，另一方面防范个人追求自身自由时破坏他人的自由。市场经济是契约经济，要保护契约的公正和顺利执行，必须有完备的法律体系和良好的法治环境作为保障。因此，市场经济又是法治经济，法律是维护市场经济运行的主导机制。

市场经济的道德标准要求利人利己，诚信经营，平等竞争。有秩序的市场经济既是法治经济，又是道德经济。西方学者在论述市场经济效率时，无不强调法律和道德对经济和社会秩序的重要作用。斯密强调利己而又利他的道德观，反对损人利己的道德观。新古典经济学同样认为，个人追求自己的私利是正当的，每个人都自由地追求自己的利益，就会实现最大多数人的最大幸福。新自由主义的主要代表哈耶克在论述自由与道德的关系时也强调，道德和道德价值只有在自由的环境中才会成长；自由的行动受到强有力的道德信念引导时，自由社会才会良好地运行。①可见，具有良好道德基础的社会，才是有秩序的市

---

① [英]弗里德利希·冯·哈耶克. 自由秩序原理（上册）[M]. 上海：三联出版社，1997：75-84.

场经济社会。

3. 环境标准

市场经济的环境标准，主要是指政府职能由管理型向服务型转变。这就要求规范政府行为，提高政府工作效率。市场经济追求财富的创造，财富创造的主体是人民，政府是创造环境的主体，以富民为目标。因此，政府的主要职能之一是通过制度建设维持市场秩序，矫正市场失灵。市场秩序混乱不一定都是由政府行为引起的，但政府行为不规范必将引起市场秩序混乱。目前，政府职能越位、错位与缺位的现象仍广泛存在，还不能完全适应市场经济发展的需要。因此，要规范社会主义市场秩序，必须根据现代市场经济的要求，转变政府经济职能。

二、影响深化改革时期市场发展的主要因素

导致深化改革时期市场秩序混乱的因素是多方面的。世界银行在《2002年世界发展报告：建立市场体制》中曾指出，体制薄弱、错综复杂的法律、腐败的法院、偏见极深的信贷制度以及烦琐的企业注册规定伤害了贫困人口并阻碍了发展。[1]这里，我们重点从经济体制、法治环境、政策环境、政府失灵、行政管理体制等几个方面来说明目前我国市场化进程中遇到的主要障碍。

1. 体制因素：深化改革时期行政管理体制与企业制度的扭曲

《2010中国市场经济发展报告》[2]及以往各期的《中国市场经济发展报告》在这方面能够提供更多的信息。该报告通过对1978—2008年的数据进行分析后指出，"每一次市场化程度的提高，都源于市场体系与经济体制的革新与发展""政府强有力的干预也会带来市场化程度的回落"。市场中介组织发育与法律制度环境以及政府与市场的关系都是影响中国市场经济发展程度的重要因素，并且长期成为制约市场化程度进一步提高的因素。法制建设是一个长期过程，政府改革、政府职能的转变也是一个长期过程，并且涉及政治体制改革。

在深化改革时期，行政管理体制与企业制度扭曲的情况依旧存在，两种资源分配体系并存的情况依旧存在，导致国家行政权力和市场体系之间存在着许多无法有效控制的交换关系，这使得一些腐败不可避免。早在20世纪60年代，东欧的经济学家曾经用"交通规则"做比喻，说明体制改革要一次性配套实现，不能既要求经营者按指令性计划活动，又要求或允许经营者按市场供求关系活

---

[1] 世界银行. 2002年世界发展报告：建立市场体制[M]. 北京：中国财政经济出版社，2002.
[2] 北京师范大学经济与资源管理研究所. 2010中国市场经济发展报告[M]. 北京：北京师范大学出版社，2010（这份报告的结论是中国市场经济发展程度已经稳定在70%以上）.

动。如果这样要求，就会造成在一条马路上一部分车辆靠右行驶，一部分车辆靠左行驶以及一部分车辆又忽左忽右行驶的混乱局面。在现实生活中，国有企业的经营者既要面对上级主管部门又要面对市场的局面和"双重交通规则"并存的局面是一样的，在一定的时间里可以减少改革阻力，避免激烈的社会震荡。但是，计划选择与市场选择从根本上讲是对立的，两种"交通规则"在作用上也是互不相容的。因此，它们的并存将给市场运行带来许多消极因素。例如，在企业管理中，按照异质型人力资本模式的要求，作为市场主体的经营者应当受到财产权约束，"自主经营、自负盈亏"，但是在政治资本模式还起作用和经营者产权不明晰的情况下，权利得不到应有的保障，保住"乌纱帽"是第一位的，其次才是经营水平。因此，他们只愿按异质型人力资本模式"负盈"，而又以政治资本模式的存在为依托"不负亏"，最典型的表现是国有企业亏损额连续呈上升趋势。

2. 规则因素：市场经济法律体系和道德信用体系的滞后

制度的基本功能之一是缓解个人间和群体间的冲突。大家共同遵守的行为规则在一定程度上有利于交易双方以较低的代价和非暴力方式来解决利益冲突的问题，使每个人的行动自由受到最佳约束以避免破坏性冲突。柯武刚、史漫飞指出解决个人冲突有两种基本的方法：一是依靠限制任意行为和降低冲突可能性的规则，以一般性的、预防性的方式限制个人的绝对自由。二是冲突已经发生，制度就会被用来以先前协商好的、因而是可预见的方式裁决冲突。如有赔偿受害方所受损失的习俗或通过正式司法程序解决民事纠纷的规则。可见，制度规则的建设至关重要。①

在深化改革时期，对合约遵守（承诺）的约束力的加强是一个渐进的过程。当人们的思想由"计划人"向"经济人"转变时，重义轻利、以义制利、舍利取义的传统道德观念对人们的约束大大减弱，人们强烈获取财富的欲望和冲动是难以克制的。"天下熙熙，皆为利来；天下攘攘，皆为利往"②，收入、财富、物质的繁荣成了人们社会生活的唯一中心，人变成了单面的"经济人"，传统的道德观被新的经济观所替代，整个社会都变成了一个从属于经济的大系统。由于机会主义和外部性的存在，利益的驱动往往使人们不择手段，追求个人利益和满足私欲成了行动的指南。特别是随着收入差距的拉大和权力关系的失衡以及制度基础的缺乏，使得某些人有机可乘并利用信息的不对称和过渡性体制安

---

① 柯武刚，史漫飞. 制度经济学——社会秩序与公共政策[M]. 北京：商务印书馆，2003：145.
② 司马迁. 史记·货殖列传·第六十九回[M]. 北京：中华书局，1959.

排①违背承诺,通过与很多社会成员进行一次性博弈获得足够大的利益,这明显带有不公平甚至不道德的色彩。

同时,我国现处于多重秩序混合的市场秩序中,其所特有的关系秩序(建立在血缘、地缘、业缘基础上的关系网)又在不断蔓延扩张。关系网作为非正式的组织,是建立在各式各样的私人关系基础上的而不是制度关系。通过私人关系的运作而维系的独特的宗法型保护机制,最大的弱点在于它缺乏整体性、公正性,受保护的概率往往由社会的个人关系网的多少和私人关系的厚薄来决定。在权利缺位或不均衡的社会中,要寻求对自己权益的保护甚至是扩张自己的利益,就必须和当权者建立一种保护与被保护的关系。"关系"从过去单纯的人际交往演变为一种经济资源,它更容易倾向强势群体一方。近些年来有许多调查表明,在民营企业家所结交的朋友中,政府官员均占第一位。很自然,良好的关系网使得权利缺位的天平更加失衡,甚至在一定程度上扰乱了平等竞争的市场秩序,妨碍了制度基础的建设。

3. 观念因素:政府经济职能的正确定位将是一个长期和艰难的过程

在深化改革中,已有的制度、习俗和文化观念都会影响到新制度的形成和人们思维方式的改变。另外,由于适应新体制、抛弃旧的传统和观念也需要学习和时间来适应,这都决定在深化改革中政府行为的转型并不是一件容易的事。就政府在市场经济体制下的功能调整来看,由于存在一些内部和外部的制约因素,政府的重新定位和功能回归将是一个长期和艰难的过程。

在计划体制下政府拥有管理经济、调控企业和配置资源的各种权力,而这些权力是和丰厚的经济利益联系在一起的。市场经济改革过程可以说是一个权力和利益重新分配的过程,权力分配过程的背后其实是利益分配的过程。这个过程可以用中央政府、地方政府和各类企业及个人之间利益博弈的一个过程来描述。政府中的一些人已经把他们手中的权力作为谋取私利的一种手段,他们绝不会轻易放弃自己手中的权力。如市场化改革的二十多年,涉及政府利益的改革,无论是审批制度改革、政企分开的改革还是政府机构改革没有一次不是几经反复和迂回曲折的过程,所以权与利的交织是阻止政府职能调整到位的最大因素。同时,许多原计划体制下的遗留问题难以解决,如国有企业改革问题、政府和国有企业的关系问题、金融风险问题、社会福利保障问题、市场准入、退出和审批管理问题、下岗问题、社会公共物品的配给问题等,这些问题的存在都直接影响到政府的功能定位,从目前来看,这些问题的解决也需要一段相

---

① 如双轨制,不仅造成许多价差、利差、税差或政策与法律漏洞而为官员腐败和经济生活中的权钱交易活动提供了"沃土",而且形成了新生的既得利益集团,他们与旧体制下的既得利益集团一起为自身利益之强化而阻挠改革。

对较长的时间。

4. 管理因素：市场管理混乱是影响政府职能回归的主要因素之一

市场管理混乱既是我国市场秩序混乱的成因，又是市场秩序混乱的表现。深化改革时期中国市场秩序的混乱往往与政府管理市场的行为不当有很大关系。从维护市场秩序的角度看，我国的市场管理机构主要存在的问题有：（1）管理机构之间互相分割、互不协调。由于缺乏明确的分工，经常会出现相互扯皮的情况，导致管理效率低下，甚至出现都不管的局面。（2）对管理机构的双重领导导致管理能力被地方势力削弱。地方保护主义造成的市场割据的现象仍然存在，一些基层市场管理机构出于对本地区经济利益的维护，往往对违反市场经济秩序的行为听之任之，甚至是公开庇护，扰乱了市场秩序，影响了全国统一大市场的形成。（3）管理人员整体素质低下，缺乏管理现代市场经济的能力。比如在税收征管方面仍存在很大问题，造成大量税收流失，甚至会出现媒体经常报道的暴力执法等情况。此外，由于许多管理人员的个人利益往往与其收费、罚款相联系，所以他们在管理市场的过程中往往会出现明显有失公正的行为，从而激起群众的不满和造成社会秩序的混乱。

中国的市场体制是建立在社会主义基础上的市场经济体制，其政府管理模式不可能照搬或照抄任何一个国家的已有模式，必须走适合中国特色的市场体制的道路，而适合中国的在市场条件下的政府管理模式必须靠自己的学习和摸索。所以从这个意义上讲，缺乏可以借鉴的适合中国国情的市场经济体制下的政府管理模式也是影响政府功能回归的一个因素。

第二节　发展市场的基本原则

市场原则是市场经济运行的基本准则，是市场经济运行的客观要求。世界银行在《2002年世界发展报告：建立市场体制》中曾提出建立市场体制的四条原则，即从实际出发，任何一种体制的成本必须与人均收入水平相适应；体制应随时准备尝试新的体制模式；通过公开的信息流动和公开的交易实现社会各个方面的沟通；鼓励竞争，促进各地区、企业和个人之间的竞争，改变行为方式，带来市场的灵活性并形成新的解决方案。[1]这四条原则反映了市场主体、市场客体与市场行为的相互关系，是维护良好的市场秩序的内在要求。

---

[1] 世界银行. 2002年世界发展报告：建立市场体制[M]. 北京：中国财政经济出版社，2002：12.

一、市场主体遵循的基本原则

建立市场经济体制的首要任务是塑造一个符合市场经济内在要求的市场主体。市场主体主要指通过市场进行生产、交换的企业、居民以及在市场经济中发挥作用的政府。市场主体是否合法到位，各市场主体能否自觉地按市场经济的要求规范自己的行为，是市场经济能否有序运行的前提和基础。

1. 市场主体（企业和个人）遵循的基本原则

平等的市场主体在进行市场交易活动时，必须遵循以下原则：

第一，自愿原则。经营者或个人在法律允许的范围内，可以根据自己内心的真实意愿，自主地从事市场交易活动，任何个人或组织不得非法干涉。在法律允许的范围内，经营者或个人可以自主选择交易对象、交易内容和交易方法；同时，双方的交易关系要反映真实的意思表示，不得胁迫对方做出不真实的意思表达。

第二，平等原则。经营者在交易活动中的法律地位是平等的，彼此享有平等的权利、承担平等的义务。企业一旦进入市场，不论规模大小，也不论类型如何（国有、集体、个体、私营等）在法律地位上是平等的，不承认一方对另一方拥有特权。如果这种特权发展成命令与服从的关系，那么市场经济体制也就不复存在。

第三，互利原则。交易结果对双方都是有利的，应达到一种"双赢"的局面。在制度变迁过程中，诺斯强调利益和权利是联系在一起的，利益本身也就是一种权利，当各种利益没有受到有效保护的时候，掠夺和攫取就是必然的结果。[1]因此，双方当事人共同从事交易活动时，各方都应取得一定的经济利益，一方不得无偿占有、侵犯他人的财产以及剥夺他人的权利。大家共同遵守的行为规则在一定程度上有利于交易双方以较低的代价和非暴力方式来解决利益冲突的问题，使每个人的行动自由受到最佳约束以避免破坏性冲突。

第四，诚信原则。恪守诺言是市场伦理的重要方面，是我们建设正常运行的市场秩序的基础。要求经营者或个人在履行合同时，不得规避法律和合同，信守诺言，讲求信用。不得有欺诈行为，不得用不正当的手段侵害其他经营者和个人的合法权益。对合约的遵守（承诺）主要来自三方面的约束：一是市场伦理约束。韦伯强调[2]市场行为是受利益的合理与有目的追求的影响。交易各方都希望遵循合理的合法性行事，而且要顾虑已做出的许诺。这些构成了市场

---

[1] [美]道格拉斯·C. 诺斯. 经济史中的结构与变迁[M]. 上海：三联出版社，1994：67.
[2] [德]马克斯·韦伯. 论经济与社会中的法律[M]. 北京：中国大百科全书出版社，1998：161.

伦理的内容。二是交易双方的制约。根据自愿协议的原则，交易双方通常以契约①的形式加以约定。在市场取向和货币必不可少的经济制度中，契约起着极其重要的作用②。三是第三方强制力量（政府）的存在。随着社会分工的扩展，共同体规模和交易范围的扩大，第三方强制力量的存在对于建立社会信用是至关重要的。

第五，遵守公认的商业道德原则。经营者或个人在市场交易中要自觉遵守为社会所普遍认可的商业规范，不得与之相悖。这一原则有两层含义：一是交易行为要受到社会所普遍认可的商业规范约束，这种约束取决于当事人自身的修养和素质，符合商业道德的要求。二是若当事人的交易行为违背商业道德，会降低自己的声誉，影响自己的形象。

2. 政府遵循的基本原则

政府对一国经济和社会发展以及这种发展能否持续下去具有举足轻重的作用。在追求集体目标上，政府对变革的影响、推动和调节方面的潜力是无可比拟的。当这种作用得到良好发挥，该国经济便蒸蒸日上。若情况相反，则发展便会止步不前。③政府行为贯穿于社会发展的全过程，为了使政府更好地服务于社会，推动社会的进步与经济的发展，政府在进行市场管理时必须遵循以下原则。

第一，合法原则。政府机关必须依法管理市场，建立权责统一、权威高效的依法行政体制，不得违背法律规定干预市场和破坏市场统一。政府机关应按制度化的程序和规范行事，"我们偏爱'制度化'……制度化代表了一种通过逻辑清晰、前后一致的方式和至少在理论上是完美无缺的规则体系，这些规则可以适用于任何实际情况，以免出现法律真空……'制度'已完全成了法律数据秩序化的外在图表"。④为保证双方切实履行承诺，政府机关必须依法管理市场，保护市场秩序的正常运转。

第二，中立原则。政府通过制定一系列双方均受约束的行为规则，在市场管理中保持中立原则，不偏袒交易中的任何一方，只是按照规则行事。通过维护市场秩序，加大惩罚成本，使违反承诺的激励最小化，互信互利，能够创造一种通常可以改善双方境况（至少不会使其中一方的境况变坏）的"均衡状态"。

---

① 洛克、卢梭、康德及罗尔斯等所代表的社会契约论中均有论述。从契约的动因方面考虑，订约的各方处于同一个矛盾体当中，交易双方的关系既有利益冲突的一面，又有和谐统一的一面。正是由于有矛盾的一面，才有产生订约的必要性；正是由于有和谐的一面，才有产生契约的可能性。利益冲突暗示着双方只有按照双方一致同意的原则处理才算是恰当的。

② 市场经济中的契约完全不同于公法和家庭法中的契约，根据自愿协议的基本演变的特点，我们将较早的契约称为"身份契约"，而发生在市场经济中的契约称为"目的契约"。

③ 世界银行.1997年世界发展报告：变革世界中的政府[M].北京：中国财政经济出版社,1997：155.

④ [德]马克斯·韦伯.论经济与社会中的法律[M].北京：中国大百科全书出版社,1998：61.

第三，社会利益与效率原则。政府对市场进行监督、管理应从社会整体利益出发来考虑。政府在经济体制改革中也是从社会整体利益出发，追求人民群众的福利和效用的最大化。政府要以发展经济和提高国家的竞争力为己任，同时兼顾经济效率的提高，调动广大人民群众的工作积极性，满足人民群众的物质、文化需求。

第四，安全原则。政府对市场的管理既要保证交易的安全，同时又不能损害市场交易的效率。市场管理的目的是建立公平、自由的市场竞争秩序，制止垄断和不正当的竞争行为，保护消费者利益，实现市场交易的安全。规范市场行为还要注意管理不当和管理过度的问题，保障市场充满生机和活力的有秩序运转。

第五，授权与限权原则。体制变革中的市场化进程是一个全面重新界定权力的过程。体制变革中的利益格局的变化不仅仅是政策法规调整的结果，也不只是中央政府做出决策之后大家贯彻执行的简单问题，而是一个各方面利益主体的相互博弈过程，政府的授权与限权并存。在经济体制改革中，中央政府的权力分解和下放，不仅是市场经济规律的客观要求，而且也是必需的。通过这种权力下放来调动各级地方政府和其他行为主体的积极性，使得生产效率、经济增长和各行为主体的福利水平同步提高。同时，为了防止权力的滥用，适当的限权也是必要的，要防止滥用权力导致市场秩序的混乱。

二、市场客体遵循的基本原则

市场客体是指市场上买卖双方交易的对象。在市场经济中，并不是所有的东西都可以拿到市场上进行交易的，哪些产品和服务可以进入市场进行交易，哪些产品和服务不允许进入市场进行交易，各国法律、法规都有明确规定。因此，市场客体遵循的基本原则是合法性原则。如果法律、法规明令禁止的产品和服务大量进入市场，进行公开的和地下的交易，非法交易就会泛滥，从而导致市场秩序混乱。由于受利益的驱使，非法市场客体的存在不可避免，关键是要在政策上、制度设计上防范获得非法市场客体的途径和漏洞，保护正常的市场秩序。

三、市场行为遵循的基本原则

市场行为是连接市场主体与市场客体的桥梁，是实现市场经济高效运行的前提，是市场机制有效发挥作用的关键。从市场行为的内容上可以把市场行为划分为市场进出行为、市场交易行为、市场竞争行为和市场管理行为四方面。市场行为遵循的基本原则可以分别从这四个方面加以说明。

第一，市场进出行为遵循合理、有序的自由出入原则，保证各市场主体自由进入和退出。市场进出行为是市场主体进出市场时对有关市场规则的认同和遵从状况，反映了市场主体进出市场的规范化程度的行为。市场主体能否自由地进出市场，关系到市场秩序的发展程度。市场经济要求各市场主体之间的竞争是公正的、公开的，各市场主体拥有平等的竞争机会，这就决定了各市场主体有自由进入和退出市场的自由。

由于多种原因，我国还没有建立起符合市场经济要求的自由出入机制，各市场主体进出市场极不规范。这主要表现在政府制定的准入规则缺乏均等性，歧视性规则普遍流行以及非法市场主体和市场客体大量进入市场等方面。市场进出行为的不规范，使优胜劣汰的竞争无法充分展开，破坏了市场经济的合理、有序的自由出入原则，造成经济秩序的混乱。因此，按照合理、有序的自由出入原则规范市场主体，有利于维护市场格局的合理性和保障进出行为的合法性。

第二，市场交易行为遵循自愿、平等、互利的原则，优化市场交易秩序。市场经济是交换经济，无论是作为商品和服务的生产者或消费者，还是作为要素的需求者或供给者，市场主体离不开交易。因此，市场主体需要一个良好的交易环境，良好的交易环境是市场交易正常进行的条件。市场交易行为应遵循自愿、平等、互利的原则，要求市场交易契约化，保证合同的履行。

自愿、平等、互利的原则一方面要求市场交易必须是非强制性的，反对任何形式的强买强卖、巧取豪夺和欺行霸市的行为；另一方面又要求交易双方法律地位的平等和交易行为的互惠，反对任何形式的欺诈活动。

第三，市场竞争行为遵循公平竞争的原则，以此规范市场行为，保护和促进市场健康发展。市场经济是竞争经济，遵循公平竞争的原则能够促进资源的合理配置和经济效率的提高。公平竞争有助于激发市场主体的积极性和创造性，为了使市场竞争有利于经济和社会的发展，要求竞争双方必须在遵守法律和市场规则的前提下开展公平竞争。

公平竞争的原则是市场主体开展经济活动所必须遵循的行为规范和原则。创造公平竞争的环境，有利于保护经营者和消费者的合法权益，有利于保护和鼓励正当竞争，制止非法垄断和不正当竞争，有利于规范市场行为以及保护和促进市场健康发展。

第四，市场管理行为遵循科学、民主、法治的原则，规范政府管理行为。市场管理是政府的一项重要经济职能。为了规范政府的管理行为，需要建立市场管理规则。市场管理规则是指政府对市场活动进行监督管理时所必须遵守的行为规范和准则。建立市场管理规则应遵循科学、民主、法治的原则,约束政府干预经济的权力,规范政府干预的行为,推进管理的民主化和法制化。政府机关必须依法管理市场,对有法不依、执法不严、违法不究的现象坚决查处,杜绝以言代法、以权压法、徇私枉法的现象,确保市场环境健康发展,确保交易行为有秩序进行。

总之,为了确立、维护竞争秩序,需要市场行为必须遵循市场发展的基本原则,以此来确保公平的市场交易活动的进行和交易效率的提高。

第三节 政府与市场的关系:发展市场的前提

市场和政府是对等的,彼此并不对立。从原则上讲,市场对资源配置起决定性作用,解决"生产什么""如何生产"和"为谁生产"三个基本问题;而政府则致力于弥补市场本身的缺陷,解决市场失灵问题。市场提供私人产品,满足私人需求;而政府则提供公共产品,满足社会公共需求。政府与市场的边界确定,有助于市场经济的正常运行,是发展市场的前提。

一、政府职能与市场经济

政府职能的强弱和活动范围的大小是随着生产力发展水平和市场发育程度而不断变化的。在市场孕育时期,由于市场基础薄弱,发展不成熟,生产力水平低,需要适当的政府保护,这对促进市场发育和优化资源配置意义十分重大。但总的来讲,这时的政府职能应受到控制,不能太强。随着市场经济的日渐成熟,政府干预经济的角色应及时调整,政府权力应有所收缩,以便让市场力量发挥更多的作用。当市场经济进一步发展时,市场机制的缺陷逐步暴露,这时需要扩大政府职能,加强对经济的干预,以保持经济的稳定增长。需要指出的是,不论政府职能如何扩张,经济运行都要坚持以市场机制为基础,不能损害市场竞争的基本规则,这一点是极其重要的。

就西方资本主义国家而言,在其发展的数百年中,其始终存在着国家与社会、政府与市场相分离的二元结构。从资本主义萌芽初期的国家强干预型的政府管理模式,到以亚当·斯密为代表的自由放任主义为主导型的"不干预主义"模式,再到20世纪30年代的以罗斯福新政为代表的"新自由主义"积极干预型模式和高度集中的法西斯主义的强干预模式,又到20世纪70年代、80年代由于经济危机的频繁发生使西方国家"新保守主义"抬头，从政府的积极干预型向自由放任型的转变，又到90年代克林顿上台以及2008年金融危机为标志的再度强调国家作用的"新凯恩斯主义"。在这漫长的几百年中，西方发达国家大体走过了干预—放任—干预—放任的轮回。在这个漫长的过程中，国家与社会、政府与市场相分离的二元结构逐步回归到国家与社会、政府与市场相融合的一元结构。随着市场经济的高度发展，政府行为越来越趋向民主化、规范化。

西方国家市场经济与政府关系的演进规律，对于我国在经济发展中如何把握二者的关系和成功实现政府职能转变具有重要的理论意义和借鉴价值。同时，这对如何找准政府职能转变的切入点以及把握政府职能转变的发展方向，有重要的参考作用。

二、正确处理政府与市场的关系是发展市场经济的必然要求

正确处理政府与市场的关系既是发展市场经济的前提也是必然要求，十八大报告明确指出："经济体制改革的核心问题是处理好政府和市场的关系，必须更加尊重市场规律，更好发挥政府作用"。这为我们深化经济体制改革指明了方向，同时也表明我们党对改革的认识更加深入，视野更加宽广，目光更为长远。

在现代市场经济中，政府和市场是相互关联的两个重要组成部分，政府是经济管理和调控的主体，是涉及发展全局的重大利益的协调主体，而市场是把政府同各类微观经济运营主体连接起来的桥梁、配置各类资源的基础环节。政府和市场的关系决定着市场经济体制的基本走向和运行质量。政府行为往往表现为经济管理和宏观调控，市场功能往往表现为供求、价格自发调节和自由竞争，两者紧密关联，相互交织，缺一不可。因为政府行为不可能完美无缺，市场功能也不可能完全有效，两者都有弱点，都存在局限性，需要协调互补，发展社会主义市场经济，关键是寻求政府行为和市场功能的最佳结合点。

发展社会主义市场经济，既要高度重视政府的作用，也要高度重视市场的作用。政府宏观调控和管理的主要任务是保持经济总量平衡，抑制通货膨胀，促进重大结构优化，维护社会公平正义，为转变经济发展方式、保持经济持续健康发展创造良好的环境和条件。同时，要积极完善和规范市场准入制度，建立统一规范竞争有序的现代市场体系，维护市场秩序，保障市场在资源配置中发挥决定性作用。但是，如果政府管理和调控的范围、力度超过了弥补"市场失灵"、维持市场机制正常运行的合理需要，或干预的方向不对路、形式选择失当，其结果非但不能纠正市场失灵，反而会抑制市场机制的正常运作。市场经济是人类社会迄今为止最具效率和活力的经济运行机制和资源配置手段，它具

有任何其他机制和手段不可替代的功能优势,但也存在着自发性事后调节、催生过度垄断、排斥公共利益、引发两极分化等固有的功能缺陷,而且这些缺陷仅靠自身力量难以克服。完全摒弃政府管理和调控的市场经济会使其缺陷大于优势,导致"市场失灵"。发展社会主义市场经济,关键是寻求政府行为和市场功能的最佳结合点,使政府行为在调节经济、弥补市场功能失灵的同时避免和克服自身的缺位、越位、错位。只有更加尊重市场规律,更好发挥政府作用,使市场这只"看不见的手"和政府这只"看得见的手"各司其职、优势互补,才能更好地激发经济活力。

1. 更加尊重市场规律

目前,中国的市场经济格局已初步建立,一般商品和劳务的价格基本上已由市场决定,但是关键的要素价格还不是由市场供求决定的。2012年是中国明确提出市场化改革方向20周年。20年前提出市场要在资源配置中起基础性作用,意义非凡。当前,核心资源、要素、行业等领域的改革与进展有限,门槛很高。政府手上掌握资源过多,过度介入微观经济活动。行政权力过大导致发展关键不是争夺市场而是争取政府手中掌控的资源。市场经济是什么?或者说什么是市场经济的本质特征?通常认为,市场经济是一个与计划经济相对应的概念。它要求以市场作为资源配置的主要方式,以法治作为维护市场经济秩序的基本保障,强调所有市场主体地位一律平等,倡导诚实信用,鼓励自由竞争,反对政府对经济运行过度干预。所以,市场经济是自由经济,又是法治经济。既然市场经济是自由经济,那么解决危机要首先破除国有资本在竞争性领域甚至一些非竞争性领域的垄断经营,给予民间资本平等的市场地位,使民间资本能够顺利进入金融、能源、通信、铁路交通、医疗卫生和教育等领域,公平地参与市场竞争。同时,国有资本还应从竞争性行业全部退出或至少限制在非控股水平。因为只有这样才能有效避免国有资本在竞争性行业或领域借助国家力量同民营资本进行不正当竞争,才能创造一个充分开放、公平合理、优胜劣汰的自由竞争市场环境,才能使民间资本根据市场需求理性投资,也才能促使我们的市场经济健康、平稳、有序发展。既然市场经济是法治经济,我们必须通过立法明确政府的角色定位和权力界限,通过政治体制改革改万能政府为有限政府,监督政府依法行政,将应属市场调节的还给市场,把该归法律规范的还给法律,这样才能促使政府彻底抛弃自定经济增长目标和不顾市场经济客观规律随意采取调控措施,强力干预经济发展的传统思维和习惯做法,也才能使各方主体对我们的市场经济环境有一个明确、稳定的预期。

2. 更好发挥政府作用

政府应更好地发挥其应有的作用,解决以往存在的政府职能"错位""越位"和"缺位"现象。政府在微观方面的管理职能要弱化，进一步放权给市场，打造服务型政府。十八大代表、三亚市委书记姜斯宪说："政府的主要职能是搞公共服务，提供公共产品，为市场经济发展创造环境，而不是管制。"高尚全表示，凡是市场主体有能力做好的事情都要交给市场主体去做，政府的主要职责是为市场主体创造公平竞争的环境。全面推进依法行政。政府不要再管那些不该管、管不了、管不好的事情，而主要是履行好经济调节、市场监管、社会管理和公共服务职能。为此，要继续推进政企、政资、政事、政府与市场中介组织分开，杜绝对企业生产经营的直接干预，切实把工作重点真正转移到为市场主体服务和创造良好发展环境上来；树立正确的政绩观，建立体现科学发展观与构建和谐社会要求的经济社会发展综合评价体系，将正确的政绩导向、用人导向加以规范化、制度化。要按照合法行政、合理行政、程序正当、高效便民、诚实守信、权责统一的要求，继续推进依法行政；全面建立政府问责制度，切实做到有权必有责、用权受监督、侵权须赔偿、违法要追究。政府宏观管理的效率要提高，积极发挥政府对市场的引导和规范作用。要创新政府管理方式，进一步缩小行政审批的范围，简化和规范行政审批的程序，充分运用经济和法律手段实施行政管理。同时，健全科学民主决策机制，完善重大事项集体决策、专家咨询、社会公示和听证以及决策失误责任追究制度；推行政务公开，完善政府新闻发布制度，提高政府工作透明度。要完善政府组织架构，探索建立慎决策、快执行、讲效率、负责任的行政运行架构和运行机制。另外，充分利用现代交通通信发达、信息传导便捷的有利条件，精简管理层级，扩大管理半径。

3. 更好地处理政府和市场的关系，加强二者的有机协调和配合

这既要防止出现否定市场化改革方向的倾向，又要防止只讲市场化而忽视政府作用的倾向。经济发展不是静态上的配置和按计划行事，还得靠市场这双"看不见的手"，应让市场发挥决定性作用，但同时要培育政府的作用，因为市场解决不了所有问题，既需要政府为市场提供规则和环境，又需要政府为市场上的弱势群体提供必要保障，深化改革期还需要政府为经济健康发展提供有效的引导和推动。因此，必须解决好三个主要问题：一是市场需求，二是资本供给，三是企业活力。所以，在政府和市场的关系上要重点推进三大改革：收入分配改革、金融改革和营造各类企业平等竞争的环境。收入分配改革主要解决市场问题，有利于把我国的潜在需求转化为现实需求，有效扩大国内需求。目前，居民收入在国民收入中的比例还不高，这在很大程度上抑制了居民的消费。只有通过收入初次分配改革，努力实现居民收入增长和经济发展同步，劳动报酬增长和劳动生产率提高同步，提高居民收入在国民收入分配中的比重，提高劳动报酬在初次分配中的比重，才能真正提高居民的实际收入水平和消费能力。

如果我国庞大的国内市场和巨大的内需潜力都被挖掘出来，我国经济长期可持续发展就能获得基础性的坚实支撑。这既需要调动市场作用以提高经济效益，又需要调动政府作用以实现社会公平。金融改革能够大幅提高资金配置效率、化解金融风险。目前，一方面是大量中小企业"贷款难"，在一些地方高利借贷盛行；另一方面是居民缺少有效的投资渠道。在金融改革中，放宽准入与稳步推进利率汇率市场化改革尤其重要。只有形成功能相互补充、交易场所多层次、交易产品多样化的金融市场体系，鼓励、引导和规范民间资本进入金融服务领域，激发各类金融市场主体的活力，推进利率市场化，才能有效降低企业融资成本，形成公平的市场环境，使信贷政策与产业政策更紧密结合起来，有效解决实体经济融资难、融资贵问题。营造各类企业平等竞争的环境，可以收到一箭多雕的效果，既可以解决基础设施急需的资金问题，又可以发挥民间资本机制灵活的优势，提高基础设施相关领域的经营效率，还可以解决垄断行业收入过高的不公现象。因此，政府要保证各种所有制经济依法平等使用生产要素、公平参与市场竞争、同等受到法律保护；支持和引导非公有制经济发展，消除有形和无形壁垒，放宽市场准入，规范市场秩序；扶持中小企业的发展，推动就业创业；通过完善市场环境充分激发各类市场主体的活力。综上所述，市场经济发展有自己的规律性，市场规律发挥作用需要有一定的条件和环境。政府要为市场发挥作用创造必要的条件和环境，同时还要为市场经济发展提供充足的公共服务和社会保障。在经济社会改革期，政府还需要为经济社会持续健康发展提供有效的引导和推动。当然，市场经济中的政府不是万能的，不合理的限制性规章制度和审批程序过多过繁，不仅不会弥补市场失灵，而且会抑制市场规律和市场机制作用的正常发挥。因此，政府必须有意识地对自身的经济行为加以明确限定，加快转变职能，为市场经济持续健康发展提供良好的政策环境。

第四节　发展市场的公共政策选择

公共政策作为政府干预市场的主要手段，其主要价值目标应以效率为基础，致力于追求和维护社会公平。政府作为公共政策制定的主体，公共政策的公共性特征决定了政府的价值取向必须是公共利益。公共利益的这种价值取向主要表现在三个层次上，即公平的市场竞争规则、市场环境以及公平的机制原则。以公平为导向的我国公共政策的构建包括：弥补市场缺陷，加强政府宏观调控；维护公平竞争的市场秩序政策；调节收入分配，促进社会公平的政策以及提供公共服务和公共物品等。

一、实行以结构调整和企业改制为中心的国有企业改革政策

近年来,中国国有企业改制进程加快,实行了以结构调整和企业改制为中心的国有企业改革政策,按照统筹兼顾、公开竞争、分类推进及配套改革的原则逐步深化国有企业改革。实行以建立现代企业制度为目标的国有企业改革政策是发展社会化大生产和市场经济的必然要求,是我国国有企业改革成功的必经之路。

1. 国有企业改革应以制度创新为重点

市场主体是市场交易的直接参与者、市场供求的行使者、利益最大化的追求者,其发育和完善的情况直接影响市场发育的状况。我国国有企业改革就是按照"产权清晰、权责明确、政企分开、管理科学"的要求,对国有大中型企业实行规范的公司制改革,建立现代企业制度,转换企业经营机制,落实经营自主权,把国有企业培养成自主经营、自负盈亏的法人实体和市场主体。1993年11月中共十四届三中全会通过了《中共中央关于建立社会主义市场经济体制若干问题的决定》,把建立现代企业制度作为我国企业改革的方向和目标。该《决定》指出:"以公有制为主体的现代企业制度是社会主义市场经济体制的基础",建立现代企业制度,"是我国国有企业改革的方向"。由此,标志着中国的国有企业改革进入制度创新的新阶段。

从1994年开始,国家经贸委、国家体改委选择了100家国有企业进行现代企业制度改革的试点。截止到1996年底,100家企业中,除四家解体或被兼并外,其余96家已经改制完毕。边实践,边探索,从中也发现不少问题。其主要表现为由于对试点企业没有强调要股权多元化的改革方向,绝大多数参加这一试点的企业只是变成了形式上类似于现代公司的"国有独资公司",以至于在1996年末原来的试点验收阶段,几乎没有一家企业达到公司制的基本标准。到了1997年的中共十五大召开,特别是1999年召开的中共十五届四中全会,进一步明确公司制的要求,国有企业的改制才真正落实到位。

1999年的中共十五届四中全会《中共中央关于国有企业改革和发展若干重大问题的决定》对于国有大中型企业的公司化改制提出了新的要求。一是强调"在所有者和经营者之间建立起制衡关系的法人治理结构是公司制的核心",要求改制后的公司都要建立有效的公司治理。二是要求除极少数必须由国家垄断经营的企业外,"积极发展多元投资主体的公司",要引入非国有股权投资;"国有大中型企业尤其是优势企业,宜于实行股份制的,要通过规范上市、中外合

资和企业互相参股等形式，改为股份制企业，发展混合所有制经济，重要的企业由国家控股"。国有企业的公司化改造进展很快，到 2002 年底，国有企业改为股份公司的有两万家，其中在上海、深圳上市交易的公司有 1100 多家。国有小企业采取多种形式实行民营化，到 2002 年底，实行国有小企业的改制面已经达约 90%以上。

2003 年中共十六届三中全会通过了《中共中央关于完善社会主义市场经济体制若干问题的决定》，在总结了国有企业十多年的公司化改制实践的基础上，对其制度创新提出了新要求，第一次明确提出"股份制是公有制的主要实现形式"；明确提出"产权是所有制的核心和主要内容""建立归属清晰、权责明确、保护严格、流转顺畅的现代产权制度""是完善基本经济制度的内在要求，是构建现代企业制度的基础"。2013 年中共十八届三中全会通过了《中共中央关于全面深化改革若干重大问题的决定》，提出了推动国有企业完善现代企业制度。国有企业属于全民所有，是推进国家现代化、保障人民共同利益的重要力量。国有企业总体上已经同市场经济相融合，必须适应市场化、国际化新形势，以规范经营决策、资产保值增值、公平参与竞争、提高企业效率、增强企业活力、承担社会责任为重点，进一步深化国有企业改革。十八届五中全会通过的《中华人民共和国国民经济和社会发展第十三个五年规划纲要》指出，坚定不移地把国有企业做强做优做大，培育一批具有自主创新能力和国际竞争力的国有骨干企业，增强国有经济活力、控制力、影响力、抗风险能力，更好地服务于国家战略目标。商业类国有企业以增强国有经济活力、放大国有资本功能、实现国有资产保值增值为主要目标，依法独立自主开展生产经营活动，实现优胜劣汰、有序进退。公益类国有企业以保障民生、服务社会、提供公共产品和服务为主要目标，引入市场机制，加强成本控制、产品服务质量、运营效率和保障能力考核。我们要加快国有企业公司制股份制改革，完善现代企业制度、公司法人治理结构；建立国有企业职业经理人制度，完善差异化薪酬制度和创新激励；加快剥离企业办社会的职能和解决历史遗留问题；着力推进农垦改革发展。

为此，要建立健全国有资产管理和监督体制，深化国有企业改革，完善公司法人治理结构，加快推进和完善垄断行业改革；要重新认识政府与国有企业的关系，合理界定政府与企业的职能和角色；在政府与国有企业之间建立一种符合市场经济发展要求、明确国家和企业的权利和责任以及既有明确分工又密切合作的新型政企关系。

2. 实行以结构调整和企业改制为中心的国有企业改革政策

按照社会主义市场经济体制的要求，国有企业必须转换经营机制，建立产权明晰、权责明确、政企分开、管理科学的现代企业制度，成为相对独立的法人实体和市场主体。我们要建立归属清晰、权责明确、保护严格、流转顺畅的现代产权制度,要求政府必须从经营国有企业的具体事务中解脱出来,实现政府的"退出",还权于企业;同时,实现自己的"归位",搞好宏观调控、组织协调和政策、信息引导以及服务、检查和监督等工作。

深化改革时期,政府"退出"国有企业,不再行使国有企业的经营权,但绝不是为了"退出"而退出。"退出"只是一个过程,是手段和途径,目的是建立符合社会主义市场经济体制发展要求的新型政企关系,使国有企业成为相对独立的市场主体,充分调动政府、企业、市场三者的积极性和主动性,促进经济快速发展。我们强调政府"退出"国有企业,不是一下子就把在市场经济体制下应该由企业行使而现在由政府代劳的职能和角色毫无保留或一步到位全部归还给国有企业,由企业自主掌握和行使,而是逐步退出。政府逐步从国有企业中退出,实现政府的"退位",目的是让国有企业和市场逐步"归位"。

政府逐步"退出"国有企业,不再行使市场的职能和角色,实现市场职能和角色的逐步"归位",充分发挥市场机制的作用。政府的"退位"必须与市场职能和角色的"归位"相适应。发挥市场机制的作用,让国有企业根据市场的规则和要求行使自己的职能和角色,把政府与国有企业之间的"两角"关系转变成政府、国有企业、市场之间的"三角"关系。从一定意义上讲,政府"退出"国有企业,实现政府的"退位"就是市场的进入,实现市场的"归位"。如果市场还不成熟、不完善,不能正确行使自己的职能和角色以及发挥自己的调节机制,政府就不能"退出",实现政府的"退位"和市场的"归位"。如果市场还不成熟,不能"归位",政府又急于"退出",忙于实现自己的"退位",就会形成政府与市场都不"到位"的真空,造成经济混乱,影响企业的发展。政府必须主动参与,强化对市场的培育,加速市场的完善与成熟,使市场能够正确行使和扮演自己的职能和角色,尽快实现市场的"归位"。

政府退出国有企业,即政府的"退位"有诸多的阻力和壁垒,主要问题有:(1)政府退出的成本壁垒,即政府退出成本远远高于预期收益;(2)政府退出的金融壁垒,即缺乏一个有效的金融资本制度和有价证券市场;(3)政府退出的社会政治壁垒,即要支付高昂的经济成本,承担较强的政治风险;(4)政府退出的规模壁垒,即要精简机构和裁减人员;(5)政府退出的产权壁垒,即要取消对国有企业的行政控制,实现政企分开;(6)"内部人控制"壁垒,即由于对经营者缺乏必要的约束,产生新的内部人控制,从而导致国有资产流失[①]。

但不管问题多么复杂,多么艰难,有多少阻力和"壁垒",政府退出国有

---

① 郭立宏,胡海龙. 转型时期政府退出与国有企业改革[J]. 西北大学学报(哲社版),1999(4).

企业是历史的必然选择。要顺利完成政府的退出，实现政府的"退位"，就必须建立科学的"退出机制"，解决好政府怎么退、从哪里退、突破口在哪、退出的路径和程度等问题。同时，要建立科学的政府"进入机制"，明确政府怎样进入、进入到哪些领域以及进入的路径和程度等问题。政府在进退的过程中要正确行使自己的职能，切不可盲目地追求政府的"进入"与"退出"，即政府的"退位"与"归位"。

政府要积极参与国有企业改革，在改革的实践中，正确认识和分析政府与企业之间的关系，明确政府的职能和角色，使政府逐步退出国有企业，实现政府职能和角色的平稳"退位"以及国有企业职能和角色的平稳"归位"，使国有企业真正成为相对独立的法人实体和市场主体。

二、造就替代者：维护公平竞争的市场秩序政策

改革开放三十多年的历史表明，我国已初步实现了构建社会主义市场经济体系的任务。这个含义就是，市场机制作为配置资源的方式和支配社会经济生活的一种基本制度，已经成为中国社会的基础性力量。从目前看，中国市场化进程的深化关键在于市场建设的质量上，而市场化建设的质量的核心在于市场秩序问题。因此，只有建立公平竞争的市场秩序以及进一步完善市场秩序，才能提高市场效率和加快中国的市场化进程。

市场主体是市场经济得以存在和发展的基础，没有真正的市场主体就没有市场经济。仅有市场主体而没有健全和完善的市场及市场体系，同样也不能有公平竞争的市场经济。如果说政府积极参与国有企业改革以及把国有企业培育成相对独立的市场主体是建立市场经济体制的重要基础，那么政府另外一个职责就是加强市场培育，并健全市场体系和建立完善的社会主义市场经济体制。

社会主义市场经济的改革毕竟时间不长，由于我国缺乏市场经济的传统，要尽快建立符合现代市场经济要求的市场机制，与世界经济接轨，仅靠市场自身的力量是不够的，必须走政府与市场并举的道路，调动和发挥市场的力量和功能，强调市场自身的发育；通过政府的力量，发挥政府的主导作用，强化政府对市场的培育。建立并培育市场，造就替代者，是深化改革时期中国政府的又一重要职能。德国经济学家策佩尔尼克（Raif Zeppernick）认为，政府在社会市场经济中最重要的任务是在经济活动中做"好的和公正的裁判员"（guter and fairer schiedsrichter）。[①]为此，政府要建立和维护公平竞争的市场秩序政策

---

① [德]拉尔夫·策佩尔尼克.国际社会市场经济——一种全球秩序框架的展望[J].世界经济与政治，2004（11）.

必须做到：

第一，政府必须为市场的正常运行创造并提供制度条件。市场机制的正常运行需要有完善的制度作为保障，如产权制度、竞争制度、契约制度、进入与退出制度和法律制度等。在深化改革时期，这些推动市场正常运行的各种制度还不完全具备，有的虽然已经具备但不完善。政府必须通过自身的权威，按照市场经济发展的规律和要求，加强制度建设，在社会中普遍推行发展市场的基本原则。通过建立完善的产权制度，明晰国有企业的产权，确定企业的财产权和经营自主权，使国有企业成为独立参与市场竞争的市场主体；通过建立完善的契约制度，明确国有企业权责利，使权利的所有者正确行使自己的权利，履行自己的义务；通过建立健全法律制度，完善市场规则，规范市场行为，把各种市场关系和市场行为都纳入法律的轨道，实现市场关系和市场行为的制度化、法律化，从制度上确保市场的正常有序运行。

第二，政府必须为市场的正常运行创造并提供必要的软环境。制度规则是市场正常运行所必备的硬环境，而非正式制度的软环境也是市场正常运行不可缺少的前提条件。马克思曾经指出，市场制度是在人类文明演进过程中筛选出来的特定的经济组织制度和资产配置方式。[①]可以肯定，在市场经济形成、发展和完善的过程中，与市场经济相适应的文化、道德和观念等非正式制度起到过巨大的推动作用。市场经济是信用经济，市场经济的道德大厦的核心就是诚信。然而，由于我国长期推行计划经济，在理论和实践上对市场及市场经济有种种误解，在观念上形成了对市场的排斥力量，加上受传统文化的束缚和影响，一直没有能建立和形成与市场经济相适应的文化、道德和观念，如市场经济意识，适应市场经济发展要求的"利义"观、市场道德以及契约、信用和竞争观念等，而在计划经济体制下形成的不利于市场经济发展和市场运行的传统观念却根深蒂固。因此，必须调动政府的积极性，充分发挥政府的调控和主导功能，不断突破不利于市场发展和运行的传统观念，大力倡导并宣传适应市场发展要求的新观念。通过教育、引导和灌输，使人们逐渐接受并树立这些新观念，成为社会的主导观念，为市场的正常运行提供和营造良好的文化、道德和观念等软环境。

第三，政府必须加强对市场的培育是时代发展的要求。市场经济利用"无坚不摧"与"攻无不克"的商品，征服了任何"野蛮人最顽强的仇外心理"，把整个世界都纳入到一个统一的经济体系中，独立于世界经济之外的经济已经荡然无存。"全球化从来都是一把双刃剑，一方面，自由贸易的力量能创造更高额

---

① [德]马克思，恩格斯. 马克思恩格斯选集（第三卷）[M]. 北京：人民出版社，1972：254-255.

的效率和财富;另一方面,在消除各国间的贸易保护堡垒的同时,也让这些国家变得更脆弱。"①因此,世界经济发展的现实要求我们必须尽快建立现代市场经济,与世界经济接轨,融入世界经济的大潮,而现实又不允许我们走西方发达国家已经走过的先建立自由放任市场经济并经过市场自身的发展再进入现代市场经济的轨道。另外,时代也没有给我们提供更多的时间让我们按部就班地建立现代市场经济。面对挑战,政府必须发挥自己的主导作用,积极参与社会主义市场经济建设,统一规划,全面安排,有步骤、有秩序地推进现代市场经济的建立、发展和完善。正确认识和处理政府与市场的关系,顺应市场经济发展的要求,强化对经济的干预和调节,建立良好的市场竞争秩序,使市场在政府的管理和调控下运行;同时,政府还要不断调整自己调控经济的手段和方法,保持经济平稳发展,避免出现大的动荡,促进现代市场经济的尽快发展和完善。

强调政府在培育和完善市场中的职能和角色,并不否定市场自身的力量和作用,政府对市场的培育就是要遵循市场经济发展的一般规律,不断调整市场内部的各种关系,进一步激发和调动市场自身的力量和功能,与政府形成强大的合力,加速市场的完善与成熟。对于我国来说,培育公平竞争的市场规则是一项艰巨而又复杂的任务,处理好政府与市场的关系,有利于社会主义市场经济机制的形成与完善,有利于市场更好的发展。

三、弥补市场缺陷,加强和完善宏观调控的政策

建立和推动市场经济平稳发展,充分发挥市场机制调节作用的管理体制,强化政府的宏观调控职能是建立社会主义市场经济体制的必然要求。当前,转变政府职能和角色,加强宏观调控是深化改革时期政府的重要职责。

1. 弥补市场缺陷,加强政府宏观调控

随着市场经济的发展和完善,市场在资源配置中的决定性作用已逐渐被人们所认可。人们普遍认识到市场是迄今为止最有效的资源配置手段。的确,市场能够刺激经济的高速发展,带来经济发展的高效率,但市场并不是万能的。市场机制本身也有不足,不能解决经济发展的所有问题,特别是不能解决总供给与总需求之间的平衡问题,因而需要政府的介入,与市场相配合,解决市场不能解决的问题。

第一,市场的不足和缺陷需要政府的宏观调控和管理来弥补。市场作为资源配置的手段,具有客观性、竞争性、优化性、开放性、国际性和统一性等特

---

① 邓勇. 搭上全球化经济快车,中国幸与不幸[J]. 华盛顿观察,2004(9).

点，能客观地反映产品的供求状况，通过市场竞争能够实现资源优化配置，但市场也有自身无法克服的缺陷和不足。其主要表现为：市场具有滞后性，不能预示社会经济长期发展的动向；市场具有局部性，不能反映整体或长远的供求状况和水平；市场具有盲目性和自发性，不能反映供求数量和比例关系。总之，市场只能解决局部和暂时的供求平衡问题及局部发展和局部产业的调整问题，不能解决国民经济的长期发展问题，不能自动达到总供给和总需求的平衡。因此，克服市场缺陷，弥补市场不足，必须充分发挥政府的宏观调控职能和角色的作用。一方面，依靠计划的整体性、长期性、综合性和稳定性等特点，制定国民经济和社会发展的长期规划和战略目标，搞好经济发展预测、总量干预、重大结构调整与生产力布局，实现产业结构的优化；另一方面，政府要依靠财政、货币和产业政策，提供全方位服务，鼓励公平竞争，消除各种不稳定因素，促使经济健康、稳定、快速发展。

第二，政府与市场的关系决定政府必须加强宏观调控。政府与市场是现代经济发展的两大"基石"，它们相互联系、相互依存、相互补充。没有政府的调控就会使经济秩序混乱；没有市场的调节，市场竞争就会失去生机与活力。因此，必须把政府的宏观调控与市场机制的作用有机地结合起来，发挥各自的优势和长处，实现经济协调发展。

现代市场经济是政府与市场共同调节的经济，政府的宏观调控是市场经济顺利发展和完善不可或缺的条件。政府的宏观调控与市场机制的作用不能脱节，市场机制的调节必须遵循政府宏观调控和指导，政府的宏观调控必须遵循市场价值规律。

2. 规范市场秩序，加强和完善宏观调控的政策

从一定意义讲，市场经济仍然是政府干预和管理的经济，但这种干预和管理与计划经济体制的政府干预和管理是完全不同的。计划经济体制的政府干预与管理是直接的，更具有管制的性质；而市场经济体制的政府干预与管理是宏观的、间接的。市场经济离不开政府的宏观调控，政府的宏观调控已成为现代市场经济一种必不可少的公共需要。在深化改革时期，我们必须根据市场经济发展的规律和要求，打破计划经济体制的政府干预和管理经济的方法和模式，建立完善的政府宏观调控体系，进一步强化政府宏观调控职能和角色。

第一，明确宏观调控的任务和目标。随着社会主义市场经济体制的建立与发展，我们党对市场经济体制的政府宏观调控的任务和目标的认识越来越明确。党的十八届三中全会中指出："宏观调控的主要任务是保持经济总量平衡，促进重大经济结构协调和生产力布局优化，减缓经济周期波动影响，防范区域性、系统性风险，稳定市场预期，实现经济持续健康发展。健全以国家发展战

略和规划为导向、以财政政策和货币政策为主要手段的宏观调控体系,推进宏观调控目标制定和政策手段运用机制化,加强财政政策、货币政策与产业、价格等政策手段协调配合,提高相机抉择水平,增强宏观调控的前瞻性、针对性、协同性。形成参与国际宏观经济政策协调的机制,推动国际经济治理结构完善。"①

从政府宏观调控的作用看,政府宏观调控的目标可分为总体目标、基本目标和具体目标三个层次。政府宏观调控的总体目标就是实现社会总需求与总供给的动态平衡,促使经济结构优化,实现经济持续、快速、健康的发展。

政府宏观调控的总体目标包括保持社会总需求与总供给的动态平衡和促进经济结构优化两个方面。保持社会总需求与总供给的动态平衡就是保持经济总量的动态平衡,防止和避免出现"需求不足、生产过剩、市场疲软"或"需求膨胀、经济过热、通货膨胀"两种不正常状态。社会总需求与总供给是相互联系和相互作用的有机统一体,二者不论在价值形态上还是在实物形态上都一直保持相对平衡和稳定的发展状态,是避免国民经济大起大落和保持正常运行的基本条件。促进重大经济结构优化就是要实现资源配置的合理化。政府在优化经济结构方面的主要任务是:在遵循市场经济发展规律并发挥市场基础性作用的前提下,对经济结构进行全局性、战略性调整,使社会生产适应国内外市场需求的变化;依靠科技进步,促进产业结构优化;发挥各地优势,推动区域经济协调发展;转变增长方式,改变高投入、低产出、高消耗、低效率的现状。

政府宏观调控的基本目标是在某一方面所要达到的目标,实现社会需求与供给在某一方面的动态平衡。其基本目标主要有:(1)稳定物价,使物价增长的幅度和水平与社会经济发展水平相一致;(2)促进经济增长,实现经济全面而持续的发展,保持经济发展的高速度、高质量和高效益;(3)实现充分就业,保持国内经济的稳定发展;(4)实现国际收支的基本平衡,把外汇收支差额控制在合理的范围内。

政府宏观调控的具体目标是指政府行使和扮演具体调控职能和角色时所要达到的目标。具体目标主要有:(1)创造公正交易、公平竞争的市场环境,维护市场经济运行的正常秩序,实现市场调节的有效性;(2)合理确定货币供应量,使货币实际供应量与商品实际流通量相适应,保持需求与供给的基本平衡,为经济发展创造宽松的环境;(3)处理好速度与效益的关系,坚持速度与效益的统一,既追求经济发展的高速度和高效益,又必须保证经济发展的后劲,实现经济的快速、高效及可持续发展;(4)坚持效率优先并兼顾公平的原则,

---

① 中国共产党第十八届三中全会文件:《中共中央关于全面深化改革若干重大问题的决定》,2013年11月12日。

防止两极分化,调整各种利益关系,既要拉开收入差距,刺激经济发展,又不使收入差距过大而保持社会公平,并在发展生产的基础上逐步提高低收入者的收入,缩小或消除收入差距,达到共同富裕。

第二,灵活运用财政政策、货币政策和产业政策,提高宏观调控的技巧。宏观调控政策是政府宏观调控体系的重要组成部分。它主要是纠正宏观经济活动中具有普遍性不正常行为的措施,是政府管理和调控宏观经济的政策主张和原则,是实施宏观调控的指导方针和重要手段。在经济改革时期,由于市场还不完善,人们对市场经济理解的水平还较低,相应的制度也未建立起来,市场的作用没有得到充分发挥,这就更应该加强政府宏观调控政策和手段,完善政府的宏观调控职能。一般说来,政府的宏观调控政策是多方面的,其中主要有货币政策、财政政策和产业政策等。

无论是财政政策还是货币政策,都必须遵循规则,克服政策实施中的随意性和利益偏向;政策实施要强调稳定性和持续性,也要兼顾灵活性。一般而言,当经济增长率和失业率处在安全范围内时,应以稳定物价为首要目标;当经济运行超越安全边界时,才可动用灵活的调控政策将经济增长率和失业率等指标拉回到安全范围内。

货币政策也称货币管理政策,是指通过银行系统组织和调节全国货币的供应,确定和实施货币供应量与货币需求量的相互关系准则,是实现宏观经济目标所采取的控制、调节和稳定货币措施的总和,包括法定准备金率调整、贴现率调整及政府债券买卖等。实施货币政策的目标是稳定货币,实现货币供应量与需求量的基本平衡,遏止通货膨胀,促进经济稳定增长。在深化改革时期,政府应实行稳健的货币政策,适时调节货币供应量,维护人民币币值稳定。稳步推进利率的市场化改革,运用各种货币政策,调节货币的供应量,优化金融资源配置,依法加强对金融机构和金融市场包括证券市场的监管,规范和维护金融秩序,有效防范和化解金融风险,提高金融资产质量。为了保障灵活有效地使用宏观调控各种手段,必须对整个经济结构进行调整,不断强化金融体系在整个国民经济中的核心地位。

财政政策是国家通过财政收入和支出调节社会供给与需求的总水平以实现社会经济目标的政策,包括预算、税收、政府投资、财政补贴等。财政政策可以调节地区和行业的国有企业税收后的利润分配关系,从而间接实现产业结构的调整。在深化改革时期,必须深化财政、税收、金融和投融资体制改革,完善预算决算管理制度,加强对财政收支的监管,强化税收征管,运用预算、税收手段和预算内外的综合财力,按中央与地方事权的划分,建立比较规范的财政转移支付制度。

第五章 深化改革时期的市场发展政策

产业政策是政府将宏观管理深入到社会再生产过程,根据国民经济发展的内在要求,对产业结构和产业组织的变化进行定向干预,从而达到各个产业部门的均衡与发展。产业政策又称供给管理政策,包括产业结构政策和产业组织政策,其主要目标和任务是对经济结构进行战略性调整,优化产业结构,全面提高农业、工业、服务业的水平和效益;合理调整生产力布局,促进地区经济协调发展;逐步推进城镇化,努力实现城乡经济良性互动,着力改善基础设施和生态环境,实现可持续发展。为此,要彻底解决"小而全""大而全"和不合理的重复建设问题,推进产业结构优化升级,形成以高新技术产业为先导、基础产业和制造业为支撑以及服务业全面发展的产业格局。坚持以信息化带动工业化,以工业化促进信息化,走出一条科技含量高、经济效益好、资源消耗低、人力资源优势得到充分发挥的新型工业化道路。加快发展现代服务业,提高服务水平和技术含量,增加第三产业在国民经济中的比重。总之,产业政策必须适应市场经济发展的需要,坚持以市场为导向,以企业为主体,以科技进步为支撑,突出重点,有进有退,努力提高我国经济的整体素质和国际竞争力。

宏观调控手段也是宏观调控体系的重要内容和组成部分。它是实现宏观调控的目标和任务,实施宏观调控政策的具体方法和途径。我们党多次指出,政府应该主要用经济手段、法律手段和必要的行政手段管理国民经济,不直接干预企业的生产经营活动,综合运用计划、财政、金融等手段,发挥价格、税收、利率、汇率的杠杆的作用,引导和促进经济结构调整,保证经济稳定增长。

第三,加快制度构建,完善立法体系,改革宏观调控体制。深化改革过程中许多宏观经济问题总是交织在一起,彼此相互纠缠,给宏观经济治理带来了较大的难度。然而对我们有利的因素是,在深化改革过程中改革旧的体制,创造出新的政策工具和宏观政策的实施是同步的,从而突出了改革过程中制度构建的作用。法律手段是政府调控经济的重要手段,国家通过制定和颁布各种法律法规,规范各经济部门或市场主体,调整经济关系,处理经济矛盾,解决经济纠纷,维护社会经济秩序,使国民经济按照宏观调控所要求的目标运行。用法律手段调节经济就是要用法律约束社会经济活动,通过经济立法规定市场主体的基本活动准则和范围,规范市场主体的行为,使经济活动有法可依,保证经济活动的法制化和规范化。通过保护合法经济活动,惩治和打击违法经济行为,维护良好的社会经济秩序,促进市场经济健康发展。同时,加大对国家机关及工作人员的监督与教育,使他们按照法律规范及程序干预和管理经济,避免和消除对市场的随意干预。

公共政策与私人政策的根本区别就在于其公共性。卢梭曾经指出:"法律乃是公意的行为。"[①]同样地，公共政策也应该体现公意的行为。在当今世界上，人类开发自然和改造社会的能力得到了空前提高，但随之又面临着各种各样的公共问题，如环境退化、气候变暖、垃圾处理、治安恶化、贫困与饥饿等。在中国，经过三十余年改革开放，社会主义市场经济不断发展，人民生活也得到了持续、快速的改善。但是，在此过程中也出现了许多公共问题，比如环境污染日益严重、草原退化、森林面积缩小、水土流失、治安形势不容乐观、失业问题、基础设施缺乏长期的保养机制等。面对这些公共问题，更需要政府采取灵活高效的公共政策，着眼于长远的可持续发展，培养解决公共问题的适当的制度机制，激励个人、组织和政府一起共同努力，协作生产，共同解决公共问题。总之，制定和执行可持续发展的公共政策有利于维护市场的秩序，使国民经济按照政府的宏观规划和目标运行，通过调动市场机制的作用，保持经济快速、稳定、健康的发展。通过政府的服务和市场的公平交易与竞争，让人们能够拥有更多的发展机会，争取和维护正当的权益，促进社会的进步与发展。正如经济学家哈耶克所言，进步乃是一种为运动而运动的过程，人们正是在学习的过程中以及在习得某些新东西所产生的结果中，享受着人类智能的馈赠。[②]我们正是在遵循市场经济发展规律的学习中，不断促进市场秩序朝着有序、合理的方向发展。

第四，健全宏观调控体系。我们要深化投资体制改革，确立企业投资主体地位。企业投资项目，除关系国家安全和生态安全、涉及全国重大生产力布局、战略性资源开发和重大公共利益等项目外，一律由企业依法依规自主决策，政府不再审批。强化节能节地节水、环境、技术、安全等市场准入标准，建立健全防范和化解产能过剩的长效机制。

我们要完善发展成果考核评价体系，纠正单纯以经济增长速度评定政绩的偏向，加大资源消耗、环境损害、生态效益、产能过剩、科技创新、安全生产、新增债务等指标的权重，更加重视劳动就业、居民收入、社会保障、人民健康状况。加快建立国家统一的经济核算制度，编制全国和地方资产负债表，建立全社会房产、信用等基础数据统一平台，推进部门信息共享。[③]

---

① [法]卢梭. 社会契约论[M]. 北京：商务印书馆，1980：51.
② [英]弗里德利希·冯·哈耶克. 自由秩序原理（上册）[M]. 上海：三联出版社，1997：45.
③ 中国共产党第十八届三中全会文件：《中共中央关于全面深化改革若干重大问题的决定》. 2013 年 11 月 12 日.

第六章　深化改革时期的"三农"政策

当前，我国"三农"问题的产生，有内部因素也有外部因素，有历史因素也有现实因素，而城乡分隔的二元结构政策是其最直接最重要的成因。这对我国社会经济实现快速发展形成了阻碍，已成为当今中国改革与发展中的最大难题。"三农"问题的核心问题是农民问题，农民问题的核心是农民增收问题。解决"三农"问题的关键是在保持农业的持续、稳定发展的同时，增加农民收入，缩小城乡之间和地区之间的差距，突破制度"瓶颈"的制约，建立城乡共同发展的公共财政体制。如此才能真正地把农业、农村、农民中蕴藏的巨大潜力焕发出来，推动中国经济的发展。

其实，"三农"问题在我国已经存在了几千年，而历史上"三农"问题时而恶化时而缓解的现象仅仅说明，历代政府不能坚持"以农为本"的治国原则。长期经验说明，作为一个农业大国，农业兴，则百业兴；农民富，则百业富；农村稳定，则天下稳定。即使在国家第二、第三产业已经高度发达的今天，如果不能恰当处理"三农"问题，也仍会极大地阻碍我国现代化建设事业的发展，甚至危及国家的长治久安。正是出于这种认识，本书把涉及"三农"问题的经济政策直接作为国家最重要的公共政策之一来看待。

本章从加快农业发展、深化农业改革、维护农民利益和直接关系到我国社会经济发展全局的观点出发，研究如何制定有关的公共政策。首先，分析目前农民问题、农村问题和农业问题现状；在此基础上着重分析"三农"问题形成的原因；最后，结合我国的基本国情，阐释全面解决"三农"问题的公共政策之目标和路径选择。

第一节 "三农"问题现状

改革开放以来，我国农业、农村经济获得了长足的发展，农民收入也进一步提高，生活水平也有了很大改善。但是，我国二元经济社会结构至今没有得到根本性的改善，在城乡收入差距不断拉大情况下，"三农"（农业、农村、农民）问题也日益加剧，各种深层次的矛盾便逐渐暴露出来。"三农"问题是关系我国广大农民的生存状况和国民经济发展与社会安定的大事，它是我国工业化进程中城乡经济社会变革不同步造成的结构偏差问题，具体反映在农民收入过低、农民就业问题严重及农村社会的政治经济发展缓慢上。

一、农民问题

农民问题是"三农"问题的核心，而农民问题的关键是提高农民收入问题。农民收入的不断提高不仅为农业、农村的经济发展创造了稳定条件，而且直接关系到我国工业化和现代化进程的快慢、国民经济的可持续发展以及国家的长治久安。然而，就目前情况看，农民收入低、增收难的问题在我国远未得以解决。农民贫困现象依然严重，大部分农民不能平等地分享国家经济增长的机会与福利，农民权益不仅得不到应有的保障，而且还经常受到严重伤害。这是近年来导致广大农民发展生产的积极性持续下降的重要原因。具体来说，当前我国农民问题集中反映在以下几个方面。

1. 农民收入增长缓慢，城乡差距重新拉大

据统计，1990年，农民人均纯收入为686.3元，城镇居民人均纯收入为1510.2元，到2015年，农民人均可支配收入为11422元，城镇居民人均可支配收入为31195元，2015年前者为后者的36.6%，名义差距接近3:1。1990年到2015年，农民人均纯收入年均增长率为11.64%，比20世纪80年代增长速度慢了两个百分点。在同期内，城市居民人均可支配收入增长由慢变快，25年中城市居民收入年均增长率为12.98%。

农民收入增长速度的下降，不仅导致其与城市居民收入差距自1990年以后被重新拉大（见表6-1），而且导致农村消费市场日益萎缩。从1990年到2015年，城市社会消费品零售总额名义上增长了64.03倍，而县及县以下地区仅增长了7.70倍。2015年农民人均年消费支出水平仅接近城市居民的1/3，消费差

距比 20 世纪 80 年代扩大了 40%以上。由于农民消费增长缓慢，农村市场需求明显偏冷，导致其在全社会中的市场消费份额呈现了萎缩的趋势。例如，在 1990 年，农村市场消费在全社会中的份额是 53.2%，1995 年降到 40%，2002 年进一步降到 36.7%，至 2015 年已经降到 13.93%。当前，城乡居民消费水平差距加大，已严重影响了国民经济的发展。

表 6-1　我国城乡居民人均收入变化（单位：元）

年份	1980	1990	2000	2010	2015
农民人均纯收入	191.3	686.3	2253.4	5919	11422
城镇人均纯收入	477.6	1510.2	6280.0	19109	31195
人均纯收入比（农民/城镇）	41.3%	45.4%	35.9%	31.0%	36.6%

资料来源：国家统计局：国民经济和社会发展统计公报。

农民收入增长缓慢除了造成农民消费需求不足外，还造成农民投资需求不足。20 世纪 90 年代，反映在民间投资方面，农村集体和个人投资增长远远落后于城市：从 1990 年到 2012 年，城市集体和个人的投资支出增长了 23.8 倍，而农村集体和个人投资支出仅增长了 6.6 倍。

应该指出的是，这些年来，农民收入增长、投资增长、消费增长缓慢问题非但没有引起各级政府的普遍关注，而且还因政府财政投资倾向城市区域的做法而有所加重。例如，1998—2002 年间国家连续发行建设国债 6600 多亿元，其中用于农业和农村的资金约为 1897 亿元（占 28.7%）。就是这 1897 亿元中，还包括了大江大河工程治理、生态环境保护等投资项目。在 1997 年的亚洲金融危机和 2008 年的美国次级房贷危机引发的金融危机之后，我国发行了大量国债，在使用方向来看本质上也属于建设国债。由于这些投资直接受益者为全体国民，其对拉动农村经济发展和提升农民收入水平的直接作用并不十分明显。在国家集中大量资金投向城市基础设施建设后，城市公共产品的供给结构和质量提高了许多；相比之下，农村的乡村道路、人畜饮水、医疗卫生、文化教育和社会保障等公益性事业发展则显得越发落后，城乡经济差距逐步加大。

由于政府支出功能分类科目能够更加清晰地反映政府各项职能活动支出的总量及方向，因此我们统计了 1978—2014 年间我国支援农村生产支出和各项农业事业的支出总量，以清晰地说明政府对农村的财政偏向。从表 6-2 可以看出，我国财政支农支出占比在 2003 以前还处于逐渐下降的趋势，在 2004 年以后这种趋势才有所减缓，并在 2013 年提升到了 9.52%，而 2014 年该占比有所下降，为 9.34%。

表 6-2　我国支农支出总额（单位：亿元）

年份	支农支出	财政支出	占比	年份	支农支出	财政支出	占比
1978	76.95	1122.09	6.86	2001	917.96	18902.58	4.86
1980	82.12	1228.83	6.68	2002	1102.7	22053.15	5.00
1985	101.04	2004.25	5.04	2003	1134.86	24649.95	4.60
1990	221.76	3083.59	7.19	2004	1693.79	28486.89	5.95
1991	243.55	3386.62	7.19	2005	1792.4	33930.28	5.28
1992	269.04	3742.20	7.19	2006	2161.35	40422.73	5.35
1993	323.42	4642.30	6.97	2007	3404.7	49781.35	6.84
1994	399.70	5792.62	6.90	2008	5062.555	62592.66	8.09
1995	430.22	6823.72	6.30	2009	6720.41	76299.93	8.81
1996	510.07	7937.55	6.43	2010	8129.58	89874.16	9.05
1997	560.77	9233.56	6.07	2011	9937.55	109247.79	9.10
1998	626.02	10798.18	5.80	2012	11973.88	125952.97	9.51
1999	677.46	13187.67	5.14	2013	13349.55	140212.10	9.52
2000	766.89	15886.50	4.83	2014	14173.83	151785.56	9.34

资料来源：国家统计局. 中国统计年鉴（1997—2013）》[M]. 北京：中国统计出版社.

2. 农村返贫现象令人担忧

国际社会在界定一国国民贫困状况时通常采用"绝对贫困"的概念，即在一定的生产、生活方式下，一人或一个家庭的生活水平达不到该社会的最低标准，这一最低标准即为该国的贫困线。[①] 我国国民贫困标准是这样制定的，即一个人在能够维持其基本生存状态情况下的最低费用，如果低于该费用标准则无法保障贫困人口之基本生存需要。1990年，我国农村人口贫困线标准为年纯收入300元，1995年提高为年纯收入530元，2000年这一标准再提高为年纯收入630元，到2011年该标准已提高到年均纯收入2300元（见表6-3）。

自20世纪70年代末实行改革开放以来，我国政府在致力于经济和社会全面发展进程中，在全国范围内实施了以解决贫困人口温饱问题为主要目标的有计划、有组织的大规模扶贫开发活动，这极大地缓解了国内贫困问题。国家"八·七"扶贫攻坚战结束于2000年，截止到该年年底，农村中没有解决温饱的贫困人口从1978年的2.5亿人下降为3000万人；贫困人口占农村总人口的比例也由1978年的30.7%下降到当年的3%左右（见表6-3）；贫困面从分布全国缩小到"老、少、边、穷"等自然条件极为恶劣的地区。即使在这些地区，

---

① 国际社会在比较不同国家的贫困状况或比较各国反贫困成就时，则往往运用一组收入指标和社会指标。收入指标包括：人均GDP、基尼系数和最高收入组与最低收入组的收入比值等；而社会指标包括：小学入学率、儿童死亡率和人口出生时的预期寿命等。

农民的生产、生活状况亦有明显改善。上述成就大体说明，经过多年努力国内绝大多数贫困农民基本上解决了温饱问题。随着扶贫标准的上升，我国贫困人口的比例又有所上升，截止到2011年底，在2300元的贫困标准下我国贫困人口比重又上升至9.5%。2015年，在现行贫困标准下，贫困人口出现大幅度下降，其得益于我国开始实施的"全面脱贫，精准扶贫"战略。

表6-3 我国贫困线与贫困人口变化表

年份	农民年人均纯收入(元)	贫困线（元）	贫困人口（万人）	贫困人口占比（%）
1978	134	100	25000	30.7
1985	398	206	12500	14.8
1990	686	300	8500	9.4
1995	1578	530	6500	7.1
2000	2253	630	3000	2.3
2009	5153	1196	3597	2.7
2010	5919	1274	2688	2.0
2011	6977	2300	12800	9.5
2015	11422	2300	5575	4.1

伴随着"全面脱贫，精准扶贫"战略的实施，贫困人口占总人口的比重呈下降趋势，但据有关统计资料表明，我国还有相当数量的低收入农民实际上仍然徘徊在贫困线上，这部分农民家庭经济基础相当脆弱，自我发展困难，一旦发生天灾人祸极易重新返回到贫困状态。特别是因病致贫、因病返贫和因灾致贫、因灾返贫的现象在农村地区仍时有发生，因此必须持续加大对扶贫脱贫的投入和支持力度。

3. 农村人口过多，大量剩余劳动力滞留农村

我国不仅是一个农业大国，首先应该是一个农业人口大国，2015年，中国大陆农业人口为6.04亿人。尽管2015年我国农业产值占GDP的份额已经下降到9.0%，但农业人口在全国总人口中的比重仍为43.94%，由此推算国内农业就业比重则高达40%以上。在我国农村，70%以上的劳动力拥挤在农业领域，农民收入的45%左右也唯一地来自于传统农业活动，并且农业劳动生产率也极为低下。不言而喻，我国农业存在着严重的劳动力供大于求的问题：目前，中国农村剩余劳动力有470万，占全社会劳动力的74%。据不完全统计，每个农村劳动力每年劳动不到100天，其中约40%处于隐性失业的状态。这种存在大量农村剩余劳动力的情况，严重影响了农业生产和农民收入的增长，阻碍了城乡经济和社会的协调发展。

伴随着我国农村改革的深化和城市化进程的加快，自 20 世纪 80 年代中期以来，我国各地每年都有大量的农村剩余劳动力由农村流向城市，由欠发达地区涌向发达地区，到 90 年代中期达到高峰，有大量的农民工进城打工，但由于户籍制度的限制，他们的职业变了，但农民身份并未改变，众多的农民工只能像"候鸟"一样春来冬去，形成了所谓的"民工潮"现象。其问题的根源在于计划经济体制下形成的城乡二元社会结构格局及户籍制度至今没有被完全打破，于是出现了这样的怪现象：一般来说，随着工业化的高速发展，必然使农民大量进城，农民身份的人大量减少。我国则不然，1978 年我国农业人口为 7.9014 亿人，到了 2015 年为 6.0462 亿人，三十多年间仅减少了 1.8552 亿人。这表明，农村剩余劳动力仍然大量滞留农村，"民工潮"并不是解决农村剩余劳动力转移问题的好办法。因为从经济学角度分析，民工在城乡之间来回流动是一个高成本资源配置过程，无论是经济成本还是社会成本（抑或心理成本）都如此。

值得注意的是，伴随超大规模的农村劳动力流动现象，由于相关政策和制度严重滞后，管理跟不上，全国各地在安置进城农民工过程中相继发生一些不容忽视的问题。其中，劳动条件艰苦、生活条件简陋是广大进城农民工普遍面临的最大问题；其次还有农民工进城务工在择业选择上普遍遭遇就业歧视、劳动合同签约率低、拖欠和克扣工资现象严重以及多数农民工权益屡受侵犯等问题。另外，大多数农民工游离于医疗、工伤、事故等保险安全网之外，不仅其家庭存在着缺乏最低限度的社会保障福利问题，而且其子女还存在着就学难问题。客观上讲，以上这些问题无形中阻碍了农村劳动力的转移速度和转移规模。

二、农村问题

20 世纪 70 年代末，政府成功地在全国范围推行了农业改革运动，家庭承包制政策将家庭经营引入农业生产中。农业生产自由化不仅释放了改革前长期压抑的生产潜力、潜能，而且由于其促进了农业内部产业结构和劳动力结构调整，进而推动了农业生产力的空前发展。当时农业改革成功说明，经济自由化本身就是一种有效的投资并会产生报偿。但是，随着农村经济的发展，土地家庭承包制给农村经济发展造成的制约以及其他制度改革滞后所导致的各种社会问题逐渐暴露出来。这些问题集中反映在以下方面，其成为阻碍现代农村社区经济发展的主要因素。

1. 农村城市化进度缓慢、程度低、规模小

农村城市化是一国在国民经济和社会的发展过程中其农村人口向城市

(镇)和非农业转移的过程。虽然我国在小城镇建设上取得了很大成绩，但由于历史等诸多方面的原因，农村城镇化在发展过程中缺乏相应的政策引导，使得农村城市化进度缓慢、程度低、规模小，难以适应快速发展的市场经济。

农村城市化进度缓慢、程度低、规模小，对我国国民经济和社会的发展产生了许多不利影响，制约了农村剩余劳动力向城市的转移。

第一，为了使稀缺的土地实现规模化、专业化和集约化生产，为了降低农产品成本以及提高农产品的市场化和商品化的比例，必须通过城市化使我国农村人口降到全国人口的25%以下。①但是，到2015年我国城镇化水平为56.1%，说明农村人口远没达到25%水平以下，另外当前城镇化进程中并没实现真正的"人的城镇化"，户籍制度是抑制城乡劳动力流动和失地农民市民化的一个重要因素，户籍制度的差异不仅会导致城乡工人工资水平的差异，而且也使他们在养老、医疗和失业保险上表现出较大差异。②

第二，农村人口城镇化水平低，城镇规模普遍偏小，严重制约了城镇的健康发展。国际上有关经济学家认为小城镇的人口最佳规模为5万人，也有人认为2.5万~5万人规模的城镇经济效益最高，其次是1.6万~2万人的城镇，再次是1.4万~1.6万人。③改革开放以来，我国小城镇虽然已经具有一定规模，但远未达到适度规模。从表6-4中可看出，我国截止到2015年建制镇中非农人口的规模依然没有突破2万人口。由于城镇规模过小，一方面无从发挥其聚集、辐射功能，难以吸引周边的资源，也无法辐射镇域经济，导致小城镇发展后劲严重不足；另一方面小城镇土地要素容积率低，难以形成规模效益，使运营成本过高。

表6-4 我国小城镇人口变化情况

年份	建制镇数（个）	建制镇非农人口（万人）	全国城镇人口（万人）	建制镇非农人口占比（%）
1978	2173	4784	17245	27.74
1982	2664	6874	21480	32.00
1990	12084	8452	30195	27.99
1996	18171	11762	37304	31.53
1998	19216	12484	41608	30.00
2007	19249	17386	59379	29.28
2008	19234	17574	60667	28.97

---

① 刘斌，张兆刚，霍功. 中国三农问题报告[M]. 北京：中国发展出版社，2004.
② 姚先国，赖普清. 中国劳资关系的城乡户籍差异[J]. 经济研究，2004（7）：82-90.
③ 喻燕山. 我国城镇的合理规模及其效率研究[J]. 经济地理，2000（2）.

续表

年份	建制镇数（个）	建制镇非农人口（万人）	全国城镇人口（万人）	建制镇非农人口占比（%）
2009	19322	18105	62186	29.11
2010	19410	18110	66978	27.04
2011	19683	18151	69079	26.28
2012	19881	18193	71182	25.56
2013	20113	18254	73111	24.97
2014	26001	18735	74916	25.01
2015	20515	19145	77116	24.83

资料来源：住房与城乡建设部《中国城市建设统计年鉴》《中国城乡建设统计公报》。

第三，现行户籍管理制度存在不合理之处，妨碍了城乡劳动力配置的一体化。中华人民共和国成立后，我国特有的户籍制度把全国居民分成两大类，即农村户口和非农村户口。农村户口大部分分散在各个自然村里，但也有一部分居住在集镇上（包括县城边缘）。近几年，在大中城市扩展的过程中，农村户口也有一部分在行政建制上已划归市区，但仍保留少量农村户口的乡镇或村、组。这类边缘地区尽管还未成为城市的建成区，但已是城市化的一部分。非农业人口的分布也不全部在城市里，在县及县以下地区也存在大量散居状况，主要有这样两类：一是从事农、林、牧、渔的国有企事业单位职工及其家属；二是县以下从事非农产业的人员（教师、医生、公务员、店员等），这部分人口大部分居住在集镇上，但也有一部分住在农村。据测算，全国这两类人也有数千万之巨，他们已实现了非农化，但没有实现城市化，而且今后也不可能全部实现城市化。户籍制度人为地压制了社会对城镇人口的供给和需要，使进城的农民不能变成真正的城市人，影响了全国统一劳动力市场的形成。

总之，我国城市化进度缓慢、程度低、规模小，不仅阻碍了城镇化的正常发展，也使得整个国家经济发展和社会进步受到了损害，农村贫穷状况也不能得到根本改善。

2. 农村社会保障覆盖面小且资金不足

20世纪90年代初以来，我国在养老保险、医疗保险等方面进行了一系列的探索和改革，初步取得了一些成绩，也奠定了一定的基础。但农村社会保障始终处于国家社会保障体系的边缘，发展进程大大滞后于城市（镇），许多需要救济和帮助的农民没有纳入社保体系，政府对农村社保基金投入不足，造成了我国农村社会保障事业发展缓慢。

第一，农村社会保障覆盖面小，使得大多数需要救济和帮助的农民被排斥在社会保障体系之外,到 2002 年 5 月底,全国得到最低生活保障的农村人口为 338 万人,仅占农村贫困人口的 10%,占农村人口的 0.4%。随着最低生活保障标准的提高,到 2014 年底,全国共有农村低保对象 2943.6 万户,共 5207.2 万人,共有农村五保供养对象 529.1 万人,农村五保集中供养 174.3 万人,农村五保分散供养 354.8 万人。2014 年底,全国社会服务事业费支出 4404.1 亿元。其中,农村低保资金 870.3 亿元,农村五保供养资金 189.8 亿元,但是保障的对象大部分是失去劳动能力的五保户、残疾人等,少数贫困农民虽然得到一些资助,但由于资助力度过小,未能从根本上解决其生活困难。参加农村养老保险的人口也极少,到 2002 年底,全国有 2 万个县开展农村社会养老保险,参保人数为 6000 万人,仅占全部农村人口的 8%;开始领取养老金的农民约占农村老年人的 1.08%。2009 年,新型农村社会养老保险(简称"新农保")在全国 10%的县试点实施,在 2010 年和 2011 年分别新增试点县 518 个和 1076 个,参保率达到 50%以上。2014 年,国务院决定将新型农村社会养老保险和城镇居民社会养老保险合并为统一的城乡居民基本养老保险。到 2014 年底,"城乡居民基本养老保险"参保人数已经达到 5.01 亿人,领取养老金待遇的人数达到 1.43 亿人。①但是"城乡居民基本养老保险"仍存在一些问题:一方面基础养老金随物价和经济发展调整较慢,仍不能满足老人的基本生活需要,而且从长期看,未来如果出现养老金收不抵支时,通过调整基础养老金收支约束来缓解缺口容易导致与养老金福利刚性发生冲突。另一方面"城乡居民基本养老保险"个人账户基金主要存银行、买国债等,基金管理层次较低,导致最终投资收益率较低,影响其对分配调节的杠杆作用。②农村医疗保障与农民的医疗服务需求也不相称,我国城乡之间的卫生资源配置失衡,80%的卫生资源集中在城市,农村人口占全国人口的近 70%,其卫生费用仅占卫生总费用的 33%,1991 年到 2000 年全国新增卫生经费投入中只有 14%投入到农村,而 14%中的 89%又成了"人头费",真正专项的农村卫生经费只有 1.3%。③农村合作医疗的覆盖率与农民的医疗服务需求不相称,农民普遍感到看病难,吃药难。从 2003 年开始,我国实行新型农村合作医疗,其补偿受益人次从 2006 年的 2.72 亿人次增加到 2012 年的 17.45 亿人次,参合率也从 80.7%增加到 98.3%(表 6-5),但也存在一些问题。例如:农村初级医疗服务的水平低,我国医疗人力资源在数量上已初具规模,但整体素质有待加强,呈现金字塔形状。在目前的医疗人力资源中非专业学历人员占很大一部分比例,具有专业学历的人员中硕士、博士比例较少。

---

① 《2015 年中国养老金发展报告》。
② 吴晓忠,肖尧. "新农保"制度:收入再分配效应评析与政策建议[J]. 现代管理科学,2014(1).
③ 朱晓超. 农村医疗卫生体系需要重建[J]. 财经,2003(9).

另外,我国的医疗人力资源在分布上呈现东多西少、沿海多内陆少、大城市多小城市少、城市多农村少、大医院多小医院少的"五多五少"的不合理局面。

表6-5 新型农村合作医疗情况

指标	2006年	2007年	2008年	2009年	2010年	2011年	2012年	2013年	2014年
开展新农合县(区、市)数(个)	1451	2451	2729	2716	2678	2637	2566	2489	—
参加新农合人数(亿人)	4.10	7.26	8.15	8.33	8.36	8.32	8.05	8.02	7.36
参合率(%)	80.7	86.2	91.5	94.2	96.0	97.5	98.3	99.0	98.9
人均筹资(元)	52.1	58.9	96.3	113.4	156.6	246.2	308.5	370.6	410.9
当年基金支出(亿元)	155.8	346.6	662.3	922.9	1187.8	1710.2	2408.0	2908.0	2890.4
补偿受益人次(亿人次)	2.72	4.53	5.85	7.59	10.87	13.15	17.45	19.42	16.52

第二,政府为建立、完善城市社保体系投入了大量资金,而对农村配置的社保资源极其有限。长期以来,我国靠牺牲农业的办法积累工业化资金,没有统筹考虑和协调发展城乡社会保障事业,忽略了对农村社保体系建设的投资;集体组织也无力承担为农民筹集社保资金的重担,农民个人投入也不足,且参与社保的积极性不是很高,如一些地方在推行新农合过程中,参保资金的收取缺乏统一明确的法规和政策,筹资成本由地方卫生部门承担,乡(镇)财税所只负责收费工作,工作缺乏主动性,使得筹资工作不仅成本高,而且难度大;而一些贫困地区仍然缺乏有效的多元化筹资手段,筹资效率不高。1997年,卫生部曾经对农村合作医疗做过一项调查,结果有近1/3的农户不愿意参加合作医疗,这一方面是由于农民社会保障意识淡薄,不信任社会保障,持观望态度,另一方面也是因为农村社保以农民缴费为主、政府补贴为辅,农民收入又过低,使得很多农民缴费困难。这些因素又会刺激地方套取中央财政补助的冲动,既不利于农村社保的管理,也使得社保基金不堪重负。同时,地方政府投入不足,资金收取额度也因时因地而异,集体经济投入部分也难以及时足额供应,加之农民缴纳的积极性不高,共同导致财政支出困难,补助经费难以按时发放,造成贫困地区因病致贫和因病返贫的情况没有根本改变。

第三,目前农村社保基金的运营水平很低,只依靠储蓄和国债投资难以实现社保基金的增值,特别是养老保险金实行的是现收现付制,如果不拓宽社保基金的投资渠道和提高运营水平,随着人口老龄化高峰的到来,年轻人支付的养老金将难以满足当期老年人养老费的需要。同时,在农村有的地方将社保基金挪作他用，造成基金流失，更加大了保险基金的缺口。在新农合方面，其筹资效率水平也较低，政府的专项转移支付资金是集中在一起的，很快就能到位，而农民自己支付的那部分费用是要通过基层工作人员挨家挨户的收取来筹集。

由此可见，如果不尽快扭转这种局面，将影响农村社会保障的持续、健康发展。

三、农业问题

经过二十多年的改革和发展，我国农业进入了一个新的历史发展阶段。特别是 2000 年以后，农业经受住特大旱灾和农产品价格持续低迷的严峻考验，此后便保持了平稳发展的态势，全国主要农产品产量和农业经济效益逐年有所提高（见表 6-6）。虽然最近几年我国农业经济发展势头良好，但是仍存在许多不足：农业基础设施薄弱、政府对农业投入和支持力度不够、农业生态环境恶化、农业生产结构有待调整等重大问题尚未得到根本性解决。人们越发意识到尽快解决这些问题的紧迫性，因其直接关系到了我国的粮食安全。

1. **农业基础设施依然薄弱**

农业基础设施中最重要的是水利设施，它是抵御自然灾害的重要武器。近二十年来，我国对农业水利设施重视不够，投资、投劳不足，使得农业水利工程体系脆弱，抵御自然灾害的能力很低。

表 6-6 1998—2014 年我国农、林、牧、渔业总产值及指数

年份	绝对数（亿元）				指数（上年=100）			
	农业	林业	牧业	渔业	农业	林业	牧业	渔业
1998	14241.9	851.3	7025.8	2422.9	104.9	102.9	107.4	108.8
1999	14106.2	886.3	6997.6	2529.0	104.3	103.2	104.6	107.2
2000	13873.6	936.5	7393.1	2712.6	101.4	105.4	106.3	106.5
2001	14462.8	938.8	7963.1	2815.0	103.6	99.3	106.3	103.9
2002	14931.5	1033.5	8454.6	2971.1	103.9	107.1	106.0	106.1
2003	14870.1	1239.9	9538.8	3137.6	100.5	106.9	107.3	105.3
2004	18138.4	1327.1	12173.8	3605.6	108.5	102.0	107.2	106.0
2005	19613.4	1425.5	13310.8	4016.1	104.1	103.2	107.8	106.5
2006	21522.3	1610.8	12083.9	3970.5	105.4	105.6	105.0	106.0
2007	24658.1	1861.6	16124.9	4457.5	104.0	106.9	102.3	104.8
2008	28044.2	2152.9	20583.6	5203.4	104.8	108.1	106.8	106.0
2009	30777.5	2193.0	19468.4	5626.4	103.8	107.1	105.8	105.8

续表

年份	绝对数（亿元）				指数（上年=100）			
	农业	林业	牧业	渔业	农业	林业	牧业	渔业
2010	36941.1	2595.5	20825.7	6422.4	104.1	106.5	104.1	105.5
2011	41988.6	3120.7	25770.7	7568.0	105.6	107.6	101.7	104.5
2012	46940.5	3447.1	27189.4	8706.0	104.4	106.7	105.2	105.1
2013	51497.4	3902.4	28435.5	9634.6	104.4	107.3	102.0	105.2
2014	54771.5	4256.0	28956.3	10334.3	104.4	106.1	103.0	104.4

资料来源：中华人民共和国统计局. 中国统计年鉴2015[M]. 北京：中国统计出版社，2015.

首先，我国现有的农业水利工程设施大多是20世纪五六十年代修建的，其功能老化，配套设施不全，农业保障功能下降。全国排灌工程设施的60%需要维修，许多河道淤积，防洪排涝能力减弱。近几年的受灾面积、成灾面积和成灾率的扩大，说明农业抵御自然灾害的能力下降了。除水利设施以外，其他农业基础设施也很落后，不能适应现阶段农业发展的需要。

其次，财政部门对农业基本建设的投资不足，不能适应农业发展的需要。我国对农业投入总量是增加的，但是所占比重波动较大且有下降趋势。从国家对农业基本建设投资占全国基建总投资的比例来看，"一五"到"五五"期间，虽有波动，但基本呈现上升趋势；改革开放以后，其比例份额一直比较低，"六五"时期只有3.26%，1991—1997年，其比例分别为4%、3.7%、2.8%、2.6%、1%、1.3%、1.6%，1999年以后，其比例略有升高，1999年为2.4%，2000年为2.7%，2001年为2.9%。[①]2013年和2014年，全国农业基本建设投资占全国基建投资的比重也在2.9%左右，对于这种情况我们必须重视起来，长此下去必将给国民经济发展带来严重的负面影响。

2. 农业生态环境恶化趋势尚未遏制

长期以来，人口增长过快和农业生产技术落后，造成农业低水平扩张平面垦殖面积，使得农业消耗资源过多，破坏了生态平衡，也污染了环境，农业生态环境不断恶化。

最突出的问题是土地荒漠化面积仍在扩大，水资源短缺，水的利用效率不高且污染严重，这种状况决定了我国农业生态系统的脆弱性。第一，水土流失严重，每年以一万平方千米的速度扩展。水土流失的耕地约占全国耕地总面积的1/3，其危害程度在局部有加剧的趋势。第二，土地荒漠化面积仍在扩大。根据全国沙漠、戈壁和沙化土地普查及荒漠化调研结果表明，2014年我国荒漠化土地面积为261.16万平方千米，约占国土面积的27.2%，而且荒漠化土地面

---

① 刘斌，张兆刚，霍功. 中国三农问题报告[M]. 北京：中国发展出版社，2004：50.

积仍以每年 2460 平方千米的速度扩展，吞噬着我们许多可利用的土地，近 4 亿人口受到荒漠化的影响。华北的几个沙漠地带和西部的三江源地区的荒漠化趋势尤其明显。如此快速增长的荒漠化土地面积，严重威胁着我国耕地的有效利用以及粮食生产的发展。第三。水资源也严重不足，且污染严重。长江流域一带水资源很少，占全国的 20%，而其耕地却占全国的 2/3。华北地区人均耕地面积比全国平均水平高 20.2%，而人均水资源只相当于全国平均水平的 23.6%，利用效率也不高。由于灌溉水在输水过程中因渗漏而损失，再加上技术落后，全国灌溉水的平均利用率比先进国家低 25%～30%。[①]同时，全国七大水系近一半河段污染严重，影响了水资源的有效利用。第四，我国森林覆盖率较低，降低了森林调节气候、涵养水分、防止水土流失和荒漠化的功能，使得农业生态环境进一步恶化。

上述有关农业环境问题的存在，不仅阻碍了农村的进步，破坏了农民的生存环境，也使得农业可持续发展面临严重挑战。

3. 农业经济的结构矛盾依旧突出

随着农产品市场进一步放开，竞争日趋激烈，现阶段农业经济结构依然存在许多问题，特别是农业产业结构发展不平衡，农业生产结构与市场消费结构矛盾依旧突出。

当前农村三次产业结构的调整存在一些问题：首先，农村第一产业中耕地、水等资源相对短缺和劳动力严重过剩。由于资源短缺，必须不断提高资源的利用效益，这需要大量投资，包括水利设施的建设，机械设备、动力、化肥、农药的投入等。这就使农产品的成本不断上升，而富余劳动力又使得农业的人均劳动生产率难以提高。成本的不断上升和劳动生产率的低下，使得从事农业生产的纯收入难以增加，"增产不增收"成为阻碍农业结构调整的关键问题。其次，农村第二产业供给能力大而需求相对不足，其根本原因是农民多、收入低。由于农民收入水平低，目前在城市已经普及的商品在农村尚无购买能力，这也是实行扩张性财政政策以来农村市场的有效需求仍然不足的根本原因。最后，农村第三产业比重过低。我国 2015 年城镇化水平达到 56.1%，刚超过世界平均水平（50%），而发达国家则已超过 70%。统计分析表明，1978 年以来，我国每向第二产业转移一个农业劳动力，只带动 0.7 人转向第三产业；而工业化与城市化同步进行的国家，每向第二产业转移一个劳动力，可向第三产业转移两个劳动力。[②]由于乡镇企业和居民住地过于分散，难以产生集聚效应，难以发展

---

① 刘斌，张兆刚，霍功. 中国三农问题报告[M]. 北京：中国发展出版社，2004：4.
② 何忠伟，陈艳芬. 论农村产业结构调整的财政政策选择[EB//OL]. 中国农村研究网，www.ccrs.org.cn，2003 年 11 月 19 日.

农村第三产业，也就是说农业剩余劳动力难以向第三产业转移。

同时也要看到，政府虽在不同时期出台了一些旨在优化农业产业结构的政策并加以引导与扶持，但是许多涉及农业产业调整的政策不够完善，其他法则、法规尚不配套，产业优化工作仍然任重道远。

鉴于农业生产结构调整缓慢，其与市场消费结构不相适应的问题日益突出。例如，在农副产品质量、品种结构方面存在"四多""四少"现象，即大陆产品多，低档产品多，普通产品多，原料型产品多，而优质产品少，高档产品少，专用产品少，深加工产品少。仅就水果生产来看，我国水果与外国水果相比，明显存在着品种结构较为单一、产期集中和品质低等问题，远与世界水果市场的需求结构不相适应。这就足以解释我国的苹果生产与出口的矛盾：中国的苹果产量约占世界总产量的34%，其出口量却仅占世界总出口量的3%左右。此外，农业生产结构不合理问题与我国农业人多地少、生产规模小和难以取得规模效应问题相叠加，进一步拉大了我国农业与发达国家农业之间在整体经济效益上的差距。例如，1元的初级农产品经过加工处理后在我国农业经济中的平均增值为0.38元；而同样的1元的初级农产品经过加工处理后在日本农业经济中平均增值约2.25元，而在美国此值则可以达到约3.72元。[①]

4. 粮食安全问题没有得到足够重视

中国以占世界7%的耕地养活了世界22%的人口，粮食问题从来就是一件头等大事。较早前，中国粮食专家李经谋警告说，中国粮食市场新的短缺期将很快到来，虽然在未来两到三年不会遭遇粮食安全危机，不过仍暗藏着危险。与不断增长的粮食需求形成鲜明对照，我国粮食生产和供给存在着诸多隐患，并直接影响我国的粮食安全。有很多因素直接或间接地影响着我国的粮食安全，至今还没有引起足够的重视。

第一，由于相当多的地区没有严格执行耕地保护制度，滥占乱用耕地，导致耕地锐减。当前，我国人均耕地面积不足世界平均水平的40%。在耕地面积不断减少的情况下，我国耕地用养失调，土壤质量也明显下降，这是因为耕地养分中的有机质含量低，平均仅为1.8%，旱地仅为1%左右。耕地面积缩小，耕地质量下降，是造成我国粮食产量减少的重要原因。从1998年到2002年，由于粮食播种面积急速下降，平均每年减产1381万吨，年平均下降2.8%；2003年，粮食总产量为43067万吨，比2002年又减产5.8%，[②]如此大幅度减产在历史上实属罕见。根据我国粮食生产预测值中的低位方案，2003年的粮食产量应为51196万吨，实际仅完成低位方案的84%。我国耕地面积的逐年减少直接制

---

① 王青. 加入WTO与中国农业产业化发展对策[J]. 科技导报，2002（10）.
② 国家统计局. 中华人民共和国2003年国民经济和社会发展统计公报[M]. 2003.

约了我国粮食生产的进一步发展。随着国家保护耕地等措施的实施，我国粮食单产不断提高，从2003年的亩产334斤达到2015年的亩产731斤。

第二，多年来因为粮食生产的基础设施滞后，水利设施脆弱，使得自然灾害频繁发生。由于大量水利工程年久失修，江河防洪能力不断下降，使得我国农业抗灾能力弱，基本处于靠天吃饭的状况。20世纪90年代以来，全国每年耕地受灾面积都在166667平方千米以上，从而造成粮食生产的下降，这也严重影响了城镇化的发展进程。根据有关测算，城镇化程度每提高一个百分点，粮食消费总量大体增加1000万吨。我国的城镇化水平从2000年的39%提升到了2015年的56.1%，提高了17个百分点，至少消耗了17000万吨粮食，接近了目前我国粮食生产总量的1/4。由此可见，农业抗灾能力弱，水资源严重短缺，灌溉能力不足，将长期威胁粮食生产；同时，农业生态环境污染严重，粮食生产环境恶化，也制约了粮食生产的发展。

第三，根据中国国内粮食市场对外开放的允许程度以及WTO《农业协议》规则要求的实施期末市场准入量的最低水平，正常年份粮食自给率不低于95%，剩余5%是市场开放度。2015年，我国粮食总产量达到62143.5万吨，但同时，粮食进口也达到12000万吨，加起来，2015年新增粮食供给超过7.9亿吨。因此，一方面农业在增长，另一方面供给的增长赶不上消费的增长。这是快速城镇化进程中的中国粮食供求矛盾。据《中国国土资源报》报道，2003—2015年，粮食生产实现"十二连增"，累计增长35%；同期消费累计增长43%，消费增速是生产增速的1.23倍。联合国粮农组织（FAO）秘书处和经合组织（OECD）联合编写的《2013—2022年农业展望》也预测了这一趋势：未来10年，中国粮食消费量的增长仍将略快于产量增长，消费量年均增速将比产量高0.3%。大规模的粮食贸易量使得我国粮食供给对国际市场的依赖程度越来越强。随着国际市场的贸易自由化，我国自主实现粮食安全的难度将不断加大的问题还没有引起足够的重视。

综上所述，我国是一个农业大国，农业和农村的发展在整个国民经济的发展中占有举足轻重的地位，"三农"问题的加剧日益成为我国经济发展中的"瓶颈"。原湖北省监利县棋盘乡党委书记李昌平曾在写给国务院领导的信中这样写道："现在农民真苦，农村真穷，农业真危险。"这不仅深刻地反映了当前"三农"问题的严重性，而且提示各级政府部门要切实关注这些问题，尽快拿出政策、办法解决这些问题。当然，在我国"三农"问题的形成与加剧有其历史原因，只有在对这些历史原因进行实事求是分析的基础上，政府才能提出有针对性的解决"三农"问题的政策。

第二节 "三农"问题形成的原因分析

中国的现代"三农"问题[①]是中华人民共和国成立以来社会发展长期积累的结果，有着深刻的历史根源，并且受多种因素的制约。换言之，按照辩证唯物主义和历史唯物主义的观点，对"三农"问题的研究，不能仅限于"三农"范围内部而忽视外部制度性因素的影响和制约，既要了解形成"三农"问题的现实性因素，更要了解孕育这些问题发生的历史因素。

一、现代"三农"问题的由来

中华人民共和国成立前后，广大农村实行土地改革，充分满足广大农民群众耕者有其田的要求，调动了农民群众劳动生产的积极性，农业取得了很大成绩，还为国家工业化积累了资金。然而，随之而来的集体化运动，通过互助组、初级社、高级社到人民公社的快速演变，破坏了农民土地所有权和劳动自主权，进而发生的问题就是农村人口大规模增长，劳动生产率停滞不前。与此同时，在全国范围内进行的"四清"运动（1963—1966年）、"文化大革命"（1966—1976年）等政治教育运动，则进一步导致农村经济发展缓慢，农民生活日益处于贫困状态。由此观之，"三农"问题由来已久。

1978年，安徽凤阳小岗村农民私下分田单干，包产到户，其结果是农民收入增加。受此示范效应启发，1981年党的十一届三中全会决定在全国推行小岗村经验，实行家庭联产承包责任制，至此，中国农业经济发展才出现转机。改革的结果说明，"家庭联产承包责任制"既能满足农民家庭和农村集体经济的需要，也能促进国家农业经济的发展，进而满足国家工业化的需要。到了1984年，中国农民过上了几乎是中国历史上最好的日子，这时农村粮食产量创纪录，增产的粮食一时找不到足够的销售渠道，以至出现了"卖粮难"的局面，农业生产结构急需调整。

1985年后农村改革的中心课题是改革传统的统派统购制度和调整产业结构。农村集体有了相当的积累，再加上当时的乡镇企业相对于国有企业具有制度优势，各地乡镇企业异军突起。正如当时天津大邱庄的成功事例表明，乡镇

[①] 纵观中国历史，从古代到近代，"三农"问题一直存在，虽然随着封建王朝的更迭，该问题导致的社会不稳定性呈现周期变化，但就总体分析看，历史上任何时代都没有能够彻底解决这些问题。

第六章 深化改革时期的"三农"政策

企业发展来自于农业积累,又反哺农业。在农民的非农就业和收入迅速增加以及进而大幅度拉动对城市工业品需求的情况下,中国改革迅速转向城市,中国经济整体迎来了它的黄金增长时期。

20世纪80年代后期,受政治风波的影响,经济改革进程出现了暂时停顿。1989年后出现三年经济疲软,造成粮食卖不出去,棉花、油料、烟草、麻、茶叶等大量积压在农民手里,农业中形成"农民增产不增收"的尴尬局面。也大体就在这一时期,农民为县乡基层财政和义务教育承担的费用日益增加,农民负担日渐沉重。1991年,安徽发生特大洪水,该省和周边省区大批农民开始放弃务农,转而外出打工以谋生计。次年,邓小平同志发表南方谈话,国民经济重新起飞,卖粮难问题也初步得以解决。城市地区投资快速增长支持了各地农村的"打工经济",以致最后形成"民工潮"现象。这一年(1992年),春节铁路客运出现了前所未有的拥挤状况,引起了政府各方面的极大关注。

20世纪90年代中期,中央政府为了改善宏观经济的调控质量,进行了大规模的分税制改革——国税与地税分开,中央政府在税收分成中较以前占更大比重。此项改革使地方政府尤其是乡镇政府的财政收入日益紧张;再者由于有关支出调整工作未能及时跟上,维持农村基层政府机构运转的财政支出,即使保持平常规模,也在相当程度上加重了农民的负担。另外,与城市经济发展得到国家财政大量投入支持相比,国家对农村社会经济发展投入相对较少,乡村落后的基本公共设施改造费用则大多得靠农民集资或摊派解决,农民负担过重问题凸显出来。

2000年2月10日,李昌平给国务院写了一封信,由此引发高层对"三农"问题的关注:农民增产不增收且负担加重,非农就业机会严重不足,而外出打工成本迅速上升,农村经济发展严重滞后并造成城乡收入差距持续拉大。在城乡社会经济发展不协调状况日益严重的同时,各级政府官员、社会强势利益集团在产业化和城市化过程中侵害农民权益的现象普遍发生,造成农村干群关系恶化、社会关系普遍紧张(如农村上访人数剧增、群体事件频发),农村社会稳定受到威胁。客观事实表明,"三农"问题不再仅仅是经济问题、社会问题,而且开始发展成为政治问题。

2004年2月8日,《中共中央、国务院关于促进农民增加收入若干政策的意见》全文公布,成为中华人民共和国成立以来首次就农民增收问题出台的文件。在此之前举行的中央农村工作会议上,中央指出了实现全面建设小康社会的宏伟目标,最繁重、最艰巨的任务在农村,没有农民的小康就没有全国人民的小康,没有农村的现代化就没有国家的现代化。这一切表明中央对解决当前"三农"问题的坚定态度和信心,同时也说明当前"三农"问题已到了非解决不可的地步。

2006年,《中共中央国务院关于推进社会主义新农村建设的若干意见》的一号文件公布,该文件进一步明确了中共十六届五中全会提出的建设社会主义新农村的重大历史任务。该文件指出,建设社会主义新农村是中国现代化进程中的重大历史任务。农村人口多是中国的国情,只有发展好农村经济,建设好农民的家园,让农民过上宽裕的生活,才能保障全体人民共享经济社会发展成果,才能不断扩大内需和促进国民经济持续发展。

2009年,《中共中央国务院关于2009年促进农业稳定发展农民持续增收的若干意见》的文件公布,该文件是在国际金融危机持续蔓延、世界经济增长明显减速、我国经济负面影响不断冲击农业农村发展的背景下颁布的,且是继2004年后再次提到农民增收问题。文件要求必须切实增强危机意识,充分估计困难,紧紧抓住机遇,果断采取措施,坚决防止粮食生产滑坡,坚决防止农民收入徘徊,确保农业稳定发展,确保农村社会安定。

2012年《关于加快推进农业科技创新持续增强农产品供给保障能力的若干意见》的文件指出,实现农业持续稳定发展、长期确保农产品有效供给,根本出路在科技。农业科技是确保国家粮食安全的基础支撑,是突破资源环境约束的必然选择,是加快现代农业建设的决定力量,具有显著的公共性、基础性、社会性。必须紧紧抓住世界科技革命方兴未艾的历史机遇,坚持科教兴农战略,把农业科技摆上更加突出的位置,下决心突破体制机制障碍,大幅度增加农业科技投入,推动农业科技跨越发展,为农业增产、农民增收、农村繁荣注入强劲动力。

2014年《关于全面深化农村改革加快推进农业现代化的若干意见》的文件指出了我国深化改革农业的八大方面:完善国家粮食安全保障体系;强化农业支持保护制度;建立农业可持续发展长效机制;深化农村土地制度改革;构建新型农业经营体系;加快农村金融制度创新;健全城乡发展一体化体制机制;改善乡村治理机制。这对于破除农业体制机制弊端和坚持农业基础地位不动摇以及加快推进农业现代化具有重要意义。

2016年《关于落实发展新理念加快农业现代化,实现全面小康目标的若干意见》的文件指出落实发展新理念的十个要求:推进农业供给侧结构性改革;大力推进农业现代化;加快推进现代种业发展;大规模推进农田水利建设;实施食品安全战略;大规模推进高标准农田建设;大力发展休闲农业和乡村旅游;推进农村劳动力转移就业创业和农民工市民化;推动金融资源更多向农村倾斜;深化农村集体产权制度改革。这对于深入贯彻落实创新、协调、绿色、开放、共享的发展理念和大力推进农业现代化以及建成全面小康社会具有重大意义。

二、"三农"问题形成的直接或根本原因

从上面分析看,不难理解我国现代"三农"问题形成有其深刻的历史原因。不过,以下分析表明,在诸多导致现代"三农"问题的历史原因中,最直接、最根本的原因则是我国长期推行的以城乡分隔为典型特点的"二元经济"政策。

1. 人为形成的"二元经济结构"

按照增长经济学理论,在以农业为主且劳动力呈现"无限供给"的发展中国家,在其经济发展初期多属"二元经济"结构,即少量现代制造业与大量传统农业并存的社会经济结构(如解放初期的中国)。这种经济结构的典型特点是,相对于国内资本和自然资源来说,从事农业劳动的人口如此众多,以至于他们的边际产品已经下降为零或者为负值。在这种条件下,最初发展起来的现代制造业及其扩张都具有低成本、高积累的特征。由于制造业部门能够在最初一段时期内把不断积累的利润用于再投资,其本身规模就会不断扩大,生产效率也会不断提高,于是可以吸引更多的农业劳动者进入制造业就业。从理论上讲,这一过程能够持续下去直到把农业部门的剩余劳动吸收完毕为止,从而经济社会完成从二元经济向现代一元经济的转化。(刘易斯. 二元经济论[M]. 北京:北京经济学院出版社,1989)[①]

解放初期,我国实际上就是按照这种思路启动了经济增长过程。但是,现实经济增长过程决非如此简单,因为存在着一些使经济积累速度逐步减弱的因素,在不能及时进行有关政策调整、协调的情况下,经济增长过程就会陷入中断。首先,随着制造业部门的发展,对诸如粮食、经济作物等农业部门产品的需求不断增加,当两部门间贸易条件愈发朝着不利于制造业方向发展时,制造业部门的利润就要减少,其积累速度也要放慢。其次,上述二元经济转化过程实际上要以一种不尽合理的社会收入再分配过程与之配合才能完成,在此过程中无疑首先受到最大伤害的是农业部门的劳动者,其次是制造业部门的劳动者,他们都只能享有自己生产的劳动成果的极小部分,其余大部分劳动成果则转化为制造业的积累。再次,在长期实行低收入政策的二元经济社会里,即使有可能发展起来具有相当规模的制造业,但其产品销售会遇到极大的困难,特别是因为广大农业地区不能有效摆脱自给自足状态,也就无法形成一个有利于制造业产品消费的持久增长的农村市场。最后,二元经济社会制造业与农业的发展通常还会遇到"技术停滞"的影响,而"……在技术停滞的经济里,储蓄并不

[①] 英国经济学家刘易斯根据发展中国家实际情况,在20世纪50年代首先提出"劳动无限供给条件下的二元经济"理论。

能真正用于增加生产资本"。①

20世纪50年代末，因政策失误导致国家经济发生重大挫折。此后，政府开始采取超经济手段，强制推行使城乡沿着两种不同方向发展各自经济的政策。城市以工业为主，以先进技术并按照现代化标准组织生产；农村则以农业为主，遵循传统组织方式和生产方式从事农业经济活动。也就是说，在工业化进程中，国家对农业、农村、农民和工业、城市、市民实行不同的经济社会发展政策，使资金、资源、技术、知识的配置在很长时期内主要向工业、城市倾斜。纵观历史可以看出，近代中国实际上存在着严重的以城乡分割为特点的二元社会结构，中华人民共和国成立初期推行的一系列发展政策曾经使这种社会结构有所改善，在一定程度上推动了农村社会乃至整个社会的进步与发展。遗憾的是，发展政策的失误不仅中断了"二元经济"向现代"一元经济"的转化进程，而且接下来的政策调整却在很大程度上"固化"了我国城乡二元社会经济结构，以至几十年之后人们发现，正是这种社会经济结构使得当今"三农"问题变得如此严重，而解决这些问题又是如此艰难。

2. "二元结构"下的农业被剥夺与社会经济不平等

城乡二元经济结构的产业政策特点是，在优先发展现代工业的同时，长期过度提取农业剩余，造成重化工业倾斜发展且增长超常，农业则因超负荷运行而发展滞后。最终，不但导致国民经济中工农业比例失调，并且更为严重的是，农业经济从基础上受到极大削弱。例如，世界大多数国家都有对农业补贴的政策，而我国却是少数几个向农业征收赋税的国家。此外，政府还通过工农业产品不等价交换方式，即通过所谓的"暗税"，大规模地向工业部门和城镇地区转移农业剩余。据有关文献估计，中华人民共和国成立后30年里，政府通过各种或明或暗的征收手段从农业经济中提取了"明税"978亿元、"暗税"5100亿元；并在随后的15年（1979—1994年）又提取了"明税"1755亿元、"暗税"15000亿元。②

20世纪90年代中后期，国内各种公共资源（财政资源）在城乡之间的分配变得愈加失衡，加剧了各种社会经济的不平等。

首先，虽然财政用于农业支出的总额在增加，但财政农业支出占全国财政支出的比重却逐年下降。2000年，中国财政用于农业的支出为1298亿元，约占财政总支出的8%左右，比1990年的10%约低2个百分点，比1980年的12%约低4个百分点。③就是在国家实行积极财政政策期间，1998—2001年中央安排国债资金5100亿元用于加强基础设施建设，而其中用于农业基础设施建设的

---

① [英]阿瑟·刘易斯. 二元经济论（中译本）[M]. 北京：北京经济学院出版社，1989：13.
② 刘斌，张兆刚，霍功. 中国三农问题报告[M]. 北京：中国发展出版社，2004.
③ 相比之下，发达国家对农业的支持水平约为30%至50%；即使在一些发展中国家，如泰国、印度、巴基斯坦、巴西等，国家对农业的支持水平也逐渐接近20%，明显高于我国。

仅为 56 亿元，占 1.1%，可见绝大多数国债资金还是用在城市和其他非农领域。进入 21 世纪以来，从公共财政预算角度看，农民的财政负担逐年增大，其在 2000—2012 年的总和达到了 127237.29 亿元，相应的财政收益总和为 100531.35 亿元，两者差额为 26705.94 亿元，即从农民那索取的财富达到 26705.94 亿元，其逆向程度 13 年平均为 20.99%。①

其次，长期以来，国家医疗卫生投资过分向城市倾斜，在医疗卫生等公共资源的分享上农村份额长期偏低。1990—2000 年，在农村卫生总费用中，政府投入的比重由 12.5%下降到 6.6%；全国新增的卫生经费投入中只有 14%投到农村；而在 2001—2012 年城市人均卫生费用也是农村人均卫生费用的 3～4 倍；2012 年，乡村拥有病床床位和卫生技术人员数分别仅占全国总拥有量的 23.1%和 28.5%；87%的农民是完全自费医疗，因健康状况不良而导致贫困者占农村贫困户的 30%～40%。据世界卫生组织（WHO）的《世界卫生报告》中称，2007 年中国在 191 个国家卫生状况中，医药卫生总体水平排名 144 名，而卫生公平性竞争排在第 188 位，主要是因为农村卫生落后所致。

再次，城乡教育资源分享不平等，在农村地区人力资本投资长期不足，人力资本存量长期偏低。2014 年，全国教育经费为 23041 亿元，其中中央财政用于农村义务教育的经费仅为 878.97 亿元，占全部教育经费的 3.8%；教育投入较少导致城乡资源配置的不合理，重高校，轻基础，重城市，轻农村，占总人口 60%以上的农村只获得其中的 23%。

最后，按照 1958 年国家颁布的《中华人民共和国户口登记条例》，长期以来我国的户籍管理是通过"农业户口"和"非农业户口"两种形式进行的。这种对人口国内自由流动实行严格限制的户籍制度，在计划经济条件下，可能对维护社会稳定和确保农业的基础地位发挥过积极作用。但是，随着市场经济的发展，这种户籍制度不仅牵制了人才的自由流动，阻碍了市场对人力资源的有效配置，而且在客观上伤害了广大农民的感情。一方面，传统的户籍制度使广大农民为中国工业化的起步及发展做出了难以估量的巨大牺牲；另一方面，目前户籍制度改革滞后，又使广大农民工难以获得与城市居民一样平等的发展机会。总之，户籍制度既有失公正，又损害效率。②

可见，工业倾斜政策和缺少弹性的户籍政策，人为地割裂了农业与非农业的经济联系，割裂了农村与城市的社会联系，客观上形成城市进步、工业发展

---

① 张志超，吴晓忠，陈晓声. 区域差异、逆向财政机制与城乡收入差距[J]. 山西财经大学学报，2014 (8).

② 1998 年 7 月国务院正式批准了公安部关于解决当前户口管理工作中几个突出问题的意见，表明政府对公民权的初步放开。尽管如此，现行的户籍制度依然是一项封闭的人口管理制度，与市场经济和社会发展的内在要求有很大差距，需要进一步改革。

和市民生活水平均优于农村、农业与农民。改革开放初期,政府曾经一度推行了有助于克服城乡二元结构的社会经济政策,但是力度不够且未能很好地坚持下去。特别是到 20 世纪 80 年代后期,政府把主要改革精力从农村转到城市,集中在宏观经济体制调控和国有经济体制改革方面,对农业、农村、农民问题相对重视不够,结果造成一度有所缓解的"三农"问题又变得日益严重。例如:土地不能市场化,城市扩张、修筑公路和开发区建设侵占了大量农村土地,这些土地大多以低价强制性从农民手中收购,造成巨额土地收益从农业部门流失。又如,农村民间金融机构发展受到政策限制,导致农村金融在资金总量与机构建设方面出现双重供给不足的现象,极大程度地影响了农业发展和农村乡镇企业的发展。再如,城乡财税体制改革不彻底,各级政府财权与事权安排不尽合理,造成越是基层政府财权越小而事权越大,迫使、诱导基层政府向乡镇企业、农户乱收、乱摊政府费用,普遍加重了农民负担。迟迟得不到有效解决的这些问题和其他问题,导致国家经济整体地朝着不利于农业、农村和农民方向发展。换言之,工业过度扩张和社会资源与财富过度向城市集中,造成农民占有资源和财富份额下降,城乡居民在生存权和发展权方面的差距有进一步扩大的趋势。

三、"三农"问题日趋严重的财政因素

现行财政制度对"三农"问题的影响是不能忽视的,它既是使"三农"问题变得日趋严重的因素,也是使之变得更加难以解决的因素,以至成为解决"三农"问题的财政制度性障碍。

现行农业税以农户占有的土地面积和评定的常年产量为计税依据并进行征收,其与历史上长期存在的"地租"或"土地税"相似,税收负担相对固定,一般不随生产成本变化或产销量变化而发生变动。对于农民而言,我国的农业税至少在两个方面有失公平:(1)各类所得税主要针对生产经营者所获利润或其他性质净所得进行征收,农业税则以土地占有(而非农业经营收入)为计税依据进行征收。(2)与(大体可比的)城镇个体工商户的所得税相比,农业税的实际税率偏高。[①] 过高的农业税和城乡税负不均问题,除了导致农民发展农业经济的积极性持续下降外,也成为直接导致我国城乡居民消费水平差距不断拉大的重要原因。

鉴于广大农民对农业税意见较大,中央决定自 2004 年开始,全国范围内

---

① 按照个人所得税法规定,年应纳税所得在 5000 元以下的城镇个体工商户使用的税率为 5%;而年收入一般不超过 5000 元的大多数农民,在农业税及其附加的影响下,实际税负担水平接近 8.4%。参见王朝才.解决三农问题的财政政策选择[N].中国财经报,2003-06-19.

逐渐取消农业税,以示政府对农民减负,促进农村进步和农业发展的决心。这一决策颇得广大农民欢迎,当年农业生产便发生明显变化,而到2007年全国范围内农业税全部取消;另外至2004年以后我国农村所谓的"三提五统"也逐步开始取消。这些政策对于减轻农民负担具有重大意义。①

长期以来,我国财政管理体制一直围绕"集权""分权"问题做文章。1994年国家进行了重大财政体制改革,实行了分税制,提高了中央财政收入在全国财政收入中的所占比重,目的在于增强中央政府对宏观经济的调控能力。但是,由此形成的财政收入向中央、省、市各级政府集中的趋势,加大了县、乡镇各级政府的财政困难,导致各级财政关系的纵向失衡。财政收入明显向上级政府集中,不仅对发展农业经济不利,而且进一步造成了在公共物品的配置上对农村、农民的不公平。例如,正常年景农业部门的GDP只占全国GDP总量的15%左右,而从这通常不足15%的GDP中征收的相关税、费,却要实际维持超过全国总人口比例60%的行政管理(国家政权运转)费用以及这些人口的基本公共产品费用。于是,在公共责任被层层下移的情况下,基层政府的"财权"安排与其"事权"安排明显不相适应。

再如,在经济发展过程中,存在着私人产品与公共产品互补性不断增强的趋势,客观上要求政府提供更多的公共物品与公共劳务。但是,在财政收入不断向上集中的情况下,地方基层政府的财政收入常不能与地方经济的发展同步增加,财政拮据问题越发突出。为了克服收支矛盾,地方政府通常采取增加预算外资金和自筹资金的办法。前者往往导致农民负担其他的"暗税",而后者则往往导致政府增加各种债务(寅吃卯粮)②,甚至长期拖欠公务员工资、民办教师工资。这些财政行为短期化的结果就是进一步消耗农村财源,最终造成"三农"问题恶性循环。

总之,受不合理的农业税制,以及更加不合理的农村地方政府财政管理体制的影响,上述种种情况造成大多数农村地区的政府财政根本无法履行(上级政府以至中央政府要求的)不断增加农业投入的责任,甚至连中央政府出台的旨在增加农民收入的各类社会政策,也大都受制于基层财政极度困难而无法兑现。由于长期以来我国财政体制中的"事权"与"财权"分配关系以及"支出

---

① "三提五统"指三项村提留和五项乡统筹:三项村提留指村级组织向农民收取的公积金、公益金和管理费,其中公积金用于农田水利基本建设、植树造林、购置生产性固定资产和兴办集体企业,公益金用于五保户的供养和特别困难户的补助、合作医疗保健以及其他集体福利事业,管理费用于干部报酬和管理开支;五项乡统筹指乡政府向农民征收的农村两级办学、计划生育、优抚、民兵训练、修建乡村道路等民办公助事业的费用。

② 根据审计署官网2013年公布的数据,截止到2013年6月底,全国各级政府负有偿还责任的债务206988.65亿元,负有担保责任的债务29256.49亿元,可能承担一定救助责任的债务66504.56亿。合计30.27497万亿元。

责任"与"财政能力"的分配关系尚未完全理顺,难以做到合理安排且长期稳定,成为农村基层财政时常陷入困境的根源。事实上,不健全的地方财政不仅不能为解决现代"三农"问题做出任何贡献,反而会成为解决这些问题的主要障碍。

四、"三农"问题形成的资源、技术因素

我国"三农"问题的形成,除了上述历史和财政方面的因素外,在资源和技术上也有其形成的现实性因素。由于土地"边际报酬递减"导致农田"增产不增收";大量农村剩余劳动力滞留农村使得农业生产效率降低;而农业基础设施建设投入不足引起农业经济发展缺乏后劲;农产品定价和农业产业结构不合理使农产品价格低迷等,这些因素都制约了农村经济的深入发展,也延缓了农民增加收入的速度。

1. 土地"边际报酬递减"

由于土地"边际报酬递减"规律的作用,我国农村出现"增产不增收"的现象,导致农民家庭收入减少,农业内部劳动力剩余率不断上升,从而抑制了农村经济的持续发展和农民生活水平的提高。

西方经济学的要素生产理论认为,生产要素的报酬取决于生产要素的边际生产率。在其他生产要素不变时,土地的地租率由土地的边际产品价值决定,资本财货的报酬由资本财货的边际产品价值决定。可变要素的边际产量一般经历递增、不变和递减三个阶段,当固定要素相对过多、可变要素相对不足时,增加可变要素会出现报酬递减现象,继续追加可变要素,在一定范围内可变要素的边际产量处于不变状态,超过这个范围继续追加可变要素时就会出现可变要素边际产量递减现象,这就是生产要素报酬递减规律。我国农业生产要素的真实情况表明我国农业生产要素的投入已进入报酬递减阶段,这是因为我国耕地是相当有限的,在较长的时期内是基本不变的;在农业技术没有重大突破的前提下,土地的单位产量变化不大;而我国农村剩余劳动力严重过剩,据统计,我国农业剩余劳动力达 1.5 亿人以上,而农民人均耕地却只有约 913 平方米,相对我国农业劳动力生产要素的高配置比例,耕地稀缺特征非常突出。在缺乏新技术扩展生产可能性边界的情况下,土地的边际报酬必然会因生产要素的追加投入而递减,"增产不增收"的现象就是我国小农经济土地边际收益递减的现实反映。

从资源利用的技术层面上分析,中国农业的特点一向是土地生产率高而劳动生产率低。长期发展的结果是,土地"边际报酬递减"频频出现,打破生产

徘徊局面仍要靠现代农业投入品,而这又进一步导致边际报酬递减情况的不断加剧。边际报酬递减现象使农民家庭的生产费用增长快于生产增长,从而成为农民家庭直接的减收因素。从经济学理论上讲,要克服收益递减规律的制约作用,在技术经济范围内仅有两条途径:一是技术进步使生产可能性边界向外扩展,如优良品种的替代、种植良法等技术可在基本不增加投入的情况下使同一土地的产出得以增加,但我国科技进步对农业增长的贡献率偏低;二是在适度规模经营中实现规模经济,如扩大土地经营规模以达到单位投入的产出增加,而我国农户土地经营规模又过小,明显低于适度经济规模水平。因此,资源的先天不足是我国农民收入增长的首要制约因素。

从长远来看,随着农业现代化的发展,农业中的资本有机构成将会逐步提高,劳动密集程度将减轻;同时考虑到人口增长对农产品的需求和城市化对土地的需求,中国保持较高水平的土地生产率也将是一个长期趋势。如果其他条件不变,由此而来的农户减收与农业内部劳动剩余率上升的现象也会在长期内继续下去。在此条件下,如果不进行生产结构的调整,以高价值农产品生产代替低价值农产品生产,农业再生产循环会难以为继,农村经济发展将受到阻碍。

2. 剩余劳动力转移困难

20世纪70年代末以来,尽管我国的经济改革带来了高速的经济增长,但农业人口比例减少的速度远远落后于发达国家及一些新兴工业化国家,由于历史原因所形成的城乡二元经济结构以及城市化严重滞后于工业化,使得农村剩余劳动力难以在全社会范围内进行优化配置,劳动力长期沉淀在农业部门得不到有效转移,导致农业相对劳动生产率过低。

刘易斯的"二元经济"理论,在某些方面总结了发展中国家在改革产业部门上的二元结构状况的经验,具有一定的合理性,为中国农村的剩余劳动力转移提供了必要的理论依据。因为传统的农业部门劳动的边际生产率为零或负数,所以农业部门的劳动人数减少后其产量并不会因此降低。现代工业部门工人的工资比乡村传统农业部门高,劳动力必然会由农业部门向工业部门流动,这是劳动力转移的必要条件。只有当农业部门的剩余劳动力全部由工业部门吸收之后,农业部门的工资水平才能提高,农民的经济地位才能有所改善。

刘易斯所说的二元经济结构的基本特征——现代工业与传统农业并存,目前在中国仍十分突出。由于我国农业人口众多、二元经济结构的制约和农民比较利益的下降等多方面的原因,农村出现了大量剩余劳动力。据劳动部资料显示,2011年我国农村劳动力为4.05亿,在农村现有的生产力水平和生产规模条件下,只能为1.5亿劳动力提供就业机会。也就是说,在4.05亿农村劳动力中,有近2.5亿属于剩余劳动力。除了外出就业有1.6亿人外,还有0.9亿劳动力处于隐性失业状态，目前仍滞留在农村。这就意味着我国至少有 1/4 的农村劳动力处于失业状态。2012 年，我国农业 GDP 份额已经下降到 10% 左右，而农业就业份额仍达到 30% 以上。不仅如此，农业和非农产业人均创造产值差距也有扩大趋势，第一产业与非农产业人均创造 GDP 的比例，已由 1990 年的 1∶3.9 扩大到 2012 年的 1∶8.3。随着改革的逐步深化和农业生产力的不断提高，国际交流与贸易联系密切，国际市场对我国农业生产造成巨大冲击，农村剩余劳动力的数量必然越积越多，其形势越来越严峻。

造成农村剩余劳动力转移困难的因素比较复杂，但一些政策偏差是造成这一问题的关键因素。

第一，由于历史原因和中华人民共和国成立后实行的城乡分离政策等原因所形成的城乡二元经济结构和社会结构，使农村劳动力难以在全社会范围内进行优化配置。随着改革开放和社会主义市场经济体制的确立，国家已经下决心推行户籍制度改革，逐步拆除城市面向农民高筑的户籍壁垒，城乡二元结构对农村剩余劳动力的制约有所减弱。但由于城市企业在用工制度上存在着对民工的歧视，农村劳动力的自由流动仍然存在诸多障碍，许多城市对使用民工至今还有各种限制，导致民工的就业范围缩小，不能和城市人享受平等的就业机会和用工待遇。另一方面，目前农村集体经济体制和土地使用制度创新滞后，农民离开土地就不再享有集体经济、土地使用等方面的各种权益，由于缺乏有效的补偿机制，农民"弃土"的动力不足。现行的土地承包、宅基地和计划生育等政策，使农民觉得留在农村比进入城镇更合算，这种城乡分割的二元管理制度的存在，严重影响了农村剩余劳动力向城市的转移。第二，优先发展重工业的政策制约了农村剩余劳动力的转移。按照多数国家工业化发展的一般规律，工业化应走轻工业—基础工业—重加工业的有序发展道路。①解放初期，由于我国特定的经济环境，优先发展重工业，跨越了发展轻工业、基础工业的阶段，而这两个阶段正是农村劳动力向城市积聚并逐步完成转移的时期。重工业是资本和技术密集型经济，对劳动力的技术要求较高，而我国农村劳动力文化水平和从业技能偏低，不能胜任现代高科技产业对从业人员的需求，极大地限制了农民的横向流动，使得农业剩余劳动力没有得到有效的转移。第三，长期以来，由于我国城镇化发展滞后以及乡镇企业吸纳能力减弱，农业剩余劳动力的转移受到阻碍。2015 年我国城镇化水平为 56.1%，与同等 GDP 水平的国家比要低

---

① 工业化发展的一般规律是，首先发展需要资本投入少而劳动力密集的轻工业，这与工业化初期以农业为积累资源的方针是相一致的。以后随着人均生活水平的提高，居民的消费指向发生了从以农产品为原料的轻工业品向以非农产品为原料的轻工业品的转变，由此诱发了对基础工业的需求，工业化过程相应地进入以资本集约为特征的基础工业主导发展阶段。当基础工业发展到一定阶段，工业化过程就进入到以资本—技术集约为主导的重化工业发展阶段。

许多，低于发达国家的 70%～80%。同时，城镇规模过小，造成小城镇的城市功能不完善、不健全，影响了小城镇发挥对农村经济和周边地区的带动作用，导致社会事业、基础设施和公用设施投资成本偏高，城镇结构过于单一，就业门路狭窄，对人口缺少吸引力。同时，随着国有企业改革的推进，乡镇企业原有的灵活机动的市场优势不复存在，而其本身所固有的产权不清、管理落后和人才缺乏等弱点不断暴露。在应对加入 WTO 的挑战方面，乡镇企业面临从粗放经营向集约经营的转变，开始实行以"减员增效"为主的全面改制，资本有机构成不断提高，吸收农村剩余劳动力的能力明显减弱。

同时还要看到，我国在加入 WTO 后，就业矛盾就已经加剧了。按照 WTO 规则，我国对国外农产品的进口政策将逐步放开，国外质优价廉的农产品大量涌入，抢占我国农业市场。因此，在一定时期内，必将对我国技术含量低、竞争能力弱的大宗农副产品造成极大冲击，我国农业就业人数会进一步下降，文化素质较低的农民将处于非常不利的境地，从而加剧了我国农村剩余劳动力转移形势的严峻性。

3. 农业基础设施薄弱且投入不足，农民收入增长缓慢

长期以来，我国农业基础设施薄弱，我国社会对农业的有效投资不足，导致农业经济发展缺乏后劲，农民增收相对困难。

目前我国的农业基础设施非常落后，远远不能适应发展现代高效农业和保障粮食安全的要求。水利是农业的命脉，一些粮食主产省区农业基础薄弱突出显现在水利设施上。在湖南省的 1.3 万座水库中，有 72 座大中型水库和 5280 座小型水库急需整治，有 340 多处大中型灌溉设施急需配套。[①]灌排基础设施十分薄弱是全国农村水利基础设施建设中的突出问题，来自水利部的资料表明，全国灌溉面积中有 1/3 是中低产田。在全国 402 处大型灌区，水利工程骨干建筑物损坏率近 40%，有效灌溉面积与设计灌溉面积相差 3 万平方千米，全国灌溉水平均利用率只有 43%。农田灌排基础设施差，农业抗御自然灾害能力弱，已成为制约我国农业发展和粮食增产的最大障碍。

我国农业基础设施薄弱的主要原因是农业基础设施建设投资总量长期不足。首先，我国国内政府各部门对农业的投入总量不及美国联邦政府农业预算的五分之一，国内支持总量（不含大江大河治理、生态环境等）仅占农业总产值的 3.6%，远远低于 WTO 多数成员 5%～20% 的水平。这其中的投资结构依然偏重大江大河治理，直接用于改善农业生产条件和农民生活条件的基础设施的投资比例偏小。长期以来，我国农业投入严重不足，使农业成为国民经济成长

---

① 新华社. 农业基础设施建设亟待加强[EB/OL]. www.cqargi.gov.cn，2004-11-23.

的"软肋"。其次,我国农业投资不稳,结构不尽合理。其中2000—2014年农林水事务方面,农业支出占国家财政总支出的比重,最高达9.5%,最低仅为4.8%,农村固定资产投资占国家社会总投资的比重最高达20.35%,最低为2.36%。最后,农业投资的结构逐渐向水利和林业倾斜。当前,用于农业基本建设投资的财政预算资金主要用于水利、林业和生态建设方面,农业在农林水三大行业中所占份额最小。2014年国家财政用于农林水的基本建设投资中,用于水利4881亿元,占34.44%,用于林业4325亿元,占30.51%,用于生态建设2314亿元,占16.33%,用于农业的2653亿元,仅占18.72%。这与农业在整个国民经济中的地位和作用不相适应。由此造成农业靠天吃饭的局面没有根本改变,农业整体素质和竞争力弱,农民收入增长缓慢且难度不断加大,农业和农村经济发展仍然步履艰难。

农村投资不足,农业经济发展缓慢,农民收入增长自然不会太快。经济的发展和城镇化进程的推进带来了我国城乡居民收入绝对值的快速增长。2015年城镇居民人均可支配收入达到31195元,农村居民人均可支配收入达到11422元,分别是1990年的20.66倍和16.64倍,这说明我国经济体制改革取得了丰厚的成果。但是,在经济迅速发展和城镇化推进的过程中,城乡收入差距呈现出震荡上升的趋势,尤其在1997年之后,城乡收入差距拉大的速度持续加快,到2012年城乡居民家庭人均可支配收入已经接近于农村居民家庭人均纯收入的3.1倍(见图6-1),达到近年来最高水平。如果考虑城镇居民享受的医疗、教育、养老等方面的福利收益,则我国城乡收入差距的实际情况将更严重。[①]

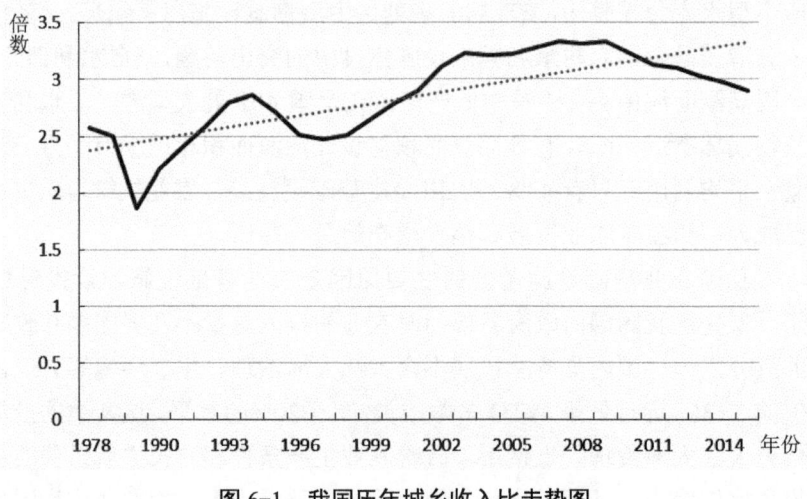

图6-1 我国历年城乡收入比走势图

[①] 吴晓忠. 城镇化水平及其对城乡收入差距的影响研究[J]. 内蒙古大学学报,2014(5).

受收入增长的制约，农民的消费增长也极其缓慢，同城市居民的差距也在拉大。从1990年到2015年，城市社会消费品零售总额名义上增长了64.03倍，而县及县以下地区仅增长了7.07倍。2015年农民人均年消费支出水平接近城市居民的1/3，消费差距比20世纪80年代扩大了40%以上。由于农民消费增长缓慢，农村市场需求明显偏冷，导致其在全社会中的市场消费份额逐渐萎缩，从1990年的53.2%下降到了2015年的13.93%。当前，农村投资不足，农民消费增长缓慢，已严重影响了国民经济的发展。

从改革后农民收入增长的发展过程[①]看，阻碍农民收入增长的实际困难并未解决，农民收入增长仍处在一个较为困难的时期。农民收入增长缓慢，呈现低速增长态势，已产生了多方面的负面效应：首先，农民收入增长缓慢，农民有效购买力不足，严重影响了农村市场的开拓。国内需求不足是我国2016年经济增长的主要"瓶颈"，虽然国家大力推行扩张性的宏观经济政策，但收效不大，这里面很重要的一点就是未注重开拓农村消费市场，因我国农村人口众多，市场潜力巨大，扩大内需的重点应该放在农村。[②]其次，农民收入低，既影响农业收入又影响农民的积极性，不利于农村经济的发展。农村实行家庭联产承包责任制后，农民成为农业生产投入的主体，但目前农业投入严重不足，虽然2000年以来有所增加，但一直处于较低的水平。如果这种趋势得不到扭转，将对巩固农业生产基础地位、增强农业生产后劲十分不利。同时，农民收入增长缓慢，影响了农民的积极性，各种农产品的价格不断下降，农民增产不增收，有很多地方出现撂荒和退耕的现象，稀缺的土地资源被闲置和浪费，长此下去，粮棉等重要农产品的供给将进一步减少，会严重影响人民生活水平和国家经济安全。最后，农民增收困难，负担沉重，城乡差距拉大，不利于全面建设小康社会目标的实现。现在农村经济有待发展，农民收入增长缓慢，农民负担沉重，城乡居民收入差距扩大。以2015年城乡居民的收入差距做分析，全国城镇居民人均可支配收入为31195元，农民人均纯收入为11422元，收入差距额为19773元，差距比为2.73∶1，这已经接近国际公认的城乡差距3∶1的警戒线。此外，还出

[①] 1978—1985年，全国各地相继推行家庭联产承包为主的农村改革，赋予农民生产经营自主权，极大地调动了农民的积极性，农业生产大幅提高，农民收入增长较快；1986—1991年，国家对农业政策进行了一些调整，农民从事生产经营的环境发生一些变化，如改革农产品流通体制、农业生产资料价格大幅上涨、乡镇企业效益滑坡等，这一阶段农民收入增幅开始下降；1992—1996年，国家提高农产品收购价格，刺激了农业生产的发展，农民收入水平恢复性提高；1997—2000年，由于农产品供过于求、农民负担不断上升、非农收入减少等方面的原因，农民收入增幅连续四年下降；由于粮食价格止跌趋稳，2001—2002年扭转了农民收入增长率持续下滑的局面，但农民增收的基础仍然不牢，呈现低速增长态势。

[②] 农村居民人均收入增长率由1997年的8.5%下降到2000年的1.95%，2002年恢复到4.65%，到2012年已达到13.46%；县及县以下地区社会消费品零售额占全社会消费品零售总额的比例，由1997年的39%下降到2002年的36.7%，至2012年已经降到22.2%。可见，农民收入不提高，就不能发挥农村巨大的消费市场的潜力，没有农村有效需求的增加，就不能扩大内需。

现一些不容忽视的社会问题,例如,农村基层组织遭到削弱、干群关系紧张、拖欠统筹提留款的增多,等等。这些问题都不利于农村社会的稳定,也不利于全面建设小康社会目标的实现,因为全面小康社会目标的实现,重点在农村,农村不实现小康,全面建设小康社会就是一句空话。

客观地讲,在我国,"三农"问题的关键在于提高农民的收入,除了以上分析的历史、制度因素以及资源、技术因素外,长期以来,我国社会经济中对那些直接影响农民收入提高的重要因素并未给予足够的关注。

4. 农业定价和产业结构问题突出

"三农"问题的核心是农民收入问题,解决"三农"问题的重点是增加农民的收入。1978年以来,我国农村居民收入平均每年增长15.2%,农民得到了实惠。但从1997年开始,增长速度停滞不前甚至出现下降趋势。农民人均纯收入1997年增长4.6%,1998年增长4.3%,1999年增长3.8%,2000年增长2.1%,直到2001年才出现反弹,增长4.2%。2002年农民人均纯收入为2476元,比上年增长4.4%。2003年农民人均纯收入约为2575元,比上年增长约4%。最近几年,农民人均纯收入增长率徘徊在4%左右,不到城镇居民人均可支配收入增长率的一半。虽然,我们围绕农民增收采取了不少的措施,但是农民增收缓慢的问题始终没有得到很好解决,其主要原因有以下几个方面。

第一,农产品价格体系的不合理是工业化初期农业比较利益低下的最直接的经济原因,它直接影响着农民收入的高低。价格关系的不平等对生产者来说具有隐蔽性[①],用价格关系汲取农业剩余的方式,在工业化初期是常用的国家策略,主要表现为工农业产品价格的"剪刀差"的存在及其逆市场规律运行的趋势。国家在这个过程中实际上维护了一种"双重垄断":一方面国家从农户手中强制性地低价购入农产品,并且对农产品自由贸易进行严格管制;另一方面,农户又不得不在国家管制的生产资料市场以高价购进工业品,化肥、农药、机械、良种、燃油等,这些都是自然经济没法自己供给的必需品。这样农业的生产剩余就在农户"少得"和"多付"的价格"剪刀差"下,从农业"泵"入工业系统中。人为的低成本给工业部门带来很大的利润空间,同时农业的发展是在长期以来的高耗下进行的;然而,这种牺牲农业的工业发展在完成"原始资本积累"之后,最终将失去增长的基础,再有自身的"国企问题",使得这种"虚胖"的工业陷入停滞,在世界市场上丧失竞争力。之后,由于市场化进程的影响,产品定价系统有所"软化",但是制度性障碍还没有彻底消除,工农业产品定价的不合理仍然存在,农户的"增收减负"工作举步维艰,农民收入始终维

---

① 隐蔽性表现为:个别农业生产者没法知道自己的个别劳动时间和必要社会劳动时间之间的差距,因而无法确定自己产品的价格是否合理。

持在一个低水平上。

第二,农产品供求关系的改变对农民增收形成了制约。农村改革初期,农产品供给绝对短缺,农民增产的农产品都能卖出去,且市场价格也没有因产量的增加而降低,因而增产就能增收,农业增产和农民增收几乎是同时发生的。在农业发展进入新阶段后,农产品的供求格局从过去的长期短缺转变为总量基本平衡、丰年有余,甚至出现了地区性、结构性相对过剩。农产品供求关系的改变,使农业生产的发展越来越受到市场需求的制约,增产与增收不再是简单的对应关系。生产多少产品不单取决于农民有多大的生产能力,还要取决于市场的需求水平,超越市场需求的增产将带来增产不增收或增产多、增收少甚至增产减收的结果。据测算表明,农民收入增长对农产品产量增长的平均弹性呈明显下降态势,1978—1984年间,农民收入增长对农产品产量增长的平均弹性系数为2.05,1985—1990年间降为0.82,1991—1998年间再降为0.65,20世纪90年代比80年代初期下降了2/3之多。这就是说,在目前的市场供求状态下,农产品产量每增长1%,所能带动的农民收入增速要远小于1%,增产对增收的效应只相当于80年代初期的1/3。① 近年来的情况表明,我国农业生产结构不合理,②农产品供求关系的矛盾由总量为主转向以结构为主,致使大宗农产品出现供过于求,导致农产品价格低迷,从而使农民增收越来越困难。

第三,农产品不仅存在总量过剩,还存在结构性矛盾。这突出表现在农村产业结构不合理:由于长期以来农业和农村经济结构单一,农村二、三产业不发达的状况没有得到根本的改变,在农业内部结构中,种植业比例大,林牧渔业比例小。近年来,我国种植业增加值在农业增加值中的比例虽然不断降低,由1997年的62.3%降到2012年的54.4%,但绝对比例仍然较高,林业、牧业和渔业增加值2012年分别只有4.0%、31.5%和10.1%(参见表6-7)。农民生产性收入中来自第一产业的收入一直占65%以上,而第一产业中来自种植业的收入一直在68%以上,2012年这两者数据分别为77.04%和77.39%,种植业已经成为农民收入的最主要来源。由于农业生产结构不合理和调整缓慢,导致农产品供给结构不能完全适应需求结构的变化,大量农产品出现结构性过剩,价格持续低迷,直接影响了农民收入的增长。

---

① 桂平农业信息. 农民收入问题:现状、原因及对策研究[EB/OL]. www.gpagri.com,2003-2-24.
② 农业生产结构不合理表现为:一是农产品结构不合理,产品的质量不高,大路货多,名特优产品比例低,缺乏竞争力。二是一般性的品种多,专用品种少;初级产品多,加工产品少,精深加工产品更少。三是区域结构高度雷同,产品品种在较大区域内大体一致,不同程度存在大而全、小而全的问题。加之,城乡居民恩格尔系数明显下降,在一定程度上导致了农产品结构性矛盾相对突出。

表 6-7 农林牧渔业增加值构成（单位：%）

年 份	1997	1998	1999	2000	2001	2002	2003	2004	2005
农 业	62.3	62.2	61.7	59.5	59.3	58.7	51.6	51.5	51.1
林 业	4.2	4.2	4.3	4.5	4.3	4.5	4.3	3.8	3.7
牧 业	23.9	23.6	23.5	24.9	25.6	26.0	33.1	34.5	34.7
渔 业	9.6	10.0	10.5	11.1	10.8	10.8	10.9	10.2	10.5
年 份	2006	2007	2008	2009	2010	2011	2012	2013	2014
农 业	54.9	52.3	50.1	53.0	55.3	53.5	54.4	53.09	53.58
林 业	4.1	4.0	3.8	3.8	3.9	4.0	4.0	4.02	4.16
牧 业	30.8	34.2	36.8	3.5	31.2	32.9	31.5	29.32	28.33
渔 业	10.1	9.5	9.3	9.7	9.6	9.6	10.1	9.93	10.11

资料来源：中国社会科学院农村发展研究所，国家统计局农村社会经济调查总队. 2002 年—2003 年：中国农村经济形势分析与预测[M]. 北京：社会科学文献出版社，2003：66.

第四，由于近年来宏观经济紧缩和结构调整，我国乡镇企业和城镇企业发展速度放慢，效益下滑，用工量明显下降。"七五"和"八五"期间，乡镇企业发展速度保持在 35%～42%之间，而 1999 年仅为 14%，2000 年的目标也仅为 15%。"八五"期间，乡镇企业年可吸纳劳动力在 700 万人以上，进入"九五"以来，每年降到 400 万人以下。可见乡镇企业整体萎缩，增长速度回落，经济效益低下，吸纳就业能力明显下降。近几年来很多在乡镇企业打工的农民不得不重新加入到农村剩余劳动力的行列。由于乡镇企业吸纳就业能力明显下降，农民从乡镇企业得到的收入增幅也随之下降。与此同时，自 1995 年开始，国有企业下岗或失业人员增加，许多城市都制定了限制农民进城就业的政策，在许多行业、企业中禁止或限制用农民工。许多企业还降低了农民工的工资水平或提高招收农民工的条件，这给农民进城务工带来了许多负面影响。加上农民的科技文化素质普遍偏低，在劳务市场的竞争力呈下降态势，进城务工难度越来越大。由此减少了农民在二、三产业的就业机会，抑制了农民非农产业工资性收入，导致了农民收入增幅下降。

第五，多年来，农村管理与流通体制改革迟缓，农民不合理负担过重。突出表现在：一是县、乡、村的机构重叠，耗费巨大，超过了国家和农民的实际承受力。有些县乡基层政权人员过多，开支庞大，财政上存在着严重的缺口，为了维持基层政权的运转和实现经济社会发展目标，地方政府想方设法向农民伸手要钱，使农民税外负担恶性增长。二是农村税外收费缺乏有效的约束机制，随意性强，2013 年，农民人均直接负担的各种税费比 2012 年增长了 9.88%，其中，收费、集资、罚款等增长高达 11.27%。[①]三是国有流通企业改革进展缓慢，收效甚微。国家限制私人进入粮食等流通市场的政策并未真正改善国有流通企业经营长期亏损的局面，也未能制止国有流通企业在收购农产品时任意压价甚至拒收的行为。不公正的交易规则和垄断经营，一方面使国家支付巨额财政费用，保护农民利益的愿望无法实现，农民丰产不能增收；另一方面，没有真正经营自主权的农民也很难真正提高其种植的积极性。

综上所述，"三农"问题的形成与发展，既有其自身的因素影响，又有农业外部因素的制约，既有长期的历史原因，又有当前国内宏观经济形势严峻的原因。对此，我们应该有理性的认识，要从长远的国民经济发展的利益出发，认真思考"三农"问题，制定出有效合理的解决机制和公共政策。

第三节 旨在解决"三农"问题的公共政策

中国的"三农"问题，在不同时期，其主要矛盾或主要矛盾方面的表现会有所不同。这说明，虽然"三农"问题的产生有其很深的社会、历史、经济根源，但是其具体表现方式和严重性程度则直接、间接地受社会制度、政策选择的影响。因此，在解决"三农"问题上，既要坚持某些重要的基本原则，也要突破传统思维定式，在多视角、多层面深入剖析问题的基础上，寻找有效解决问题的路径。

从我国长期农业经济发展的历史经验看，解决"三农"问题的基本原则是十分明确的：第一，"政在养民"。该原则强调"养民""安民"的重要性，其不仅直接关系到国家经济的长期发展、社会生活的长治久安，而且也只有在农业经济发展、农村社会稳定的前提下，所有国民才可能（通过政府）实现其社会、经济目标。另外，还应该看到，无论科学技术如何发展，农业在整体上也永远改变不了"靠天吃饭"的性质。那么，政府的一个重要职能就是主持"荒政"——平年"备荒"，荒年"救荒"，否则"国无兼年之食，遇天饥，百姓非其有也"。[②]为此，国家必须保持一定规模的粮食储备，作为基本的财政储备，以保证"粮食安全"。仅此目的，就要求政府时刻要关注"三农"问题。所以，自古以来，"养民""安民"成为政府制定各类公共政策的经典依据。应该说，

---

① 张志超，吴晓忠，陈晓声. 区域差异、逆向财政机制与城乡收入差距[J]. 山西财经大学学报，2014（8）.
② 出自《尚书》。

在解决现代"三农"问题上,该指导原则依然适用。第二,"薄税敛"且"取于民有制"。自古以来,人们就认识到,政府能否本着"正德""厚生"理念治理国家、保护国民,直接关系到现行政府存在的合法性问题。"正德""厚生"的直接外在表现,一是把握税收不能过高以至明显影响国民的再生产活动,二是政府的任何税收活动必须按照严格的法律、税法进行。[①]所以,各级政府官员时刻要重视"重赋伤民,敛聚冤雠"[②]的问题。政府除了坚持"薄税敛""取于民有制"原则外,还应该通过一些公共政策控制社会各阶层在财富占有、收入分配方面的贫富悬殊程度,不能任其扩大下去。这要求政府应该按照某种政策目标,坚持在全社会范围内实行"调节贫富"活动,即做到"富能夺,贫能予"。当然,考虑到人的本性特征——"夺之则怒,予之则喜",政府在调节贫富过程中还要采取一定的政策手段,尽量做到"见予之形,不见夺之理"。[③]

目前,我国政府正在制定有助于同时实现促进农业发展和推动农村进步以及改善农民福利三重目标的综合农业政策,为有效解决"三农"问题创造适宜的政策环境。有鉴于古代经验原则,政府实际上已经找到了解决"三农"问题的核心手段和路径,即按照城乡一体化改革发展思路,围绕提高农民收入并缩小城乡经济差距这一中心目标,针对制度"瓶颈"进行相应的制度调整与政策改革。

本节按照经济转轨时期公共政策设计原则,首先研究解决"三农"问题的主要矛盾方面,即市场经济条件下如何促进农业增长、提高农民收入的问题。其次,在深入理解、认识那些直接影响农业增长、收入提高的重要因素基础上,提出优化、协调这些因素的政策设想。最后,阐释农业的可持续发展问题。不言而喻,缓解"三农"问题的关键还在于控制全国人口的增长,(在不能全面改革传统户籍制度的情况下)尤其要严格控制农村人口的增长。该问题本身就具有公共性质,本书把它作为独立的公共政策在专门章节中进行研究。

一、关键问题是提高农民收入

不能把"三农"问题看作是一个问题的三个侧面,"农业""农村""农民"问题之间存在着相互影响并相互制约的特点,表现为"统一性"和"矛盾性"共存关系;而且,更为重要的是,作为整体的"三农"问题,还集中反映了农业与工业的"统一性"和"矛盾性"关系。因此,在解决"三农"问题上,首

---

① 孟子认为,政府收取租税目的在于实施"仁政",取得的租税在使用上应该有助于国民的生产活动。因此,一切不符合"仁政"的征税求富行为都属于"富桀"行为。见《孟子·梁惠王上》。
② 出自《尚书》。
③ 出自《管子·权修》。

先要确定处理不同层次上问题的基本原则。

苏联布尔什维克党的早期重要领导人之一布哈林在苏联"十月革命"后曾经强调指出,在以小农经济为主的国家里,不能采用强迫手段、威胁办法来使农民进入社会主义,而应该尽可能采取使他们容易接受的办法,使他们接受必须经受的变化。他强调国家工业化的基础在于创造农村市场,认为农民的社会购买力增长越快,国家工业发展得也就越快。他认为,仅仅在提高农业生产力和为工业提供日益扩大的商品市场这样的意义上,强调农业的积累才是正确的。他在《一个经济学家的札记》一文中写道:社会主义工业化必然不同于资本主义的工业化,它并不必然寄生于农业,它只不过是不断重组、扩张农业和使农业不断工业化的手段而已。[①]这里,布哈林比较准确地阐释了经济落后国家在其经济发展进程中如何处理好工业与农业基本关系的重要原则。政府应该充分认识到,在经济发展过程中,侧重农业或侧重工业的选择,一样会使经济发展受到挫折,政策上应该尽量培育工业、农业的互惠关系,即不能以损害一方而发展另一方的办法推动国民经济的改造。肯定地讲,按照上述原则处理我国的"工业—农业"关系不仅符合我国的国情要求——农民构成全国人口大多数,没有可靠的粮食安全保障其他国民经济各部门无法正常发展起来,而且也符合我国的民情——改造农民经济特别是小农经济必然是一项长期的任务和一项只能逐步完成的事业。

在端正工业和农业关系的原则下,着手解决"三农"问题才是可能的。鉴于"三农"问题内部的各个问题(作为变量)在不同时期对农民社会经济福利影响程度有所不同,即其在特定福利函数中的相对权重不时发生变化,那么找出当前福利函数中权重较大的变量作为总体解决"三农"问题之公共政策设计的重心或切入点,才能简化解决问题的思路并制定针对性较强的对策。纵观中华人民共和国成立以来的社会、经济发展历史,可以发现"三农"问题的主导变量发生过重大变化。中华人民共和国成立初期,"三农"问题的核心是改革土地所有制关系。这个问题通过20世纪50年代的土地改革得到了解决,尽管经高级合作化运动后实行了土地集体所有制,但是毕竟消灭了中国历史上长期存在的封建土地私有制关系。此后,在推行计划经济时期,国家以部分地牺牲农民利益为代价加快工业发展,"三农"问题的核心成为如何调动农民劳动积极性和提高农产品供给。1978年后的市场经济改革,农民通过家庭联产承包制方式获得了土地自主经营权,农业发展出现突飞猛进,农产品供不应求的局面也迅速得以改变,农民的个人收入水平明显提高。然而,经过1979—1984年农业生

---

① [苏]布哈林. 一个经济学家的札记[EB/OL]. http://www.cccpism.com/book%5Clilun%5Czhaji.htm.

产连年大幅度增长，农产品供求达到平衡状态后，新的问题出现了，突出表现为农民"增产不增收"，甚至劳动收入下降，城乡居民收入差距不断拉大。又过了10年，农产品市场明显供过于求，"三农"问题及其内部矛盾日趋尖锐，其高度错综复杂性给全面解决问题带来了极大难度。因为解决"三农"问题意味着要同步，或至少相继实现三大社会、经济目标：（1）在"农民"方面，要解决农民收入低、增长慢的问题；（2）在"农业"方面，要解决为全社会提供日益丰富优质安全价廉的农产品问题；（3）在"农村"方面，要解决包括政治、基础设施、经济结构、社会、文化等方面的农村现代化和可持续发展问题。[1]不过，按照历史经验和理论分析，"农民"问题一直是"三农"问题的中心，尤其是农民收入增长问题，实际上已经成为我国政府在国民经济发展道路上必须予以密切关注并需投入巨大努力予以优先解决的问题。

2004年2月8日，《中共中央、国务院关于促进农民增加收入若干政策的意见》公布，成为中华人民共和国成立以来首次就农民增收问题出台的文件。在此之前，中央还举行了农村工作会议，会上指出：实现全面建设小康社会的宏伟目标，最繁重、最艰巨的任务在农村，没有农民的小康就没有全国人民的小康，没有农村的现代化就没有国家的现代化。2004年，各级政府重新关注并采取实际措施解决"三农"问题，农民收入和一般经济福利得到了明显改善：到2004年第三季度，农民家庭现金收入实际增长了11.4%，同期城镇居民家庭收入实际增长为7%；中央财政预算用于"三农"支出增加了300亿元，全国对种粮农民补贴的金额高达116亿元，有6亿农民直接受益；在年初8个省份免征或基本免征农业税试点基础上，到年底农业税将在全国范围内予以取消。

2009年，《中共中央国务院关于2009年促进农业稳定发展农民持续增收的若干意见》要求进一步增加农业农村投入。扩大内需、实施积极财政政策，要把"三农"作为投入重点。大幅度增加国家对农村基础设施建设和社会事业发展的投入，提高预算内固定资产投资用于农业农村的比重，新增国债使用向"三农"倾斜。加大良种补贴力度，提高补贴标准，实现水稻、小麦、玉米、棉花全覆盖，扩大油菜和大豆良种补贴范围。大规模增加农机具购置补贴，将先进适用、技术成熟、安全可靠、节能环保、服务到位的农机具纳入补贴目录，补贴范围覆盖全国所有农牧业县（场），带动农机普及应用和农机工业发展。

2014年《关于全面深化农村改革加快推进农业现代化的若干意见》更是要求健全"三农"投入稳定增长机制。完善财政支农政策，增加"三农"支出。公共财政要坚持把"三农"作为支出重点，中央基建投资继续向"三农"倾斜，

---

[1] 牛若峰. 中国的"三农"问题：回顾与反思[J]. 古今农业，2003（3）.

优先保证"三农"投入稳定增长。拓宽"三农"投入资金渠道，充分发挥财政资金的引导作用，通过贴息、奖励、风险补偿、税费减免等措施，带动金融和社会资金更多地投入农业农村。

2016 年《关于落实发展新理念加快农业现代化 实现全面小康目标的若干意见》提出健全农业农村投入持续增长机制。优先保障财政对农业农村的投入，坚持将农业农村作为国家固定资产投资的重点领域，确保力度不减弱、总量有增加。充分发挥财政政策导向功能和财政资金杠杆作用，鼓励和引导金融资本、工商资本更多投向农业农村。

应该看到，增加农民收入问题是个复杂的社会系统工程，需要全社会的努力——从国民经济全局出发，无论是农业内部，还是农业外部，都要为农民增收、农业发展制定有利的政策和创造良好的制度环境。为此，各级政府除了在处理"三农"问题上要坚持"社会公正""社会平等"观念外，还要尽快建立、完善社会经济增长过程中的农民利益保障机制，即制定、贯彻一套以能够使农民切实平等地享受经济增长利益为基本目标的公共政策。具体而言，旨在实现上述目标和有助于全面解决"三农"问题的公共政策具体内容至少应该包括：（1）继续深化农村土地所有制改革；（2）改革现行的户籍制度；（3）改革农村财税政策；（4）制定有利于农村剩余劳动力转化的政策；（5）按照市场规律推进农业结构调整；（6）加强农村的人力资本投资；（7）推行农业可持续发展政策；（8）把社会保障、社会安全网覆盖到全国农村地区。虽然第（6）、（7）项政策内容在本书其他章节中有专门阐述，但是考虑到"三农"问题的特殊性，本章在此要做某些必要的补充。至于第（8）项政策内容，在本书的相应章节中有详细分析，考虑到"社会保障"与"社会安全"是所有人的基本人权要求，而不应对不同社会阶层有不同安排，本章不再专门涉及这个问题。

二、改革土地所有制与土地管理制度

十八大以来，我国中央政府认真贯彻落实关于全面深化改革的战略部署，《中共中央关于全面深化改革若干重大问题的决定》明确提出："坚持农村土地集体所有权，依法维护农民土地承包经营权，发展壮大集体经济。稳定农村土地承包关系并保持长久不变，在坚持和完善最严格的耕地保护制度前提下，赋予农民对承包地占有、使用、收益、流转及承包经营权抵押、担保权能，允许农民以承包经营权入股发展农业产业化经营。鼓励承包经营权在公开市场上向专业大户、家庭农场、农民合作社、农业企业流转，发展多种形式规模经营"。该决定进一步指出："在符合规划和用途管制前提下，允许农村集体经营性建设用地出让、租赁、入股,实行与国有土地同等入市、同权同价。缩小征地范围,规范征地程序,完善对被征地农民合理、规范、多元保障机制""保障农户宅基地用益物权,改革完善农村宅基地制度,选择若干试点,慎重稳妥推进农民住房财产权抵押、担保、转让,探索农民增加财产性收入渠道。建立农村产权流转交易市场,推动农村产权流转交易公开、公正、规范运行"。[①]此外,在土地制度法制化基础上,各级政府还应该建立一套科学的土地管理制度,以便保障中国农民的长期利益和中国农业的长期发展。

1. 土地制度改革

农村土地制度是中国最基本的社会经济制度,这项制度的改革一直备受关注。中国人多地少,农村土地制度建设必须同时实现多重目标:一是保证有足够的土地用于农业生产,确保土地经营能够满足农业的有效供给;二是要确保土地利用的公平与效率,稳定农村社会;三是在最坏的情况下,直接构成农民最基本的生存保障。要达到这些目标,关键在于在坚持家庭承包经营体制下,明确土地所有权主体,给农民以长期稳定的土地使用权,这是农村土地制度改革的核心内容。

在目前农村集体经济组织呈多元化发展的情况下,土地所有权不应再笼统地界定为集体所有,应该做出明确法律归属说明。理论上,在像我国这样土地完全国有化的国家,可以考虑让农村中最具代表性和权威性的最基层政权组织,如村民委员会,行使农地所有者的权利和职责。但是,这种最基层的政权组织必须是通过全体村民选举产生的,被村民授权独立行使权利并代表绝大多数农民的社会经济利益。

目前,我国农村中另一个亟待解决的问题是提高农民对农地使用的预期,减少其农业生产中的短期行为。一般认为,赋予农民长期稳定的农地使用权是杜绝或减少此类问题的有效途径。因为土地使用期越长,越有利于农民进行长期的发展规划;而且较长的承包期实际上起到了明确产权关系的作用,有利于提高农民保护土地资源的主动性与积极性,进而有利于农业的可持续发展。当然,作为现行农村土地制度改革的一项重要内容,赋予农民长期稳定的农地使用权,同样需要通过法制化途径予以保障。

2. 建立科学、高效的土地管理制度

1999年施行的《中华人民共和国土地管理法》确定,到2010年我国耕地保有面积为128万平方千米,但是,到2003年底,耕地面积已经降至123.4万平方千米,而到2008年底,耕地面积为122万平方千米。从2007年开始,我

---

① 中国共产党第十八届中央委员会第三次全体议通过的决定:《中共中央关于全面深化改革若干重大问题的决定》,2013年11月12日。

国进行了第二次全国土地调查,国土资源部于2013年12月31日以新闻发布会的形式简要公布了第二次土地调查数据：截至2012年底,我国耕地面积为135万平方千米。从数据增加耕地地区位特点、损毁情况看,尽管第二次调查耕地数据比2008年多了13万平方千米,但增加耕地相当部分需要安排退耕,相当数量不宜耕种,相当数量正常耕种受影响。我国适宜稳定利用的耕地也就是120多万平方千米。这主要是因为这些年来,各地违反土地管理法和《基本农田保护条例》、大量占用耕地特别是占用基本农田、随意调整已划定的基本农田保护区以及突破土地利用总体规划的情况时有发生,对保护耕地质量也缺乏足够重视。为此,要按照经济社会协调发展的要求,正确处理好发展工业与发展农业关系、增产粮食与增加经济作物关系、城市建设与农村建设关系以及保护耕地与非农建设用地的关系。为了妥善处理上述各种关系,促进经济社会全面协调可持续发展,各级政府就要建立并不断完善包括土地维护、土地开发、土地规划、土地交易以及交易定价等内容的土地管理制度。该管理制度至少应该在以下方面发挥重要作用。

第一,实行最严格的耕地保护。出于此目的,最近一些年来,中央政府和地方政府相继做了大量工作。例如,中央政府规定,必须严格执行土地规划,各地方不得随意调整,不得随意调整和占用基本农田；为了保证国内粮食安全,各省、区、市的最高行政主管（省长、主席、市长）必须对本行政区保护耕地、保护基本农田、发展粮食生产、搞好粮食总量平衡负起全责。再如,中央政府还规定,建设占用耕地,要先补后占。在补充耕地未完成前,不予批准占地。补充的耕地,必须经过国土资源和农业主管部门严格验收,确保数量不少,质量不降,严格防止只占不补或占优补劣。当然,针对目前实际情况,国家应该推行更严格的用地审批制度,凡征用基本农田和一定数量耕地的,必须报国务院批准；由省级政府批准的征地,今后应报国务院备案。扩大国有土地有偿使用范围,减少非公益性用地划拨。建立兼顾国家、集体、个人的土地增值收益分配机制,合理提高个人收益。另外,还可借鉴其他国家的成功经验,在完善土地统一登记的基础上,改革有关税制以减少土地浪费现象。具体做法是：或是通过税收提高土地征用价格,以抑止土地过度征用给被征地农户以合理补偿；或是通过税收加大土地占用者的土地保有成本,促使其自觉建立合理用地、集约用地的自我约束机制。

第二,培育农村土地流转市场。在我国,短期内还不具备把土地作为真正的商品进行交易的条件,但是为了优化土地资源的配置,有必要建立农村土地流转市场。该市场的主要功能是,在保证土地的所有权真正归集体所有的前提下,收集、加工、提供有关土地的经济信息,确立土地流转的指导价格。在组织建设上,可以考虑以乡镇为单位,成立土地流转中心,统一负责土地流转咨询、预测、估价以及土地保险、土地融资和处理违约纠纷等业务。还可以以乡镇为单位成立农村土地托管机构,允许那些在一定时期不经营农业但又不愿放弃农地使用权的农户将其农地以信托方式委托该机构代行管理与经营。这些农户如果日后打算重新经营农业,可以再从该机构索回农地使用权。在当前深化改革时期,国家正逐步建立城乡统一的建设用地市场:在符合规划和用途管制前提下,允许农村集体经营性建设用地出让、租赁、入股,实行与国有土地同等入市、同权同价。缩小征地范围,规范征地程序,完善对被征地农民合理、规范、多元保障机制。通过赋予农民对集体土地资产股份占有、收益、有偿退出及抵押、担保、继承权,使得农民在土地流转、抵押等方面获得更大的收益空间。[1]

第三,制定合理的征地价格以便妥善安置被征地农民。目前,我国无论是公益性建设项目,还是经营性建设项目,特别是那些重点工程项目,都存在对农民土地征用补偿偏低的问题,直接伤害了被征地农民的利益。为此,国家土地管理制度的建设必须重点研究并制定出合理的征地补偿标准,以切实保障失去土地农民的基本利益。除了调整土地征用价格、提高补偿标准外,还要采取妥善措施安置被征地农民。政府通常可以采取留地安置、社会养老保险安置、土地入股安置和生产资料置换安置等多种形式,解决被征地农民的长远生计问题和后顾之忧。在有条件的地区,政府还可以通过对被征地农民进行就业培训的方法,为其顺利转向二、三产业就业创造便利条件。逐步推进土地价格形成的市场化机制,使之与国有土地同等入市同权同价;完善城乡要素等价交换机制,保障农民工同工同酬以及公平分享土地增值收益,使市场在资源配置中起决定性作用;加强土地使用权转让管理和地价管理,建立以标定地价为核心的地价动态监测系统以实现有效调控土地市场;在推动市场化改革同时使农民在农地资源配置效率的提高以及长效增收机制和财产性权益等方面得到保障,扩大农民在土地流转的长期收益空间。[2]

第四,加大农业基础设施建设投入,提高农田质量。我国现有的农田水利基础设施不少是 20 世纪 50 年代及 60 年代修建的,其中大部分已经不能再正常发挥作用,而最近一些年份,各级政府对农业基础设施投入又明显不足。例如,2015 年,全国农林牧渔业固定资产投入为 19061 亿元,占全国固定资产投资总额的 2.9%,这同农业发展与农村经济现代化的要求极不适应。为此,国家土地管理制度还需具有刺激、激励加大农田基本建设投资的机制,通过这些机制达到不断加强农业基础地位的目的。各级政府在逐年增加对农业地区的财政投入

---

[1] 吴晓忠,张志超. 农地非农化过程中土地收益分配分析[J]. 南大商学评论,2014(2).
[2] 张志超,吴晓忠. 农地城市流转过程中农民征地补偿收益研究[J]. 华东理工大学学报,2014(1).

基础上，不仅要注意开辟新的支农资金渠道，如把土地出让纯收益纳入财政预算并主要用于支持"三农"工作，而且要注意整合各类涉及农业发展、农村改造、农民福利保障的财政项目的资金管理，以提高其使用效率。此外，还要恰当运用税收、贴息等经济杠杆，鼓励各种社会资本投向农业和农村，引导民间资本"反哺"农业。进一步探索农民分享土地增值收益的长效机制，提升失地农民医疗、养老社会保障机制的公平性，尤其要使农民在农地资源配置效率的提高、农民长效增收机制和农民财产性权益等方面得到保障。①

三、改革户籍制度

2001年3月，国务院批准了公安部《关于推进小城镇户籍管理制度改革的意见》，对农村人口进入县级以下小城镇实行全面放开政策。同年5月，国家粮食局发出通知，取消"户粮挂钩"政策。同年7月，浙江省宁波市规定，辖区内的农业人口和外来人口（包括农村人口）可通过投资落户、人才落户、投靠落户、婚迁落户、大中专毕业生落户、缴纳社会养老保险金落户等渠道获得城市户口。同年8月，河北省石家庄市允许连续在该市居住并工作两年及以上的外来人口（包括农村人口）落户市区。2002年1月1日起，广东省开始取消农业、非农业户口的区别，而湖南省则实行本省户籍人口按照实际居住地登记的制度。2004年6月，南京市政府也以建立城乡统一的户口登记为目标在全市范围内取消农业户口、非农业户口，按照人口实际居住地登记户口，在实践中取得了一定的成功。截止到2006年，全国已有12个省、市、自治区取消了二元户口的划分。上述这些改革在一定程度上放宽了农民居住地的选择范围，尽管这些改革并不意味着所有农村居民都可以无条件地落户于城市——他们还要跨越"准入条件"的门槛，但这些改革毕竟突破了过去那种根据社会身份和出生地划分人口类型的传统户籍制度，正在形成某种更适合中国未来社会经济发展的人口管理模式。十八大以来，户籍制度也进入了深化改革时期，国家正逐步推进农业转移人口市民化，把符合条件的农业转移人口转为城镇居民。创新人口管理模式，加快户籍制度改革，全面放开建制镇和小城市落户限制，有序放开中等城市落户限制，合理确定大城市落户条件，严格控制特大城市人口规模。稳步推进城镇基本公共服务常住人口全覆盖，把进城落户农民完全纳入城镇住房和社会保障体系，在农村参加的养老保险和医疗保险规范纳入城镇社保体系。

为深入贯彻落实党的十八大、十八届三中全会、十八届五中全会和中央城

---

① 吴晓忠，张志超. 并税式改革、二次财富分配与农村收入分配改革[J]. 常州大学学报，2014（1）.

镇化工作会议关于进一步推进户籍制度改革的要求，2014年7月国务院正式印发《关于进一步推进户籍制度改革的意见》，未来我国户籍制度改革的重点有：(1)"一"种身份：统一登记为居民户口。即取消农业户口与非农业户口性质区分和由此衍生的蓝印户口等户口类型。建立与统一城乡户口登记制度相适应的教育、卫生计生、就业、社保、住房、土地及人口统计制度。这意味着以"农业"和"非农业"区分户口性质的城乡二元户籍制度将成为历史，由此衍生的蓝印户口等户口类型也将作古，今后每一位中国公民的户口均统一登记为居民户口，体现户籍制度的人口登记管理功能。(2)"两"大目标：1亿人落户城镇、建新户籍制。实现1亿左右农业转移人口及其他常住人口在城镇落户；基本建立有效支撑社会管理和公共服务以及依法保障公民权利的以人为本、科学高效、规范有序的新型户籍制度。对于这两大发展目标，该"意见"给出了明确的时间点为2020年。(3)"三"个特点：总体调整，综合配套，整体构建。其具体表现为：一是对户籍政策的一次总体调整。与以往相比，过去的历次改革一般都是局部的、部分的、条文的调整，都是某一个方面的调整。这次是在中央对新型城镇化建设做出全面的规划后，决定在全国实施差别化的落户政策，这对合理布局大中小城市和小城镇、合理引导人口的分布将起到十分重要的作用。二是按照中央全面深化改革的统一部署进行的一次综合配套的改革。户籍制度的改革不仅是户籍制度本身单项的改革，而是各有关部门统筹配套推进的改革。三是对新型户籍制度的一次整体构建。这次户籍制度改革不仅是落户政策的调整，还包括要建立城乡统一的户口登记制度和全面实施居住证制度以及健全人口信息管理制度等多个方面。(4)"四"级落户：全面放开，有序放开，合理确定，严格控制。全面放开建制镇和小城市落户限制；有序放开中等城市（城区人口50万至100万）落户限制；合理确定大城市（城区人口100万至500万）落户条件；严格控制特大城市（城区人口500万以上）人口规模，建立完善积分落户制度。

户籍制度改革的同时，该"意见"对其他相关的配套措施也同时做了跟进：(1)就业失业：在就业失业登记管理上，将实现农民工就业信息全国联网，并为农民工提供免费的就业信息和政策咨询；面向农业转移人口全面提供政府补贴职业技能培训服务，加大创业扶持力度，促进农村转移劳动力就业。(2)子女教育：随迁子女义务教育将被纳入各级政府教育发展规划和财政保障范畴，按照进城务工人员随迁子女在校的人数来拨付教育经费；支持地方以普惠性幼儿园为主，解决随迁子女入园问题，推动以公办学校为主接收随迁子女接受义务教育；逐步完善并落实随迁子女在流入地接受中等职业教育免学费政策；推进随迁子女在流入地参加升学考试。(3)医疗卫生：农业转移人口及其他常住人口被纳入社区卫生和计划生育服务体系，获得基本医疗卫生服务；完善并落实医疗保险关系转移接续办法和异地就医结算办法，整合城乡居民基本医疗保险制度，加快实施统一的城乡医疗救助制度。（4）养老保险：实现基础养老金全国统筹，加快实施统一的城乡居民基本养老保险制度，落实城镇职工基本养老保险关系转移接续政策。加快建立覆盖城乡的社会养老服务体系，促进基本养老服务均等化。（5）社会救助：完善以低保制度为核心的社会救助体系，实现城乡社会救助统筹发展。（6）住房保障：把进城落户农民完全纳入城镇住房保障体系，并采取多种方式保障农业转移人口基本住房需求。

四、改革农村财税政策

正如前面讲过的那样，我国目前仍然存在的"二元税制"是导致"三农"问题日益严重和城乡经济差距逐渐拉大的重要财政制度因素之一。无论在观念上，还是在现实中，要实现真正意义上的城乡居民的社会平等，就必须改革现行税制。我国农村税费改革是从2000年开始进行的，改革采取了由点到面稳步推进的做法。改革的主要内容是：（1）取消屠宰税，取消乡镇统筹款，取消教育集资等专门面向农民征收的行政事业性收费和政府性基金；（2）逐步减少，直至全部取消统一规定的劳动积累工和义务工；[①]（3）调整农业税税率，将其上限定为7%，同时改革村提留征收和使用方法，以农业税额的20%为上限征收农村附加税，替代原来的村提留；（4）为了降低农民负担，2004年初政府又出台了减免农业税政策；（5）国家税务总局等部门还先后出台了47项具体的优惠政策，如大幅调高销售农产品的个体工商户营业税的起征点，对经营种养业和捕捞业的个体工商户或个人，实行个人所得税方面的减免等；（8）到2007年农业税征收已全部取消。受这些政策调整的影响，2004年全国农业税收入下降到200亿~240亿元；和2003年相比，全国减轻农业税负担大约220亿元，再加上取消除烟叶以外的农业特产税，2004年农民税负减轻幅度估计达到280亿元左右。[②]随着2007年农业税的全部取消，农民的财政负担逐渐降低，逆向程度从2007年的40.57%减低到了28.57%。[③]

如今，全国各地区正全面深化改革农村经济体制运行，全面落实降低农民负担的各项政策。与此同时，全国各级政府为了长期巩固减轻农民负担的政策

---

① 按照国家劳动积累制度的有关规定，每个农村劳动力每年要承担5~10个义务工和10~20个劳动积累工。
② 陈二厚. 2004年税收优惠政策使农民减轻负担280亿[EB/OL]. www.sina.com.cn，2004-12-19.
③ 张志超，吴晓忠，陈晓声. 区域差异、逆向财政机制与城乡收入差距[J]. 山西财经大学学报，2014(8).

调整成果，相继开始了与之相关的各种配套改革工作，包括乡镇政府机构改革、农村义务教育管理体制改革和县乡财政体制改革等。具体来说，未来农村财政制度的调整主要在以下几个方面展开。

第一，按照地区发展特点，逐步改革与"三农"相关的税收政策，给农民以更长时间的税收优惠。未来的税制改革不仅要以统一城乡税制为目标，而且还要根据东西部地区农业经济发展的实际差异，在改革时间上有所区别。例如，东部地区率先在取消现行农业税及其附加税的基础上，可开征地方所得税，并与农村社保体制改革协同进行；而西部地区则在取消农业税3～5年后，再跟进东部地区的税制改革。另外，农村税制改革的长期目标是：由于农业在国民经济产业链中处于较低层次，而农业中从事生产活动的农民在经济资源分配中又所处相对弱势地位，应该使既作为生产者又作为纳税人的广大农民承担相对较轻的税负，或者享受更多的税收优惠。①

第二，在进行农村税制改革的同时，重视地方财政体制改革。地方财政体制改革的最终目标是明确各级地方政府的职能范围，最大限度地减少对地方经济事务的介入，把大量的经济权利返还给市场。只有在这种财政经济环境中，各级政府的事权与财权安排也才能做到合理化。从经济效率与社会公平角度看，当前农村财政体制改革的重点有三：一是明确划分县、乡、村三级基层政府以及自治组织的事权和相应的财政支出职责，逐步将农村财政合并为一级综合财政，如合并到县级财政。二是在加强地方政权建设的同时，赋予地方政府一定条件下的税种选择权、税率调整权，以实现中央政府宏观调控下的税收适度分权。三是要完善地方财政转移支付制度，不仅要扩大转移支付的规模，而更重要的是建立稳定的、规范的地方财政转移模式。

第三，在农村税费减并过程中，加大对农民的财政援助。有关财政援助应该集中在三个方面：一是以财政支持方式帮助农村建立医疗互助保险制度，对农民中缺少劳动能力的老、弱、孤、寡者进行必要的救济，以维持这部分人群能够享有符合人类基本尊严的生活状态。②二是通过生产补贴，使广大种粮农民可以在农产品销售收入不变的情况下降低其从事农业生产的边际成本。三是通过价格补贴，使农业产品价格与工业产品价格相对变化保持一定程度上的稳定。当然，在进行财政补贴时，要注意选择合适的补贴形式。例如，如果希望刺激种粮农民的积极性，最好对他们实行定项的直接补贴。这样做，一方面能

---

① 中国长期历史经验说明，只有在"民赋少"的情况下，才能有效地做到"劝农功"，最后实现"主用足"的目的。
② 其实，早在先秦时代，我国古代贤哲就不断提醒政府要积极从事社会救济活动。例如，管子主张政府要推行"九惠之教"——老老、慈幼、恤孤、养疾、合独、问疾、通穷、振困、接绝。为此，他建议政府采取两类措施，一是部分或全部免除租税，二是通过特定财政开支予以接济。

够尽量避免非种粮农户同样享受财政补贴而增加政府财政支出的负担,另一方面又能避免间接补贴带来的各种利益外溢现象而削弱财政补贴效益。

五、通过农村城镇化加快剩余劳动力转移步伐

历史上,是工业化引起城市化,而不是相反。但是,城市化反过来促进工业化发展也是一个不容忽视的事实。这是因为城市环境总是可以产生有利于工业发展的外部经济效应:(1)人口集中在城市,企业在此建厂,可以减少选择劳动力的成本;(2)政府在为社区居民提供基础设施方面可以取得规模经济效应;(3)企业聚集城市,方便了企业间进行物资与劳动的交流,节约了生产成本;(4)城市一旦建立起来,其市场会形成巨大吸引力,使企业营销活动的成本大幅下降;如此等等。[①]正是考虑到城市化的种种利益,近些年来,中央政府、各级地方政府为推进农村城镇化进程,或是制定了一些相关政策,或者出台了一些指导性意见。按照中央政府的意图,农村城镇化的目的在于集中兴办乡镇企业和大规模转移农村人口以及节约利用现有耕地等。

但是,鉴于各地在规划小城镇建设过程中没有严格的行政程序,通常还缺少法律约束,再加上不讲究科学规划,结果出现了许多问题,如小城镇数量过多、布局不合理、人口规模过小、浪费土地现象极为严重等。失误和失败使得人们逐渐认识到,农村的小城镇建设与规划不能照搬大中城市的建设标准,要考虑自身的经济实力特点,既要着眼于未来,又要立足于当前经济社会发展需要,在为日后城镇发展预留空间的前提下,合理安排小城镇产业建设规划,为居民创造良好的生产、生活环境。以大中型中心城市为核心,以各地县城为基础,以农村小城镇为依托,建立层次分明、功能互补的城镇体系,是我国比较理想的城市化发展模式。根据这一基础模式特点,国家应当通过宏观指导,按照不同地区发展实际情况,做好中国小城镇布局、建设、发展的长期规划。比如,在长江经济带、京津冀协同发展地区等,从城镇体系的结构看来,属于城镇高度密集的地区,这里的小城镇,一般经济实力比较强,应当有更快发展。事实上,在这些地区,重点小城镇可以适当多一些,发展得快一些,以利于国家经济的整体发展。至于那些经济相对落后的中西部地区,重点小城镇的数量应当受到严格控制,以便腾出更多的经济资源优先巩固农村经济,在农村经济有了稳步提高的基础上逐渐增加小城镇建设,才会取得良好效果。

各地的重要经验说明,农村小城镇发展必须以乡镇企业的健康发展和有助

---

① 当然,城市化也有其代价,如造成交通拥挤、空气污染以及犯罪问题严重等,这些问题要求政府在刺激城市化的同时必须予以充分注意。

于其发展的市场建设为基础,因为乡镇企业发展能够为城镇化提供必要的产业支撑,而(包括硬件与软件在内的)良好的城市建设则为农村非农产业或农村工商业的成长提供各种便利。此外,按照发展经济学理论,随国家经济发展水平的提高,劳动力就会从农村迁移到城市,从农业迁移到工业、服务业。这里有两个因素在发挥作用:一是农村不利的经济因素推动劳动力向城市迁移,二是城市有利的经济因素将农村劳动力吸引过来。在这种迁移过程中,虽然城市较高的劳动工资预期发挥了重要作用,但是农村劳动力迁移规模实际上还取决于城市就业概率。在其他不变的情况下,城市就业概率越高,农村劳动力转移速度和规模就越大。换言之,单靠城乡工资差异是不足以有力吸引农村劳动力转移的,还需要政府政策的有力指导。因此,对我国政府而言,推动农村小城镇建设的政策应该与推动农业剩余劳动力转移政策一并考虑,协调设计。

基于上述认识,各级地方政府在推动非农经济发展和转移剩余劳动力过程里,应该尽量做到企业发展与市场建设同步进行。为了推动农村非农经济整体发展,地方政府要为乡镇企业发展提供各种可能的便利,如通过集体建设用地流转、土地置换等办法合理解决企业用地问题;应该按照建立现代企业制度的要求,企业通过自己独立的法人地位运营全部资产。企业与国家之间、企业与分散的股东之间,有明确的各自责任与权利,按照这个原则,积极引导乡镇企业进行股份合作制和股份制改造,明晰产权关系,通过发行股票和债券筹集资金,扩大经营规模。与此同时,政府还需关注与城市经济发展直接相关的硬件和软件建设,如致力于培育农村要素市场的成长,加快便利城乡间经济交流的交通、通信等基础设施的建设,加快金融、保险、评估、会计等第三产业的发展。此外,在小城镇建设过程中,政府还应该把改善生态环境和保护耕地结合起来,要提高居民生活质量,提高城镇土地等资源利用效率,坚持生态文明和绿色发展,如加强城镇污染综合治理,不断改善城镇环境质量,珍惜稀缺的耕地资源,尽量减少对耕地的占用并保证耕地的动态平衡。以上这些不仅是政府在依托工业化促进城镇化发展过程里必须要做的事情,而且在此过程中政府也实质性地促进了农村剩余劳动力的转移。

应该注意的是,在建设小城镇的过程中,要处理好市场与政府的关系,坚持市场配置资源,同时要发挥政府对农村的调控能力。[①]各级地方政府要按照健全公共财政体制的方向,加快政府职能的转变,如将政府的主要精力转向提供地方性公共物品或公共劳务方面,以及转向为市场主体——企业和中介组织——提供良好的发展环境方面。但是,为了缓解农村地区公共物品短缺问题,

---

① 吴晓忠. 城镇化水平及其对城乡收入差距的影响研究[J]. 内蒙古大学学报,2014(5).

可以制定税收优惠政策以鼓励民间出资参与某些特殊类型的公共物品的生产与供给。在可能的情况下，农村小城镇建设中应该始终注意充分发挥政府投资和民间投资的两种积极性。

六、按照市场规律推进农业产业化进程

我国从 1993 年提出农业产业化到现在已经 20 年有余了，农业产业化有了长足的发展，但各地在总体发展上不平衡，即使在同一地区，不同农产品的产业化程度也有较大差异。就整体发展水平看，我国农业产业化依然处于初级水平：从事农产品加工的大型企业数量较少，而处于同一竞争水平上的中小企业又太多；现代科技要素在农业生产、加工与销售各个环节中的含量不高，导致农产品粗加工多而深加工少以及产品附加值偏低；虽然农产品出口数量连年提高，但是高附加值的出口产品在国外市场所占份额较小，而有重要影响的名、特、优产品则更少；此外，还存在农业产业化、组织化程度较低的问题。

要在较短时期内改变上述状态，比较有效的办法就是促进农产品国际贸易的发展。因为按照世界贸易组织的有关规定，2025 年之前各国农业贸易要基本实现以下具体目标：把农产品贸易中的非关税壁垒改为关税壁垒，按照"限制性"关税税率要求把农产品关税率定于（或低于）所要求的水平，对农产品出口补贴与国内补贴规定一个最高值限制。按照这些目标促进农产品贸易可能会给我国农业发展带来短期不良影响，但是这一过程既给政府也给农民带来压力。对政府的压力是促进提高国内劳动力市场的灵活性，并加强社会保障机制；而对农民的压力是发展规模化、专业化生产，多渠道降低生产成本，提高产品质量，发展农产品加工业的产业链条，最大限度开发海外市场。

为了使我国顺利摆脱因农产品贸易改革而进行的农业产业化给农村经济、农民福利带来的短期不利影响，各级政府在端正农业产业化发展的基本思路外，还要加强各级政府对农业产业化发展的政策指导，主要从以下几个方面展开。

第一，政府可以从多方面为农业产业化提供条件。例如，通过建立农业生产要素市场和农产品销售市场，培育农民自己的或是代表农民利益的市场中介组织，同时加强市场配套建设，为农业产业化经营提供市场条件。又如，政府可通过贴息、担保等方式鼓励各行各业直接和农户签订信贷合同，以贷款补贴和付货款等方式把资本投向农业；在税收上，对加盟农业产业一体化的公司给予一定的所得税减免，实行政策倾斜，为农业产业化经营提供良好的资金条件。再如，政府主动改革现有的条块分割的管理体制，改变生产、加工和销售脱节的现象，打破行业、所有制和区域界限，促进多种生产要素合理流动，为农业

产业化经营提供良好的行政管理体制条件。

第二，支持产业化龙头企业的发展。农业产业化中龙头企业的特点是资金雄厚、技术先进、规模大、信息渠道广，因而能较好地抵御市场风险，有竞争优势。农业产业化的发展，离不开龙头企业强有力的带头作用，尤其是在龙头企业与广大农户之间结成风险共担、利益均沾的经济利益共同体的情况下，农业产业化运动将会以前所未有的规模予以推进。政府在鼓励龙头企业与广大农户结成利益共同体方面，重要的是注意培育、完善这类利益共同体内部的利益分配机制。这种利益分配机制的稳定性，除了通过农产品收购保护价、承贷转贷、系列化服务、建立共同的风险基金制度等多种形式获得外，还需要政府通过行政、法律手段予以保护。政府在特定法律框架下，在平等保护"龙头企业"和农户各自利益的前提下，应该鼓励"龙头企业"返还一定的利润以反哺农业。①

第三，建立和健全农村社会化服务体系。为了推进农业产业化经营，应该建立起多层次、全方位的社会化服务体系。首先，由政府出面，建立一个统一的农业产业化服务机构，强化对农业产业化的信息服务。其次，发展企业化经营的服务体系，主要从事农业机械、化肥农药、种子、农膜等农业生产资料的供应以及从事农产品的运销加工等。再次，农民可在自愿基础上建立各种农协组织，保护农民自身利益，共同对抗商业垄断组织的不正当竞争，政府应给予一定的扶持，从而壮大农协组织，完善农业社会化服务体系，推动农业产业化的发展。最后，积极发挥供销合作社组织服务农业产业化的重要作用，组织农民兴办专业合作社，使之成为农业产业化的主要载体和供销社新的经济增长点。

第四，大力提高农业科技水平。农业产业化经营要以技术进步为先导，没有农业技术进步，农业产业化经营就达不到预期目标，就无法实现农业增长方式的转变。因此，要大力提高农业科技水平，发展高效农业，实现产业化发展。我国许多农产品价格高于国际市场，而农产品质量却低于别国水平，其根本原因就在于我国农业现代化程度不高，农产品科技含量低。所以提高农业科技水平，使我国农业朝着无公害、标准化、现代化方向发展，是我国农业发展当务之急的大事。一方面，各级财政要加大农业科技的投入，建立健全农技推广体系，使农业科技成果尽快转化为生产力。另一方面，要依靠社会力量尤其是龙头企业带动农业科技的发展，引进、吸收世界先进的农业科技成果，还要制定一些优惠政策，鼓励和扶持工商企业参与农业的科研和开发活动，鼓励企业实行贸工农、经科教一体化。

---

① 一般来讲，在农业产业化中，龙头企业对农产品的数量、质量和规格等要求较高，农民要比在正常情况下生产投入更多的资金，付出更大的劳动，这些劳动形成的价值中有相当一部分转化为了龙头企业的利润。

七、加强人力资本投资，消除"低素质障碍"

一般来说，国民教育至少可以在以下方面改善国民的基本素质：（1）教育使个人提高获取与运用信息的能力，从而深化对自身和对世界的了解。（2）通过教育过程人们可以增加知识和经验，从而优化个人作为消费者、生产者以及国家公民所应做出的各种选择。（3）教育可以提高人们的生产力，从而使个人更好地实现自己和家庭的各种欲望，增加不断改善生活质量的可能性。（4）教育提高了人们的信心与创造能力，从而增加取得个人和社会成就的机会。

但是，现阶段我国农村基础教育相对较差，具体表现在财政投入不足、学校布局不合理以及教师资源配置不平衡等方面。正是因为教育落后，造成农民对新技术、新知识的接受能力普遍较低，对市场经济还停留在模糊的认识水平上，对农业产业化、市场化缺乏必要的思想和物质准备，法制观念不强，一些封建迷信思想和陈规陋习还根深蒂固，严重影响了农村经济发展和社会稳定。

随着全球化进程的推进，农业的国际竞争将日益激烈，农业领域的国际竞争在根本上是农民素质的竞争。可见，提高农民素质不仅是农业增效、农民增收的前提，而且也是改善我国经济整体国际竞争力的关键因素之一。为增加农村人力资本投资，消除影响农业经济发展的"低素质障碍"，各级政府必须从战略高度采取切实可行的措施：第一，改革农村教育体制，加强农村基础教育。为此国家教育部已经做出多项承诺：（1）巩固"以县为主"的农村义务教育管理体制；（2）落实"保障教师工资、保障校舍安全、保障学校运行"的"三保"政策；（3）杜绝中小学乱收费；（4）以就业为导向发展农村职业教育，以农民培训为重点大力开展农村成人教育；（5）推进农村中小学教师人事制度改革，充分利用现代远程教育手段对教师开展继续教育；（6）开展经济发达地区与中西部地区的对口帮扶，加大对农村贫困学生的资助力度。第二，在发展农村教育方面，政府在对基础教育设施进行更多的投资，以确实保证小学教育普及的前提下，应该更多地依靠私人出资办教育，特别是办职业教育、中等教育。这样做，一方面有利于政府集中精力搞好基础教育，另一方面有助于迅速解决现有公办学校不能满足劳动市场对特殊技术人才的需求日益增加等问题。

第三，加大对文化事业的投入。在有条件的乡村设立文化图书馆，使农民的知识与时代同步。在农村倡导知识就是力量、知识就是荣誉、知识就是财富的思想，向农民输送有关市场经济和生产技能方面的知识和信息。同时，转变社会上那些歧视农民的观念，给农民以平等的"公民"待遇，扩大农民就业，吸引农民进城，使农民接受城市文化熏陶，培养其健康的现代人格。倡导新思想、新观念、新风尚,以各种形式宣传农村改革开放的新成就,移风易俗,弘扬健康向上的民族文化和传统美德,打击黄、赌、毒行为,净化农村文化市场,提高农民思想素质。

八、加强生态环境建设,保障农业可持续发展

1987年联合国通过了世界环境与发展委员会提出的关系到人类社会未来发展的划时代的纲领性文件——《我们共同的未来》。在这个文件里,详细地阐明了可持续发展的内涵。健康的经济发展应建立在生态可持续能力、社会公正和人民积极参与自身发展决策的基础上;可持续发展所追求的目标是,既要使人类的各种需要得到满足以及个人得到充分发展,又要保护资源与生态环境不对后代人的生存和发展构成威胁。

要实现可持续发展目标,经济上要求合理、有效、节约地使用资源,各类生产活动要以无损于生态环境为前提。这就需要改变传统的经济增长方式,努力控制环境污染,避免经济发展以环境恶化为代价。另外,还要长期坚持改善环境质量的工作,保持地球生态的完整性,使人类发展保持在地球承载能力之内。然而,我国以往在经济发展过程中不但长期忽视生态环境建设,而且人为破坏生态环境问题严重,如滥砍滥伐、过度放牧,以致国土荒漠化快速扩展直接威胁到城乡人民的生存空间。尽管最近几年各级政府加大了生态环境的治理力度,并在中央指导下实施了退耕还林、还草、还湖政策,但从目前的治理情况和治理效果看,我国生态环境问题依然严峻,实现可持续发展任重道远。因此,合理开发利用资源,保护生态环境,发展持续农业,促进农村经济的发展,是我国实现农业现代化的重要决策,对我国农业和农村可持续发展具有重要的战略意义。

有关专家认为,农业可持续发展至少应该做好两件大事:第一,保持水土,走生态农业道路。保持水土的重点是提高森林覆盖率,为此要调整林工企业的主营方向,变伐木为营林,有计划地停止天然森林的采伐,切实保护大江大河上游的森林植被。同时加快小流域综合治理,加强水源涵养和水土保持工作,不断改善农业生态环境。在此基础上,通过科技进步,坚持农业可持续发展战略,走生态农业道路,禁止毁林毁草开荒和围湖造田,从而增加湖泊调蓄洪水的能力,加强环境自然净化的功能,保护湖泊鱼类资源,同时,进一步重视治理草原退化、沙化和碱化的问题。第二,搞好农业的综合开发利用,提高农业的综合生产能力。从我国经济发展的长远战略角度来看,单纯对现有的耕地进行保护是不够的,必须有一个相当数量的土地储备。这就要求在现有耕地的基

础上,在严禁对土地进行掠夺式、破坏式开发的前提下,采用先进的农业技术,改善经营方法,提高单位土地面积的产出率。农业资源除了耕地以外,还有大量的森林资源、水资源、草原、海洋和滩涂资源等,要进行农业综合开发,促进农林牧副渔业共同发展,这样才有利于促进农业结构与农业自然资源的优化配置,进一步提高资源利用效率和农业综合生产能力。

综上所述,"三农"问题的核心是农民问题,解决"三农"问题的关键是要不断增加农民收入,缩小城乡之间、地区之间的收入差距。按照市场规律推进农业产业化的发展进程并调整不合理的农村产业结构以及通过城镇化来加快剩余劳动力的转移,是增加农民收入、实现农业和农村经济现代化的根本出路;为了解决农民增收问题,也为了保证农民的长期利益和农业的持续发展,改革土地所有制和完善土地管理制度是实现上述目标的基础;我们还要看到,形成一个适合中国未来社会经济发展的人口管理模式以及公平合理的税收财政体制,才能实现真正意义上的城乡居民的社会平等。当然,在相当长的一段时间内,我国农民的家庭纯收入仍然要以来自农业的收入为主[①],因此提高农业的生产经营效益是增加农民收入的重要努力方向,政府要增加对农村基础设施建设的投入,深化农产品流通体制改革,加快农业科技创新和体制创新,提高我国农产品的附加价值和市场竞争力,但要注意避免农业发展以环境恶化为代价,坚持走农业可持续发展的道路。同时,随着农业经济的发展和国际交流的紧密合作,农民素质的高低在农业领域的国际竞争中显示出越来越重要的作用,因此要增加对农业人力资本的投资,消除影响农业发展的"低素质障碍"。上述政策的落实将使我国的农业、农村、农民在市场经济中不断迸发出新的活力,成为国民经济发展的重要力量。

---

① 农户家庭纯收入主要有工资性收入、经营净收入、财产净收入和转移净收入等。近年来,农户家庭纯收入来源渠道多样,且家庭经营净收入占比呈不断下降趋势,根据国家统计局公布数据显示:农户家庭经营净收入所占比重已由2000年的63.33%下降到2014年的40.40%。

第七章　深化改革时期的社会保障政策

社会保障政策是各国政府目前所关心的最重要的公共政策领域之一。我国是在1986年六届人大四次会议通过的第七个"五年计划"中首次使用"社会保障"一词，并开始着手建立中国的社会保障制度。这些年来，随着经济、社会的发展以及人民生活水平的提高，社会保障的受关注程度也在不断提高。这是因为：第一，社会保障制度关系到每一个人的生、老、病、死、残、就业、失业等方面的切身利益。人们都希望政府制定一些能够提高自己福利水平的社会保障公共政策，民众会通过各种渠道反映自己对于这类公共政策的诉求，从这一层意义上来讲，涉及社会保障的公共政策的出台应该更加科学、合理；第二，一个成熟的社会保障制度将向社会各阶层提供一个安全网，这对经济发展、社会发展、社会稳定具有重要的作用；第三，社会保障制度关系到一国政府对于其国民基本生存权、发展权、自由权的保障程度，从政治的角度来讲，这一点更重要，因为它涉及一国人权问题，如果不能很好地处理这个问题，就会成为不重视人权的重要证据，从而在国际社会中处于不利地位。

第一节　社会保障制度：从普惠福利到公平正义

社会保障制度的重要意义在于，由国民共同创造的财富所生成的公共福利与基本权利在国民中平等分配。完善的社会保障制度既是经济进一步发展的关键动力，又是促进个体全面发展的重要激励。因此，现阶段，处于深化改革时期的中国社会保障制度，应以社会的公平正义为核心追求，以此理念为基础，推进各个领域的制度变迁与全面改革。

第七章　深化改革时期的社会保障政策

一、社会保障制度的概念

现代社会保障制度产生于 19 世纪下半叶，距今已有一百多年的历史。经过一个多世纪的发展，目前世界大多数国家已逐渐建立了较为完整的社会保障体系。现代社会保障制度就其内容而言，不仅包括养老、医疗、失业、工伤、生育等社会保险项目，还包括社会福利、社会救助、优抚安置等保障项目，并且其保障范围还在不断扩大。国际劳工组织将由国家财政收入资助的补助金、家属补助金、储备基金、雇主规定的补助年金以及围绕社会保障而发展的辅助性或补充性计划等也都归并到社会保障制度中来，从而使这一制度的内容更加丰富。

在我国，关于社会保障的概念学术界主体上有以下几种意见：一是将社会保障定义为国家和社会通过国民收入分配及再分配依法对社会成员的基本权利予以保障的社会安全制度；二是将社会保障定义为以社会的力量保证社会全体成员至少达到最低生活水平而形成的分配关系；三是将社会保障解释为国家和社会根据法律对由于社会和自然等原因造成生活来源中断的社会成员给予一定的物资帮助，从而保证其依法赋予的基本生活权利，是维系社会稳定的社会安全制度；四是认为社会保障是国家和社会根据一定的法律和规定通过国民收入再分配对社会成员的基本生活权利予以保障的一项重大社会政策；五是社会保障是以社会的力量保证全体社会成员至少都能达到最低生活水平而形成的一种保障制度，其确切的内涵可以表述为社会保障是社会成员面临暂时或永久丧失工作能力、失去工作机会以及收入不能维持必要的生活水平等情况时，由政府负责以依靠社会力量所筹集资金对其提供必要的生活保证。

总结这些基本观点，简而言之，社会保障是国家和社会通过立法对国民收入进行再分配，对公民在暂时或永久丧失劳动能力以及由于各种原因生活发生困难时给予一定的物质帮助，保障其基本生活需要的一系列有组织的措施、制度和事业的总称。其基本特点是：（1）其实施主体是国家或政府。政府是具体执行国家权力的行政机构，对社会成员的基本生活实施保障是国家和政府不可推卸的职责，也只有国家才能通过国民收入再分配对全社会实行生活保障。（2）其目标是满足公民的基本生活需要。社会保障是基于生存权这一人的基本权利对处于困境中的社会成员给予生活保障，以保障其基本生活需求为目标。所以，社会保障应能使社会的每个成员达到维持生存所需的生活标准。（3）其实施是以立法为依据。由于社会保障是一种以稳定社会关系为目的的利益调节行为，它的资金提供者与直接受益者往往是分离的，其实施必须借助于强制性的法律和行政手段,否则社会保障的运作就会失去它自身的保障。现代社会是法制社会,市场经济是法制经济,现代社会保障是以健全的法律体系为支撑的,必须以法律形式规范企业和职工个人的权利与义务、各项社会保障费缴纳比例及保障津贴给付标准的确定与调整、社会保障职能机构的设置、编制、职能、责任与工作程序、各种社会保障基金的管理与投资运营的原则和办法、社会保障管理费的提取比例、使用范围与开支办法等,使社会保障运作制度化、规范化。

由于世界各国的政治制度、经济发展、社会背景、文化传统、价值取向、民族特点、实行社会保障制度的时间长短、占统治地位的政党和政府所持的态度不同,各国社会保障的内容和范围存在着差异。我国的社会保障体系包括社会保险、社会福利、优抚安置和社会互助、社会救助和住房保障、个人储蓄积累保障等,其中社会保险是社会保障体系的核心部分,具体包括养老保险、失业保险、医疗保险、工伤保险和生育保险。

二、社会保障的基本目标:普惠福利

威伦斯基和李宾士在《工业社会和社会福利》一书中将福利进一步划分为补缺型福利和制度型福利。一般来说,补缺型福利是为无法自助者提供的临时性和补偿性的社会救助,而制度型福利强调国家对于个人的福利需求有不可推卸的责任,应通过法律和制度体系提供个体所需的福利。[①]在制度型福利的基础上,普惠型福利更加强调"普"的概念,是以法律制度作为保障的普遍型福利。从对以上两个概念的分析中,可以总结出普惠型福利的基本含义,即以全体国民为对象、以法律制度为保障、以公共财政为支撑的社会福利体系。在此基础上,社会保障作为广义社会福利的组成部分,普惠是其基本特性。普惠型的社会保障的基本含义是全体国民基于宪法精神而享有的社会保障权益,其落脚点是"全体",即将全体国民都纳入社会保障体系内部,享有社会保障权益,原因在于作为个体老年、疾病、工伤、失业、生育等风险的分担机制与化解机制,公共性的社会保障制度应为每一个风险主体提供保护。

普惠型的社会保障具有以下典型特征:一是服务对象的全民性。这是社会保障的核心属性,因此建立全民基础养老保险、全民基本医疗保险以及劳动年龄人口的工伤保险、失业保险和生育保险是普惠型社会保障的基本目标,以保障个体拥有国民身份附加的社会保障权利。二是义务主体和资金来源的多样性。以全民为服务对象的社会保障体系具有社会性和公共性的双重特点,因此其义

[①] 周沛,管向梅. 普惠型福利视角下城市高龄者养老社会化服务体系研究[J]. 东北大学学报,2011(4):323-327.

务主体也包括这两个方面,即作为首要和最终义务主体的国家、作为雇主的企业、公司等营利组织、承担部分社会保障功能的非营利组织、个体。①相应的资金来源也由公共财政、企业和个人缴费、社会捐助等构成。三是保障手段的法律性。社会保障权作为公民资格的组成部分之一,反映的是公民在国家中的基本法律地位,是公民在社会生活中的必需权利。因此,以法律作为普惠型社会保障权的依据,是国家对公民身份的承认,也是公民权利让渡的自然结果。

近年来,我国社会保障体系建设步伐加快,基本完成了由补缺型向普惠型的转变,已经不同程度地惠及绝大多数城乡居民。建成了包括城乡养老保险、城乡医疗保险、工伤保险、失业保险、生育保险在内的各项制度,其中养老保险和医疗保险已经趋近于普惠程度,而工伤保险、失业保险、生育保险参保面较小,覆盖范围较窄,距离普惠的目标较远,也是深化改革时期构建普惠型社会保障体系的主要工作。

三、社会保障的道德基础:社会公正

社会保障的道德基础就是人类在追求效率的同时,没有忘记对公平、公正的追求。社会发展中公正的偏失就是社会保障制度改革的根本原因。正如科尔奈(J. Kornai)和翁笙和(K. Eggleston)所言:"将没有足够的钱(国库是空的或者存在着严重的预算赤字)作为改革卫生部门(或者更一般地说,福利部门)的主要证据,都是错误的。如果经济发展成功地解决了预算赤字问题,是否就意味着没有必要改革福利部门了呢?如果那样的话,那么由于货币紧缩而取消已经采取的措施是比较理想的甚至是可行的吗?"②

怎样的一个社会是公正的?或者说评价社会公正的标准是什么?森(A.Sen)将现有的社会公正标准分为三类。第一类是边沁(J. Bentham)、马歇尔(A. Marshall)和庇古(A. C. Pigou)为代表的功利主义标准。这是19世纪以来最有影响力的社会公正理论,它评价社会公正的标准是社会中个人福利总和的大小。在一个体现社会公正的社会中,其效用总和为最大,而在一个不公正的社会中,其效用总和明显低于应该达到的水平。第二类是以诺兹克(R. Nozick)和哈耶克(F. A. Hayek)为代表的自由至上主义标准。他们认为财产权等各项权利具有绝对优先的地位,人们行使这些权利而享有的"权益",不能因后果而被否定,不管那后果多么糟糕,社会公正不过是幻想而已,作为社会

---

① 郭曰君. 社会保障权研究[M]. 上海:上海世纪出版集团,2010:80.
② [匈]雅诺什·科尔奈(J. Kornai),[美]翁笙和(K. Eggleston). 转轨中的福利、选择和一致性:东欧国家卫生部门改革[M]. 北京:中信出版社,2003:14.

评判标准的唯一有价值的东西是法治所定义的正义。第三类是以罗尔斯（J.Rawls）为代表的正义标准。罗尔斯指出，每个人都应平等地拥有最广泛的基本自由权，社会分配在个人之间的差异以不损害社会中境况最差者的利益为原则，社会机会和职务向所有人开放。与这三类标准相对应，森则将自由作为社会公正的首要目的，社会的发展就是在不断扩大人们所享有的真实自由的过程，同时，自由也是发展的主要手段，政治自由（表现为言论民主和自由选举）有助于促进经济保障，社会机会（表现为教育和医疗保健）有利于经济参与，经济条件（表现为参与贸易和生产的机会）可以帮助人们创造个人财富以及用于社会设施的公共资源。①

基于森的这些观点，一个公正的社会可以使得其成员平等地拥有以下权利：（1）基本的政治权利，包括选举权、迁徙权、言论权等基本的自由权利；（2）基本的生存权利，包括维持生存和人类再生产的基本物质条件、基本的卫生保健和基本的安全保障；（3）基本的发展权利，包括接受基础教育、平等地进入市场等。对这些权利的不断追求，构成了人类社会发展的主线。然而现实生活中，由于市场机制、地区差异、制度差异等造成某些社会成员不能拥有其中的某些权利。为此，政府应该通过自己对社会生活的调整来纠正公正的偏离。

各国政府在维护民众基本生存权的一个普遍的做法就是建立一个社会保障的安全网。社会保障制度的实施，使得社会成员不会因为失业、疾病、年老而生活没有保障，社会的弱势群体不会因为收入低下而失去生存的权利。构筑起社会生存安全的保障线，是顺应人类文明和人性发展的起码的社会福利要求，也是儒学思想的体现。它的本质就是一种关怀的伦理学，它所向往的圣人境界就是博施于民而又能济众，是一种天下为公、大道之行的人人其乐融融的理想状态。

第二节 我国主要社会保障政策的现状分析

从转轨时期到深化改革时期，我国社会保障政策取得了重大的进步，这集中体现在社会保险、社会救济等各个方面。

---

① 国务院发展研究中心"完善社会主义市场经济体制"课题组. 完善社会主义市场经济体制研究报告之二十一[N]. 中国经济时报，2003-8-11.

第七章　深化改革时期的社会保障政策

一、社会保险制度的发展现状

社会保险制度是我国社会保障制度的主体，也是最为重要的内容。它是以国家为主体，通过立法手段，设立保险基金，当劳动者在年老、患病、生育、伤残、死亡等暂时或永久丧失劳动能力以及失业中断劳动而失去收入来源时，由社会给予其物质帮助和补偿的一种社会保障制度。我国社会保险主要包括养老保险、医疗保险、失业保险、生育保险、工伤保险等。

1. 养老保险制度

经过多年的发展，我国已经基本形成由国家、企业、个人三方共同负担，基本养老保险与企业补充养老保险和职工个人储蓄性养老保险相结合的多层次的养老保险体系。

（1）第一支柱：基本养老保险

第一，城镇职工养老保险制度的新发展（2004年至今）。2005年的《国务院关于完善企业职工基本养老保险制度的决定》明确个人基本养老保险账户由本人缴费工资的11%调整为8%缴费，全部由个人缴费形成，单位缴费不再划入个人账户，明确了完善城镇职工养老保险制度的基本任务，即确保基本养老金按时足额发放，保障离退休人员基本生活；逐步做实个人账户，完善社会统筹与个人账户相结合的基本制度；统一城镇个体工商户和灵活就业人员参保缴费政策，扩大覆盖范围；改革基本养老金计发办法，建立参保缴费的激励约束机制；根据经济发展水平和各方面承受能力，合理确定基本养老金水平；建立多层次养老保险体系，划清中央与地方、政府与企业及个人的责任；加强基本养老保险基金征缴和监管，完善多渠道筹资机制；进一步做好退休人员社会化管理工作，提高服务水平，为养老保险制度的发展打下了坚定的制度基调，同时为中国养老保障政策的发展指明了基本方向。以此为基础，为保障企业离退休职工基本养老金能够按时足额发放和提高基金使用效率，2007年财政部和劳动与社会保障部共同制定了《企业职工基本养老保险省级统筹标准》，从制度、缴费、待遇、基金使用等方面为省级统筹的推进提出了基本要求。为适应人口流动性增加的客观环境和维护流动人口的社会保障权益，在2009年的《城镇企业职工基本养老保险关系转移接续暂行办法》中，明确了跨省转移的参保者的资金计算办法，并对待遇领取、农民工问题等进行了明确的规定。国家发展和改革委员会在《关于2010年深化经济体制改革重点工作的意见》中进一步提出要全面实施城镇企业职工基本养老保险关系转移接续制度，并研究解决城镇集体企业职工、退休人员及城市无收入老年居民养老保险问题。在《关于2012

年深化经济体制改革重点工作的意见》中又提出要加快研究城镇企业职工基础养老金全国统筹方案的目标，并在《关于2013年深化经济体制改革重点工作的意见》中进一步予以明确。从国家的一系列文件可以看出，养老保险的深化改革在确定制度基本构架的前提下，遵循着转移接续、省级统筹、全国统筹的路线图，这也是由我国在各个阶段面临的客观实际所决定的。根据国家统计局发布的2015年国民经济和社会发展统计公报，截至2015年底，全国参加城镇职工基本养老保险人数35361万人，比上年末增加1236万人，企业退休人员基本养老金调整工作基本落实到位。

第二，城乡居民养老保险制度的新发展。鉴于新型农村养老保险和城镇居民养老保险的相似处以及近年来发展的覆盖率情况，2014年2月26日国务院发布《国务院关于建立统一的城乡居民基本养老保险制度的意见》，在总结新型农村社会养老保险和城镇居民社会养老保险试点经验的基础上，国务院决定，将新农保和城居保两项制度合并实施，在全国范围内建立统一的城乡居民基本养老保险制度。目前西部地区只有重庆、陕西、宁夏、内蒙古、甘肃五省（自治区、直辖市）将城乡居民养老保险制度实施了整合。2015年底，全国已基本实现新农保和城居保制度的合并实施。新的制度变化在于：①统一制度名称，合并后统一称为"城乡居民基本养老保险制度"；②统一政策标准，原来新农保、城居保对每年缴费标准分别设置了5个档次和10个档次，这次统一制度归并为100元至2000元12个档次，这使城乡居民缴费有了同等的自主选择权，长缴多得，无论在哪缴费，个人账户都终身有效；③统一管理服务，科学整合现有社会保险经办管理和其他公共服务资源，建立健全统一的城乡居民养老保险经办机构，将新农保基金和城居保基金合并为城乡居民养老保险基金，逐步推进省级管理，按国家统一规定投资运营；④统一信息系统，整合现有新农保和城居保业务管理系统，形成省级集中的城乡居民养老保险信息管理系统，大力推行全国统一的社会保障卡，并与其他公民信息管理系统实现信息资源共享；⑤累计满15年即可享受待遇。即16岁到60岁之间，有15年的缴费期即可。国家统计局数据显示，截至2015年底，参加城乡居民基本养老保险人数50472万人，比上年度增加365万人。

至此，我国形成了城镇职工养老保险、城乡居民养老保险二险分立但衔接共存的基本养老保险体系。2016年的政府工作报告提出，要建立健全更加公平更可持续的社会保障制度，积极应对人口老龄化。"十三五"规划指出，截至2015年，我国基本养老保险参保率为82%，到2020年将提升至90%。

（2）第二支柱：企业年金制度的新发展

2004年正式发布《企业年金试行办法》和《企业年金基金管理试行办法》，

将企业年金界定为由企业及其职工自愿建立的补充养老保险制度,所需费用由企业和职工共同缴纳,实行完全积累,采用个人账户方式进行管理。同年颁布的《企业年金基金管理机构资格认定暂行办法》对基金投资管理的受托人、账户管理人、托管人和投资管理人的资格认定提出了明确的标准和条件。2005年的《关于企业年金方案和基金管理合同备案有关问题的通知》进一步对相关问题进行规范。2011年开始实行修订后的《企业年金基金管理办法》。2013年,企业年金得到了较快的发展,多个政策性文件相继出台,为其健康、快速发展提供有力支持,如《关于扩大企业年金基金投资范围的通知》《人力资源社会保障部、民政部关于鼓励社会团体、基金会和民办非企业单位建立企业年金有关问题的通知》《关于企业年金职业年金个人所得税有关问题的通知》等,从多个方面开拓企业年金发展的新局面。截至2015年第二季度,建立企业年金计划的企业为74797个,比2014年第一季度增加6473个,积累基金8862.86亿元,比2014年增加2556.48亿元。

(3) 第三支柱:个人商业养老保险的新发展

作为养老保障体系中的三支柱之一,个人储蓄型的养老保险对于提高个体老年生活质量方面有着重要的意义,是多层次养老保障体系的重要组成部分。近年来,多项政策文件也通过不同的方式支持个人商业保险的发展。2006年的《关于保险业改革发展的若干意见》(旧"国十条")指出要积极发展个人、团体养老等保险业务,但并未提出具体的发展方向,对个人商业保险影响重大的税收优惠政策也未明确规定。2014年公布的《关于加快发展现代保险服务业的若干意见》(新"国十条")则明确指出要推动个人储蓄性养老保险发展,开展住房反向抵押养老保险试点,并适时开展个人税收递延型商业养老保险试点,这也是国际社会通行的做法。

2. 医疗保险制度

我国当前的医疗保险由城镇职工医疗保险、城镇居民医疗保险、新型农村合作医疗、大病保险组成。

(1) 城镇职工基本医疗保险制度的新发展

在《医药卫生体制改革近期重点实施方案(2009—2011年)》中提出要扩大基本医疗保障覆盖面。三年内,城镇职工基本医疗保险参保率均提高到90%以上,并在两年内将关闭破产企业退休人员和困难企业职工纳入城镇职工医保,要积极推进城镇非公有制经济组织从业人员、灵活就业人员和农民工参加城镇职工医保,政府对符合就业促进法规定的就业困难人员参加城镇职工医保的参保费用给予补贴。2011年城镇职工医保基本实现市(地)级统筹。《深化医药卫生体制改革2014年重点工作任务》将加快提高基本医保统筹层次列为工作重点,鼓励实行省级统筹,并启动国家级结算平台建设试点。

(2)城镇居民医疗保险的新发展

城镇居民基本医疗保险的关键发展始于《国务院2007年工作要点》,并在随后的《关于开展城镇居民基本医疗保险试点的指导意见》中对相关事项进行了规定,明确城镇居民基本医疗保险以家庭缴费为主,政府给予适当补助。参保居民按规定缴纳基本医疗保险费,享受相应的医疗保险待遇,基金重点用于参保居民的住院和门诊大病医疗支出,有条件的地区可以逐步试行门诊医疗费用统筹。后续的工作重点主要以扩大覆盖面、扩大报销比例与范围、完善报销制度为主。《医药卫生体制改革近期重点实施方案(2009—2011年)》指出,在2009年要全面推开城镇居民医保制度,将在校大学生全部纳入城镇居民医保范围,2011年城镇居民医保基本实现市(地)级统筹。2009年的《关于开展城镇居民基本医疗保险门诊统筹的指导意见》鼓励有条件的地区逐步开展城镇居民基本医疗保险门诊统筹工作,并于2011年普遍开展了居民医保门诊统筹工作。《医药卫生体制五项重点改革2010年度主要工作安排》中进一步将各级财政对城镇居民医保的补助标准提高到每人每年120元。《深化医药卫生体制改革2015年重点工作任务》将扎实推进全民医保体系建设、筑牢群众看病就医保障网作为下一步的工作目标予以明确,同时将城镇居民医保和新农合人均政府补助标准提高到320元,个人缴费标准提高到人均90元。

(3)新型农村合作医疗制度的新发展

2003年国务院决定开展建立新型农村合作医疗制度试点,至今已达11年。《卫生事业发展"十一五"规划纲要》提出,到2010年要在全国普遍建立比较规范的新型农村合作医疗制度和县、乡、村三级医疗卫生服务体系,初步解决农村公共卫生和农民看病就医问题。2010年新农合参保人数已达8.36亿人。国家始终将新型农村合作医疗制度的发展与完善作为卫生体制改革的重点工作。《"十二五"期间深化医药卫生体制改革规划暨实施方案》提出了到2015年城镇居民医保和新农合政府补助标准提高到每人每年360元以上、政策范围内住院费用支付比例达到75%左右、门诊统筹覆盖所有统筹地区且支付比例提高到50%以上的政策目标,《国家基本公共服务体系"十二五"规划》《社会保障"十二五"规划纲要》也做出了相应的要求。至2015年,新型农村合作医疗的各级财政人均补助标准已经提高到380元。

(4)城乡居民大病保险制度的新发展

鉴于城乡居民基本医疗保障水平较低的现实背景,2012年《国务院关于印发"十二五"期间深化医药卫生体制改革规划暨实施方案的通知》中首次明确提出,要探索建立重特大疾病保障机制,积极探索利用基本医保基金购买商业大病保险或建立补充保险等方式,有效提高重特大疾病保障水平。在随后的《关于开展城乡居民大病保险工作的指导意见》中对筹资标准、保障内容、承办方式等内容做出了具体的规定。在《深化医药卫生体制改革2014年重点工作任务》中将健全重特大疾病保障制度列为下一阶段的重要任务,提出要在全国推行城乡居民大病保险,并规范委托商业保险机构承办。

3. 失业保险制度

在我国目前实行的五项社会保险中,失业保险是国务院最早出台条例的险种,也是起步较早、运行比较规范的社会保险项目。2006年我国在部分省市开展了扩大失业保险基金支出范围的试点工作,使失业保险基金用于职业培训补贴、职业介绍补贴、社会保险补贴、岗位补贴和小额担保贷款贴息支出等。在2008年的《关于做好当前失业保险工作有关问题的通知》中,提出要完善省级调剂金制度。《关于进一步提高失业保险统筹层次有关问题的通知》(2010)将工作重点确定为在设区的市实行基金全市统筹,有利于增加失业保险基金的调剂能力,促进失业保险制度应有功能的发挥。在相关政策法规的推动下,2010年失业保险的参保人数达到13376万人,2005年仅为10648万人,增长率达25.6%。2012年的《国家基本公共服务体系"十二五"规划》提出,要完善失业保险制度,健全失业保险待遇正常调整机制,研究建立失业保险关系转移接续机制。2013年末全国参加失业保险人数为16417万人,比上年末增加1192万人。2014年《关于进一步做好为农民工服务工作的意见》提出要推动农民工与城镇职工平等参加失业保险,扩大了失业保险的风险分担范围,弱化了农民工的失业风险。

4. 工伤保险制度

我国的工伤保险制度的新发展始于2003年的《工伤保险条例》,该条例以及相近出台的《工伤认定办法》(2003)、《职业病诊断与鉴定管理办法》(2002)、《因工死亡职工供养亲属范围的规定》(2003)等一系列的政策法规,成为维护劳动者合法权益、分担用人单位工伤风险的有效途径,参保人数和享受工伤保险待遇的人数都大幅增加。2010年出台的《社会保险法》为工伤保险制度的发展提供了法律依据,为违法行为的惩处提供了有利的支撑。同年公布实施的新《工伤保险条例》进一步扩大了工伤保险的适用范围,调整了工伤认定的范围,简化了工伤处理程序,提高了工伤待遇标准,增加了工伤保险基金的支出项目,减少了停止享受工伤保险待遇的情形,规定了工伤保险基金先行支付和追偿制度,规定了第三人侵权的工伤医疗费用支付,明确了工伤保险基金的统筹层次,即逐步实施省级统筹。①在相关政策法规的推动下，2010年工伤保险的参保人数达到16161万人，2005年仅为8478万人，增长率达90.6%。2012年的《国家基本公共服务体系"十二五"规划》提出要健全预防、补偿、康复相结合的工伤保险制度，完善差别费率和浮动费率办法，适度提高待遇水平；将国有企业老工伤人员全部纳入工伤保险统筹管理；充分利用现有医疗和康复资源，加强工伤康复基地建设。2014年的《关于进一步做好为农民工服务工作的意见》提出，要努力实现用人单位的农民工全部参加工伤保险，着力解决未参保用人单位的农民工工伤保险待遇保障问题。

二、社会救助制度的现状

社会救助制度是在公民不能维持最低生活水平时由国家和社会按照法定的标准满足最低生活需求的物质援助的社会保障制度，它是"防止贫困的基本手段"②。2014年，我国正式出台《社会救助暂行办法》，明确社会救助由最低生活保障、特困人员供养、受灾人员救助、医疗救助、教育救助、住房救助、就业救助、临时救助等部分构成。

1. 最低生活保障制度

目前我国已经初步将城市最低生活保障制度与农村最低生活保障制度衔接起来，多个政策文件将二者合为一体，统一管理。《关于进一步规范城乡居民最低生活保障标准制定和调整工作的指导意见》（2011）提出了确定城乡低保标准制定和调整的方法，即基本生活费用支出法、恩格尔系数法或消费支出比例法。在《国务院关于进一步加强和改进最低生活保障工作的意见》（2012）的指导下，2012年《最低生活保障审核审批办法（试行）》和《城乡最低生活保障资金管理办法》颁布，明确低保的申请条件为"持有当地常住户口的居民，凡共同生活的家庭成员人均收入低于当地低保标准，且家庭财产状况符合当地人民政府规定条件"。

（1）城市居民最低生活保障制度的新发展

2008年颁布《城市低收入家庭认定办法》，明确城市居民最低生活保障家庭可直接认定为城市低收入家庭，可直接申请廉租住房、经济适用住房保障或者其他社会救助。为改变低保对象认定不够准确的问题，民政部提出了《关于进一步加强城市低保对象认定工作的通知》，从规范户籍认定、家庭财产类别与

---

① 杨思斌. 我国工伤保险制度的重大发展与理念创新[J]. 中国劳动关系学院学报，2011（4）.
② [英]A·B. 阿特金森（A.B. Atkinson）. 私人保险、社会保险及缴费原理[C]//尼古拉斯·巴尔（Nicholas Barr），大卫·怀恩斯（David Whynes）. 福利经济学前沿问题. 北京：中国税务出版社，北京腾图电子出版社，2000：23.

条件、家庭收入的类别与计算方法、家庭收入的减免金额和类型等方面规范低保对象的认定条件，实现应保尽保与应退尽退。

（2）农村居民最低生活保障制度的新发展

2007年国务院决定在全国建立农村最低生活保障制度（《国务院关于在全国建立农村最低生活保障制度的通知》），并提出到2012年底总体实现城乡低保应保尽保的政策目标。为切实保障农村贫困人口的基本生活，2010年出台的《关于做好农村最低生活保障制度和扶贫开发政策有效衔接扩大试点工作的意见》，将两个政策从程序、政策、管理等方面合理衔接，力争到2020年基本消除绝对贫困现象。

2. 医疗救助制度

我国的医疗救助制度主要由农村医疗救助和城市医疗救助组成，近年取得了较大的进展。2010年上半年，城乡医疗救助总人次达5085万，比去年同期增长16%；救助资金支出60.8亿元，比去年同期增长34%；门诊救助为每人次平均补助159元，比去年同期增长13%；住院救助为每人次平均补助1782元，比去年同期增长7%。

（1）农村医疗救助制度的新发展

2003年11月18日，民政部在广泛调查的基础上，联合卫生部、财政部发出《关于实施农村医疗救助的意见》，要求各省、自治区、直辖市在全国推行农村医疗救助制度的同时，可选择2～3个县（市）作为示范点，通过示范指导农村医疗救助工作的开展；力争到2005年，在全国基本建立起规范、完善的农村医疗救助制度。救助的对象是农村五保户、贫困户家庭成员和地方政府规定的其他符合条件的农村贫困人口。救助的基本办法是开展新型农村合作医疗的地区，资助医疗救助对象缴纳个人应负担的全部或部分资金，参加当地合作医疗，享受合作医疗待遇；因患大病经合作医疗补助后个人负担医疗费过高而影响家庭基本生活者，再给予适当的医疗救助；尚未开展新型农村合作医疗的地区，对因大病个人难以承担相关费用而影响家庭基本生活者，给予适当医疗救助。农村医疗救助所需资金通过多渠道来筹集，由地方各级财政每年年初根据实际需要和财政情况安排医疗救助资金，并将其列入当年财政预算；有中央财政通过专项转移支付资金对中西部贫困地区农民贫困家庭医疗救助给予适当支持；有社会捐赠及其他资金。[①]《农村医疗救助基金管理试行办法》（2004）对资金的筹集方式进一步明确，即县级人民政府要建立独立的农村医疗救助基金。基金来源包括财政拨款、彩票公益金、社会各界自愿捐助、利息收入等。

---

① 中国社会科学院公共政策研究中心，香港城市大学亚洲管治研究中心. 中国公共政策分析 2004 年卷[M]. 北京：中国社会科学出版社，2004：196-197.

(2) 城市医疗救助制度的新发展

2005年，在《关于建立城市医疗救助制度试点工作意见的通知》和《关于加强城市医疗救助基金管理的意见》的指导下，城市医疗救助制度正式开启，规定由县（市、区）人民政府要按照多方筹资的原则建立城市医疗救助基金，中央和省级财政对经济困难的地区给予适当补助。2009年《关于进一步完善城乡医疗救助制度的意见》进一步扩大了救助对象的范围，并提出要逐步与基本医疗保障制度衔接。2013年正式出台《城乡医疗救助基金管理办法》，将城乡医疗救助基金纳入社会保障基金财政专户，分账核算，专项管理，专款专用。县级财政部门将原来在社保基金专户中分设的"城市医疗救助基金专账"和"农村医疗救助基金专账"进行合并，建立"城乡医疗救助基金专账"，用于办理基金的筹集、核拨、支付等业务。

3. 特困人员供养——农村五保供养制度

这是我国农村社会救助制度的重要组成部分。它是对农村村民中无法定赡（扶）养人、无劳动能力、无生活来源的老人、残疾人和未成年人在吃、穿、住、医、葬和未成年人义务教育等方面给予生活照料和物质帮助。尤其在政社合一的人民公社时期，依靠村级集体经济以及国家对农村集体福利事业的间接补贴，五保对象能够接受与广大村民基本等同的生活保障和合作医疗。2006年颁布的《农村五保供养工作条例》从供养对象、供养内容、供养形式等方面做出了比较详细的规定，为后来的农村五保工作提供了重要的指导。五保的形式有两种，一种是供养服务机构集中供养，一种是在家中分散供养。针对供养服务机构的设置，《民政部关于农村五保供养服务机构建设的指导意见》（2006）给出了较为详细的建设标准，提出了相应的建设要求，并制订了"农村五保供养服务设施建设霞光计划"实施方案，自2006—2010年，从中央到地方，各级民政部门要从本级留用的彩票公益金中，划拨一部分资金资助农村五保供养服务设施建设，同时积极争取地方政府加大投入，总投入力争达到50亿元左右。2012年制定的《农村五保供养服务机构等级评定暂行办法》，作为改善五保供养服务机构的激励措施与管理措施，推动了集中供养的服务效率。

4. 临时救助

临时救助是我国的一项传统的救助工作，在保障城乡困难群众的基本生活和缓解他们的特殊困难方面发挥了重要作用。在《社会救助暂行办法》的指导下和2007年的《关于进一步建立健全临时救助制度的通知》的基础上，2014年发布的《国务院关于全面建立临时救助制度的通知》标志着我国正式建立了临时救助制度，以解决城乡群众突发性、紧迫性、临时性基本生活困难问题为目标，补"短板"，扫"盲区"。临时救助制度实行地方各级人民政府负责制，既可由个人或者家庭申请救助,也可由政府主动救助,通过发放临时救助金、实物或者转介服务的方式进行。

三、现行社会保障制度运行中存在的问题

社会保障制度健康发展的前提是既要最大限度地增加其公平性,又要逐步提高效率,以确保制度的可持续性。从我国现行的各项制度设计来看,社会保障制度既存在群体性差异较大等公平性问题,也存在基金等方面的效率问题,已成为制约改革继续深化的桎梏。

1. 社会保险体系存在的问题

(1) 公平问题

养老保险:第一,养老保险制度的碎片化导致国家公民由于身份和职业的差异而享受高低不等的养老待遇。目前我国存在城镇职工养老保险、城乡居民养老保险、事业单位养老保险三个不同的养老保险制度,尽管政策趋势是融资及给付方式逐渐一致并接轨,但是毕竟面对的群体不同以及筹资机制也不同,因此制度间的差异及不公平性不是短期可以解决的。其中机关事业单位养老保险制度所代表的高于普通国民的养老待遇所反映出来的不公平性尤为严重,并进一步拉大了收入的差距。双轨制的养老保障制度改革已经成为深化改革的重要任务之一。第二,流动人口的养老保障权益未得到根本维护。流动人口以雇佣劳动者的身份参与到城市的发展进程中,社会保障的经济基础即职业环境与劳动内容发生了根本变化,以土地为依托的农村社会保障体系无法对就业与居住在城市的流动人口起到保障作用,而城镇的养老保险制度又将这一群体排除在外,导致其无法公平地享有基本的养老保障权益。

医疗保险:第一,不同制度产生的不公平。当前存在针对不同人群的、城乡分立的医疗保险制度,国家补贴力度、筹资水平、补偿水平都各不相同。第二,在共同的健康需求下,城乡人口有着不同的健康水平。农村人口的身体状况明显弱于城市人口。就年龄标准化后的两周患病率而言,2008 年城市地区为 14.8%,农村地区为 14.8%,而这一数字在 1993 年分别为 16.4%和 13.2%,即城市地区下降了 1.6%,而农村地区上升了 1.5%。尽管当前正在逐步推进城乡医疗保险的统一,但是农村居民与城镇居民、城镇职工之间的医疗保险待遇的差距仍然较大。医疗保险对于城乡均等的客观要求大于养老保险,原因就在于个体对于医疗的需求与医疗费用的支出并不因为户籍、收入的差异而有所不同,从理论上来看,对于城乡人口来说,同一种疾病所需要的医疗支出应相近。在现有的制度安排下,农村医疗制度较低的报销水平、农村人口较低的收入水平

进一步拉大了城乡差距,增加了贫困风险。第三,在同一个制度下不同人群卫生资源利用的不公平。在现有的筹资模式下,城镇职工医疗保险以个人工资为筹资基准,并设立了个人账户,部分医疗保险缴费(个人全部缴费和用人单位部分缴费)计入个人账户,并授权个人在政策限定的范围内自主使用。个人账户设立之初有其合理积极的一面,但是随着医保制度的发展,各种问题开始显现。由于个人账户以及税收政策的共同作用,导致工资越高的参保者个人账户金额越多,进而导致高收入者卫生资源利用率高而低收入者卫生资源利用率低,这种不公平性在新农合中也有类似的体现。有研究者通过实证分析指出,医疗保险实际筹资负担率与收入成反比,低收入者的负担更重,这明显违背了社会保障追求公平正义的目标。

工伤保险:工伤保险的不公平性在农民工这一群体中有突出的表现。根据《2013年我国农民工调查检测报告》的结果,2013年农民工参加工伤保险的比例为28%,还有数量巨大的流动人口置身于职业风险中。与较高的工作强度和较差的工作环境成逆相关的农民工工伤保险参保率,反映的正是工伤保险制度的不公平,这造成了农民工基本劳动权益保障的缺损,不利于农民工有效融入城市,对社会保障公共服务均等化和社会稳定目标的实现形成挑战。

失业保险:根据《2013年我国农民工调查检测报告》的结果,2013年农民工参加失业保险的比例为9.1%,较低的参保率反映的是农民工及其所在企业较低的参保意愿,更深层次的原因则是失业保险制度在较窄的生活补助范围、较低的一次性生活补助标准等方面缺失公平合理性的相关规定。农民工较低的失业保险参保率从以下方面影响着失业保险的效率:第一,降低失业保险制度的风险分担能力。数量众多的流动人口未加入这一制度,降低了大数法则的有效性,这在当前经济压力较大的背景下尤为重要。第二,降低失业保险制度的可持续性。目前失业保险制度的一次性补助标准较低,生活补助范围较窄,这会影响个体参与失业保险制度的积极性,继而影响制度的可持续性。

(2)效率问题

养老保险:第一,个人账户的效率问题。在当前的制度下,养老金由统筹账户和个人账户基金构成,而从个人账户中发放的离退休人员退休金平均计发月数为139个月,即预计退休后余命约11年半,按照现行退休年龄,即男性60岁、女性55岁来看,明显将有很长一段时间面临个人账户的余额不足;二是增加额外的风险。随着年龄的不断增长,身体的生理机能也在不断下降,因此老年人口对养老金的依附程度就会逐渐增加,即年龄的增长与对养老金需求强度的增加将同时发生,而这都将严重增加个人账户的支付风险。第二,统筹层次的效率问题,降低了制度的互济性,增加养老保险的财富风险。当前养老保险全国统筹尚未实现,而同时人口老龄化作为全国的系统性的风险正在逐步加强。现行的省级统筹模式无益于老年风险的分担,无法有效实现人口老龄化背景下的社会互济功能,加剧资金供求的结构问题,同时增加了养老保险收支不平衡的风险和基金损失的风险,也增加了养老保险基金筹集和管理的难度,既损害了制度自身应有的公平性与互济性,也使统账结合模式被严重扭曲,并危及制度的可持续性。第三,较高的缴费率问题。我国的城镇职工基本养老保险制度的企业缴费率为20%,与其他税费合并以后,成为企业沉重的负担,降低其创新投入、科研投入、市场开发投入等,进而影响其在国内外市场的竞争能力。

医疗保险:第一,统筹层次的问题。医疗保险的统筹层次对于基金的调剂共济有着关键的作用,而后者正是确保制度可持续、有效的关键。当前城镇职工基本医疗保险还停留在地市级或县级水平,基金调剂使用的空间较小,导致不同地区之间基金结余与基金不足的现象共存,新农合的统筹层次也较低,都不利于在更大的范围内化解风险。第二,个人账户的问题。我国医疗保险实行社会统筹账户与个人账户共存的模式,其中个人账户为积累性的,是一种变相的储蓄,而医疗行为是一种随机性的、定向的消费行为。化解疾病风险的有效途径是以未患病人群医疗保险缴费弥补患病人群的医疗费用支出,而个人账户的储蓄性做法难以从效率上显示医疗保险的优势,同时导致屡禁不止的以个人账户余额购买非医疗用品的现象,这是医疗保险制度的效率损失。

工伤保险:以农民工工伤保险为例,其效率问题表现在以下方面。第一,较低的参保率。2012年,农民工群体中参加工伤保险的人数仅占总数的28.4%,总体的参保率较低,而农民工所在的行业大多有较大的工伤风险,而较低的参保率既不利于企业的长期人力资源政策,也不利于农民工的权益保障。第二,较低的参保需求。有研究资料显示,农民工对社会保险的需求度以养老保险为最,其次是医疗保险,最后才是工伤保险。这一方面是由于我国对于工伤保险的重视较前两者更弱,宣传关注较少,另一方面是由于农民工自身对于工伤保险较低的参保需求,主要原因在于其较低的风险意识以及在相关方面的信息不对称,将工伤保险视为非必需品。第三,企业较低的缴费意愿。一方面,在多项税收和社会保险缴费的共同作用下,企业负担较重,且对工伤的发生存在侥幸心理,因此缴费的意愿较低。另一方面,工伤保险存在参保者向事故发生频率高的企业集中的典型"逆向选择"问题,影响事故发生频率较低的企业的参保意愿,进而影响工伤保险基金的可持续性。尽管《工伤保险条例》规定由"国家根据不同行业的工伤风险程度确定行业的差别费率,并根据工伤保险费使用、工伤发生率等情况在每个行业内确定若干费率档次",再由"统筹地区经办机构根据用人单位工伤保险费使用、工伤发生率等情况，以适用所属行业内相应的费率档次确定单位缴费费率"。然而，个别企业的工伤风险无法逐一准确识别，以及对风险的管理能力千差万别，导致工伤风险概率高于缴费率的企业按规参保，而低于缴费率的企业设法逃费。在监管不严格的情况下，这种逆向选择更为严重，进而导致工伤保险基金入不敷出的可能性加大，影响工伤保险制度的效率。

失业保险：失业保险制度的效率问题主要体现在以下方面。一是失业保险金的大量结余是制度效率低下的重要表现。这一方面是由于当前的失业保险基金的来源构成主要是各级政府部门和企事业单位人员，而这一群体的失业概率远远低于普通劳动者，导致了参保人群和失业人群的错位。另一方面是由于较低的失业保险替代率导致的。目前我国的失业保险替代率约为20%左右，难以真正保障失业者的基本生活，也造成了大量的失业保险金结余。[①]二是未能有效地促进就业，保障就业的机制未与事业保险制度合理互动。根据研究者的数据统计，当前的失业保险制度并未有效地减少失业，也没有起到预防失业的作用，这与其制度目标相背离。

2. 社会救助体系存在的问题

社会救助体系的核心问题是效率问题，集中体现在有大量生活在困境边缘的个体以及家庭未得到有效救助。第一，救助主体未形成有效的多方合作救助的体系。目前，社会救助的主体是政府，对其他主体的强势地位导致社会组织的参与性和独立性都较差，社会组织的作用并未真正发挥出来。同时，政府对社会组织的引导不足，双方缺乏深层次的合作机制，降低了社会协同救助的有效性。第二，救助资金未形成可持续的社会救助基金保障机制。基金的可持续是制度可持续的核心。现阶段，我国财政对社会救助的财政保障机制尚未健全，筹资渠道有限，救助资金缺口较大，我国社会救助支出占社会保障支出比例和占GDP比例都较低。[②]同时，地方财政对社会救助列而少支、列而不支、拨付迟滞的现象较多，而社会捐助的资金也不足，未形成多方参与的筹资机制。第三，救助水平始终停留在生存型救助的水平上。我国的社会救助以救急为主，救助水平较低，以维持受助者的最低生活水平为基准，弱化了对受助者的就业激励。

---

① 安锦. 失业保险制度的就业促进效果评估[J]. 财经理论研究，2013（1）：91-95.
② 纪玉哲，吴知音. 社会救助的财政保障问题研究[J]. 财经问题研究，2013（5）：98-102.

第三节　深化改革时期社会保障制度面临的改革

美籍加拿大政治学家戴维·伊斯顿（D.Easton）在其政治学名著《政治制度》（*The Political System*）中指出"公共政策是对全社会的价值做权威性的分配"，据此可说，公共政策的变迁就是对这种价值的重新分配，是对现有利益格局的改变。按照福利经济学家们的基本观点，任何政府政策的任何变迁其出发点都是追求一种帕累托效率的提升，而就社会保障制度来说，这种通过追求社会公正方式来达到帕累托改进就是对公正的提升。

一、社会保障制度改革的目标和原则

1. 深化改革时期社会保障制度改革的基本目标

这一基本目标包括：基本形成独立于企业事业单位之外、资金来源多元化、保障制度规范化、管理服务社会化的社会保障体系，使城镇劳动者得到基本的社会保障；完善基本养老保险、失业保险、基本医疗保险、工伤保险、生育保险等社会保险制度，积极进行完善社会保障体系的试点，建立稳定、规范的资金筹措机制，实现社会保障管理服务的社会化；探索建立社会保障基金保值增值的机制，加强社会保障行政监督和社会监督，健全社会保障基金的监督管理制度，建立统一的、覆盖全国的社会保障信息服务网络，实现管理现代化；依法扩大社会保险实施范围，"十五"期末，基本养老保险、失业保险、基本医疗保险覆盖法规规定的所有用人单位和劳动者。①

2. 深化改革时期社保制度改革的重要原则

在 2013 年的《中共中央关于全面深化改革若干重大问题的决定》中，对社会保障领域的改革目标和方向做出了明确的规定，主要包括：建立更加公平可持续的社会保障制度。坚持社会统筹和个人账户相结合的基本养老保险制度，完善个人账户制度，健全多缴多得的激励机制，确保参保人权益，实现基础养老金全国统筹，坚持精算平衡原则。推进机关事业单位养老保险制度改革。整合城乡居民基本养老保险制度、基本医疗保险制度。推进城乡最低生活保障制度统筹发展。建立健全合理兼顾各类人员的社会保障待遇确定

---

① 《劳动和社会保障事业发展第十个五年计划纲要》，2001 年 5 月 14 日。

和正常调整机制。完善社会保险关系转移接续政策，扩大参保缴费覆盖面，适时适当降低社会保险费率。研究制定渐进式延迟退休年龄政策。加快健全社会保障管理体制和经办服务体系。健全符合国情的住房保障和供应体系，建立公开规范的住房公积金制度，改进住房公积金提取、使用、监管机制。健全社会保障财政投入制度，完善社会保障预算制度。加强社会保险基金投资管理和监督，推进基金市场化、多元化投资运营。制定实施免税、延期征税等优惠政策，加快发展企业年金、职业年金、商业保险，构建多层次社会保障体系。积极应对人口老龄化，加快建立社会养老服务体系和发展老年服务产业。健全农村留守儿童、妇女、老年人关爱服务体系，健全残疾人权益保障、困境儿童分类保障制度。

根据这些要求，在深化改革时期社会保障制度的变迁应该遵循以下原则。

（1）核心原则

第一，以促进公平为首要原则。社会保障方案的每一次改革，都应该是一种帕累托改进。即它有利于进一步促进公平和提升民众社会福利水平。这种改进的表现可以是多种多样的，如社会保障覆盖率的提高、各方缴费积极性的提升、社保基金运作效率的提高、筹资方案更合理等。公平性是作为收入分配制度重要组成部分的社会保障制度的天然基础，公平性原则要求在深化社会保障制度改革的过程中，既要以此为基准审视、评估当前的社会保障制度，又要以此为前提推进制度的变迁与改革的深化。

第二，以增加可持续性为关键原则。可持续性是任何制度充分发挥绩效的关键。社会保障制度的可持续性主要表现为基金征缴的可持续性和基金支付的可持续性，因此建立科学合理的筹资机制、投资运营方式、支付模式对于社会保障制度有着关键的意义。

（2）重要原则

第一，社会保障改革制度的激励性原则。社会保障方案的制定，要充分考虑社会的参与性。这就要求制度设计突出激励相容，包括国家财政投入的激励制度、企业单位积极为职工投保的激励制度、个人主动按月缴纳保险费的个人激励制度。例如，在企业年金制度的推广过程中，对于企业年金的支付者，包括企业和个人可以采取税前列支的方式，或者采取减免所得税的方式，就是一种激励。当员工到了一定的年龄，比如退休之后在领取这笔养老金的时候，那么这笔养老金不需要征税。如果这个员工去世以后他的后代继承这个保险金的时候也不需要缴纳遗产税，包括这个员工把这笔养老金转赠给他人的时候也不需要缴纳赠与税。这样一来，无论是企业还是劳动者个人，这种年金应该讲是有积极性的，所以需要从制度上将这种激励措施固定下来。

第二,改革方案的制定要遵循科学、合理、透明的原则。在充分调查民意,在政府部门、试点地区、理论界之间充分讨论的基础上出台公共政策。我国公共政策在形成过程中会有一个通病就是缺乏充分讨论和研究,各种公共政策往往是以相关行政主管部门为主进行政策设计,缺少多部门之间、官员与学者之间的充分讨论和合作研究,征求意见的过程往往只是形式,社会公众参与则更谈不上,造成方案本身通常带有或多或少的部门偏好色彩及明显的部门业务局限性,最终影响方案的质量或可行性。[1]改革可在以下两个方面来进行,一是相关部门制定的社会保障方案都要在网络上公开征求意见,并将征求意见的采纳、利用情况及时公布;二是将政府部门的听证会制度固定化,充分听取各方面(特别是学术界)的意见;第三,提供一个备选的方案集,让社会各界在一个可行的方案集中选择。

二、深化改革时期的约束条件

从上面主要的几种社会保障公共政策制度变迁中可以看出,制度变迁的总体目标是让更多的民众享受到政府提供的社会保障及进一步提高人们的福利水平。从公共政策变迁的模式上说,我国在建立社会保障制度过程中基本是沿袭这样一个制度路径,即从存在问题以及社会公众对于社会保障的要求出发,通过试点发现问题,总结经验,再逐步进行大范围推广其经验成果,是一种渐进式发展模式。这种公共政策的制定路径没有忽视个体和集体在制度变迁中的作用。正如丹尼尔·W. 布罗姆利(D. W. Bromley)所言:"公共政策本质上是关于规定个体和集体选择集的制度安排的结构……政策分析和制度变迁必须从个体和集体选择集的概念上着手。"[2]在改革开放逐步深化的现阶段,一些新的问题的出现制约着社会保障的发展,并且对社会保障制度的公平与效率都提出了新的要求,这主要表现在以下几个方面。

1. 社会保障政策公平的约束条件

(1)收入分配差距的进一步扩大

作为收入分配政策的重要组成部分,社会保障政策的公平程度影响着收入分配的效果。当前,中国的收入分配差距进一步扩大,大部分的统计分析都显示我国的基尼系数都高于 0.4 的警戒线,这表明全体国民未能公平合理地分享经济社会发展的成果。其中,社会保障政策对于不同个体的不公平待遇也是收

---

[1] 中国社会科学院公共政策研究中心,香港城市大学亚洲管治研究中心. 中国公共政策分析 2004 年卷[M]. 北京:中国社会科学出版社,2004:185.
[2] [美]丹尼尔·W. 布罗姆利(D. W. Bromley). 经济利益与经济制度[M]. 上海:上海三联书店,上海人民出版社,1996:292-293.

入分配差距拉大的重要原因。二者之间呈现出的滚雪球式的关系，收入差距越大，利益格局越难改变，社会保障的公平性越低，又导致收入差距的进一步拉大；收入差距越小，利益格局的均衡性越强，社会保障的公平性就越高，就会促进收入差距的缩小。一般来说，社会保障的公平程度越强、发展水平越好、待遇水平越高，收入差距则越小，社会也就越公平。在现阶段，继续深化收入分配制度的改革，打破现有利益格局，并在此基础上推进社会保障制度的变迁，增加财政投入，扩大覆盖面，提高待遇水平，才能真正实现更加公平正义的社会。

(2) 城乡发展的不均衡

城乡发展的不均衡是导致当前中国诸多社会问题的根源，如基本公共服务的不均等、流动人口权益的难以保障等。近年二元结构的弊端逐一凸显，社会保障权利的不公平享有使得同样拥有国家公民身份的城乡居民以不同的制度模式分享不同的公共福利待遇，并逐步成为制约城镇化进程以及经济社会健康发展的重要约束。只有突破旧的城乡孤立发展的模式，打破城乡分割的传统体制，统筹城乡社会经济发展，以乡村为重点，以城带乡，以工促农，以工业化和城市化带动农业农村现代化，才能形成城乡互补的共同发展格局，实现城乡经济社会的可持续发展。与此同时，通过社会保障领域的改革，使农村人口与城市人口共同作为国家公民分享经济发展成果，既是统筹城乡发展的重要组成部分，也是切实实现社会公平的有效手段。

2. 社会保障政策效率的约束条件

任何制度对于效率都有着天然的追求，没有效率的制度是不可持续的，这对于公共制度或者企业制度都是适用的，社会保障制度也应该遵循这一原则。当前，存在多种因素制约着社会保障制度的效率，具体来说主要有以下三点。

第一，人口老龄化程度的进一步增加。人口老龄化问题越突出，对社会保障制度的效率要求越高，养老保障制度、医疗保障制度都因此面临着更大的可持续性难题。以养老保障制度为例，2013年中国60岁及以上老年人口已达2亿。我国老龄化的趋势日益严峻，同时高龄化趋势也日益显现，这都将对我国的基本养老保障制度造成重大影响：一是基本养老保险制度基金收入的减少和需要支付的基本养老金的增加。在当前的制度下，养老金由统筹账户和个人账户基金构成，而从个人账户中发放的离退休人员退休金平均计发月数为139个月，即预计退休后余命约11年半，按照现行退休年龄，即男性60岁、女性55岁来看，明显将有很长一段时间面临个人账户的余额不足。不过此问题在延迟退休方案正式实施后应该会有所缓解；二是增加额外的风险。随着年龄的不断增长，身体的生理机能也在不断下降，因此老年人口对养老金的依附程度就会逐渐增加，即年龄的增长与对养老金需求强度的增加将同时发生，而这都将严重增加个人账户的支付风险，进而影响养老保障制度的可持续性，降低其效率。通过深化制度改革，积极应对养老金支付的巨大压力，已经成为刻不容缓的事实。

第二，新型城镇化与人口流动性的增加。当前，社会保障制度的现状在较大的程度上背离了新型城镇化的战略目标。新型城镇化是人口的城镇化，更准确的说是转移至城市的农村人口与城市原有人口享有均等的公共福利，尤其是社会保障制度的各种待遇。以养老保障制度为例，由于制度造成的便携性不够和转移接续困难，导致大量的流动人口不得不中断养老制度的参与，自城市回到农村，出现"逆城市化"现象。大量已经迁移至城市的农业人口，在未能融入城市社会之后选择"流"回农村，这是对我国养老保障体系效率的削弱，既不利于风险的分担，也不利于城镇化的进一步推进。

第三，经济发展方式的转变。在深化改革的背景下，我国经济发展方式正在发生重大的转变，即由投资拉动转向内需拉动。因此，扩大内需特别是扩大消费需求是重要的途径。当前我国仍然存在着消费不足进而制约内需对经济增长的拉动效应，社会保障制度的不完善与不健全，导致个体对于储蓄的倾向较高，影响当期的消费水平。因此，经济发展方式的逐步转变对社会保障体系的改革与发展提出了新的要求，只有实现全民享有基本保障并且稳步提高保障待遇水平，才能有效消除广大群众在养老、医疗等方面的后顾之忧，才能切实地拉动消费，促进经济增长。[①]

三、深化改革时期社保制度的改革方案与建议

1. 社会保险体系的改革

社会保险制度的变迁与改革是通过不断整合制度内部各个部分以适应外部环境并最终达到制度目标的过程。结合当前的实际问题以及深化改革时期的总体要求，社会保险领域的改革主要从以下两个方面进行：第一，增加社会保险体系的公平；第二，改进社会保险体系的效率。

（1）增加社会保险体系的公平

养老保险领域：第一，以机关事业单位养老保险制度改革为突破口，实现由碎片化向整体性的转变，以此为基础，整合相关资源，建立统一的城镇职工

---

① http://insurance.hexun.com/2012-04-26/140820369.html.

养老保险制度,为国民提供均等化的养老保障待遇。当前的不公平主要体现为机关事业单位人员的养老金由财政直接支付,个体无须缴纳费用,也不存在个人账户的积累问题,即采用的是财政支出作为基金来源的现收现付制,这是与其他行业和职业的劳动者的根本区别。前者无须为个人的年老承担财务风险,后者以为个人账户缴费的方式承担老年风险。目前,机关事业单位养老保险改革已进入实施阶段。因此,要增加养老保险体系的公平性,下一步就是进一步推进落实机关事业单位养老保险与城镇职工养老保险的并轨,真正实现城镇就业者之间的公平。在此基础上,以劳动合同为依据,将所有就业者纳入统一的职工养老保险制度,将未就业者纳入居民养老保险制度。最终将居民养老保险制度与职工养老保险制度进一步整合,建立多层次的养老保险体系:第一层次为国民均等的国民年金账户,由财政支出构成;第二层次为个人账户,由个体缴费构成;第三层次为就业者的社会统筹账户。在这一体系中,只有就业者与未就业者的区别,而无身份、职业的差异,真正实现公平的养老保障待遇。第二,通过确立流动人口城市公共产权的方式,维护流动人口与城市人口公平享有养老保障权益。社会保障权是公民身份而非户籍身份附加的社会权利,流动人口城市养老保障权要求流动人口在城市社会中享有均等化的城市养老保障待遇。以此为背景,流动人口的城市养老保障权应以劳动合同为基础,与城市居民共同参加城镇职工社会保险制度,形成雇员、雇主、政府三方共同分担的筹资模式,这既符合社会保险的大数法则,也不损害城市人口的既得利益,同时还是解决当前制度碎片的有效途径。第三,推进城乡均等化的养老保险。在深化改革的背景下,养老保险制度由城乡分立走向城乡统筹是一个必然的趋势。2014年2月下发的《国务院关于建立统一的城乡居民基本养老保险制度的意见》标志着全国范围内建立了统一的城乡居民基本养老保险制度。然而,制度的合并只是统筹的第一步,城乡居民养老保险的统筹可持续发展还有很长的路要走。限于农村地区及欠发达地区小城镇的缴费水平及补贴水平,不均等的城乡养老保险水平的核心在于农村的保障水平过低,在稳步推进城市养老保险待遇增长的同时,加大农村及欠发达地区小城镇养老保险的投入力度,同时确保其增长速度大于城市养老保险,才可能使二者逐渐同步,并最终形成城乡统筹的养老保险制度。

医疗保险领域:第一,健全城乡医疗保险制度,增加制度对于权利公平的保障[①]。具体可从以下方面进行:一是引导和促进城乡卫生资源的公平分配。较低的医疗保险待遇水平与较少的卫生资源供给有着明显的相关性,因此提高

---

① 仇雨临,黄国武.从三个公平的视角认识医疗保险城乡统筹[J].中国卫生政策研究,2013(2):4-7.

农民人口的报销水平的前提是有充足的医疗服务供给,即增加基本医疗卫生服务的可及性。在此基础上,才能逐步降低农村人口的卫生费用支出。二是提高新型农村医疗保险的筹资水平、待遇水平和保障范围,这是缩小城乡养老保险水平差距的关键。其中,增加财政投入是主要的制约因素,原因就在于农村人口的收入限制了其选择更高水平的医疗服务的能力,也从客观上造成了与城市医疗保险的差距。因此,在农村人口收入始终低于城镇人口的前提下,从某种程度上来说,公共财政的投入力度决定了城乡医疗保险的公平程度。第二,整合医疗保险制度,改变多网并行的局面,建立开放性的全民基本医疗保险,实现机会公平。这可以分阶段进行:一是尽快实现各个医疗保险制度的省级统筹,缩小制度间的差异性,为制度整合提供基础。二是优先改进较低报销水平的医疗保险制度。实际报销水平的接近是各个制度整合的重要前提,也是降低推进难度的关键。三是建立统一的、开放性的全民基本医疗保险制度。设计灵活的缴费标准与缴费水平,以满足不同收入水平的个体对医疗服务的差异化需求,但应设置基本(最低)标准、中层标准、高层标准,分别满足个体基于公平医疗保障的基本需求以及基于不同收入水平的中层以及高层需求,其中保障基本需求是核心与关键,同时要对高标准加以限制,即维护基本医疗保险制度的"基本"原则,又为商业医疗保险留足发展空间。与此同时,在综合分析个人卫生费用支出的基础上,确立报销水平以及相应的报销标准。第三,个人账户的公平要求不同参保者公平地享有医疗服务的权利,而不受职业、收入、年龄等其他因素的影响,因此应改进个人账户的相关标准,使同一制度的参保者拥有相同或者相近的卫生资源利用率,实现规则公平。具体可从以下方面着手:一是增加政策宣传力度,提高参保者对个人账户基金的私有产权意识。当前个人账户基金的滥用行为多发主要是个体将个人账户基金视作公共财产,而不是视为私有财产。二是加强政府的监管,通过体系的不断完善和信息系统的建立,实现对个人账户和各类可能导致个人账户基金滥用的市场力量的有力监管。

工伤保险领域:从中国的现状来看,增加工伤保险的公平性的重要途径之一是将数量巨大的流动人口纳入工伤保险体系,以制度维护身处高危行业和高工伤风险行业流动人口的劳动权益,将包括流动人口在内的所有就业者纳入工伤保险制度,最大限度地提高参保率。其关键途径之一是加强对劳动关系的管理,以劳动合同作为主要的管理手段,监督用人单位的缴费责任;二是改革制度规则,适应流动人口的就业状态。当前工伤保险的参保人为用人单位,而从实践来看,流动人口呈现出就业流动性强以及工作单位、工作地点不固定等特点,影响了参保和赔付。因此,应改进制度设计,增加工伤保险的便携性,以适应日益推进的城镇化所带来的人口流动性。[1]

失业保险：提高失业保险公平性的最有效途径之一将农民工纳入失业保险制度的保障范围中，最大限度地扩大失业保险的参加范围。在理想状态下，失业保险的参保人数应趋近于城镇从业人数，而实际情况与此相距甚远。其中，关键因素之一是两亿多自农村迁移至城镇的人口在产业转换的过程中（即从无雇佣单位的农业转换至有雇佣单位的第二、第三产业的过程中），失业的风险逐步增加。具体可通过以下途径进行：一是强化对用人单位的监管，确保其失业保险缴费责任的履行。当前的不公平现状一方面是由于企业的法律、责任意识较淡，另一方面是由于地方政府对企业违法行为的放任所导致的，因此要加强该领域的公共干预。二是加强对劳动者的宣传引导，促使其维护自身的失业保险权益。劳动者尤其是农民工由于受其收入和教育水平等的限制，将失业保险金的缴纳视作对收入的侵占，参保意识不强，需要通过多种途径加以纠正。

（2）改进社会保险体系的效率

养老保险体系：第一，推动个人账户年金制的建立。具体来说，在缴费环节，按照弹性缴费制度[2]，个人所缴费用以年金的形式进入专设的"个人账户"；在管理环节，由社保经办中心通过服务外包的形式将这部分基金委托给具有符合相关要求的商业保险公司作为投资主体；在投资运营环节，由商业保险公司按生存给付型年金保险的投资运行模式进行相应的投资运行；在支付环节，在个人达到退休年龄时，个人退休金的给付由商业保险公司采用生存给付型年金保险模式进行发放，给付额取决于个人缴费多少（即每期年金数额）、基金运行情况、缴费期限等，以此来化解长寿风险导致的个人账户无钱给付的困境。个人年金保险账户的记录和管理由社保经办机构实施，该机构同时作为个人账户的账户管理人和委托人，按照相应的标准和条件选择保险公司作为受托人和投资管理人，而保险公司基于年金表精算结果及自己的投资模式，按年金保险合同的方式自主进行个人账户基金的投资运营和退休年金的支付。这也是拓宽保险服务领域、创新发展服务于专业市场和产业集群的保险产品以及探索商业保险参与社会保障体系建设的一种可选方式。对于基金收益性的保障将通过在省级社保经办机构与保险公司之间建立新的委托—代理关系来实现。第二，积极推进养老保险的全国统筹，使其真正发挥整体性政策而非地区性政策的正面效应，与日益扩大的覆盖面和相应的支付规模相匹配，并切实保障养老保险的可

---

[1] 韩俊强. 农民工工伤保险参保行为与城市融合：基于武汉市的调查[J]. 社会保障研究, 2013（4）：57-66.
[2] 弹性缴费制度，即针对个人账户制定最低缴费年限，同时设立缴费的最低限额和最高限额，在这两者之间给予参保者充分的选择与变更自由，多缴收益多，少缴收益自然少，即增强个人对账户的管理权限。

持续发展。全国统筹是化解养老保险基金支付困难、实现预算管理、做实个人账户进而有效化解老龄化及高龄化风险的有效途径。这主要应优先从以下方面进行：一是实现社会统筹账户和个人账户的分账管理。根据统账结合制度的特点和统筹账户与个人账户的不同特性，在基本养老保险基金的行政管理权、投资运营管理权和监督权分离的基础上，将统筹账户与个人账户的资产管理运营权及监督权分离。二是做实个人账户与偿还历史债务。为了稳妥处理隐性债务高峰期的养老金支付问题，应当充分发掘和调度一切可能的公共资源，多渠道筹措资金加以解决。三是贯彻落实延迟退休年龄。延迟退休年龄对养老保险基金有增收减支的功效，能在一定程度上缓解养老保险基金的财务收支不平衡，对于养老保险统筹的持续性具有较大影响。人社部已确定正式推出延迟退休具体方案，需要注意的是，这项政策是"一举数得"的政策，但还需要进一步凝聚社会共识。所以，在制定延迟退休年龄方案的时候，要充分考虑社会各界的意见和看法，综合平衡，瞻前顾后，使方案更周到，让各个方面都能够接受。第三，合理调整缴费率，使其既能降低人口老龄化加剧带来的养老负担，也能促进企业的扩大再生产。养老保险的企业缴费具有两方面的效应，一方面增加了企业的经营成本，另一方面增加企业的人力资源激励，提高员工的劳动生产率。当前20%的缴费率高于国际通行的15%的标准，因此应通过渐进式的改革逐步降低企业的缴费率，而对于由此可能导致的基金缺口，由财政承担兜底责任，以避免替代率的下降。[①]

医疗保险体系：第一，逐步提高统筹层次，整合医疗资源，增加基金投资收益与统筹能力，降低管理难度和制度运行成本。在当前医疗保险多个制度分立的背景下提高统筹层次应采取渐进式的途径进行：一是将新农合的统筹层次逐步提升至省级。由于新农合适用对象的特殊性，在城乡医疗保险制度未统一的前提下，农村人口的主要迁移方向为城镇与省内其他市县的农村，而较少迁移至其他省市的农村，迁移至城镇的农村人口通过制度改革逐步加入城镇职工医疗保险或城镇居民医疗保险。因此，省级统筹是近期新农合的主要目标，在省内实行统一的补偿政策，减少管理成本，也便于基金的监管。另一方面，城镇医疗保险（职工和居民医保）适用的对象大多具有较大的流动可能性，将全国范围内各行各业的参保者的统筹层次定位为省级统筹，进而实现全国统筹，既是对城镇化的有利推进，也是人口流动的客观需要。需要指出的是，医疗保险统筹层次的提高与医疗保险的城乡统筹应共同推进，才能保证制度之间的互通，降低未来全民医疗保险制度的推进难度。第二，个人账户，增加基金统筹

---

① 柳青瑞等. 城镇企业基本养老保险缴费率优化路径分析[J]. 辽宁大学学报，2013（11）：99-107.

能力。个人账户的效率主要体现在对成本和医疗资源的浪费控制、对参保人医疗负担的减轻、对基金的积累及其制度执行和管理的效果、对统筹基金的影响等方面。一般来说，个人账户划入比例越小、功能越弱化，越有利于统筹基金发挥共济性。①具体可从以下步骤进行：一是取消单位缴费划入个人账户的做法，逐步缩小个人账户比例，以弱化个人账户的积累性，增加共济性；二是逐步降低个人账户的缴费比例，直至最终取消个人账户；三是逐步扩大个人账户的使用范围，同时加快门诊统筹的改革以顺利完成过渡，直至最终取消个人账户。

工伤保险领域：第一，提高参保意愿，扩大覆盖率，提高共济性。工伤保险较低的参保率主要是由于流动人口和用人单位的认知不足和风险意识较差，因此一方面应通过多种途径、方式、手段宣传工伤保险的基本常识，增加相关者对工伤保险的了解以及流动人口对自身合法权益的维护意识；另一方面应通过加强法律监管、违法惩处等强制性手段，切实扩大工伤保险的覆盖面，增强工伤基金的筹集能力。第二，改进制度设计，调整缴费比例，减少逆向选择的发生概率，进而提高企业的参保意愿。具体来说，可以通过设计差异化类型的合约，即针对不同企业发生工伤事故的概率确定的缴费率，采用歧视定价的方式将不同风险类型的参保企业分开，并允许其能够自愿选择与企业自身状况相匹配的合约，这一方面有助于企业减少参保成本和提高参保的积极性，另一方面会促进企业寻找工伤预防的方法与途径，进而形成有效的激励，这正是工伤保险的核心目标，即避免工伤，次要目标才是为伤亡者提供生活保障。②

失业保险领域：一是提高失业保险金的替代率，以失业保险促进就业。随着各领域、行业改革的不断深入，自然失业不可避免。提高其替代率，切实保障失业者的基本生活，以更好地促进失业者的就业，是失业保险制度的根本目标。二是积极推进针对失业者开展的就业培训和就业援助。在这一过程中，需要改进就业培训和就业援助的基金利用效率，以建立促进就业的长效机制。

2. 社会救助体系的改革

（1）建立社会协同的救助体系

社会救助是一项由全社会协同进行的社会保障事务，不同的主体在社会救助事务中有着不同的优势作用，最大限度地发挥优势，规避劣势，是社会救助体系的效率要求。各类组织尤其是公益性组织的参与，是社会救助体系中的重要组成部分。公益性组织由于其自身的特征和资源优势，对贫困者等处于困境

---

① 申曙光, 侯小娟. 医疗保险个人账户的公平与效率研究：基于广东省数据的分析[J]. 中国人口科学, 2011（5）：75-84.
② 王增文. 工伤社会保险中的"逆向选择"问题：内在逻辑与经验分析[J]. 经济经纬, 2013（2）：144-149.

中的个体有着敏锐的感知度,能够灵活准确地识别受助者对于社会救助的需求程度并在此基础上提供专业的服务,进而帮助受助者提升自助能力并最终使其通过就业的方式实现自助。因此,我国社会救助体系的改革应以促进多元主体的参与为目标,由政府制定相应的引导政策与监督政策,增加其他主体的独立性,以此提升各方参与社会救助事务的积极性,最终实现社会协同救助的目标。在这一过程中,在对不同的救助项目进行明确分类的基础上,通过制度规制,明确各个参与主体之间的权利责任,形成相互约束、相互监督的管理体系。

(2)建立可持续的基金保障机制

我们要逐步形成由公共财政和社会捐助组成的健康、持续增长的基金保障机制。以公共财政支出为主,将其作为社会救助资金的主要来源和制度性来源,承担兜底功能,遵循发展型救助的原则进一步加大财政投入力度,并建立正常的增长机制,列入同级政府的财政预算。以社会捐助为辅,鉴于其可能存在的不稳定性以及潜在的中断可能,应将其作为补充性来源,这是救助社会化的重要方面。为最大限度地降低社会捐助的不稳定性,增加持续性,通过制度与公共政策引导,促进社会力量对社会救助事业的资金投入。在此过程中,资金使用与管理的公开化、透明化、科学化是确保社会捐助积极性的关键。因此,应加强对社会救助基金的审计监督,增加社会救助机构的公信力。

(3)从生存型救助转向发展型救助

社会救助的核心目标是使陷入困境的人群的基本生活得以保障,即以生存型救助为主。授人以鱼不如授人以渔,暂时的物质或资金救助只能使受助者短期内获得最低程度的生活保障,而从长期来看,受助者容易形成对救助的福利依赖性,并且缺乏改善困境的能力。从另一方面来看,受助者长期领取救助金,也增加了社会救助体系的资金负担。因此,在深化改革时期,我国的社会救助体系应该实现从生存型救助向发展型救助的转变。具体来说,可以通过以下方面实现:第一,加大对受助者的人力资本投资,这对于经济与社会发展有着积极作用。受助者能力的提升是发展型救助的核心。通过增加对受助者的教育投资,增加其在劳动力市场的竞争力,是从源头上避免贫困代际传递的关键。第二,加大就业培训与职业介绍力度。就业是改变生活困境最直接有效的方式,对于完全有劳动能力或者部分有劳动能力的个体来说,职业技能的培训是帮助其获得就业机会进而获得劳动收入的有效途径,而政府或者社会组织基于信息优势提供的职业介绍会改变受助者信息不足的劣势,并能帮助受助者选择合适的职业。

四、相关经验与借鉴

1. 养老保险制度[①]

在20世纪，所有西方发达国家都创立了以三个支柱为基础的养老保险机制：由国家组织发放的养老金和企业的辅助养老制度以及私人养老储蓄。

德国养老金数额主要根据所缴纳保险费的时间和数额，并且每年适应工资报酬的一般发展加以调整；由雇主和职工各付50%的保险费率，1998年为毛劳动收入的20.3%。在缴纳45年的保险费后领取平均养老金的人，可望达到其最后劳动收入的70%以上的收入补偿率。为使养老保险费率在将来不至于远远高于20%，以及避免老龄化的加重，养老金水平应当降低，同时退休年龄也逐步提高，到2002年，男女均自65周岁才有权领取全额养老金。对提前退休者，必须减少其养老金。目前大约2/3的职工有权取得企业养老补助。

英国的养老保险制度是由统一的基本养老金和按照收入确定的补充养老金构成，适用于全体在职人员。统一收取的保险费按每周的收入分级，职工和雇主对每周收入在62英镑以下者分别承担2%和3%，对每周收入62英镑到465英镑者分别承担10%。自由职业者每周缴纳保险费6.15英镑（统一收费率）。总体来说，雇员和雇主平均社会保险费的负担大约分别占劳动报酬的8%到9%。退休年龄男子为65岁，妇女为60岁，但在2010—2020年，妇女年龄应提高到65岁。养老保险金目前最多为每周62.45英镑，相当于法定最低工资，从而大约相当于最低生活标准。补充养老金大约相当于收入最高的20年职业活动中平均收入的25%。

在美国，企业员工的保险费由雇主和雇员分别负担6.2%。退休年龄男女均为65岁，但自62岁起可提前领取养老金。提前退休扣除其养老金的7%，超过退休年龄每年增加6%。养老金随生活费用的变化而变化。在收入补偿率方面，劳动收入很低的人养老金约占原收入的41%，高收入者其养老金只约占原收入的25%。这种垂直重新分配避免了老年贫困，但并非所有的领取养老金者均可保障其从前的生活水平，还需要进行私人储备。由于养老金数额较低，在美国通过私人储备来保障养老的重要性比较大。此外，大约50%的人有权取得企业养老补助。美国企业年金分为确定给付型模式和确定缴费型模式两种。前者是指职员退休时领取的年金给付额必须保证在事前确定的金额上，为此企业为了保证这个已经确定的年金水平，缴纳的保险费将根据企业年金累积金额的

[①] 陈佳贵. 中国社会保障发展报告：1997—2001[M]. 北京：社会科学文献出版社，2001：345-351.

市场运营成绩确定，市场风险由企业承担。如果运营成绩低于预定的利率，企业就必须增加缴纳保险费；相反，如果运营成绩高于预定的利率，企业缴纳的保险费就可以得到节约。目前这种模式的参保人数占多数，企业规模越大，越倾向于这种模式。后者是指企业只按契约内容缴纳一定金额的保险费，职员退休后所领取的企业年金金额的多少，将随着企业年金累积金额的市场运营成绩而发生变化，就是说市场风险由职员个人承担。目前，其企业年金数量以这种模式占多数。[1]

法国社会保障体制从一开始就要求个人按月缴纳分摊金。其养老保险分为基本养老保险、法定的补充养老保险和可选择的养老保险三部分。公务员缴费率约为薪金的 8%，不足部分由财政弥补，分年度列入国家预算。工商业中实行雇主、雇员共同缴费制，缴费率约为工资总额的 16%。其中雇主为普通职工和管理人员分别缴纳约为 8%和 10%，其余部分为雇员自己缴纳的分摊金。商人、自由职业者等非雇员要按一定比率由自己缴纳全部分摊金。农民则由政府给予一定程度的补贴。公务员按最后 10 年月平均工资的 80%领取基本养老金，一般工商业雇员在缴费年限满 37.5 年时，只领取相当于最后 10 年月平均工资 50%左右的基本养老金，缴费年限不足时还要按相应比例扣减。法定的补充养老保险实际上也是强制性的，缴费率约为工资的 10%左右，由雇主、雇员分担，国家给予税前列支的优惠政策。这两部分相加，大约提供雇员最后 10 年月平均工资 70%左右的养老金。第三部分是可选择的补充养老保险，主要由各种互助保险和商业保险组成，缴费率不固定，个人有选择的自由。政府在个人投保时提供税收减免，但退休后保费收入超过纳税标准的部分要缴纳个人所得税。

日本养老保险中最主要的是厚生年金制度，是从职员的劳动收入中强制收取保险费，然后作为退休后的年金收入再付给劳动者。这个制度的特点是采取累积方式，对制度充实的过程本身，会造成个人储蓄的减少。此外，还有由企业退休金与企业年金计划构成的日本法定福利费、由企业根据需要自由决定的法定外福利费等作为养老保险的补充。[2]

2. 医疗保险制度[3]

在德国，参加法定医疗保险被作为一项法定的社会义务。法定医疗保险规定了 7 种不同的费率来筹集资金，包括一般费率、提升费率、减免费率、适用于服兵役或民役服务人员的减免费率、适用于大学生和实习生的费率、适用于养老金人员的费率以及适用于其他收入的费率。对一般费率，政府并不直接干

---

[1] [日]武川正吾等. 企业保障与社会保障[M]. 北京：中国劳动社会保障出版社，2003：191.
[2] [日]武川正吾等. 企业保障与社会保障[M]. 北京：中国劳动社会保障出版社，2003.
[3] 乌日图. 医疗保障制度国际比较[M]. 北京：化学工业出版社，2003：95-100.

预,主要由各医疗保险基金会根据各自的风险自行确定,因此比例不一样。大学生的保险费必须由自己全额承担。养老金领取者自己需缴纳一半的医疗保险费,另一半由养老保险承保机构来承担。自愿投保人的保险费由其个人全额缴纳。在法定医疗保险费用的筹集中,政府并不承担任何责任,政府财政主要用于对公立医疗机构的固定资产的投入。对于低收入人群以及雇员家属,政府通过法律免除他们的义务,其医疗费用由各医疗保险疾病基金会承担。

在由日本政府经营的针对中小企业雇员的医疗保险中,雇员和雇主各按工资的 4.2%缴费。在社会经营的针对大企业的雇员医疗保险中,雇员按工资的 3.6%缴费,雇主缴纳 4.6%。对参加国民健康保险的人员,缴费率按照每个人的收入以及富裕程度决定,比例要高于雇员医疗保险。日本的医疗保险还规定,中央政府和地方政府财政都会对医疗保险给予一定的补贴,特别是要对主要覆盖无收入和老年人群的国民健康保险基金政府财政补贴得更多。

在我国台湾地区,无论是有收入的还是无收入的人员都要向集中管理的健康保险机构缴纳医疗保险费,保险费来源于雇主和雇员缴费以及中央和地方财政补助。对不同类型的人员缴费办法不同,其中对于有收入的雇员及其家属,缴费是按照划分为 30 个等级的缴费工资额的 4.25%乘以赡养比率核定,并根据职业分类,分别按规定的分担比例由雇主、雇员和中央财政、地方财政分担;对于低收入户,其保险费按核定的额度由地方和中央财政拨付。

美国没有全民皆有的保险制度,只有为领取社会保障年金的老人、残疾人提供的医疗照顾(Medicare)和对贫困者提供的贫民医疗补贴(Medicaid)。因此,在职人员和其家属的社会保障问题,或由企业提供的民间保险来解决,或由个人购买保险来解决。

3. 社会救助

日本把社会救助制度通称为生活保障制度,即由国家出资对贫困者进行最低生活水平保障救助的制度。扶贫保障的金额由国家的税金负担,其中中央政府负担四分之三,地方行政负担四分之一。日本生活保障的内容可谓是多种多样,全面而又细致入微。有生活扶助、教育扶助、住宅扶助、医疗扶助、分娩扶助、生业扶助、葬祭扶助 7 种资金扶助。除此之外,日本政府还在生活保护设施方面提供以下几种帮助:对那些在身体或精神上存在明显障碍而难以独立生活的人,提供救护设施;对那些因身体或精神上的原因需要收容和保护的人,提供治疗设施,使其恢复新生,回到社会怀抱;对没有住处的被保护者,为其提供住所设施;对那些因身体、精神或家庭方面的原因而导致其就业能力低下的人,为其提供就业或技能学习设施。各种生活补助分别占不同的比例。1994年生活保护费的预算为 10065 亿日元(不包括保护设施的事务费),其中生活扶助为 3251 亿日元，占 32.3%；医疗扶助为 5912 亿日元，占 58.7%，比例最高；住宅扶助为 833 亿日元，占 8.3%；教育扶助为 50 亿日元，占 0.5%；其他（分娩扶助、生业扶助等）为 19 亿日元，占 0.2%。到 1996 年，日本生活保障费达到 15453 亿日元。[①]

4. 社会保障制度的改革

在西方很多国家，优厚的社会福利导致民众逆向选择，失业的人们不愿意再去工作，社会保障制度养了一大批好吃懒做的人[②]，加之人口老龄化负担的加重，西欧各国在 20 世纪 70 年代中期以后普遍开始对其社会保障制度进行调整和改革。从表面上来看，改革的重点主要在增收节支上做文章，即增加社会保障收入和减少支出，但实际上各国政府都对其社会保障职能和管理体制进行改革。其中最主要的是从社会保障制度管理体制上开刀，即从国家化向私有化转变。所谓私有化，就是把社会保障以统统由国家包下来的办法进行改革，政府尽量缩小干预社会保障的范围和项目，把一些项目交由非政府志愿机关管理，或由工人合作社和其他社会团体承担，同时恢复某些传统的社会保障机制（如家庭、慈善机构、互助组织）。

1996 年美国政策对于其福利政策进行了广泛和全面的改革，其标志就是 1996 年出台了一个新的法案，即《对贫困家庭的临时救助法案》（Temporary Assistance to Needy Families，TANF），取代了已经沿袭 60 年之久的对有孩子的低收入家庭的现金救助政策的《对有未成年家庭的帮助法案》（Aid to Families with Dependent Children，AFDC）。1996 年的福利改革法案的主要内容就是联邦政府授权各州安排资金救助各州的贫困家庭，此法案标志着联邦政府将现金救助的福利政策责任下放给了各州。这是联邦福利政策的重大修改，也是联邦重要政策第一次由政府向各州的转移。这个政策出台以后，美国依靠国家福利政策生活的人数迅速减少，接受现金资助的人数由 1993 年的 1430 万减少到 1996 年的 1220 万，1999 年这个数字为 650 万。[③]

英国对社会保障制度采取了"甩、减、缓、调"的办法，把由国家举办的与工资挂钩的"附加养老金"甩给了企业和个人；减少政府负担，加重企业和个人的负担，鼓励私人保险与私人医院订立合同以及由私人承包服务设施；同时调整社会救济制度，实行了以家庭调查为基础的救济津贴发放办法；对各种

---

① 中华慈善总会. 日本的生活保障制度及其对中国的启示，2001-1-17.
② 美国经济学家 C. 默里（Charles Murray）在其著作《迷失的基础》一书中指出，美国联邦福利政策加剧了家庭的贫困状况，因为它毁坏了人们努力工作的动机和期望，并鼓励家庭的解体。福利制度导致人们，特别是穷人对于它的依赖。有兴趣的读者可以阅读 Murray, Charles. Losing Ground[M]. New York: Basic Books, 1994.
③ [美]托马斯·R. 戴伊（Thomas R. Dye）. 自上而下的政策制定[M]. 北京：中国人民大学出版社，2002：220-222.

名目繁多的津贴、补助加以归并、裁减；严格对失业救济金发放制度以及适当推迟养老金支付的年龄等。

意大利政府采取了一系列的紧缩性政策措施，将国家福利引向社会福利。政府把规划、管理和监督的职能逐渐转向社会，减少公共干预，国家只就基本的服务和社会保障提供起码的最低限度的公益福利，超过此限度的，公民或社会团体可自由选择或组织服务，此类服务由集体加以协调和管理等。

丹麦、比利时、葡萄牙政府也将由政府统一管理的某些保险项目交给了私人保险公司管理。德国在社会保险的管理上实行了国家与私人并举、减少国家干预、加强私人社会保险机构作用的做法，而且还对社会保障网进行了整顿，提高了雇员和雇主缴纳社会保险费的份额，削减疾病保险津贴和失业补贴。同时，其还采取中央放权与精简机构等措施，克服社会保障行政部门的官僚主义和组织机构重叠以及服务不善等弊端，提高行政管理效率，节约资源。[①]

---

① 阎宇红. 西欧各国政府社会保障职能的产生、发展与变革[J]. 国际关系学院学报，1998（4）：23-29.

第八章 深化改革时期的公共安全政策

根据马斯洛的需求层次理论，随着人们收入水平的提高，人们对于安全的需要越来越强烈，安全问题会逐步进入到个人、社会的福利函数，影响着个人、群体、整个社会的福利水平。从人类社会的发展来看，由于个人在很大程度上不能有效地为自己提供安全服务，所以人们让渡部分权利给一个特定的组织——政府，由其向人们提供安全服务。另一方面，根据经验，一个国家或地区人均GDP处于500～3000美元的发展阶段，往往是人口、经济、资源、环境、效率、公平等社会矛盾交叉出现的时期，也是经济容易失调、社会容易失序、心理容易失衡、社会伦理需要调整重建的关键时期，易发各类公共安全事件，危害社会经济的正常发展。目前我国在深化推进改革开放、全面建设小康社会的历史进程中，已经处于经济改革与社会转型的特定历史阶段。中国社会对于公共安全服务的需求强度将进一步增加。

公共安全服务这种产品的内在属性是具有消费的非排他性和非竞争性的纯公共物品。按萨缪尔森的理论，由于市场失灵的存在，市场是不能有效提供纯公共物品的。因此，向民众提供一个安全的生活环境，不仅是各级政府部门的头等大事，也是家庭社会结构小型化的必然要求。然而，由于政府财政能力以及行政能力的有限，在提供这类公共物品时表现出很多问题，如供给不足、供给质量差、提供效率低下等。

一方面，人类社会对于公共安全服务的需求在不断增加，深化改革时期的社会现实更是为公共安全事件的出现提供了特定的环境。另一方面，公共安全服务的供给不足。需求与供给的这种不均衡格局导致制度外的公共安全供给，同时也促使人们关注如何从制度上保证有效供给各种公共安全服务。

公共安全的内涵很广泛，从字面上来看，只要与特定群体安全有关的情形都应属于公共安全问题，如国防安全、社会秩序安全、公共卫生安全、经济安全、重要生产资源（如粮食、石油）安全、自然灾害等。本章主要从公共卫生安全、社会秩序安全、突发灾害安全等方面来讨论政府公共政策的演进及其在深化改革时期的变革。

第一节 公共卫生安全

2003年突如其来的"非典"疫情，对正在高速发展的中国经济产生了巨大的影响[①]，也严重影响到了人民群众的身体健康。根据世界卫生组织（WHO）的分类，公共卫生涉及以下主要内容：传染病的控制、食品的安全、烟草的控制、药品和疫苗的可得性、环境卫生、健康教育与促进、食品保障与营养、卫生服务。作为WHO的成员国，我国政府主要从食品卫生、公共场所卫生、学校卫生、化妆品卫生、放射防护、消毒、劳动卫生、传染病管理等几个大的方面开展公共卫生事业工作。

一、我国公共卫生政策的演进

1. 公共卫生立法、执法与监督

中华人民共和国成立后，按照我国预防为主的卫生工作方针，参照苏联的模式，全国从省、自治区、直辖市到地、市、区县相继建立了各级卫生防疫站，同时各地按照当地防病工作的需要又相继建立了血吸虫病防治站、职业病防治所、地方病防治站、结核病防治所以及皮肤病性病防治所等专业防治机构，综合承担着对社会的公共卫生行政管理和业务技术服务，并确立我国逐步建立国家卫生监督制度，各级卫生防疫站承担着卫生防疫监督监测、科研和培训工作，也是当地卫生防疫业务技术的指导中心。

1982年《中华人民共和国食品卫生法（试行）》的颁布，标志着我国卫生监督工作进入了法制管理的轨道，随后环境卫生、放射卫生、劳动卫生、学校卫生等相关法规陆续出台。1995年我国正式颁布《中华人民共和国食品卫生法》，进一步完善了我国公共卫生监督的法制建设，也标志着我国公共卫生监督工作进入了一个崭新的时期。《中华人民共和国食品卫生法》自2009年6月1日起废止，在此基础上，2009年2月28日，十一届全国人大常委会第七次会议通过了《中华人民共和国食品安全法》。食品安全法是适应新形势发展的需要，

[①] 根据有关学者和部门的测算，"非典"对于中国经济增长的影响大约在1～2个百分点。在2004年9月13日世界卫生组织西太区委员会第55届会议开幕式上，国务院副总理吴仪坦言，经历了2003年的"非典"之后，中国对卫生事业有了更全面的认识。"卫生事业不仅关系着人们的健康，更对社会稳定和经济发展起着积极作用。"

为从制度上解决现实生活中存在的食品安全问题和更好地保证食品安全而制定的。其中，确立了以食品安全风险监测和评估为基础的科学管理制度，明确了食品安全风险评估结果作为制定、修订食品安全标准和对食品安全实施监督管理的科学依据。目前，我国卫生计生方面的法律有11部，行政法规有39部，部门规章有136部。可以说，卫生计生工作基本上实现了有法可依、有章可循，这些法规和条例覆盖了公共卫生的大部分领域，基本形成了具有中国特色的公共卫生法规标准体系。[①]

鉴于公共卫生预防体制中存在的创收与监督功能不分的问题以及卫生监督工作的重要性，2001年2月，卫生部《全国疾病预防控制体制改革意见》确立将卫生防病中心与卫生执法监督体系分开，各地公共卫生监督队伍相继建立，目前已形成包括食品卫生、公共场所卫生、学校卫生、化妆品卫生、放射防护、消毒、劳动卫生、传染病管理8类卫生监督员组成的监督队伍，卫生监督执法工作全面展开，全社会公共卫生整体水平有所提高。此外，为了正确处理医疗事故，为了保护患者和医疗机构及其医务人员的合法权益，为了维护医疗秩序、保障医疗安全和促进医学科学的发展，我国于2002年2月20日国务院第55次常务会议通过了《医疗事故处理条例》。其条例于2002年9月1日起公布施行，共计7章63条。为了预防、控制和消除传染病的发生与流行和保障人体健康和公共卫生，2013年修订了2004年发布的版本，发布实施《中华人民共和国传染病防治法》。

2. 食品卫生安全体系

中国食品安全体系中的政府主管部门有农业部、卫生部、食品药品监督管理局和国家出入境检验检疫主管部门，它们分别管理着涉及食品安全的各个领域。除上面提到的《食品卫生法》《食品安全法》颁布之外，我国还针对特定的领域出台了《中华人民共和国进出境动植物检疫法》及其实施条例、《中华人民共和国进出口商品检验法》及其实施条例、《中华人民共和国农业法》《中华人民共和国渔业法》及其实施细则等，从法律上保证食品卫生安全。

为了进一步保证食品安全，2004年9月，国务院发布《关于进一步加强食品安全工作的决定》，同时，国家质检总局计划在全国范围内推行食品准入制度（"QS"标识）。目前我国食品共分28大类，大米、小麦粉、食用油、酱油、醋5类食品已经率先实施了QS食品准入；肉制品、奶制品、方便食品、速冻食品、饮料、调味品、膨化食品等10大类食品以及剩余的13类产品也已相继完

[①] 中华人民共和国国家卫生和计划生育委员会. 完善卫生立法 让医疗有法可依[EB/OL]. 西部开发网, http://www.xbkfw.cn/article_54169_1.html.

成准入制度。2005年底，我国所有食品全部实行市场准入制度。①

自2015年10月1日起施行的《食品生产许可管理办法》和《食品经营许可管理办法》规范了食品、食品添加剂生产及食品经营许可活动，为加强食品生产、经营监督管理及保障食品安全提供了依据。

为加强食品生产经营管理，减少和避免不安全食品的危害，保障公众身体健康和生命安全，根据《中华人民共和国食品安全法》及其实施条例等法律法规的规定，国家食品药品监督管理总局局务会议审议通过了《食品召回管理办法》，自2015年9月1日起施行。

为规范特殊医学用途配方食品注册行为，加强注册管理，保证特殊医学用途配方食品的质量安全，根据《中华人民共和国食品安全法》等法律法规，2015年12月8日国家食品药品监督管理总局局务会议审议通过了《特殊医学用途配方食品注册管理办法》，于2016年7月1日起施行。2016年2月16日经国家食品药品监督管理总局局务会议审议通过了《食品生产经营日常监督检查管理办法》，加强对食品生产经营活动的日常监督检查，落实食品生产经营者的主体责任，保证食品安全，该办法于2016年5月1日开始施行。

3. 药品、医疗器械生产及使用安全

国家针对药品、医疗器械的生产及其使用都相应制订了一系列的管理法规条例，同时，为规范药品、医疗器械的生产经营，1998年国家成立了药品监督管理局（SFDA）。

针对药品企业，积极推广《药品生产质量管理规范》（GMP）认证工作，要求到2002年底以前，药品生产企业小容量注射剂和菌疫苗生产必须达到GMP的相关要求，2004年6月30日前，所有药品制剂和无菌原料生产必须通过GMP认证。凡未能取得认证的，将一律不准进行药品生产。②对于医疗器械生产企业，国家食品药品监督管理局2004年在ISO13485的基础上借鉴美国GMP的思路启动我国医疗器械生产企业GMP制定、实施工作。2011年3月1日，新版《药品生产质量规范（2010年修订）》对外施行。该新版规范与世界卫生组织的药品生产质量管理规范相一致，细化了对药品生产企业的要求，执行更加规范、严格，是药品生产企业必须遵守的规范性文件。针对药品经营企业，为加强药品经营质量管理，规范药品经营行为，保障人体用药安全、有效，根据相关法律条例，制定的《药品经营质量管理规范》（GSP）于2015年6月公布，并于公布之日开始施行，同时废止卫生部于2013年6月1日施行的《药

---

① 明年所有食品全部实行市场准入制［EB/OL］. http://www.foodsafe.net/article.asp, 2004-9-13.
② 王晓林. 狙击GMP认证［N/OL］. 21世纪经济报道, 2004-07-01, http://www.nanfangdaily.com.cn/jj/20040701/chj.

品经营质量管理规范》。在药品流通环节,为进一步加强药品电子监管工作,不断提高公众用药安全水平,促进社会和谐稳定,实现药品全品种全过程监管,"十二五"期间贯彻实施了《2011—2015 年药品电子监管工作规划》。

此外,对于特定种类药物也有一系列的政策法规,如:为加强对抗生素类药品使用的管理,国家药品监督管理局规定,从 2004 年 7 月 1 日起,全国范围内所有零售药店必须凭执业医师处方才能销售未列入非处方药药品目录的各种抗菌药物,包括抗生素和磺胺类、喹诺酮类、抗结核、抗真菌药物。为加强对非药用类麻醉药品和精神药品的管理,防止非法生产、经营、运输、使用和进出口此类药品,根据《中华人民共和国禁毒法》和《麻醉药品和精神药品管理条例》等法律、法规的规定,于 2015 年 10 月 1 日起施行《非药用类麻醉药品和精神药品列管办法》。

关于医疗器械的生产经营,为了加强对医疗器械的监督管理,保证医疗器械的安全、有效,保障人体健康和生命安全,我国于 2000 年 4 月 1 日起施行《医疗器械监督管理条例》(国务院令第 276 号),之后于 2014 年 2 月 12 日国务院第 39 次常务会议修订通过,以 2014 年 3 月 7 日中华人民共和国国务院令第 650 号公布。为加强医疗器械不良事件监测和再评价工作,国家食品药品监督管理局、卫生部于 2008 年 12 月印发了《医疗器械不良事件监测和在评价管理办法(试行)》。为了加强医疗器械生产监督管理,规范医疗器械生产质量管理体系,根据《医疗器械监督管理条例》和相关法规规定,国家局组织制定了《医疗器械生产质量管理规范(试行)》,于 2009 年 12 月印发,于 2014 年 12 月在《医疗器械监督管理条例》(国务院令第 650 号)、《医疗器械生产监督管理办法》(国家食品药品监督管理总局令第 7 号)的基础上发布了修订后的《医疗器械生产质量管理规范》。[①]为应对药品和医疗器械在使用过程中产生的突发事件,加强药品和医疗器械安全突发事件的应急管理,根据相关规定和要求,国家食品药品监督管理局修订了《药品和医疗器械安全突发事件应急预案(试行)》,于 2011 年 8 月印发。

除此之外,还有一些更注重使用过程安全的政策法规,如:在确保注射器质量方面,出台《医疗器械管理条例》《一次性使用医疗器械管理办法》;发布《临床技术操作规范》,对注射的正确操作予以指导;同时,《医疗废物管理条例》规定,医疗卫生机构应当及时收集本单位产生的医疗废物,并按照类别分置于防渗漏、防锐器穿透的专用包装物或密闭的容器内。从保护工作人员的角度出发,制订了《医务人员艾滋病病毒职业暴露防护工作指导原则(试行)》。为加

---

① 辛闻. 中国发布《医疗器械生产质量管理规范》3 月 1 日起实施[EB/OL]. http://news.china.com.cn/txt/2015-01/16/content_34578939.htm,2015-1-16.

强医疗器械使用质量监督管理,保证医疗器械使用安全、有效,2015年9月29日国家食品药品监督管理总局局务会议审议通过《医疗器械使用质量监督管理办法》,自2016年2月1日起施行。

4. **农村公共卫生**

世界银行于2009年7月23日在北京发布了题为《中国农村卫生改革》的报告。报告对中国正在开展的医疗卫生体制改革表示赞赏,并提出了具体建议,涉及卫生融资、医疗保险、服务提供、公共卫生等领域。

我国对于农村公共卫生的发展做出了一系列的努力。卫生部等部门为跟进世界卫生组织1977年提出的"2000年人人享有卫生保健"这一全球战略目标,根据我国农村实际情况制定了《我国农村实现"2000年人人享有卫生保健"的规划目标》,提出了12项指标和分阶段达标的构想。经过努力,我国农村基本实现了1990—2000年初保阶段性目标。为不断提高初保水平,开创新世纪初保工作的新局面,2002年5月20日卫生部等7部委联合下发《2001—2010年中国农村初级卫生保健发展纲要》。2002年10月29日,卫生部、国家计委等5部委联合发布《中共中央、国务院关于进一步加强农村卫生工作的决定》,提出了到2010年的农村卫生工作总体目标,指出必须加强农村公共卫生工作,明确农村公共卫生责任,加强农村疾病预防控制,做好农村妇幼保健工作,大力开展爱国卫生运动。2002年12月18日,卫生部、国家计委、财政部、人事部、国家中医药管理局等联合发布《关于农村卫生机构改革与管理的意见》,指出要建设社会化的农村卫生服务网络。农村卫生服务网络是由政府、集体、社会和个人等在县(市)、乡(镇)、村范围内举办的各种医疗卫生机构组成,是以公有制为主导和多种所有制形式共同发展的社会化网络。地方各级人民政府要加强宏观调控,注重发挥市场机制作用,打破部门和所有制界限,从当地实际出发,整体规划农村各级各类医疗卫生机构的设置,明确功能定位,综合利用农村卫生资源。2003年12月15日,卫生部等11部委发布《关于进一步做好新型农村合作医疗试点工作的指导意见》,指出必须认识到开展工作的重要性和艰巨性,明确试点工作的目标任务,还包括必须坚持农民自愿参加原则等部分。2009年,由于农村地区已全面建立起新农合制度,制度框架和运行机制基本建立,农村居民医疗负担得到减轻,卫生服务利用率得到提高,因病致贫、因病返贫的状况得到缓解,并印发了《关于巩固和发展新型农村合作医疗制度的意见》。根据相关政策法规,2012年4月12日,卫生部、国家发展和改革委员会、财政部以卫农卫发〔2012〕28号印发《关于推进新型农村合作医疗支付方式改革工作的指导意见》。该《意见》充分认识推进支付方式改革的重要意义、指导思想和基本原则、支付方式改革的主要内容、建立并完善支付方式的评价和监管措施、认真做好支付方式改革的组织实施工作5部分。2013年9月11日，为深入推进医改和完善新型农村合作医疗制度建设，国家卫生和计划生育委员会下发《关于做好2013年新型农村合作医疗工作的通知》，2014年财政部、国家卫计委、人力资源社会保障部4月25日发布《关于提高2014年新型农村合作医疗和城镇居民基本医疗保险筹资标准的通知》。2015年1月，为贯彻落实国务院关于"十二五"期间深化医药卫生体制改革规划的有关要求和巩固完善新型农村合作医疗制度，国家卫计委、财政部发布《关于做好2015年新型农村合作医疗的通知》，对提高投资水平、增强保障能力、全面实施大病保险制度、完善支付方式、推动建立分级诊疗制度、规范基金监管和建立健全责任追究制度5个方面工作进行了阐述。

5. 传染病防治

传染病是一种可以从一个人或其他物种经过各种途径传染给另一个人或物种的感染病。有些传染病，防疫部门必须及时掌握其发病情况，及时采取对策，发现后应按规定时间及时向当地防疫部门报告，这称为法定传染病，中国目前将法定传染病分为甲、乙、丙3类。我国的全国传染病与突发公共卫生事件监测信息报告系统于2004年正式上线运行，实现了传染病个案信息的网络直报，极大地提高了我国法定传染病报告的及时性、完整性和监测的敏感性。为了加强传染病信息报告管理和提高报告质量，2006年，原卫生部办公厅印发了《传染病信息报告管理规范》（卫办疾控发〔2006〕92号）（以下简称原规范）。原规范对指导医疗卫生机构做好传染病信息报告发挥了重要作用，全国传染病信息报告工作逐步走上科学化、规范化的轨道。随着传染病防控形势的变化和防控工作的推进，国家卫计委组织对原规范进行了相应修订，制定了《传染病信息报告管理规范（2015年版）》。①

2003年爆发的"非典"是全球众多国家和地区面临的一场疫病危机，其中中国内地是重灾区。"非典"期间，我国从中央财政中预拨SARS防治专项经费5000万元，主要用于疫情较严重的北京周边市区农民（含农民工）"非典"患者和疑似病人隔离治疗期间免费医疗，以及补助城镇困难"非典"患者救治费用。这次传染疾病的爆发与蔓延体现了中国在突发性传染病的控制方面的问题。

再以艾滋病为例，我国自1985年首次报告艾滋病病例，艾滋病疫情仍呈快速上升趋势，其传播和蔓延的势头没有得到有效遏制。为有效遏制艾滋病疫情快速上升的趋势，切实加强艾滋病防治工作，国务院于2004年发布了《关于切实加强艾滋病防治工作的通知》。卫生部、财政部于2004年4月制定了《艾

---

① 《关于印发传染病信息报告管理规范（2015年版）的通知》文件解读[EB/OL]. http://www.gov.cn/xinwen/2015-11/11/content_2964131.jtm.

滋病免费自愿咨询检测管理办法（试行）》，规定自愿接受艾滋病咨询检测的人员均可以接受艾滋病免费咨询检测。同时，国家对孕妇实施免费艾滋病防治咨询、筛查，并免费提供抗艾滋病病毒药品进行预防性治疗，降低经母婴途径的艾滋病病毒传播率。为体现国家对艾滋病病人的关怀和延长病人的生命并提高其生存质量，为了有效控制艾滋病流行和传播以及规范开展艾滋病及常见机会性感染的免、减费药物治疗工作，卫生部、财政部于2004年4月下发了《艾滋病及常见机会性感染免、减费药物治疗管理办法（试行）》，规定经济困难的艾滋病病人可获免费抗病毒药物治疗。随后，为了预防、控制艾滋病的发生与流行，保障人体健康和公共卫生，根据传染病防治法，2006年1月18日国务院第122次常务会议通过《艾滋病防治条例》，自2006年3月1日起施行。2010年2月，国务院针对当前和今后一段时期我国艾滋病疫情及防治工作需要提出具体要求，为进一步做好艾滋病防治工作和有效遏制艾滋病的蔓延，发布《关于进一步加强艾滋病防治工作的通知》，该通知针对中国当前艾滋病流行及防控形势从四方面提出17项要求部署艾滋病防控工作。

结核病是严重危害人民群众健康的呼吸道传染病，被列为我国重大传染病之一。我国结核病防治工作还面临着诸多新的问题与挑战，仍是全球22个结核病高负担国家之一。为加强全国结核病防治工作和推动全国结核病防治规划的有效实施以及规范医疗卫生机构的结核病预防控制工作，卫生部于2007年8月制定了《结核病预防控制工作规范》的规定。在"十二五"期间，为进一步做好全国结核病防治工作和有效遏制结核病的流行以及保障人民群众身体健康，根据我国当时结核病疫情与防治工作现状制订了《全国结核病防治规划（2011—2015年）》，于2011年11月印发。为全面总结防治工作成效和经验和更好地规划和实施"十三五"结核病防治工作，于2015年8月下发《全国结核病防治规划（2011—2015年）终期评估方案》。

同时，为进一步加强传染病防治人员安全防护和维护防治人员健康权益，调动防治人员工作积极性和保障国家公共卫生安全，国务院办公厅于2015年2月印发了《关于加强传染病防治人员安全防护的意见》。

二、公共卫生安全存在的问题

1. 传染病、地方病形势严重

这些年来，一些已经基本控制的传染病有重新抬头的趋势。在广大农村地区，还存在常见传染病的威胁；含有生物性、化学性有毒有害物质的食品引起的非传染性急性、亚急性疾病等群体性食物中毒事件时有发生；因有毒化学品泄漏造成的职业中毒事件屡有发生；核辐射源分布广，应用数量增多和强度不断增大，存在着核辐射和核恐怖的威胁；频发的地震、火灾、水灾等自然灾害增加了疫情发生的风险。[①]根据国家卫计委 2016 年 2 月发布的《2015 年全国法定传染病疫情概况》显示，2015 年（2015 年 1 月 1 日零时至 12 月 31 日 24 时），全国（不含港澳台，下同）共报告法定传染病发病 6408429 例，死亡 16744 人，报告发病率为 470.35/10 万，报告死亡率为 1.23/10 万。2015 年全国法定传染病按类别统计：一是甲类传染病中鼠疫无发病报告，霍乱报告发病 13 例（无死亡），报告发病率较 2014 年下降 50%。二是乙类传染病除传染性非典型肺炎、脊髓灰质炎和白喉无发病、死亡报告外，其他共报告发病 3046434 例，死亡 16584 人；报告发病率为 223.60/10 万，较 2014 年下降 1.49%；报告死亡率为 1.22/10 万，较 2014 年上升 2.75%。报告发病数居前 5 位的病种依次为病毒性肝炎、肺结核、梅毒、细菌性和阿米巴性痢疾、淋病，占乙类传染病报告发病总数的 90.47%；报告死亡数居前 5 位的病种依次为艾滋病、肺结核、狂犬病、病毒性肝炎和人感染 H7N9 禽流感，占乙类传染病报告死亡总数的 98.55%。三是丙类传染病除丝虫病无发病、死亡报告外，其他共报告发病 3361982 例，死亡 160 人，报告发病率为 246.76/10 万，报告死亡率为 0.01/10 万，分别较 2014 年下降 18.61%和 72.21%。报告发病数居前 5 位的病种依次为手足口病、其他感染性腹泻病、流行性感冒、流行性腮腺炎和急性出血性结膜炎，占丙类传染病报告发病总数的 99.59%；报告死亡数较多的为手足口病、其他感染性腹泻病和流行性感冒，占丙类传染病报告死亡总数的 97.50%。2015 年全国甲乙类传染病按传播途径统计：一是报告肠道传染病发病 227401 例，死亡 35 人；报告发病率为 16.69/10 万，报告死亡率为 0.003/10 万，分别较 2014 年下降 10.21%和 7.14%。二是报告呼吸道传染病发病 981585 例，死亡 2420 人；报告发病率为 72.04/10 万，报告死亡率为 0.18/10 万，分别较 2014 年下降 2.38%和 0.45%。三是报告自然疫源及虫媒传染病发病 110494 例，死亡 851 人；报告发病率为 8.11/10 万，报告死亡率为 0.06/10 万，分别较 2014 年下降 12.27%和 15.75%。四是报告血源及性传播传染病发病 1726661 例，死亡 13261 人；报告发病率为 126.73/10 万，报告死亡率为 0.97/10 万，分别较 2014 年上升 1.13%和 4.84%。

根据 2012 年卫生部等部《全国地方病防治"十二五"规划》中关于我国地方病的现状的描述，我国 31 个省（区、市）不同程度地存在地方病危害，主要有碘缺乏病、水源性高碘甲状腺肿、地方性氟中毒、地方性砷中毒、大骨节病和克山病。我国外环境普遍处于缺碘状态，除上海市外，30 个省（区、市）

---

① 国家发展和改革委员会，卫生部. 突发公共卫生事件医疗救治体系建设规划. 2003-9-17.

都曾不同程度地流行碘缺乏病。水源性高碘病区和地区分布于9个省（区、市）的115个县（市、区），受威胁人口3000余万。燃煤污染型地方性氟中毒病区分布于13个省（市）的188个县（市、区），受威胁人口约3582万。饮水型地方性氟中毒病区分布于28个省（区、市）的1137个县（市、区），受威胁人口约8728万。饮茶型地方性氟中毒病区分布于7个省（区）的316个县（市、区），受威胁人口约3100万。燃煤污染型地方性砷中毒病区分布于两个省的12个县，受威胁人口约122万。饮水型地方性砷中毒病区分布于9个省（区）的45个县，且在19个省（区）发现生活饮用水砷含量超标，受威胁人口约185万。大骨节病病区分布于14个省（区、市）的366个县（市、区），受威胁人口约2197万。克山病病区分布于16个省（区、市）的327个县（市、区），受威胁人口约3225万。我国是地方病流行较为严重的国家，防治地方病的形势不容乐观。

艾滋病防控任务艰巨。据卫计委2013年10月发布的《我国艾滋病防控工作背景》介绍，截至2013年9月30日，全国共报告现存活艾滋病病毒感染者和艾滋病病人约43.4万例。2013年1~9月份新发现艾滋病病毒感染者约7万例。目前，该病经性途径传播已成为我国的主要传播途径。2013年1~9月新发现的艾滋病病毒感染者和病人中经性传播比例为89.9%（其中经异性传播比例为69.1%、经同性传播为20.8%），经静脉注射吸毒传播和经母婴传播的比例分别为7.6%和0.9%。

2. 卫生监督部门执法不力

自20世纪80年代中期以来，由于各级防疫工作经费投入不足，卫生防疫机构逐步开展各种有偿服务以弥补卫生监督和防疫、防病以及人员经费不足。卫生防疫机构一方面要执法开展各项公共卫生监督工作，另一方面要创收，社会公众对这种既执法又开展有偿服务收费的做法反应较大。大量的事实报道了卫生执法部门只负责收钱办证和以罚代管，疏于日常管理，造成很多证照齐全的生产者大量生产危害人民健康的产品。卫生监督与有偿服务不分的"双重身份"影响了卫生监督执法工作的公正性，使卫生监督的目的导向产生偏差。另外"多头执法"的现象依然存在。出台一部卫生法规，就设立一支监督队伍，多头执法往往导致卫生监督执法力度不强，形成不了执法合力，最终使得违法违规生产销售伪劣食品和瞒报、缓报、漏报疫情以及收受、索取"红包"和"回扣"等问题屡有发生。

3. 食品卫生形势严重

虽然国家采取了一系列措施加强食品安全工作力度，但是食品安全问题仍然不容乐观，种植养殖、生产加工、市场流通、餐饮消费等方面存在的问题还很突出，食品安全监管体制、法制、标准等方面存在缺陷，地方保护、有法不依、执法不严、监管不力的现象时有发生。长期以来,食品安全事件一直屡禁不止,2014 年,卫计委通过突发公共卫生事件网络直报系统共收到 26 个省(自治区、直辖市)食物中毒类突发公共卫生事件(以下简称食物中毒事件)报告 160 起,中毒 5657 人,其中死亡 110 人。与 2013 年同期数据相比,报告起数、中毒人数和死亡人数分别增加 5.3%、1.8%和 0.9%。2014 年无重大级别食物中毒事件报告。报告食物中毒较大事件 74 起,中毒 842 人,死亡 110 人;报告一般事件 86 起,中毒 4815 人。[1]2008 年河北省三鹿"三聚氰胺奶粉"事件引发公众对于奶制品的质疑,2011 年双汇"瘦肉精"事件与台湾地区三百多家品牌塑化剂超标事件,2013 年山东硫黄熏制"毒生姜",2014 年上海福喜食品大量采用过期肉,还有不断泛滥的染色馒头、毒豆芽、地沟油等事件,更让人们认识到违法食品添加剂的危害,凸显了食品卫生形势的极端严重性。

4. 安全生产与职业卫生

随着我国国民经济持续快速增长,我国安全生产总体上保持了相对稳定并呈现趋于好转的发展态势。2013 年各地区、各部门和各单位认真学习贯彻中央的决策部署,全国安全生产工作取得积极进展和明显成效,各类事故起数和死亡人数同比分别下降 8.2%和 3.5%,较大事故下降 17.8%和 17.2%,重特大事故下降 16.9%和 5.9%。其中,煤矿事故起数和死亡人数同比下降 22.5%和 22.9%,煤矿百万吨死亡率下降 23%。但是,形势依然严峻,全国仍有 15 个省份发生了 1 至 2 起重大事故,8 个省份发生了 3 起及以上重大事故,吉林省和山东省各发生 2 起特别重大事故。[2]

2015 年全国事故总量保持继续下降态势,事故起数、死亡人数同比分别下降 7.9%、2.8%。大部分地区和重点行业领域安全状况基本稳定,11 个省级单位未发生重特大事故,煤矿事故起数和死亡人数同比分别下降 32.3%、36.8%,非煤矿山、化工和危化品、烟花爆竹、道路交通、建筑施工、生产经营性火灾、水上交通、铁路交通及冶金机械等行业领域事故实现"双下降"。但是,安全生产形势依然严峻复杂,尤其是重特大事故频发且危害严重,暴露出安全生产体系机制法制不完善、安全发展理念不牢固、企业主体责任不落实以及安全监管执法不严格等问题。[3]

多数专家认为,我国工业化虽已出现向后期阶段过渡的明显特征,但总体

---

[1] 中华人民共和国国家卫生和计划生育委员会. 国家卫计委办公厅关于 2014 年全国食物中毒事件情况的通报[EB/OL].http://www.moh.gov.cn/yjb/s3585/201502/91fa4b047e984d3a89c16194722ee9f2.shtml,2015-2-15.
[2] 国家安全监管总局. 2013 年全国安全生产工作情况[EB/OL]. http://www.chinasafety.gov.cn/newpage/Contents/Channel_4181/2014/0319/231414/content_231414.htm,2014-2-19.
[3] 国家安全生产监督管理总局. 2015 年全国安全生产工作回顾[EB/OL]. http://www.chinasafety.gov.cn/newpage/Contents/Channel_4181/2016/0219/264936/content_264936.htm,2016-2-19.

上处于中期阶段，到 2020 年左右才能基本实现工业化。这一时期，恰恰处于生产安全事故高风险阶段，安全生产形势严峻，具有长期、复杂、艰巨和反复的特点。①

5. 非安全注射等行为严重

目前，滥用注射、过度注射、重复使用一次性注射器等非安全注射行为已成为严重的公共卫生问题。全国各地医疗机构尤其是县级以下的基层医院、医务所普遍存在以下非安全注射行为：注射器消毒达不到标准；一次性注射器反复使用；伪劣注射器用于临床；注射操作不当造成创伤性麻痹；注射药物引起热原反应；注射后处置不当，发生针刺伤，或者注射器被不法分子利用，重新流入市场，对公众健康构成威胁。注射美容是在最近十年兴起的一种医疗美容技术，主要通过注射药物、填充材料的方法，达到去除皱纹、修饰脸形和身形等效果。由于相对于传统的手术美容来说，注射美容创伤较小，受到了求美者的追捧，注射美容属医疗行为，因此只能在卫生部门批准的医疗机构内进行。但在最近十年里，中国非法注射美容盛行并发展出成熟的产业链。大量求美者在非法行医者的手下接受注射美容，而他们中的很多人惨遭毁容伤害。②

抗生素类药品没有问世时，人类一旦被细菌感染就很容易死亡。但是，在抗生素不断推陈出新的今天，如果不加控制和不恰当使用，终有一天将会导致人类本身对所有抗生素药品都有耐药性，人们同样"无药可用"，同样，滥用抗生素会导致失聪、药物中毒等后果，产生抗生素抗药性危机。由疾病导致生物体对抗生素及其他代用品的抗药性已成为全世界的一个重要的公共卫生问题。③药品行业流传着一句话："美国枪支容易买到，抗生素很难买到，而中国恰好相反。"用这句话来形容抗生素的重要性和在中国的滥用程度是再恰当不过了。一位业内人士感叹："中国滥用抗生素的人数比例已经高达 30%～50%，而国外是 10%。"④最近，由中国科学院广州地球化学研究所应光国课题组发布的一项研究结果表明，2013 年中国抗生素使用量惊人，一年使用 16.2 万吨抗生素，约占世界用量的一半，其中 52%为兽用，48%为人用，超过 5 万吨抗生素被排放进入水土环境中。⑤滥用抗生素已经成为危害公众健康的一大社会问题。

---

① 国家安全生产监督管理总局. 千方百计遏制重特大事故频发势头[EB/OL]. 中国安全生产报, http://www.chinasafety.gov.cn/newpage/Contents/Channel_21354/2016/0310/265825/content_265825.htm, 2016-3-2.
② 危险求美：中国非法注射美容现状调查, http://www.wcweekly.com/archives/1101, 2012-4-7.
③ WHO. 1996 年世界卫生报告：抵御疾病 促进发展[M]. 北京：人民卫生出版社, 1997：19.
④ 孙瑞. 禁卖抗生素谁受益？[N/OL]. 21 世纪经济报道, 2004-07-01, http://www.nanfangdaily.com.cn/jj/20040701.
⑤ 中国滥用抗生素：占世界一半 祸害 N 代人_科技_环球网, http://tech.huanqiu.com/news/2015-07/6862489.html, 2015-7-6.

三、改革方案

1. 完善疾病预防和控制体系

（1）建立全国公共卫生信息系统。我国建立的全国公共卫生信息系统，已初具成效。国家公共卫生信息系统本着"统筹规划，国家主导，统一标准，联合建设，互联互通，资源共享"的思想，统一领导，分级负责，科学管理，综合运用计算机技术、网络技术和通信技术，充分利用现有资源，构建覆盖各级卫生行政部门、疾病预防控制中心、卫生监督中心、各级各类医疗卫生机构的高效、快速、通畅的信息网络系统，网络触角延伸到城市社区和农村卫生室。同时加强法制建设，规范和完善公共卫生信息的收集、整理、分析，提高信息质量；建立中央、省、市三级突发公共卫生事件预警和应急指挥系统平台，提高医疗救治、公共卫生管理、科学决策以及突发公共卫生事件的应急指挥能力。该信息系统刚建成后就在2004年初再次出现的SARS疫情及禽流感疫情中发挥了重要的作用。在完善法定传染病信息直报系统的同时，随着疾病谱系的改变，对于慢性非传染性疾病的预报、监测问题，也应该引起更多重视。对于慢性非传染性类疾病信息的数据源主要来自于各医疗机构门诊及住院病人的诊断信息、120急救系统的病种信息、健康咨询、医学信息互联网病种点击、各医疗机构死亡率监测等。对传染病的监测及控制系统和抗生素敏感性监测系统，增加了强有力的具有快速确认能力的实验室设备，这将是卫生发展的主流。新的疾病监测及控制传染病的广泛研究应得到促进与支持。公共卫生监测是公共卫生实践的核心要素，遗憾的是许多传染性疾病监测体系是被动的，主要依赖于卫生工作者向公共卫生体系自发报告，而这些就控制疾病暴发而言，并不具有足够的灵敏度与及时性。因此，应提升疾病控制系统的灵敏度与及时性能力。

（2）疾病预防和控制体系的完善。为了加强地方疾病预防控制中心（CDC）的建设，国家已经安排了29亿元资金支持；为了加强国家的CDC建设，国家也已经安排了17亿元资金。这项工作预计在2003—2004年两年完成。与此同时，要进一步加强人力资源的建设。在我国四级疾病预防控制机构中，最基层的县级机构工作人员70%的学历是中专以下，这是在人才培养上存在治疗与预防脱节的问题。[①]我们还应深化疾病预防控制体制改革，进一步理顺其与卫生监督执法部门的关系，并要理顺CDC与各级医疗机构的关系，特别是基层医疗组织。此外，要深入改革预防保健体系，坚持预防为主的方针，建立综合

---

① 国家将斥巨资完善公共卫生体系[EB/OL]. http://www.cctv.com，2004-03-05.

性预防保健体系,使其负责公共卫生、疾病预防、控制和保健领域的业务技术指导任务以及提供技术咨询和调查处理传染病流行、中毒等公共卫生突发事件。医疗机构要密切结合自身业务积极开展预防保健工作,要发挥社区卫生服务组织开展预防、保健、健康教育和心理咨询方面的作用,①采取有效措施加强目前比较严重的传染病(如非典、禽流感、艾滋病、血吸虫病、结核病等重大传染病)的防治工作。2015年上海市政府召开公共卫生三年行动计划(2015—2017年)启动大会。新一轮公共卫生三年行动计划将全力推动5方面38个建设项目,完善职责明晰且预防—干预—诊治衔接有序的医防融合疾病综合防治服务体系,并落实以健康云平台和健康自主管理为支撑的机构分级协同、公众主动积极的健康全程管理。新一轮行动将继续深化这一模式,将慢病管理进一步拓展至糖尿病、慢性肾病、肿瘤、低视力4类人群,在健康信息网基础上,打造健康云平台,构建疾病综合防治服务管理体系。居民在任何医疗机构就诊,一旦确诊,其相关信息就会送至所在社区,由家庭医生及时掌握信息,开展慢病管理。

  目前在中国,通过共用针具注射吸毒和既往有偿供血是艾滋病病毒传播的主要途径,在中国已报告的全部艾滋病病例中,近64%是因在注射毒品时共用被感染的针头而被传染。所以要积极开展在注射吸毒人员中进行的美沙酮维持治疗、清洁针具交换试点工作,有效阻断艾滋病在吸毒人员之间的传播。对此,还要大力推广安全套的使用,实施安全套工程的政策就是"非罪化"。医疗卫生服务机构、计划生育技术服务机构要采用咨询、发放宣传材料等方式,向就诊患者、服务对象宣传艾滋病防治和安全套使用知识。公共场所经营、管理单位要采取适宜的形式宣传推广安全套的使用,设立安全套自动售套机。安全套生产、经营企业可利用商业网点、疾病预防控制机构和计划生育网络,开展安全套公益广告宣传活动。有关部门要大力支持宣传推广使用安全套预防艾滋病的工作,积极组织开展推广使用安全套预防艾滋病的公益广告宣传。②

  同时,积极推广"自愿无偿献血工程",加强血液及制品的安全,阻断通过输血传染各种疾病的途径。在我国有约11%的艾滋病是在采血、输血和注射血液制品过程中感染的,而我国中原地区的大量艾滋病感染者都是有偿献血的牺牲品。因此,要避免不安全的血液进入临床,就要在全社会积极推广"自愿无偿献血工程",可以发挥政府高级官员、社会名流、单位领导的模范带头作用。各级各类新闻宣传单位要把艾滋病防治和无偿献血知识列为宣传重点之一,制订具体的宣传计划,并认真予以实施。中央和地方主要广播、电视、报纸、互

---

① 国务院体改办等八部、委、局. 关于城镇医药卫生体制改革的指导意见. 2000-2-16.
② 国务院. 国务院关于加强艾滋病防治工作通知[EB/OL]. http://www.moh.gov.cn/jbkz/azbfz/zcxx, 2004-05-10.

联网等媒体要设立专门栏目，积极开展艾滋病防治和无偿献血知识宣传，并定期播放或刊登有关艾滋病防治和无偿献血的公益广告。地方各级人民政府和新闻宣传主管部门要切实加强对艾滋病防治宣传工作的指导和督查。①

积极推广传染病的免费检测，将国家在这一方面的政策（如对孕妇实施免费艾滋病防治咨询、筛查，并免费提供抗艾滋病病毒药品进行预防性治疗，以降低经母婴途径的艾滋病病毒传播率；规范开展艾滋病及常见机会性感染的免、减费药物治疗工作等）真正落实。

（3）规范疫苗流通制度，完善疫苗伤害监督救济制度。近年来，我国疫苗伤害纠纷呈复杂化和扩大化的趋势。现行的疫苗伤害救济制度存在救济范围较窄、补偿标准不够明确、补偿程序复杂以及因果关系认定过于严格的问题。2016年3月，山东省济南市某母女非法经营二类疫苗，涉案金额达到5.7亿，涉案300余人，涉及24省80余县，但国家救济范围仅限于第一类疫苗异常反应造成的损害。据国务院通过的《疫苗流通和预防接种管理条例》显示，预防接种异常反应造成严重后果的补偿，需区分疫苗的种类。属于政府免费向公民提供以及公民应当依照政府规定受种疫苗等情况的一类疫苗，补偿费用由省、自治区、直辖市人民政府财政部门在预防接种工作经费中安排；而公民自费并且自愿受种的如水痘、流感等二类疫苗，补偿费用由相关的疫苗生产企业承担。

（4）促进健康教育体系的建设。公共卫生安全水平的提高，不仅需要政府通过制定相关法律、法规和政策，促进公共卫生事业发展，更需要全社会的广泛参与，即树立"大公共卫生"的观念。社会组织和医疗卫生机构主要是对公共卫生法律法规加以运用并实施监督检查，维护公共卫生秩序，组织社会各界和广大民众共同应对突发公共卫生事件和传染病流行，教育民众养成良好的卫生习惯和健康文明的生活方式，培养高素质的公共卫生管理和技术人才，为促进人民健康服务。

开展全民健康教育活动，宣传卫生科学知识，增强社会公众讲究卫生，增强民众健康意识，使民众深刻认识那些长期形成的不讲卫生的习惯和不良的生活方式的危害。社会公众形成"讲究卫生、从我做起"的良好社会风尚；自觉改变随地吐痰、随地大小便、乱扔垃圾等不良行为；人人都重视健康强体，积极开展体育锻炼和有益健康的文化娱乐活动；保护环境，减少污染，使社会经济可持续发展的观念深入人心，并逐渐付诸行动。②

坚持面向群众、面向农村和经常性宣传教育与重点宣传教育相结合的原

---

① 国务院. 国务院关于加强艾滋病防治工作通知[EB/OL]. http://www.moh.gov.cn/jbkz/azbfz/zcxx，2004-05-10.
② 王明旭等. 突发公共卫生事件应急管理[M]. 北京：军事医学科学出版社，2004：14.

则，充分发挥机关、学校、企事业单位和社会团体的作用，充分利用广播、电视、报纸、互联网等群众喜闻乐见的形式，广泛开展多种形式的艾滋病防治宣传教育活动，特别是科普知识宣传教育活动。要使公众了解艾滋病的传播途径，掌握预防知识和办法，建立文明健康的生活方式，避免不必要的恐慌，消除对艾滋病病毒感染者和患者的歧视。[①]

2. 完善医疗救治体系

（1）加强感染性疾病防治医疗机构建设。我国《传染病防治法》第11条规定，各级各类医疗保健机构应当设立预防保健组织或者人员承担本单位和责任地段的传染病预防、控制和疫情管理工作。市、市辖区、县设立传染病医院或者指定医院设立传染病门诊和传染病病房。2004年9月，国家卫生部发布《卫生部关于二级以上综合医院感染性疾病科建设的通知》，要求全国二级以上综合医院于2004年10月底之前，将发热门诊、肠道门诊、呼吸道门诊和传染病科统一整合为感染性疾病科，并将感染性疾病科的建设纳入当地医疗救治体系。感染性疾病科的设置要相对独立，符合医院感染预防与控制要求。二级综合医院需设置独立的挂号收费室、呼吸道（发热）和肠道疾病患者的各自候诊区和诊室、治疗室、隔离观察室、检验室、放射检查室、药房（或药柜）、专用卫生间。三级综合医院感染性疾病科门诊还应设置处置室和抢救室等。[②]

在几个经济发达的特大城市建设集临床、科研、教学为一体的突发公共卫生事件医疗救治中心；其他直辖市、省会城市、人口较多的地级市原则上建立传染病医院或后备医院；人口较少的地级市和县原则上指定具备传染病防治条件和能力的医疗机构建立传染病病区。市（地）级传染病医院（病区）承担防治任务，负责传染病疑似病人、确诊病人的集中收治和危重传染病病人的重症监护。直辖市和部分省会城市、中心城市传染病医院还要具有传染病救治领域的科研、专业技术人员培训和区域内技术指导职能；县级传染病病区，要具备收治一定数量常见传染病人的条件，并具备对烈性传染病隔离观察的能力，对重症患者及时转诊。中心乡（镇）卫生院设立传染病门诊和隔离留观室，对传染病可疑病人实施隔离观察和转诊。

（2）急救医疗网络的建设（包括紧急救援中心和医院急诊科，构成纵横衔接的急救网络）。第一，120紧急救援中心。以120体系为主，在直辖市、省会城市和地级市建立紧急救援中心，原则上独立设置，也可依托综合实力较强的医疗机构。紧急救援中心接受上级卫生行政部门委托，指挥、调度本行政区域

[①] 国务院. 国务院关于加强艾滋病防治工作通知[EB/OL]. http://www.moh.gov.cn/jbkz/azbfz/zcxx，2004-05-10.
[②] 龚莲. 二级以上综合医院10月底前建立感染性疾病科[N/OL]. 东方早报，www.xinminweekly.com.cn，2004-09-14.

内医院的急救资源,开展伤病员的现场急救、转运和重症病人途中监护。直辖市和省会城市紧急救援中心,在紧急状态下,经授权具有指挥、协调全省(直辖市)医疗急救资源的职能。必要时,紧急救援中心(120)可以与公安(110)、消防(119)等应急系统联合行动,实施重大突发公共卫生事件的紧急救援。县级紧急救援机构一般依托综合力量较强的医疗机构建立,负责区域内伤病员的现场急救、转运和医院内医疗救治,向上级医院转诊重症病人,必要时接受所在市紧急救援中心指挥。边远中心乡(镇)卫生院负责农村地区伤病员的转运。第二,各医疗机构的急诊科。在直辖市、省会城市和地级市,根据需要选择若干综合医院急诊科纳入急救网络,负责接收急诊病人和紧急救援中心转运的伤病员,提供急诊医疗救治,并向相应专科病房或其他医院转送;突发公共卫生事件时,接受所在市紧急救援中心指挥、调度,承担伤病员的现场急救和转运。第三,其他医疗机构的建设。随着第二次卫生革命不断深入,慢性非传染性疾病已经成为影响群体健康的主要因素,所以在突出传染病治疗机构建设的同时,也要加强其他医疗机构的建设。从目前我国的医疗机构总量上来看,已经具有了相当的规模,但仍需要在以下几个方面加强建设:提高医疗机构的运行能力;整合有限的卫生资源,加强医疗机构之间的合作;加强卫生资源的规划布局,解决医疗服务的公平问题;加强医疗机构与各级CDC、卫生监督部门的合作。

3. 建立突发公共卫生事件危机管理体系

(1)具有前瞻性的事前管理系统。第一,预警机制建设。提前识别危机。国外的一些经验值得借鉴,包括设立长期的预警监控机构,设立灾情防御标准并做到分级别预警和分级别抗灾。在此,灾情级别的设置是极为必要的,这既可以成为调度抗灾人力物力数量的标准,也可以作为调节民众心理警戒度的标准。第二,建立各种应急预案。由卫生部各职能部门对可能发生的危机与后果进行事先估计,做好应急准备。第三,应急医疗救治网络建设。第四,设立一个危机管理的常备机构。即在全国成立一个突发公共卫生事件应急处理指挥部,由卫生部牵头,财政、社保、教育、公安等有关机构部门予以配合。常备机构的设立体现政府职能的转变,即更倾向于进行公共管理和提高公共服务。这个机构应该担负起以下职责:危机信息的收集;反危机战略的规划并将其纳入政府日程;判断各种危机发生的可能性并评估其损害的风险;监督危机管理日程的实施;进行危机教育和训练;危机发生时,直辖市各级政府、各个部门进行反危机行动。

(2)事中管理系统。启动相应的应急预案,迅速成立危机领导指挥机构,增强政府处理危机事件的能力,协调各方面及时果断处理突发性事件,减少危机引起的损失和负面影响,避免引发相关的社会矛盾和社会事件。《突发公共卫生事件应急条例》规定：当突发公共卫生事件发生后，国务院设立全国突发公共卫生事件应急处理指挥部，由国务院有关部门和军队有关部门组成，国务院主管领导人担任总指挥，负责对全国突发公共卫生事件应急处理的统一领导、统一指挥。技术上紧急处理，提高对重大传染病等突发公共卫生事件的应急处置能力。开展危机公关，树立民众战胜危机的信心。建立相应的危机期心理救助和法律救助制度以及信息披露机制。完善各种公共信息披露制度要积极引导舆论导向，定期向社会发布疫情信息，开通热线电话，建立公开网站，增强政府信息公开的时效性与权威性，形成政府与社会的良性互动。此外，要进一步开展国际救援、国际合作。在传染病防治方面，世界各国的卫生主管部门和WHO进行了密切的合作，为有效控制传染病起到了重要的作用。

（3）事后管理系统。这主要包括总结经验，对暴露出来的问题加以整改；危机管理策略的有效调整及完善；危机评估；对于危机过程中出现的英雄人物予以表彰等。

4. 加强公共卫生的执法监督体系

在有法可依的情况下，严格执法是提高民众公共卫生的水平的有效途径之一。为此可以从以下几个方面来加强执法监督工作。

（1）在立法方面。由于我国是一个自然灾害、事故灾难等突发事件较多的国家，所以我国于2007年发布《中华人民共和国突发事件应对法》，其主要内容包括其管理体制、预防与应急准备、监测和预警、应急处置与救援、事后恢复与重建等，《突发事件应对法》是在对有关单行法规的应急处置措施基础上，总结经验，主要从救助、保护人民群众生命财产安全的角度对各类不同的突发事件规定了一些共性的应急处置措施。一旦突发事件发生，应当首先适用单行法规的措施，如其不能克服危机，再考虑使用本法规定的应急措施。再如，最初我国的《传染病防治法》没有为新发传染病的预防和处理提供适当的法律余地，为了预防、控制和消除传染病的发生与流行，保障人体健康和公共卫生，2013年修订了2004年发布的版本并正式发布实施《中华人民共和国传染病防治法》。由于突发公共卫生安全事件的存在，我国需要根据现有的公共卫生环境不断对现有的立法、政策等进行修订，以法律保障我们的公共卫生环境。

（2）在食品卫生方面。第一，监管体系的分工协作。以食品卫生为例，现在涉及食品生产整个过程的监督部门有农业部、质检部、市场工商行政管理部门、卫生部、食品药品监管部门、卫生监督部门等。从部门的工作内容上来说，现在已经有明确分工。农业部门负责初级农产品生产环节的监管；质检部门负责食品生产加工环节的监管，将现由卫生部门承担的食品生产加工环节的卫生监管职责划归质检部门；工商部门负责食品流通环节的监管；卫生部门负责餐饮业和食堂等消费环节的监管；食品药品监管部门负责对食品安全的综合监督、组织协调和依法组织查处重大事故。分工可以提高效率，但是如果没有良好的协作，监督工作可能存在"越位"与"失位"的问题，目前很多食品安全问题就与此有关，所以应该建立各部门定期联合工作制度，就存在的问题联合行动，避免出现推诿。第二，建立食品安全问责制度。近年来，我国不断报道出"毒奶粉""毒生姜"等食品安全问题，所以我国应不断强化地方政府对食品安全监管的责任。地方各级人民政府对当地食品安全负总责，统一领导、协调本地区的食品安全监管和整治工作。在此基础上，还要建立健全食品安全组织协调机制，统一组织开展食品安全专项整治和全面整顿食品生产加工业；同时，要进一步搞好与有关监管执法部门的协调和配合，加强综合执法、联合执法和日常监管，尤其要解决执法监督中的不作为和乱作为问题；切实落实责任制和责任追究制，明确直接责任人和有关负责人的责任，一级抓一级，层层抓落实，责任到人；此外还要坚决克服地方保护主义，增强大局意识，不得以任何形式阻碍监管执法，决不能充当不法企业和不法分子的"保护伞"。第三，配合国家卫生监督部门的建立，充实执法队伍并提高其执法素质。基层食品安全监管是基础和重点，直接关系着食品安全监管的法律法规和各项工作部署能否落到实处。要加强基层执法队伍的思想建设、业务建设和作风建设，强化法律法规培训，提高队伍整体素质和依法行政的能力，做到严格执法、公正执法、文明执法；充实基层执法人员力量，严把人员"入口"，畅通"出口"，加强监督，严肃法纪；地方政府要切实改善执法装备和检验监测技术条件，保证办公办案和监督抽查等经费到位。第四，对《食品安全法》及相关食品安全法律法规和部门规章的进一步完善。针对现实中存在的问题，提高法律法规的可操作性。加大对犯罪分子的打击力度，不仅要重罚，让其日后没有任何能力再来做假，同时要求加入追究刑事责任的处罚。第五，让民众充分享有对于食品安全的知情权。应该发布《中国食品安全状况》，同时通过各种媒体，通报存在的卫生问题以及各有关部门对犯罪分子的处理结果、后续调查等，让全社会都知晓食品安全问题，加强民众食品卫生安全教育。中央电视台《每周质检报告》是一个很好的尝试。

（3）在药品、医疗器械卫生方面。第一，强化药品、医疗器械生产企业的GMP（生产质量管理规范）强制认证工作的实施和许可证的发放工作。为防止目前社会中各种有关GMP认证工作的管理咨询公司的做假行为，一定要实行前期辅导咨询公司与认证单位完全脱离，建立盲审制度。同时，做好从ISO9000系列到医疗器械ISO13485标准的过渡工作。第二，药品监管部门要定期组织对各级药品批发企业、零售企业、农村卫生机构的药品采购渠道和药品质量的检查，对制售假劣药品、过期失效药品、兽药人用等违法行为进行专项治理，严肃查处无证无照经营药品行为，取缔各种非法药品集贸市场，大力整顿和规范中药材专业市场。同时，要充实县级药品监管力量，积极为基层培养药品监管人员，改善药品监管装备条件，扩大农村用药监督检查和抽验的覆盖面，保证农民用上合格药品。①规范医疗机构对于医用垃圾的处理，防止医用垃圾被人利用去生产假冒伪劣产品。第三，在对抗生素类药品进行管理过程中的公平竞争问题。为解决抗生素类药品的滥用问题，国家药品监督管理局要求全国范围内所有零售药店必须凭执业医师处方才能销售未列入非处方药药品目录的各种抗菌药物。在医药不分家的现实体制下，凭医生处方销售抗生素类药品等于不销售，等于医院垄断了医药市场，医院会严格控制处方外流，让患者在本院购买药品。这在"以药养医"的体制下，医生可能为病人开的抗生素越来越高档，也越来越贵。这样一来，医生一方面拿到了相当可观的药价回扣，另一方面，也增加了医院的收益，却加重了患者的经济负担。所以很多专家认为，这一政策的出台可能只能缓解滥用抗生素药类现象，达到"治标"的作用，而要"治本"，除了要加强卫生监督外，还要进行体制改革，实现医药分家，改变以药养医的现象，这样滥用抗生素的现象才能得到制止。第四，对农村中使用的高毒农药及剧毒杀鼠剂的严格管理。政府主管部门要加强对农药特别是高毒农药的管理，严格实行农药生产经营许可制度。做好杀鼠剂的登记审批工作，严厉打击非法生产、销售国家明令禁止的剧毒药品行为，对其制售窝点要坚决予以查封和取缔。加强宣传教育工作，增强农民拒绝使用剧毒鼠药的意识。针对可能发生的农药生产和使用中毒情况，要制定应急预案。②第五，建立药品经营企业信息中心，将药师及企业信息录入其中，从而更好地对药品流通市场进行监管。

（4）在职业卫生和安全生产方面。我国的安全生产管理正从我国国情出发，积极探索新的思路，积极推进"五个转变"。这"五个转变"是：③一要推进安全生产工作从人治向法治转变，建立和完善安全生产法制秩序，做到有法可依，有章可循。二要推进安全生产工作从被动防范向源头管理转变，建立安全生产许可制度。2004 年国务院专门颁布了《安全生产许可证条例》，生产经营单位进入市场之前，必须要依法取得安全生产许可证，如果不具备《安全生产许可证条例》所规定的安全生产的基本条件，不能进入市场。三要推进安全生产从集中整治向规范化、经常化、制度化转变，建立长效机制。四要推进安全生产工作从事后查处向强化基础转变，加强企业安全基础建设。五要推进安全生产工作从以控制伤亡事故为主向全面做好职业安全健康工作转变，真正将职工安

---

① 卫生部等五部委. 中共中央、国务院关于进一步加强农村卫生工作的决定. 2002-10-29.
② 卫生部等五部委. 中共中央、国务院关于进一步加强农村卫生工作的决定. 中发〔2002〕13 号，2002-10-29.
③ 中央电视台. 安全生产管理新思路[EB/OL]. 焦点访谈，http://www.cctv.com，2004-09-14.

全健康放在第一位，这不仅成为我国安全市场管理工作中的重要内容，也是世界各国安全生产领域的共同目标。

第二节 社会秩序安全

一个地区社会治安环境的好坏，直接关系到这个地区民众的人身安全、福利水平，也关系到这个地区的经济发展前景。越是生活水平高的地区，人们对社会治安的要求也越高。深化改革时期，由于各种社会问题交织在一起，使得社会治安工作面临很多新问题，解决这些问题的办法并不仅在于增加维护社会治安的警察力量，还需要从制度上给出解决办法。

一、深化改革时期存在的问题及公共政策演进

中央党校"中国社会形势分析与预测"课题组对党政领导干部学员进行问卷调查，从而为人们观察和把握我国社会形势、社会问题及社会发展趋势提供有益的参考。该调查结果显示了领导干部对 2006 年我国社会发展中存在的主要问题的判断情况，其最严重问题的前三位依次是"社会治安"（36.6%），"居民收入差距"（23.3%），"腐败"（8.0%）。其他依次是"社会风气"（7.1%），"失业"（6.3%），"地区发展差距"（5.4%），"看病难看病贵"（5.4%），"农民负担"（2.7%），"教育不公平问题"（1.8%）。由此可见，领导干部对 2006 年存在最严重的社会问题的关注焦点集中在"社会治安"和"收入差距"等几个问题，尤其值得注意的是，"社会治安"取代了多年来一直居首位的"收入差距"，首次成为最严重社会问题的首位。[①]

针对这些问题，国家出台了一系列的法律、法规，如《关于严惩严重危害社会治安的犯罪分子的决定》《治安管理处罚条例》（后来出台《治安管理处罚法》）、《中共中央、国务院关于加强社会治安综合治理的决定》（1991 年）、《中共中央、国务院关于加强社会治安综合治理的意见》（2001 年）、《中央政法委员会、中央社会治安综合治理委员会关于深入开展平安建设的意见》（2005）、《中华人民共和国治安管理处罚法》（2012 修正）等。各级政府、人民代表大会为了明确本地区社会治安防范责任，加强防范工作，维护社会稳定，保障社会

---

① 中央党校调查：官员首次认为治安成最严重社会问题[EB/OL]．http://bbs.foodmate.net/forum.php?mod=viewthread&tid=87828.

主义经济建设和改革开放的顺利进行,根据《中华人民共和国宪法》及相关的法律、法规,都制定了本地区《社会治安防范责任条例》,详细规定了社会治安防范工作的领导与主管部门的责任与义务,并有效进行社会防范,制定了机关、团体、企业、事业单位的职责以及这些单位内部的保卫组织的责任,提出公民应当加强自身和家庭的安全防范,参加群众性治安防范活动,检举、制止违法犯罪行为。对正在实行犯罪或者被追捕、通缉的人犯公民有权扭送公安机关。公民检举、制止违法犯罪行为受法律保护。

1. 政府对社会秩序安全保卫体系的投入政策

在现阶段社会秩序安全保卫体系中,保卫主体可分为两大类:一是政府系统的保卫主体。二是非政府系统的保卫主体,通常称之为社会治安群防群治力量。从当前的治安防范网络布局和层次结构上来看,第二类主体主要由三大块力量组成:基层公安机关直属的治安协管力量;隶属于内部单位和社会组织团体的守护性保安力量;由村居、企事业单位联合组建的动态性巡防力量。第一类保卫主体的运营经费来源于政府财政支出,而第二类保卫主体的运营经费来源于以收费形式筹措的小集体性资金。"税收养警察,收费保群防"是前阶段"双轨制"式的公共安全投资政策导向和具体实践的总体概括。

在我国财政分配体制中,公安机关作为地方行政机关的一种,其经费来源于地方财政。根据《百县公安机关经费保障情况的调查》[①],各地方政府特别是县区政府财政安排给当地公安机关的预算内经费基数过少,业务经费和装备经费严重不足,缺口很大;一些地方的民警个人福利待遇难以得到保障。另外,现行的公安经费保障在体制上是按照事权划分原则实行"分级管理,分级负责",但由于这种体制在实际运行中没有强有力的约束性措施,造成全国大多数省份本应由省级财政统一负担(诸如枪支弹药、特别业务费、公安专线电话租金、编制内警察服装和标志等)的专项支出,却成为县区级地方政府的财政负担。中央曾明文要求,公安机关在实行"收支两条线"和不准经商后,民警福利、办案业务经费不足的部分当地政府财政应予以弥补,如应按比一般机关高一倍以上的标准落实公安机关公用经费。在有关治安管理收费项目取消后,开展相关的工作所需的经费应由同级财政给予解决。但是,这些政策在实际工作中常常成为"空头支票",大部分地区没有得到真正的落实。

长期以来,群防群治的各类队伍,其经费均来自有关治安管理方面的收费,但从 1993 年治安联防费、暂住人口管理费被相继取消后,群防群治队伍的经费保障便受到了严重的冲击。暂住人口收费取消后,基层派出所和群防群治队伍

---

① 王杨. 百县公安机关经费保障情况的调查[J]. 公安装备财务,2002(5).

第八章 深化改革时期的公共安全政策

失去了约 6000 万～8000 万元的预算外经费,[①]这个缺口是地方财政很难以承受的。虽然国家规定对于群防群治的各类队伍要按"谁受益谁出资"的办法来维持,但这一政策一直难以贯彻落实,更缺少相关制度的规范与约束。

2. 各种人民内部矛盾和利益摩擦显著增加,处理不好会严重影响社会稳定

进入 21 世纪以来,我国相继发生了多起造成人员和财产重大损失的恶性刑事犯罪活动。2009 年内蒙古清水河县温铁栓特大凶杀案,凶手杀死 6 名村民,重伤 1 名;2009 年湖南安化县刘爱兵制造的杀人纵火案,共造成 13 人死亡、1 人重伤;2010 年 2 月天津经济技术开发区张义民驾驶大客车在多条道路冲撞碾压,致 10 人死亡,包括 4 名警察在内的 11 人受伤;2010 年陕西省南郑县吴涣民持菜刀砍杀学生案,造成 7 名儿童和 2 名成人死亡,11 名儿童受伤;2013 年 8 月 19 日河南安阳公交车抢劫杀人案,年仅 24 岁的罪犯周江波残忍杀害 3 名乘客,其中 1 名为婴儿;2013 年福建省厦门市 BRT 快线 1 公交车纵火案,凶手陈水总害死无辜百姓 47 人,伤 34 人;2015 年 9 月 30 日发生的连环邮包爆炸案,造成 7 人死亡,51 人受伤;2016 年 1 月 5 日早上,宁夏银川公交车纵火事件,17 名无辜者死亡。这些犯罪的一个共同特征就是为达到多种个人目的(如报复社会、报复公众、发泄怨气等)而不择手段。实施个人恐怖是弱者的武器,也是绝望的表现,是目前我国社会深层次诸多矛盾的集中体现。目前影响人民内部矛盾的因素很多,如城乡二元化治理结构带来的农民非国民待遇,国家、企业开发用地对于农民的补偿问题,城市改造、拆迁对于居民的补偿问题,工程性移民安置中出现的问题,城市职工失业后的生活保障问题,党政干部和农村基层干部的腐败问题,官僚作风问题,社会公正失衡以及财富占有层级差别很大等。[②]这些问题导致相当多的社会消极心理产生,如社会公平难以实现的挫折感和化解矛盾的措施乏力等,这些在深化改革时期的不满因素很可能转化为实施报复的心理动力。但是,社会对弱势群体日益呈复杂化的个人诉求进行有效整合的能力相对低下,对于具体问题无法或无力解决,对于矛盾纠纷没有及时化解,对于极端情绪未能做到跟踪疏导和事前防范,整个社会对弱势群体缺乏实质性关注,特别是对弱势群体的偏激心理缺乏理性矫正,同时缺乏必要的情绪疏通管道,这些都使得社会偏激心理和非理性心态得以积聚,实施个

[①] 叶永光. 新形势下公共安全投资若干问题探讨[J]. 公安学刊,2003(3):74-76.

[②] 在"十一五计划"制订工作展开之际,国家发展和改革委员会课题组对来自国务院各部委、重点科研院校、主要民间组织以及国外大学、驻华国际组织的 98 名中外著名专家进行了咨询。这些来自不同领域的学科带头人和领军人物对我国"十一五"时期(2006—2010 年)可能影响我国经济社会持续发展的风险因素、风险领域以及风险冲击程度进行了科学预测和分析。他们预测 2010 年前中国十大风险因素有:就业问题、三农问题、金融问题、贫富差距、生态与资源问题、台湾问题、全球化问题、中国经济和社会内部的结构性问题、信心和诚信问题、艾滋病和公共卫生问题(www.southcn.com/news/china/zgkx/default.htm)。

人恐怖就成为许多社会弱势成员的发泄途径。①

对于正确处理人民内部矛盾，2000年8月，国务院转发了《中央社会治安综合治理委员会关于进一步加强矛盾纠纷排查调处工作的意见》，要求各级组织认真扎实地开展矛盾纠纷排查调处工作，对因工作不负责任，已存在的矛盾纠纷没有排查出来，或对已经排查出来的矛盾纠纷处理不力而造成严重后果的，要坚决追究有关领导的责任。2003年，中央组织部与中央社会治安综合治理委员会联合下发了《关于党委组织部门在参与社会治安综合治理工作中进一步发挥好职能作用的意见》；2006年，又下发了《关于充分发挥党委组织部门职能作用大力促进平安建设的通知》。这两个文件，明确规定了组织部门在社会治安综合治理和平安建设工作中的职责任务，对通过加强领导班子建设、基层党组织建设和抓好责任制考核等工作，不断促进社会治安综合治理和平安建设，提出了12项具体要求。2009年3月，针对社会治安面临的新形势和综治工作基层基础建设中存在的突出问题，中央办公厅、国务院办公厅转发了中央社会治安综合治理委员会《关于进一步加强社会治安综合治理基层基础建设的若干意见》，对全力推进综治基层基础建设做出新的部署。2010年9月29日，胡锦涛同志在中央政治局就正确处理新时期人民内部矛盾问题进行集体学习时提出四点要求，他强调我们要深刻认识正确处理人民内部矛盾的重要性和紧迫性，着眼于最大限度激发社会创造力、最大限度增加和谐因素、最大限度减少不和谐因素，更加积极主动地处理好人民内部矛盾，为推动科学发展以及促进社会和谐，为实现全面建设小康社会奋斗目标、加快推进社会主义现代化，创造良好的社会环境。②2016年在4月15日首个全民国家安全教育日到来之际，中共中央总书记、国家主席、中央军委主席、中央国家安全委员会主席习近平做出重要指示，国泰民安是人民群众最基本、最普遍的愿望。实现中华民族伟大复兴的中国梦，保证人民安居乐业，国家安全是头等大事。要以设立全民国家安全教育日为契机，以总体国家安全观为指导，全面实施国家安全法，深入开展国家安全宣传教育，切实增强全民国家安全意识。要坚持国家安全一切为了人民、一切依靠人民，动员全党全社会共同努力，汇聚起维护国家安全的强大力量，夯实国家安全的社会基础，防范化解各类安全风险，不断提高人民群众的安全感、幸福感。③

---

① 黄政钢. 个人恐怖威胁与公共安全对策[J]. 江西公安专科学校学报，2003（4）：52-56.
② 人民网-人民日报. 胡锦涛就正确处理人民内部矛盾问题提四点要求[EB/OL]. http://news.sina.com.cn/c/2010-09-30/040121198974.shtml.
③ 中华网-军事. 习近平指示国家安全教育日：国家安全是头等大事[EB/OL]. http://military.china.com/news/568/20160415/22440333.html.

3. 卖淫嫖娼、赌博、吸毒等社会丑恶现象不断反复，有不断加剧的趋势

目前在我国，通过共用针具注射吸毒和既往有偿供血，是艾滋病病毒传播的主要途径，在中国已报告的全部艾滋病病例中，近64%是因在注射毒品时共用被感染的针头而被传染。据疾病控制部门2008年全国监控数字显示，艾滋病异性性传播率已达到43%～44%，同性性传播率7%～8%，性传播总比率超过50%，远高于注射传播的39%，首度成为中国艾滋病第一传播途径。卫生部艾滋病哨点监测结果显示，暗娼艾滋病病毒感染率呈增长的趋势，其中数量庞大、流动性极强的农民工高危群体是主要致因群体。据国家卫计委统计，中国2014年新报告艾滋病感染者和病人10.4万人，比2013年增长14.8%。

在2015年"中国禁毒论坛"上，国家禁毒委副主任、公安部部长助理刘跃进透露，目前我国登记滥用合成毒品人员数量是2008年同期的6.5倍，年均增长速度超过40%。截至2014年底，全国累计登记的吸毒人员有295.5万名，估计实际吸毒人员超过1400万，这就意味着我国每百人中就有一人吸毒，每年造成的经济损失达5000亿。目前吸食海洛因的人员已经达到了145.8万名，虽然增长势头趋缓，但基数庞大，而且复吸率高，治理难度大，社会危害严重。另外，滥用合成毒品人员急剧增多，目前已发现145.9万名，累计登记人数首次超过滥用传统毒品人数，吸食人员低龄化、区域扩大化、种类多样化趋势更加明显，由此带来的自杀自残、暴力杀人、驾车肇祸、劫持人质等极端案件屡有发生。从吸毒人群的身份上看，开始从无业和生意人人群向一般社会群体迅速蔓延，青少年、女性和明星等公众人员吸毒呈增加的趋势。司法部戒毒局梁然副局长在2015年《经济半小时》栏目中透露，收容所35周岁以下的青年人吸食毒品的超过了52%。近年来，公安机关抓获了一大批明星吸毒人员，如柯震东、房祖名、高虎、张耀扬、李代沫、满文军、孙兴、苏永康、张默、莫少聪、谢东、张元等公众人物。互联网涉毒违法犯罪活动已从单纯的视频吸毒发展为制毒、贩毒、吸毒和犯罪勾连的全链条涉毒活动。针对互联网涉毒，从2011年开始，公安部部署全国公安机关先后4次组织开展网络缉毒专项行动，累计抓获涉毒违法犯罪嫌疑人逾两万名。

4. 道路交通安全

伴随着汽车文明的到来，交通安全已经成为当今社会影响公共安全的一大问题。中国每年交通事故50万起，稳居世界第一，每5分钟就有1人丧生车轮，每分钟都有1人因交通事故而伤残，平均每年都有十多万人因交通事故致死，占总死亡比例的1.5%：2010年，全国共发生道路交通事故219521起，死亡65225人，受伤254075人，直接经济损失9.3亿元；2011年共发生交通事故210812

起,死亡 62387 人,直接经济损失 9.3 亿元。①鉴于各国交通安全问题的凸显,世界卫生组织也将交通事故导致的人身伤亡列为重要的公共安全问题。

造成我国道路交通安全问题严重的原因主要有以下几个方面:(1)超速行驶。据统计,目前的交通事故在 80% 以上与超速行驶有关。(2)驾校"速成"致使大量"马路杀手"贸然上路。近年,来自公安部交通管理局的信息表明,新驾驶员交通肇事率居高不下,并且逐年增加。2015 年上半年,全国就新增驾驶人 949 万。驾驶员培训市场潜力巨大,生源充足,这让目前尚属垄断经营性质的驾校追求利用有限的场地、教练资源来实现效益最大,成为驾校鼓励"速成"的外部环境。(3)交通拥堵。一方面由于市政建设和道路建设的问题以及机动车拥有量的快速增加,给道路交通带来压力;另一方面是公众交通安全意识低下,而这个问题与社会文明程度息息相关。(4)汽车机械的原因导致发生交通事故。近几年,由于汽车故障引起的交通事故占到了 10% 到 15%。(5)酒后驾驶。在中国,每年由于酒后驾驶造成的交通事故达数万起,造成死亡的事故中 50% 以上都与酒后驾车有关,酒后驾驶已经上升为交通事故的第一大杀手。仅在 2016 年春节 7 天期间,全国发生 18 起交通事故,酒驾 4751 起。

对此,我国应不断完善交通安全的公共政策。第一,实行新的道路交通管理条例。《中华人民共和国道路交通安全法》已由中华人民共和国第十届全国人民代表大会常务委员会第五次会议于 2003 年 10 月 28 日通过,自 2004 年 5 月 1 日起施行,并分别于 2007 年 12 月 29 日和 2011 年 4 月 22 日对其进行修订和重新执行。第二,出台汽车召回制度。2004 年 3 月 15 日国家质检总局、国家发改委、商务部和海关总署联合发布《缺陷汽车产品召回管理规定》,并于 2004 年 10 月 1 日起开始实施,2012 年后中国废止原规定,新制定的《缺陷汽车产品召回管理条例实施办法》已于 2016 年 1 月 1 日开始实施。按照该规定,汽车消费者(车主)有权向主管部门、有关制造商、销售商、租赁商或进口商投诉或反映汽车产品存在的缺陷,并可向主管部门提出开展缺陷产品召回的相关调查的建议。另一方面,车主应当积极配合制造商召回有缺陷汽车产品。对于明知有缺陷或隐瞒不报的汽车制造商,主管部门除责令其进行召回外,还要向社会曝光,并依情节轻重处以相应数额的罚款。汽车召回制度的推出将有利于促使厂家建立严格的质量监控体系,提高社会公共安全,最终提高中国汽车工业的竞争水平。2004 年 9 月重庆长安铃木汽车有限公司为了保护公众的利益,决定召回该公司生产的 157480 辆奥拓电喷轿车,这是我国以缺陷汽车产品为试点

---

① 中国历年道路交通安全事故统计[EB/OL]. http://www.chnjy.com/content.aspx?cid=5293.

首次落实召回制度。①2013年11月大众集团宣布在全球范围召回260万辆汽车，在华召回总计84.8万辆，成为大众集团历史上最大规模的召回行动之一。2016年3月18日，国家质量监督检验检疫总局发布《质检总局关于进口起亚越野车的风险警示通告》（2016年6号），对部分2010至2013款索兰托柴油版车型高压油泵质量问题进行风险警示，而起亚汽车（中国）已经向国家质检总局提交召回方案，决定自2016年4月1日起，对这批车型进行召回，为召回范围内的车辆免费更换改进后的高压泵。②根据质检总局调查的情况统计，自2004年10月中国实施缺陷汽车产品召回制度以来，已实施汽车召回1079次，共召回2533.85万辆；截至2015年12月18日，共有76家企业开展了226次召回活动，涉及缺陷汽车554.85万辆，召回次数较去年同期增长29%，数量较去年同期增长17%。③第三，加大对交通违法行为的处罚力度。2015年公安部公布的新修改的《机动车驾驶证申领和使用规定》加强了对驾驶人的源头管理，对部分驾驶人因主观过错大而严重影响道路交通安全、扰乱道路交通秩序的交通违法行为提高记分分值，加大交通违法行为的处罚力度。第四，加大酒后驾驶的处罚力度。2011年2月25日，人大常委会通过的刑法修正案中首次将醉酒驾驶行为规定为犯罪，凡在道路上醉酒驾驶机动车的，一旦被查获，将面临最高半年拘役的处罚。2011年酒驾"入刑"后，各地严厉整治酒后驾驶违法行为。从2011年5月1日至2015年4月30日，全国共查处酒驾195.9万起，办理醉驾犯罪案件32.9万件，这较法律实施前四年下降了51.2%。全国因酒驾、醉驾导致交通事故起数和死亡人数较法律实施前四年分别下降了35%和44.4%。④

5. 恐怖主义

2009年7月5日晚，新疆乌鲁木齐发生由民族分裂分子煽动、策划、指挥的打砸抢烧严重暴力犯罪事件，造成197人死亡和200多辆汽车被烧毁。2011年7月18日，新疆和田纳尔巴格派出所遭遇袭击和焚毁，造成3人死亡、2人受伤、6人被劫持。2013年6月26日，多名暴徒袭击新疆鄯善鲁克沁镇派出所、特巡警中队、镇政府和民工工地,放火烧毁警车。2013年10月28日，乌斯曼·艾山与母亲、妻子驾驶吉普车闯入北京长安街便道冲撞人群并点燃车内汽油，造成2人死亡，40多人受伤。2014年3月1日，8名统一着装的暴徒蒙面持刀在云南昆明火车站砍杀无辜群众，造成29人死亡、130余人受伤。2014年4月

---

① 我国首次实施汽车召回制度[EB/OL]. http://www.chemall.com.cn/newscenter/NewsArticle.asp?ArticleID=44526.
② 中国科技网. 高压油泵质量问题 起亚召回索兰托柴油版[EB/OL]. 国内汽讯，http://www.wokeji.com/qc/gnqx/201603/t20160322_2349785.shtml.
③ 质检总局. 2015年缺陷汽车召回数量达历年最高[EB/OL]. http://news.xinhuanet.com/auto/2015-12/21/c_128552128.htm.
④ 成都市公安局交通管理局，http://www.cdjg.gov.cn/Html/News/20150508/content_11_1100012112.html.

30日,新疆乌鲁木齐火车站发生爆炸案,事件造成3人死亡、79人受伤。随着近年来恐怖主义活动在中国的猖獗,中国政府加大了打击恐怖主义的力度。对于恐怖主义,中国政府一贯态度明确,表示愿与国际社会开展反恐合作,中国政府同样希望国际社会对中方打击恐怖活动给予支持。

中国面临的恐怖主义威胁从根源上来说,可以分为两类,一类是国际根源,包括"东西"矛盾、"南北"矛盾和地区巨变因素。"东西"矛盾在当前主要指西方国家在反恐上实行双重标准;"南北"矛盾是指发达国家与发展中国家之间、富国与穷国之间的矛盾;地区剧变因素是指因国家和社会制度剧变造成国家政权更迭而催生的恐怖主义。另一类是国内根源,包括经济矛盾、政治矛盾和文化矛盾。经济恶化、贫困、失业和两极分化严重以及地区发展不平衡是恐怖主义的重要根源;政治矛盾包括独裁专制、政府腐败、政治权威丧失、民族和宗教政策失误等;还有文化矛盾包括人的精神危机、亚文化等。

二、国际经验

1. 通过立法应对突发公共安全事件

"9·11"事件后,美国政府加强了防范和应对突发公共安全事件的措施,以此协调有关部门的工作、提高效率、减少人员伤亡。这些措施中最重要的一项是国土安全部制定的《联邦紧急反应计划》。该计划综合了各联邦机构预防、应对突发紧急事件的措施,并通过全国突发事件管理系统为各州和地方政府应对恐怖袭击、灾难事故和其他突发事件提供指导。

美国应对重大突发事件的另一个重要措施是1968年成立的由16个联邦政府部门和机构组成的国家应急小组,其成员包括环境保护局、海岸警卫队、国防部、国务院、能源部和内政部等,负责对油料和其他危险物污染情况的紧急处理。"9·11"事件和2001年炭疽袭击事件之后,应急小组对有关部门在应对和处理这些事件中的经验教训进行了总结,并就消除机构职能重叠、完善应急措施提出了建议。

在单个政府部门制定的应急计划中,比较突出的有美国交通部的《公共交通系统安全与应急计划指南》(以下称《指南》)。这个《指南》对公共汽车、车站等人群密集处出现恐怖威胁等紧急情况时应该如何处理做出了详细说明。例如,该《指南》建议,在接到炸弹威胁电话后,当事人要保持冷静,启动录音装置或详细记录下对方讲话的内容,同时尽量延长通话时间,从对方口中了解炸弹放置的地点和准备起爆的时间等。

根据规定,美国所有雇用10人以上的单位必须制定书面应急计划。美国的很多政府机构和商家、娱乐场所等人群集中的地方都制定了内部应急计划，并为工作人员提供相关培训，以便他们在紧急情况下能安全地疏散人员。

2. 加强民众公共安全知识的培训

为提高民众的安全意识，美国政府和一些非政府机构利用各种形式对民众进行安全教育。美国国会通过法案，把每年的6月确定为"国家安全月"。一些社区成立了"社区应急小组"，对居民进行应对紧急情况的训练，学习帮助他人、减少财产损失的基本常识。特别值得一提的是有90年历史的非政府组织美国全国公众安全委员会，该组织在宣传安全知识方面做了很多工作。例如，该组织建议公众活动的组织者在开始活动前，应首先告诉大家消防设备和安全出口的位置；人们在进入任何建筑物时必须留意紧急出口的位置；如果发生紧急情况，马上通知有关部门并迅速离开危险区域等。①

据报道，2001年"9·11"事件发生时，在纽约世界贸易中心大楼里工作的有近万人。由于电梯停运，人们只能从几十层高的楼上走下来。人们在下楼时都非常自觉，沿着楼梯右侧往下走，消防人员则沿着楼梯的另一侧上楼灭火救人，秩序井然。正是因为平时的教育使人们有了较好的安全素质，数以千计的人得以在这次灾难中逃生。

三、对策建议

公共安全关系着人民群众的生命、健康和公私财产的安全。保障公共安全，一方面需要法律对危害公共安全的行为依法制裁，另一方面也需要广大人民群众自觉遵守法律，勇于和善于同危害公共安全的行为做斗争。

1. 建立多层次、全方位的防控体系和"双轨制"多渠道的投资保障机制，特别是保证群防群治队伍的经费

保障社会秩序公共安全的责任主体是政府，政府应该根据社会发展的现状和趋势设计好符合社会发展要求的公共安全保卫体系，组织能够基本满足社会安全需求的保卫力量，整合和优化能够适应多层次及地区差异的多种保卫主体组成的组织结构。所以一方面政府应该加强对于各级公安机关的财政投入，将公安机关作为一类特别的行政管理机关——具有武装性质的行政执法和刑事司法主要力量，其经费预算应予以优先安排保证，不仅安排公安机关的工资和办公费，还要有公安业务费及装备费的专项支出。另一方面，考虑到政府公共财政能力和社会治安群防群治力量所带来的收益具有局限性，群防群治队伍的经

---

① 美国政府加强防范措施应对9·11类似突发事件[EB/OL].人民网，http://jczs.sina.com.cn，2004-03-09.

费来源于两个部分——政府财政对之的补贴和基于"谁受益谁投资"原则的收费。"税收养警察,收费保群防"作为一种曾经实践多年的公共安全投资双轨制形式,在深化改革时期仍有其继续保留的客观理由。①

同时,可以考虑利用法律手段保障对于社会秩序公共安全的投资。对于公安机关的经费保障,应从宏观上考虑整个国家所需的警察力量的配套投资规范问题;宜制定基本法律将公共机关的经费保障视同教育、科技、农业等经费保障,列入社会发展规划,法定予以优先保证和递增。对于群防群治的经费保障,由于各地社会经济发展很不平衡,特别是影响社会治安主要因素的流动人口规模状况差异很大,对以群防群治为实战力量的基础性防范网络体系建设所需的力量配置,其差别也将会很大,因而对群防群治的投资宜以地方性(省级人大)立法予以保障为好,各地可按实际情况出台一些治安收费方面的地方性法规。

2. 树立并贯彻"大治安"的思想,真正将预防犯罪做到实处

采取具有系统性和时代性的治安对策,要求各级决策部门在制定公共政策时都要把社会治安作为一项重要内容来加以考虑;对刑事犯罪和危及社会稳定的其他问题不能只是头痛医头、脚痛医脚,而应该深入剖析其原因,寻找治本之策。

虽然这些年来"打防结合"的口号一直在提,但是工作还是做不到位。在预防上,除了端正认识、加大投资外,更要强调加强预防犯罪的理论和实证研究,深入研究犯罪的社会原因、个人原因和环境原因。同时,利用各种媒体做好宣传工作,如中央电视台的《今日说法》《法制在线》等电视平台以及各省市电视台举办的法制频道等都是很好的创新举措。

3. 建立社会矛盾的多层级化解机制,切实解决好人民生活中存在的矛盾、热点问题

美国学者哈克指出,恐怖主义从来不是从真空中产生的,而是一种对社会现实(或主观印象)的激进反应,恐怖主义的泛滥正是对社会不公正的强烈反感和不满。②目前我国对于社会弱势群体的社会关怀存在着简单化、表面化和形式化的问题,特别是对社会弱势群体的心理健康没有实质性的关怀。因此,解决社会矛盾的一个重要突破口就在于:一方面要在理性关注社会弱势群体生活和实实在在地为其解决生活上的各种困难的同时,充分尊重他们的生存权和人格尊严;要加强农村和城市最低生活保障制度建设,确保弱势群体的基本生活。二是要自下而上地层层建立和健全极端情绪的化解、疏导的网络机制,增加解决各种矛盾纠纷的社会解决层级,努力将矛盾化解在初始、萌芽状态,坚

---

① 1991年公布的《中共中央、国务院关于加强社会治安综合治理的决定》和2001年公布的《中共中央、国务院关于加强社会治安综合治理的意见》这两个文件是社会主义市场经济条件下建立公共安全保卫体系的纲领性文件,其中明确提出要建立多层次、全方位的防控体系和"双轨制"多渠道的投资保障机制。
② 王世雄,胡泳浩. 评冷战后的恐怖主义泛滥[J]. 现代国际关系,1998(9):31.

决减少公民的抵触情绪,避免公众因情绪激化铤而走险。三是进一步推进政治、经济体制改革,改革目前社会生活中现实存在的容易引发社会不公的弊端,力图通过政策的调整和社会的调节来整合社会环境,通过强化对富裕阶层的税收征管和加强社会福利等方法,增大中层阶级比例。四是在全民中推行心理健康教育,提倡积极进取、乐观向上的人生观,鼓励公民正视困难,增强他们改变现实处境的信心和勇气。①

改革信访部门,提高信访效率。信访部门是老百姓反映自己意志的一个合法途径,"上访"是我国法律赋予公民通过适当的渠道向政府部门如实反映问题的基本权利。然而由于信访部门办事效率极低,上访问题滞留时间过长,往往得不到解决,工作人员互相推诿,各个政府部门相互推脱责任,缺乏有效的监督,致使出现上访老户,社会矛盾不断升级,甚至怨声载道。于是通过合法渠道不能解决的问题,老百姓会通过各种其他手段进行申诉,如集体上诉、堵塞重要交通枢纽、采用以暴制暴的恐怖手段等,这一方面会导致社会秩序严重失调,政府行政机构工作瘫痪,经济发展受阻,另一方面群众的上访行为会由于有些部门及其官员粗暴对待行为而更加激怒群众的情绪,造成更大的影响。改革信访工作首先要从思想上改变政府官员对于"上访"行为的态度。群众上访并不是"刁民"和"麻烦制造者"。"上访"本身就意味着上访者往往坚信社会功能的最终正确性,相信我们的政府。其次要深化信访部门的职能改革,在职权设置方面,信访部门的职权在同级的机构设置中应该大于同级的其他机构的职权。按照管理学理论,如果信访部门的职权低于或者等同于同级机构的职权,它将无法有效地履行监督制约和协调职能。也就是说,在职能方面,信访部门的职能需要重新设置,寻求成本效益的最优化。最后是信访部门的合法性来源变革。信访部门的人员选拔制度必须进行改革,信访人员应该直接来自于人民大众,他们的权力来源于人民,直接对人民大众负责,接受人民大众的监督。保证信访人员不只是形式上的而是真正切实地来源于人民大众。如果信访部门的人员是政府任命,那么非常显然的是,他们只能按照任命他们的人员意图办事,根本不能进行矛盾的协调和解决。

4. 动员群众参与社会秩序安全的建设

过去我们常常认为公共安全作为一种公益物品,在它的提供与生产方面,公民只能采取被动的态度,接受由公安机关或保安公司这类专业生产者和提供者的物品和服务。事实上公民参与的程度不仅体现了民主化,而且可以保证公

---

① 黄政钢. 个人恐怖威胁与公共安全对策[J]. 江西公安专科学校学报, 2003(4): 52-56.

共安全服务的有效供给。①同时，公民不仅能够对公共安全服务做出自己的贡献，而且还能够对警察部门提供公共安全服务的绩效进行评价，这样也就能够发挥公民作为主动的而不是消极被动的消费者的作用，才能从根本上改变公共安全服务是政府一家之责的看法。

社区警务是世界各国在面临普遍存在的公共安全有效供给不足的情况下而在警务工作实践中逐渐总结出来的一种改进公共安全服务有效供给的一种制度安排。这种社区警务在制度安排上突破了过去以政府或者市场为中心提供安全服务的单中心的制度安排，而是在提供公共安全服务上突出了警察、当地政府、社区成员等相关者之间的互动，是一种复合的多中心的制度安排。这种多中心的社区警务在实践上有效地改进了社区公共安全服务的有效供给，为我们探索公共安全服务的有效供给提供了一个很好的思路。②联合国前秘书长安南也指出，"如何使城市安全，远离犯罪和暴力，针对城市犯罪根本原因而采取的犯罪预防战略有着巨大的前景。这一策略需要政府、城市当局、国内社会组织和居民的参与合作。"③目前，我国的社区警务已经开始重视并积极引进社区及社区成员的参与。2014年3月，中国第一个"社区云警务"系统在淄博市周村区建成，这是移动警务在国内的一个典型应用，其改变了以往基层民警靠本子写、填档案的方式，运用信息化手段将各类相关数据准确地录入系统，解决了以往信息"断档"的问题，最大限度地实现基础信息共联共享共用，最终为民警的工作与党委政府的决策提供支持与帮助，保障社会的安定和谐。

5. 交通安全的治理

对于日益严重的道路交通安全问题的管理，第一要做的就是加强道路安全法制宣传以提高人们的交通法制意识和公众交通安全意识。在国外，汽车安全都有成熟系统的法律法规作为保障。第二是提高驾驶员的准入标准。在培训上，增加交通道德、安全意识等方面的内容；在考试上，研究改进驾驶员考试办法，利用科技手段进一步提高考试难度，强化安全驾驶技能；建立健全驾驶员培训考试发证责任倒查制度。第三是严格执行汽车召回制度和出台汽车"三包"政策，有效解决汽车的产品缺陷问题，提高汽车的安全性能，将ABS、EBD、安全气囊等设备通过法律强制成为汽车出厂的标准配置。通用汽车公司车体结构及安全设施整合部执行总监罗伯特·兰格分析说："撞车时减轻人员伤亡程度的最有效方法非常简单。就轿车而言，正确使用安全带并配之以安全气囊，就可

---

① [美]罗杰·P. 帕克斯等. 消费者作为公共服伤协作生产者[C]//迈克尔·金尼斯. 多中心体制与地方公共经济. 上海：上海三联书店，2000：426.
② 宋全喜. 公共服务的制度分析：以公共安全服务为例[EB/OL]. http://maoshoulong.vip.sina.com/wpapers/wpaper200104.
③ 世界警察研究"片儿警"[N]. 北京晚报，1999-10-20.

以让驾驶员的死亡率降低 48%。"四是将汽车产业的发展战略与提高道路的公共安全结合起来。

要做好地铁等城市轨道交通的建设和运营安全管理工作,应该加快地铁安全法规和标准建设,加强地铁规划、设计、施工及运营管理,完善地铁应急处置预案,同时要广泛开展地铁安全教育,提高全民安全防范意识。

6. 提高公民自我救助和自我防范的意识

社会秩序安全与每一个人的利益密切相关,提高公民自我救助和防范意识,有利于更好地保护公民自己的人身安全。要做到这一点,首先应该加强社会治安防控网络建设,提高公民参与防范的自觉性。维护社会秩序安全是全社会的共同责任,需要每个公民的自觉参与。全面开展政府主导的、公安机关实施的、全民参与的防治工作,增强公民的防范意识,使犯罪分子无机可乘。其次要加强对全社会公民识别危险和应对处理危险方面知识的宣传教育和普及,通过各种各样的形式让民众了解相应的报警、救助、求生方面的知识,提高公众对社会秩序公共安全事件的心理承受能力,自觉配合政府相关专门部门,在恐怖发生时保持冷静的心态,不轻信谣言,不轻举妄动,积极支持政府为减少恐慌所进行的相应努力。最后是要鼓励公民与犯罪活动做斗争,提高民众善于运用相应的知识和技巧去积极勇敢机智地同犯罪分子进行斗争的能力,以尽量减少各方面的损失。

第三节 突发灾害的公共安全

人类社会的发展历史可以看作是人类不断应对各种自然灾害的历史,而我国又是一个自然灾害频繁发生的国家。随着科学技术的不断发展,人类面对突发而至的各种自然灾害,已从一开始的完全听之任之发展到拥有一定的事前预测和准备的能力,这极大减少了人类面临灾害的损失。当这些自然灾害发生后,如何提高应对突发自然灾害的能力还需要从制度上进行考虑。

在人类应对各种自然灾害的同时,人类社会自身的发展过程中也出现了很多人为的灾害。火灾、突发安全生产事故、城市生命线系统、工业危险设施、战争及恐怖袭击与破坏等,这些人为灾害所导致的惨重结果,会由于城市内部人口、财产密度的增加而成倍放大,它对人们的生命财产安全的影响有时会远远超过自然灾害。

一、突发灾害的形式

1. 自然灾害

自然灾害，即自然界发生的不以人的主观意志为转移的客观自然现象所引起的灾害，其主要特点是人力不能支配并造成财富的损失和人身伤亡。它主要可以分为五种类型：①气象灾害，如水灾、旱灾、风灾、雹灾、严寒、雪灾、酷热等，它是最普遍且影响最广泛、危害最大的一类自然灾害；②地质灾害，如地震、火山爆发等；③地貌灾害，如泥石流、山体滑坡、雪崩等；④水文灾害，如海啸、海侵、风暴潮等；⑤生物灾害，如病虫害、草害、鼠疫等；此外，还有森林火灾等。

自然灾害具有强大的破坏性，它可以摧毁人类的家园，使人们多年积累的财富毁于一旦，使人民生活陷入困境。灾害发生后，灾民的生活需要政府和社会给予救助，灾后的重建也需要政府和社会的帮助和扶持。因此，自然灾害救助是世界各国社会救助制度的一项常设性的重要内容。

2. 人类经济、社会活动引发的灾害

这类灾害是由于人类活动引发的，如火灾、安全生产过程中出现的灾难、城市生命线系统（如给排水系统、交通系统、天然气、煤气）故障带来的灾害、生产有毒有害物质的工业危险设施（涉及化学危险品的生产、加工、运输和储藏的所有危险源）、公共场所大量人群聚集而发生的挤伤事件、战争及恐怖袭击与破坏等。

二、针对突发灾害的公共政策演进

1. 有针对性地制定规划或采取措施来预防或减缓各种灾害

人们已认识到各种灾害的严重后果，开始有针对性地制定规划或采取措施来预防或减缓各种灾害。例如，针对城市火灾的《消防规划》、针对城市自然灾害的《减灾规划》、针对城市工业事故灾害的《重大危险源的辨识与控制》，同时全国各省市纷纷建立了相应的《特大自然灾害救灾应急预案》以及相应的救灾防病体系。

民政部是我国负责救灾的政府主要管理部门。按照民政部的要求，各地政府均出台了本地应对自然灾害救灾应急预案，从组织、准备、实施等几大方面规定了政府各部门在救灾中应该承担的责任。这为有效进行救灾工作提供了制度上的保证。

2. 建立救灾物资储备制度，由各级民政部负责具体工作

为提高灾害紧急救助能力，保证灾民救济工作的顺利进行，促进灾区社会的稳定，中央和地方以及经常发生自然灾害的地区都要储备一定的救灾物资。救灾物资储备制度规定管理和使用的原则是：专项储存、合理布局；快速高效、保证急需；集中管理、保证安全；专物专用、严格审批。储备物资实行统一颜色、统一标志管理，并规定了储备物资的经费、种类和数额。

3. 不同的自然灾害救助制度安排

广义的自然灾害工作包括查灾、报灾、核灾、灾后救助等。狭义的救灾仅指对灾民的生活与生产中的困难给予救济，如基本口粮救济、衣被救济、房屋救济、现金救济、医药救济、部分生产资料救济等。

（1）国家救助。国家救助是自然灾害社会救助的主要形式，其原因在于国家有充分权力组织动员全国的人力、物力和财力去抢救灾区人民的生命财产。在各种自然灾害面前，特别是特大自然灾害发生后，在短时间内需要组织大量的人力、物力、财力实施抢救，这是其他任何群体或组织难以胜任的，只有国家才能组织调动大量人力、财力和物力，做到有计划、有组织地及时施以救助。国家救助灾民的方式多种多样，包括发放救济款、救济粮与衣服和无偿提供简易建房材料以及无偿提供医疗服务等。在国家政府中，中央政府承担灾害社会救助的主体责任。

（2）生产自救。生产自救也是自然灾害社会救助的主要形式之一。这种形式主要是灾区群众自力更生，发展生产，达到克服困难、增加收入和实现自我救济的目的。在我国，实现生产自救的途径多种多样。农村的生产自救主要是在灾后组织依靠自己的力量，对受灾作物进行抢救、补种、改种，减少和弥补灾害损失，同时，因地制宜，组织群众开发本地资源，广泛发展工、副业的劳务输出等活动，增加灾民现金收入。为使灾民更好地开展生产自救，要尽可能在资金、信息、技术等方面调动灾民的自身积极性，这往往可以创造出人们所难以估量的财富，为补偿灾害损失和重建家园打下坚实的基础。在自然灾害救助中，实施生产自救具有重要的意义。首先，在我国这样一个发展中国家，人口众多，自然灾害频繁，国家财力有限，不可能对所有的灾害不分轻重缓急完全依靠国家救助。其次，随着社会的发展和不断进步，对自然灾害社会救助的要求越来越高，不仅要保障灾民的基本生活需求，而且还要在短期内尽量缩小灾民在灾前和灾后生活水平的差距，鼓励灾民生产自救是缩小差别的最佳选择。

（3）互助互救。互助互救也是自然灾害社会救助的一种重要形式，主要体现在两个方面：一种是互助互济组织，另一种是互助互济活动。互助互济组织主要是以民政部门为主兴办的救灾合作保险以及群众自办自治的互助储金会经济组织。这是政府和群众在灾前所采取的互助互济的积极措施，以充分发掘群

众中互助的潜力,变被动地应付自然灾害为主动地迎击自然灾害,这是自然灾害社会救助的新形式。我国的救灾互助储金会经济组织于1983年在江西产生,后来逐步发展到全国各地,成为我国农村基层灾害社会救助的重要组成部分。救灾互助储金会是以民办、民管、民用为主要特征,以救灾扶贫、救急解难为主要任务的民间社会保障组织。互助互济活动主要是指国际和国内各地区、各团体及个人之间的自愿性的互助互济活动。这种活动一般是在重大灾害发生之后兴起的,对于扩大自然灾害救助款物的来源并为灾民及时、大量提供各类资金和物品以及鼓舞灾民同自然灾害进行顽强的斗争都具有重要作用。

(4) 以工代赈。以工代赈是指政府用赈济资金为有劳动能力的救助对象开拓就业机会(主要是修建公共工程,如兴修水利、疏浚河道、修建码头、修堤筑坝、整修公园、筑路、植树等),使他们通过劳动取得收入维持生活。其方式既有赈款(以现金支付工资),也有赈谷(以粮食、食品支付工资)。它不但赈济了救助对象,解决了他们的实际困难,减轻了政府的经济负担,而且兴建了公共工程,有效地改善了灾区的基础建设,是一举多得的社会救助措施。在国外,最成功的例子是美国总统罗斯福在20世纪30年代经济危机时期用以工代赈的办法募集有劳动能力的救助对象大搞基础建设(如1933年设立"田纳西河流域管理局",利用社会大量剩余劳动力开发田纳西河河运和水力发电系统),一方面增加了就业,提高了社会购买力,另一方面修建了大量的公共工程,为美国的经济复苏和发展提供了良好的条件。[①]在我国,为规范和加强以工代赈管理,提高以工代赈资金使用效益和改善农村贫困地区生产生活条件并促进贫困农民脱贫致富,根据《中国农村扶贫开发纲要(2011—2020年)》和《关于创新机制扎实推进农村扶贫开发工作的意见》以及国家其他的有关要求,国家发改委在2014年底发布了修订后的《国家以工代赈管理办法》,并于2015年1月开始施行新的《管理办法》,并且通过每年财政预算内的以工代赈的计划的拨付作为以工代赈的经济支持。

4. 针对自然灾害修建大型避难所

2010年3月,西北最大人防工程唐延路人防一期工程开工建设,于2012年9月建成。唐延路人防工程位于西安市高新区,建筑面积约6万平方米,地表为一个南北长278米、东西宽115米的绿地景观广场,地下为三层,负一层沿东西两侧为商业步行街,负二层为大型高档卖场,负三层为地下停车场及燃油等物资储备库,地下空间在战时用于人员掩蔽、物资储备,可容纳6万人避难,平时则用于商业开发,地上绿地景观可供市民健身、休闲,从而为市民提

---

① 陈冬红,王敏. 社会保障学[M]. 成都:西南财经大学出版社,1996.

供娱乐、购物及高档次服务的休闲场所。①在 2015 年 3 月的江苏省抗震防灾管理工作会上获悉，南京市利用公园绿地、学校广场、人防设施等有限资源，建成了河西中央公园、大行宫、石头城公园等 78 处地下防震应急避难所，面积超过了 590 万平方米。②社会上开始出现防灾训练馆，如设立在北京大兴的防灾训练馆接待的市民越来越多。与此同时，北京地铁也开始了改造：食品亭和报刊亭被撤走了，紧急安全疏散标志每 3 米一个；每个车站都配备了毒气检测装置、呼吸机、火灾逃生器，还有专门砸门用的大锤子和处理爆炸物的"防爆桶"。

5. 做好城市生命线系统的安全管理工作

建设部已会同国家安全生产监督管理局联合下发了《关于加强城镇燃气安全管理工作的通知》，各地要认真贯彻通知要求，加强对城镇燃气生产和经营企业的监管，加大对城镇燃气的安全宣传教育和检查力度，确保燃气安全。

三、存在问题

1. 各种应急预案的有效落实问题

目前虽然各地都建立了相应的《应急预案》，但是存在的问题是很多省市出台的预案，还只是应上级的要求出台的书面文件，只是停留在制订该预案的职能部门的"脑海"里，还没有真正落实。当灾难真正来临时，政府各部门之间的有效配合问题还很大。

落实这些应急预案的一个好的方法就是进行大规模的救灾演练，一方面提高各部门的协作水平，熟悉各种救灾方法等，提高组织能力；另一方面发现问题，完善预案。

2. 各种防灾规划和措施在发挥一定作用的同时，也存在严重的缺陷和不足

第一，这些规划往往各自为政，不能满足城市整体防灾的需要。

第二，单灾种规划还会造成机构重复设置、人财物的巨大浪费，有时各规划之间不能互相协调甚至相互矛盾。

第三，随着科技的高度发展，城市系统变得复杂而脆弱，城市的电力系统、交通系统、供水系统、通信系统、燃气系统等已成为城市赖以生存的生命线系统，所谓"牵一发而动全身"，任何系统的"喉结"遭到破坏，城市即会陷入瘫痪，甚至造成严重恶果。如 2011 年 6 月 23 日，北京突降暴雨使市区很多地方积水严重，造成市区多个路段出现拥挤，部分地铁线路临时停车，首都国际机

---

① 腾讯网. 西北最大人防工程唐延路开工 战时避难 6 万人[EB/OL]. http://xian.qq.com/a/20100327/000023.htm.
② 南京已建成 78 处地震应急避难所[EB/OL]. http://news.eastday.com/eastday/13news/auto/news/csj/u7ai3713717_K4.html?_t_t=0.8222618584986776，2015-4-1.

场40%的航班取消，城市交通系统陷入瘫痪。2015年3月27日，荷兰首都阿姆斯特丹及其周边省份当地时间27日突发大规模停电，导致阿姆斯特丹市内交通一度瘫痪，史基浦机场所有出港航班临时取消。①

3. 地方民政部门救灾能力严重不足

我国是一个自然灾害频繁发生的国家，救灾任务非常繁重。各级民政部门承担了大量的查灾、核灾、报灾和组织转移安置灾民以及运输发放救灾款物的任务，但与工作任务相应的救灾装备十分落后，有的地、县至今没有救灾专用车辆，有的救灾车辆年久失修难以保证随时启动；有的地方民政专网微机严重老化，因配置太低无法安装使用民政部"灾情统计软件"；有的地、县没有摄录像器材，致使灾情上报迟缓、滞后，已严重影响了救灾工作的开展，这与建立灾民紧急救援工作体系的要求极不适应。

4. 民众的灾难意识问题

现在如果说有救灾演练的话，也主要是相关职能部门的演练，还没有将演练推进到民众中去。民众对于各种救灾方法的知晓度很低。譬如，每个单位、每座居民楼都有消防设施，但绝大多数人不会用，因为没有受过必要的培训，而且这些设施因平时缺乏妥善管理往往已不能正常使用，一旦出现火情难以发挥应有的作用。同样，各载人轮渡船上也有救生用品，但常常数量少或已损坏，同时也存在缺乏对旅客救生培训的问题，以前曾发生过旅客拿着救生用品却因不会使用而淹死的先例。有报道指出，在2004年初的北京密云发生的"二·五"事故中有很多人都是在瞬间窒息，当时如果迅速采取嘴对嘴人工呼吸的方式救助，会有不少人逃脱死亡的威胁，然而人们的救护常识实在是太贫乏了。上海跨年踩踏事件发生后，一位参与现场抢救伤员的温州女护士感叹，当自己和同行一个接一个抢救重伤员时，站在一旁的路人和警察因为不懂急救，只能干着急。如果有更多人懂得急救，伤亡可能会小很多。事实上，群众性自救互救知识和技能的普及率还是衡量国家社会文明程度的指标之一。据不完全统计，这在很多发达国家已达到80%以上，但在中国普及率并不高。

四、政策选择

1. 构建突发灾害预防和治理的规划系统②

无论是自然灾害还是人为灾害，都是人类面临的风险。风险的两个基本要

---

① 大公网. 荷兰大停电交通瘫痪[EB/OL]. 大公资讯, http://news.takungpao.com/paper/q/2015/0328/2958135.html, 2015-3-28.
② 牛晓霞等. 城市公共安全规划理论与方法的探讨[J]. 城市环境与城市生态, 2003 (6): 231-232.

素包括发生风险的概率和风险发生后的结果。自然灾害风险和人为灾害风险只是发生的概率不同、结果不同而已。基于风险理论、灾害事故触发理论及灾害事故预防理论来构建突发灾害公共安全规划,能够有效地预防和治理突发灾害,保证社会(特别是城市)的可持续发展以及人民群众的身体、财产安全。

(1)明确制定突发灾害公共安全规划的目标。制定恰当的突发灾害公共安全目标是灾害安全规划的关键,规划的目的就是为了实现预定的灾害安全目标。灾害安全规划目标是对社会未来某一阶段灾害安全状况的发展方向和发展水平所做的设定。它既体现了公共安全规划的战略意图,也为公共安全管理指明了方向,提供了管理依据。突发灾害公共安全规划目标既不能过高——追求绝对的零风险是不现实的,也不能过低,而要恰如其分,做到经济上合理、技术上可行和社会上满意。不同的国家,由于经济发展水平、社会发展水平不同,同时受人们的价值取向、文化素质、心理状态、道德观念、宗教习俗等诸多因素影响,承灾力差异很大。因此,突发灾害公共安全规划的目标应该是,防止出现超过最大可接受的风险,把风险降低到合理的尽可能低的水平。

(2)突发灾害公共安全信息的采集与城市公共安全现状调查。信息情报的收集分析,不仅在编制规划时是必不可少的,而且在规划的实施过程中也要经常反馈信息,进行分析或采取应变措施,保障规划目标的实现。信息情报的收集与分析是贯穿于规划全过程的工作,是突发灾害公共安全规划的重要支持系统之一。初期的信息情报应以广和全为原则,应包括与规划有关的一切经济的、社会的、人文的以及自然的、地理的情况等,逐渐向深度发展。突发灾害公共安全现状调查应包括自然环境调查和经济社会现状调查。自然环境调查应包括地质、气候、地形地貌、特殊价值地区及环境敏感区等的调查。经济社会现状的调查应包括:①相关的经济现状。相关的经济现状主要是指与公共安全规划内容有直接或间接关系的经济活动,如生产布局的现状分析。②相关的社会因素,主要是社会人口状况分析。人是社会的主体同时又是被保护的对象。公共安全规划与城市人口总数、人口密度、人口分布等因素相关。③社会意识状况分析,这包括分析人们的思想、道德、哲学、美学、宗教和风俗等社会意识形态,特别是要分析当地人们的公共安全意识等方面的情况,并分析这些社会意识对突发灾害公共安全所产生的影响。

(3)突发灾害风险的评价与预测。风险评价是安全规划的核心和基础,针对不同的灾害类型,要进行有针对性的风险评价与预测。自然灾害风险属于发生概率小而后果严重的风险,目前的科学技术水平还不能阻止这类灾害的发生。但是自然灾害的发生发展有其自身的规律,各种灾害现象只是自然界演化发展过程中的特殊表现形式,即自然现象达到或超过某一阈值时的表现。因此,可以在灾害历史资料统计分析的基础上，提取原始数据，建立数学模型来预测未来时间里灾害的发生发展情况。对于城市生命线系统的灾害（如给排水系统、交通系统、天然气、煤气）从引致原因上来看，有自然因素引起的，如地震、洪水、飓风等自然灾害造成生命线系统的中断和破坏，也有人为因素引起的，如战争、人为破坏、工作疏忽、设备老化、突然停电等原因造成城市生命线系统的瘫痪。这类灾害存在突发性和不确定性，可以根据相关的历史资料定性评价和预测。对于工业危险灾害（涉及化学危险品的生产、加工、运输和储藏的所有危险源），可以用"点源"和"线源"来概括。点源可以是危险品的生产厂、填充站、危险品仓库等，线源可以是危险品的运输通道（包括水路和公路）和管线等。对点源和线源可以采用定性评价、后果评价和概率风险评价法，将评价的结果与相应的标准比较来确定危险源周围的土地使用规划。

（4）突发灾害公共安全规划方案的设计与优化。突发灾害公共安全规划方案的设计是在考虑国家有关政策规定、城市公共安全问题和公共安全目标、公共安全状况、投资能力和效益的情况下，提出具体的城市灾害防治的措施和对策，具有科学性、系统性、实用性和经济性。

（5）突发灾害公共安全规划方案的决策、审批和实施。突发灾害公共安全规划方案的决策是指在特定的历史阶段中，根据社会可持续发展的需要，制定一定时期的公共安全目标，从各种可供选择的实施方案中，通过分析、评价、比较，选定一个切实可行的突发灾害公共安全规划方案。经过决策的公共安全规划应编制投资概算报国家、省有关部门审批。突发灾害公共安全规划的实施应满足以下基本条件：突发灾害公共安全规划应纳入社会发展总体规划中，落实突发灾害公共安全规划资金，编制年度突发灾害公共安全计划，实行突发灾害公共安全目标管理。

2. 加强各级民政部门灾民紧急救援工作体系建设

救灾预案、救灾队伍、救灾装备和救灾物资储备是灾民紧急救援工作体系的重要组成部分。只有配备精良的救灾装备，才能保证及时查灾，科学核灾，准确报灾，才能做到重大灾情24小时上报，才能使紧急转移的灾民在24小时内得到生活救助，才能使各项救灾款物准确、迅速地发放到灾民手中。

3. 加强城市防灾综合管理工作，尤其是法制管理

中国的防灾综合管理还比较薄弱，法制体系尚不完善，至今没有一部国家级的大法。专家们一致呼吁，国家应制定在宪法指导下的国家减灾基本法，指导应对突发灾害事件。在国家减灾基本法的指导下，再针对城市承灾体的特性编制《城市防灾法》，用来规范约束城市系统的防灾行为。在构建法律体系的同时，还应构建突发灾害综合减灾管理的几个必备框架：统一的城市减灾工作领

导机构；建立综合减灾信息管理系统，实现信息传递网络化，充分利用现代高科技手段；统一的救灾应急指挥中心及一元化的应急指挥系统；完善的城市应急处置预案系统。

4. 加强科学技术在突发灾害公共安全管理中的作用

科学技术的提高不仅能够更加准确地预报出各种自然灾害发生的概率及严重程度，尽可能地减少自然灾害给人民群众生命财产带来的损失，也会为制定科学的救援方案提供保障。这一方面要求政府加强对于气象部门的建设，增加对相关基础学科的投入，同时要求这些部门与学科要以解决实际问题为目标导向，将更多的科学研究成果转为造福人类的现实技术。如计算机辅助设计系统正在为提高突发灾害公共安全事故中人员的安全疏散能力做出贡献。只有在设计阶段优化人员疏散系统设计方案以及在平时加强科学管理和制定有量化指标并易于操作的应急预案，才能对一旦发生的紧急情况及时进行有效的组织疏导。

5. 加强公民防灾意识

培养公民的灾害意识，要充分利用各种宣传载体，强化防灾减灾宣传教育，组织开展不同灾害情况下的救灾演习。重点抓好灾前、临灾和灾后三个时段三种情况下的教育，不断提高社会民众防灾避灾、自救互救、自我保护能力和应对各种灾害的心理承受能力。民众的防灾意识弱、自救能力低显然是与相应的社会教育太少有关，因此防灾知识教育、气象知识教育以及实地演习应当进入大中小学校的课程，还应进入各个社区及各个单位而成为社会生存技能培训的内容，电视台则应安排长期固定的节目来进行防灾知识讲座以及现场模拟演示。如果我国平时就通过防灾教育使人们有足够的心理准备和防灾知识储备，一旦灾难来临时，将会大大降低人们的心理恐慌程度并具备足够的应对能力。[①]

6. 建立灾害保险体制

除了政府设立专门的财政救灾资金以外，国家应针对自然风险开展政府融资。保险公司或金融投资银行推出了一种与天气相关的金融产品，可以对各类天气现象可能造成的经济影响、公共安全问题给予有效补偿，这些天气包括：降雪、干旱、持续低温和持续高温等。政府组织对这类金融产品很感兴趣。传统的保险并不赔偿与天气相关的损失，除非产生了直接的物质损害，但实际上，天气不仅能影响政府财政预算、收入，还能产生其他无数的负面作用。美国北部各州的与防范过度降雪风险有关的金融产品就是一个很好的例子。在这些地区，政府会有一笔除雪预算安排，但是这也难以防范过度的降雪风险。在这种

---

① 上官子木. 增强防灾的民族意识[N]. 南方周末，2003-05-22.

情况下，保险公司希望设计出一种风险融资协议，以便在现有预算无法满足不寻常的除雪需求时，产生并提供额外的资金来支付除雪的资金需求。首先，保险公司可以考虑天气套期保值的方法，这指的是一种衍生合约，它规定资金偿付需按照一个协商好的方案进行。在这种情况下，由于保险费和赔偿金都与降雪量而不是损失密切相关，因此政府组织可以几乎不用经过索赔调查与协商等过程就能获得赔偿支付。设计一个天气套期保值合约的第一步是对政府组织可能遭受的过度降雪风险进行财务上的定量分析，如政府预算中对每年降雪的平均预期为 635 毫米，而预算完全有能力承担累计 762 毫米的全年降雪，那么这时就应该注意力集中在那些降雪量超过 762 毫米的年份。另外，还应该注意到其他因素对于该合约的影响。一次降雪 762 毫米与 30 次 25.4 毫米的降雪所带来的冲击肯定是不一样的，因此降雪时间的集中度可能是影响因素之一。环境温度也可能影响降雪所带来的后果。不管怎样，政府总是希望知道自身预算能够承受的降雪量（风险水平）以及超过这个降雪量的可能性有多大。各地政府会对额外降雪所带来的冲击进行估算。于是，保险公司可以设计出很多种类的金融合约，如购买期权合约，政府组织通过预先支付一定的保险费，就可以获得一个协商好的赔偿支付金额。掉期合约则是指政府组织根据合同，以定期定额、分期分批的方式，在一定时间内，完成合约价格的支付，并获得一定范围内的保护。零成本合约是指政府预先支付较小数额的保险金，并具体限定保险的范围。①

前面已经提到，公共安全涉及的内容很多，本章仅从公共卫生、社会秩序安全、突发灾害安全等三个方面进行了分析。从这三个方面的内容可以看出，深化改革时期我国各种公共安全问题出现的概率和造成的损失都在不断增加，这就迫切要求政府出台更多有效的维护公共安全的公共政策，提高人们的福利水平。同时，需要指出是，公共安全水平的提高也需要公众的参与和支持，而公众参与和支持公共安全程度的高低是由公众知识文化水平和道德水平决定。

---

① [美]马丁·冯，彼得·杨. 公共部门风险管理[M]. 陈通，等译，天津：天津大学出版社，2003：154-155.

第九章　深化改革时期的人口政策与就业政策

人口，既是创造国民财富的本源力量，又是提供消费购买力以使社会经济活动免于中断的基础因素，与经济发展有着密切而深刻的关系。一个国家维持适度的人口总量、人口增长率以及合意的人口结构，不仅是促进国民经济稳定增长的重要前提，而且也是保障国民经济可持续发展的关键条件。

除了自然灾害、疾病、战争等因素可以影响一国人口的总量变动外，各国都会采取相应的政策和制度来维持本国的人口总量、增长率及人口结构。一般来说，国家的人口政策通常涉及政府解决人口问题的原则以及解决人口问题的具体方案和措施。按照广义人口政策和狭义人口政策之分：前者是指政府为了优化人口的自然结构、经济结构、社会结构、地区结构以及就业结构等而对人口经济活动所进行的全面指导和宏观调控；后者则专指政府制定的生育政策，它是政府为调节妇女生育率以实现预定的人口规模、人口增长速度和人口素质等目标而实施的一系列计划、规划、措施、技术等的总和。

一国的人口数量、人口质量和人口结构决定着一国的就业状况，所以国家的就业政策往往与其人口政策相互影响，相互制约，形成典型的互动关系。一国劳动力人口的数量形成对劳动就业岗位的需求，倘若该社会无法提供充足的就业岗位，那么失业就必然成为严重的社会问题。同时，一国人口构成中（尤其是在劳动力人口构成中）高学历人口所占比重越大，人力资本存量越大，则该国人口在参与就业时劳动生产率就可能越高，其劳动人口对经济增长和社会发展的推动力也就越强。因此，通过人口政策来控制一国的人口数量和人口结构，就可以在某种程度上改善该国劳动力的供给数量、供给质量和供给结构，从而改善就业状况。当然，劳动就业还是人们赖以生存的前提和融入社会的基本路径之一。因此，公平合理的就业政策能够给予人们更多的就业选择自由，从而为实现人的全面发展创造公平机会。由此可见，就业政策也在相当程度上影响人口政策的效果。

虽然人口政策与就业政策具有相互制约、相互影响、相互促进的特点，但是出于研究方便考虑，本章将对两类政策进行分别研究，其研究顺序大体相同。首先，分析人口政策（就业政策）的历史演进；接下去，研究受深化改革时期特殊国情制约的人口问题（就业问题）现状、根源及其严重性；最后，在借鉴某些国际经验的基础上，提出现阶段我国人口政策（就业政策）的目标选择和一些具体建议。

第一节 我国人口政策的沿革

可持续发展作为一种发展模式已经成为世界各国的共同选择。可持续发展包括人口、资源、环境、社会和经济的可持续发展，而人口作为社会经济活动的主体又构成了制约和实现可持续发展的决定性因素。一般而言，一国的人口数量决定着一国的劳动力资源状况；人口素质决定着国家的智力水平、科技水平和教育水平；人口结构决定着国家的社会稳定、产业发展等。总之，人口是可持续发展的终极因素，它既可以成为可持续发展的动力，也可以成为可持续发展的阻力。

我国是世界上人口最多的国家，数量庞大的人口给社会发展和经济增长造成了巨大的压力。因此，如何结合我国的具体国情科学地制定人口政策，使我国完成从人口大国向人力资源大国、人力资本强国的转变，实现人口、经济、社会、资源、环境的可持续发展，就成为摆在我们面前的一个重要课题。我国目前的计划生育政策，就是在人口增长与经济发展极不平衡的情况下为了保持物质生产和人口生产按比例协调发展而制定的人口政策。该政策是我国公众和政府对人口问题认识不断深化的产物。

图9-1显示了我国人口总量的增长趋势以及人口自然增长率的变动趋势。从该图中不难看出，尽管中华人民共和国成立以来我国的人口总量持续增长，但人口自然增长率却呈下降趋势。

我国人口自然增长率的变动在很大程度上受政府人口（生育）政策的影响，根据这种关系，我国人口（生育）政策变化大体可以划分为以下8个阶段。

第九章 深化改革时期的人口政策与就业政策

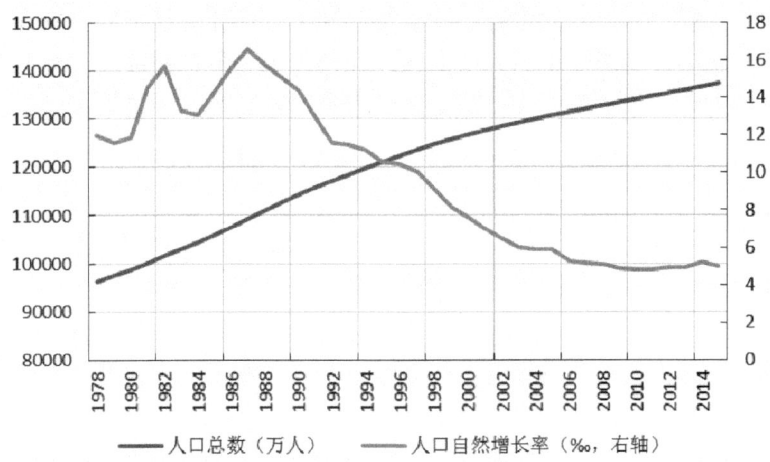

资料来源：根据 2015 年国家统计局相关数据绘制。

图 9-1 人口总量和自然增长率趋势图

第一阶段：1949—1953 年，鼓励人口增长阶段。1949 年中华人民共和国成立后，由于医疗卫生事业的发展，人口死亡率大幅度下降，人口自然增长率猛增到 2‰以上。当时政府在对待人口问题的态度上，深受苏联鼓励人口增长政策的影响，误认为人口不断迅速增长是社会主义人口规律的客观要求，是社会主义制度优越性的表现。政府不仅对因人口多，特别是因子女多造成生活困难的家庭给予经济补助，而且严格限制人工流产，即除继续妊娠会严重危及孕妇或出生婴儿健康并经过批准允许打胎外，严禁打胎活动。至于绝育则限制得更加苛刻。1952 年公布实施的《限制节育及人工流产暂行办法》中规定："已婚妇女年逾三十五岁，有新生子女六人以上，其中至少有一个年逾十岁，如再生育将严重影响其健康以至危害其生命者"，经过批准方可绝育。否则"凡违反本办法，私自实施绝育手术或人工流产手术者，以非法堕胎论罪，被手术者及实行手术者均由人民法院依法处理"。

第二阶段：1954—1957 年，由严禁节育到逐步主张节制生育以限制人口增殖阶段。1953 年进行的第一次全国人口普查结果表明，中国人口早就突破了原先印象中的 4.5 亿人，已经达到 6 亿人大关，人口自然增长率高达 2.3‰。人口压力的问题逐步显现出来，如城市住房开始紧张，青少年升学受到校舍短缺的限制，在育龄人群中希望避孕的家庭也越来越多。在此背景下，1955 年，政府对中国人口增长的态度逐渐发生了转变，第一次把节制生育政策上升到党的重大政策高度对待。1956 年初，中央政府在《1956—1967 年全国农业发展纲要（草案）》中明确地提出：除少数民族地区外，在一切人口稠密地方，宣传和推行节

263

制生育，提倡有计划地生育子女。与此同时，在社会科学界中也有不少专家、学者开始公开讨论国家的人口问题，如邵力子、马寅初等人，他们在不同场合以不同方式陈述了现代人口理论的学术观点和有关的政策主张。① 这些研究成果为我国政府日后制定限制人口增殖的生育政策做了思想上和舆论上的准备工作。

第三阶段：1957—1961年，限制人口增殖的生育政策首度受挫阶段。1957年下半年，在全国范围内开展的反右派斗争给人口控制工作带来了灾难性的影响。1957年10月，《人民日报》开始对马寅初等主张节制生育、控制人口增长的学者大加讨伐，从指导思想到具体措施各个方面，对有关"人口控制"的学术主张和政策观点进行了全方位的批判。加之1958年"大跃进"运动中呈现的（实际上依靠虚假社会经济指标编造出来的）虚假繁荣，将党和政府决策层对人口发展战略的认识又拉回到了20世纪50年代。决策层中人口战略指导思想的逆转，使各个城市中蓬勃兴起的节育和计划生育活动被迫中止，并最终偃旗息鼓。新中国人口控制战略的实施遭受重大挫折，由此导致随后几年的人口过度增长，对我国长期社会经济发展带来了无穷困难。

第四阶段：1962—1969年，提出并试行限制人口生育政策阶段。"大跃进"和"人民公社化"运动给整个国民经济造成了极为严重的损失。由于食品供应的短缺，1959—1962年人口死亡率一直向上攀升，从1958年的1.198%上升至1959年的1.45%，然后又骤升至1960年的2.54%，超过当年的人口出生率，导致出现中国历史上极为罕见的人口负增长。1959—1961年人口与粮食关系的严峻事实促使国家决策者也开始冷静下来，重新考虑实行已被抛弃多年的限制人口增殖的生育政策。

1962年底，中共中央、国务院出台《关于认真提倡计划生育的指示》，指出在城市和人口稠密的农村提倡节制生育，适当控制人口自然增长率。这份文件实际上就成为中国政府重新开展计划生育工作的一个动员令。为此，1964年国务院成立了计划生育委员会，各省、市、自治区也相继成立了计划生育工作机构。此后，政府有关部门不仅制定了我国未来的人口增长率、生育率目标，而且对国民初婚、初育年龄以及生育间隔等也做了一系列相关规定，中国人口发展战略的具体框架逐步形成。但是，1966年开始的"文化大革命"运动，使得政府无暇顾及落实已经制定的人口政策，一度造成人口发展再次处于盲目状态。1966年至1969年这4年之间，我国年均人口自然增长率都在2.55%以上，年净增人口2000万以上。

---

① 马寅初先生在1957年7月的《人民日报》上发表了自己在深入农村进行社会调查基础上撰写的长篇论文——《新人口论》，影响广泛，成为当时最具代表性的著作。

第九章　深化改革时期的人口政策与就业政策

第五阶段：1970—1980年，限制人口生育政策逐步形成并全面推行的阶段。"文化大革命"造成的经济滑坡和人口盲目增长，使人口总量与经济发展之间的矛盾空前尖锐，甚至威胁到当时超过8亿人口的基本生存条件。这一客观现实迫使我国政府重新恢复已中断数年的计划生育工作。1971年7月国务院批转了《关于做好计划生育工作的报告》，提出要使晚婚和计划生育变成城乡群众的自觉行为，要求人口增长率逐年降低，争取到1975年城市人口增长率降到1%以下，农村人口增长率降到1.5%以下。尔后，在推行计划生育工作实践中，政府逐步明确了计划生育的具体政策要求。例如，1973年明确提出了以"晚、稀、少"为基本特征的国家人口生育政策。再如，1978年10月，中央政府批转了《关于国务院计划生育领导小组第一次会议的报告》，具体提出计划生育的一些基本要求。当时规定：晚婚年龄女为23周岁，男为25周岁；一对夫妇生育子女数最好是一个，最多为两个；生育间隔应该保持在三年以上；如此等等。总的来说，这一时期是一个在全国范围内轰轰烈烈地推行计划生育的年代。总和生育率与自然增长率分别从1970年的5.81%和2.583%下降到1979年的2.75%和1.161%，其下降速度之快，世界罕见。中国的人口控制取得了世界瞩目的伟大成绩。

第六阶段：1980—1984年，计划生育政策进一步加强阶段。由于我国人口基数大，增长速度快，经济底子又薄，在国家全力转轨到以经济建设为中心之后，更加感到人口对生产力的多方面压迫。1980年国务院调整了计划生育政策，国家人口生育政策的原则由（20世纪70年代的）"晚、稀、少"改变为（20世纪80年代初的）"晚婚、晚育、少生、优生"；明确提出争取全国总人口在20世纪末不超过12亿的基本目标。为了达到这个目标，除了人口稀少的少数民族地区以外，全国必须要做到城市95%的育龄妇女和农村90%的育龄妇女只生一个孩子。然而，这种过高的人口生育政策的目标要求，对于长期受传统生育观念影响的广大农民来说，很难接受。国家人口生育政策与农村家庭个人生育需求的矛盾日益严重，农村中党群、干群关系也一度因此而变得十分紧张。这一时期的人口自然增长率略呈上升趋势，说明调整后的生育政策在农村很难顺利推行下去，解决人口盲目增长问题仍然任重道远。

第七阶段：1984—1999年，计划生育政策的调整、稳定阶段。1984年4月，中央下发7号文件，再度宣布对计划生育政策进行调整。这次调整的目的是"把计划生育政策建立在合情合理、群众拥护、干部好做工作的基础上"。后来在落实7号文件的具体过程中，多数省级政府还制定了农村独女户经过一定时间间隔后允许生第二胎的政策。此后几年里，主要是1986—1988年间，我国人口增长率出现回升。至1990年，第四次人口普查结果显示，我国大陆总人口已达 11.3 亿人，比原先估计多出一千多万。面对严峻的人口发展态势，进一步修正现行计划生育政策的呼声再度高涨。但是，很多专家认为，我国现行计划生育政策本身就是一种从紧、从严的政策，关键问题不在于加倍从紧、从严，而在于认真贯彻落实。为此，中共中央、国务院于 1991 年 5 月又发布了《关于加强计划生育工作严格控制人口增长的决定》，重申了现行的计划生育政策，要求保持现行政策的稳定性和连续性。中国计划生育工作开始进入顺利推行状态，人口增长率逐渐下降并保持低于 1.0% 的水平。自 20 世纪 90 年代以来，我国人口和计划生育领域出现了一种可喜的变化，就是更加强调对人权的尊重。20 世纪 90 年代初，人口学界提出了"大人口观"，即按照系统论方法研究中国的人口现象，提出综合治理人口问题的政策观念。1994 年前后，国家计划生育委员会对全国计划生育工作提出了既要"抓紧"也要"抓好"的要求。其后，各级政府对生殖健康服务与有关技术支持的公共投入也大量增加，凸显出"阳光政策"的亲民风格，中国人口控制工作从此进入了稳定健康的发展阶段。

第八阶段：21 世纪以来中国人口生育政策的发展趋势。中国政府推行的旨在限制人口增长规模和提高人口素质的计划生育政策，虽多有周折，但总的来说还是比较成功的。最近 30 年间，中国人口生育率快速下降，到 2000 年中国人口增长率已降至 0.8% 左右；中国妇女总和生育率已经多年保持在更替水平以下，长期低于 2.1，与欧美各国和日本等相差无几，迈入了世界低生育水平国家行列。在如此短暂时期内，完成如此剧烈的生育率调整，必然带来人口年龄结构的剧烈变动。因此，进一步完善 21 世纪中国人口发展战略和人口政策，就成为摆在公众和政府面前的一个重大课题。

其实，在动态中不断调整和完善人口生育政策的思想，早在 1984 年 4 月中央批转的由国家计划生育委员会党组提交的《关于计划生育工作情况的汇报》中就有所表述："有的地方规定夫妇双方都是独生子女的，可以允许生两个孩子，我们打算推行这个办法。这样二十多年后将逐步改变现行的生育政策，因为到那时独生子女必将占多数，这样做既不影响实现 20 世纪末人口目标，群众也高兴。"2000 年 5 月 7 日，中国政府发布《关于加强人口与计划生育工作稳定低生育水平的决定》（以下简称《决定》），明确提出今后 10 年人口总数要控制在 14 亿以内，要在稳定现行生育政策——提倡一对夫妻生育一个子女的前提下，依照法律、法规合理安排生育第二个子女，具体政策规定由各省市制定[①]。随后几年，中国绝大多数省份都在这个《决定》的基础上，出台了有关法规，规

[①] 例如，在 2003 年 9 月 1 日实施的新版《北京市人口与计划生育条例》中，就按照北京市的实际情况进行了微调。旧条例规定，"依照本条例规定允许生育第二个子女的，生育间隔不得少于 4 年，女方年龄不得低于 28 周岁"；新条例中修订为，依照条例规定允许生育第二个子女的，只要符合"生育间隔不少于 4 年"和"女方年龄不低于 28 周岁"两者中的任一条，即可生育第二个子女，这进一步放宽了对生育二胎的限制。

定双方均为独生子女的城镇夫妻，可以自愿生育第二个孩子。2013年中共十八届三中全会决定启动实施"单独二孩"政策。随后，关于调整完善生育政策的决议由十二届全国人大常委会第六次会议表决通过，"单独二孩"政策正式实施。2015年中国共产党十八届五中全会明确提出"全面实施一对夫妇可生育两个孩子政策"。2016年1月1日，全面二孩政策正式实施。这标志着我国人口政策的重大调整。

21世纪人口政策的完善，还突出地表现在这一公共政策的执行过程中更加注重"以人为本"。例如，2001年12月政府颁布的《人口与计划生育法》，首次明确提出了"知情选择权"，即要确保已婚育龄妇女在选择避孕方法时享有知情权、选择权和决定权。2004年，国家计生委又开展了"关爱女孩"行动，重点对农村的独女、双女户给予优惠政策，并关注女童的受教育情况，进一步加强对妇女儿童的权益保护。2004年7月，我国又在15个省市的农村家庭试行了计划生育奖励扶助政策，规定只有一个子女或两个女孩的夫妇，在年满60岁之后，可以得到每人每月不少于50元的扶助金。这表明中国的计划生育措施正在由"处罚多生"向"奖励少生"转变。2012年，中共十八大报告指出"坚持计划生育的基本国策，提高出生人口素质，逐步完善政策，促进人口长期均衡发展"。2013年政府工作报告指出："逐步完善人口政策。坚持计划生育基本国策，适应我国人口总量和结构变动趋势，统筹解决好人口数量、素质、结构和分布问题，促进人口长期均衡发展。重视发展老龄事业，切实保障妇女和未成年人权益，关心和支持残疾人事业。"2013年3月14日，国务院机构改革和职能转变方案指出将国家人口和计划生育委员会的研究拟订人口发展战略、规划及人口政策职责划入国家发展和改革委员会。2015年十八届五中全会公报指出"促进人口均衡发展，坚持计划生育的基本国策，完善人口发展战略，全面实施一对夫妇可生育两个孩子政策，积极开展应对人口老龄化行动。"

第二节 深化改革时期人口政策现状及存在的问题

从我国人口政策的演变历程中不难看出，我国的人口政策经历了不断摸索、逐步完善的改革过程，并成功地探索出了一条具有中国特色的综合治理人口问题的道路。据国家统计局普查资料显示，目前我国人口再生产类型已经转入低生育、低死亡、低增长的发展阶段，进入了世界低生育水平国家行列。从总体上来说，现行的人口政策适应当今中国人口与经济、社会、资源、环境逐步实现可持续发展的要求，取得了举世公认的成就。一方面，我国推行的一系列人口政策有效地控制了人口的过快增长。2005年1月6日，我国人口达到13亿，这说明人口计划生育政策的推行使我国人口达到13亿和世界人口达到60亿的时间推迟了整整4年，为稳定我国和世界人口规模做出了很大的贡献。另一方面，我国目前的人口形势也为我国现代化建设创造了优势。到目前为止，我国劳动力人口占总人口的比重达到有史以来的最高峰（70%强），由此进入了劳动力资源极其丰富而又负担最轻的黄金发展时期。

但是，人们也应该注意到，由于我国目前正处于由计划经济向市场经济转轨的时期，许多制度措施仍不健全，城乡二元体制的现象仍然存在，加之我国人口基数大、人均资源匮乏，因此深化改革时期同样面临着许多人口问题。

第一，人口基数大仍然是阻碍我国经济发展的首要问题。

最优人口理论认为：处于某个特定时期的任何国家，只要其非劳动资源是相对固定的，与其人均的社会经济福利水平最大化相适应的只有一种人口规模——最适规模。高于或低于此规模的国家，则只能通过降低或扩大国内人口数量来实现人均经济福利最大化的目标。此外，发展经济学的一般原理也证明，人口规模过大以及人口增长过快的国家，其社会资本要分散给越来越多的社会成员，这对经济发展本身是不利的。教育经费的分散，往往成为落后国家人力资本存量增长长期缓慢的主要原因之一；而物质资本的分散，则使每一潜在的新增劳动力可能分摊到的国内投资份额会变得极小。人口过多的发展中国家在赶超发达国家方面受到物质条件的限制，两者之间的经济差距在短期内难以缩小。

就我国现实而言，尽管我国的计划生育政策取得了辉煌的成就，并使我国迅速迈入了世界低生育水平国家的行列，但庞大的人口基数仍使我们面临着许多严峻的经济发展困难。虽然中国近年来人口自然增长率在不断下降，但由于我国人口基数大，每年净增人口还在1000万以上，外加中国近几年经济增长放缓，新增社会财富的相当一部分被新增人口所抵消。以2015年为例，当年中国经济增长率为6.9%，人口自然增长率为4.96‰，新增人口本身就要消耗较多的经济增长。这种情况影响社会扩大再生产和人民生活的改善，尤其是在当前提倡"以人为本、最大限度地满足人民群众日益增长的物质文化需要"的形势下，人口与经济发展的矛盾仍然十分尖锐。

第二，人口规模造成沉重的就业压力。

我国现在正处于一段劳动力资源丰富的"人口红利"时期。多种预测表明，在今后的二三十年里，劳动力人口占总人口的比重将维持在70%左右的高水平上。这种独特的人口结构，在为国民经济发展提供丰富的劳动力资源的同时，也给我国带来了沉重的就业压力。据统计,2015年底,我国城乡可提供的现实劳动力约为7.7亿人,比整个西方国家总和就业人数的4.3亿人还多出了3.4亿。年龄处于15岁到59岁的人口还将会继续增长。预计到2020年时,该年龄段人口将进一步达到9.4亿左右。这就是说,在未来的多年间,我国政府在克服现有失业人口和下岗人口就业问题的同时,还要为新增加的以亿为单位计算的劳动人口创造更多的就业机会。

社会就业压力日益提高,迫使政府不得不以牺牲经济效率为代价来扩大社会就业规模。在众多劳动人口不能就业的情况下,社会收入分配不平等问题也会日益严重,政府不得不增加用于国民收入再分配项目的财政开支,财政赤字规模持续扩大也在所难免。更为严重的是,人口过度增长而劳动就业问题解决不力,往往造成社会生活的长期不安定。

第三,人口素质仍有待提高。

解决人口问题,不单单是控制人口增长而已,更重要的还在于提高人口素质。二者相辅相成,难分轻重。不可否认,中华人民共和国成立以来,我国在教育投入方面取得了明显的成效:文盲率从1964年第二次人口普查时的34%降到2000年第五次人口普查时的7%以下,新生人口中的入学率也基本达到了95%以上,再到2010年第六次人口普查数据显示文盲率已经降为4.08%。与2000年人口普查相比,每十万人中具有大学文化程度者由3611人上升为8930人,具有高中文化程度者由11146人上升为14032人;具有初中文化程度者由33961人上升为38788人;具有小学文化程度者由35701人下降为26779人。对于我国改革开放以来所取得的重大经济发展和社会进步而言,国民教育覆盖面的不断扩大和教育水平的持续提高肯定是一个不可低估的因素。

然而,与发达国家相比,我国在人口素质方面仍存在很大差距,主要表现为:(1)文化素质偏低。据第六次人口普查资料显示,我国的文盲率为4.08%,文盲人口规模约为5465万;小学和初中文化程度的人口有8.8亿,约占全国总人口的69.1%,而大学文化程度的人口只占8.72%。[①](2)非文盲人口的劳动技能水平偏低。这是由于我国缺乏健全的职业培训体制,绝大多数小学、初中毕业生是未能接受必要的专业技术教育或技术培训的情况下就直接走上了劳动岗位。(3)人口的现代化观念和社会化程度偏低。我国人口中农村人口约占70%以上,长期在小农生产方式、生活方式下形成的传统思想观念仍然影响着大多数国民的世界观、生活观,他们参与社会、参与市场竞争的意识较差,现代文化、科技意识更差。(4)人口身体素质问题仍然突出。我国目前约有8500多万

---

① 早在1965—1985年间,日本、韩国的这一比例就已分别达到9.3%、6.55%。魏红.试析人口与可持续发展的关系[J].经济问题探索,2000(7).

残疾人、弱智人，约占国家总人口的6.2%左右。在全国每年新出生人口中，出生缺陷婴儿总数甚至高达80万~120万，约占新出生人口的11‰~14‰左右。

著名英国经济学家马歇尔在其名著《经济学原理》中曾经写道：健康与强壮、体能、智能与道德情操……是工业财富的基础。为此，他强调国家发展公共教育、公共医疗保健系统的重要性，即低素质人口结构会严重制约一国社会经济的健康发展。具体到我国情况看，人口素质普遍偏低，不仅造成长期以来"粗放式经济增长"模式难以改变，快速经济增长掩盖了增长质量改善极为缓慢的问题，而且也给国家推行计划生育政策带来很大困难。2001年一项全国生殖健康调查结果的有关数据表明，妇女的文化程度与子女数量呈负相关关系。在被调查样本里，大学、高中、初中、小学文化程度和文盲五个妇女群体分组中，多胎比例为 0.4:3.4:7.0:18.9:36.5。世界银行经济学家对一些发展中国家所进行的有关调查研究同样得出类似的结论：（1）妇女接受教育的年限越长，其晚婚率就越高。例如，20个世纪90年代对14个发展中国家的一份调查报告指出，平均接受7年教育的妇女，其结婚年龄晚于那些未受过任何教育的妇女大约3至4年。（2）受教育越多的妇女，越倾向于建立小型家庭，即减少生育子女的数量。此外，受教育越多的妇女还可以较好地掌握更多的避孕手段，有助于降低、限制人口增长。（3）提高妇女教育的长远意义还在于，提高了她们的就业能力和社会地位，有助于使她们摆脱对丈夫或其他男性家庭成员的依赖，从而减少生育子女的愿望。

总之，较低的人口素质，一方面，（按照森的发展观）不利于扩展国民的实质性自由，妨碍他们使个人在自己的生活中直接取得更大的成就；另一方面，也不利于国民生育观念的改变和生育水平的下降。因此，提高国民教育水平和改善人口素质在我国将是一项长期任务。

第四，人口老龄化问题初露端倪。

一般而言，一国中65岁以上人口占总人口比重的7%或以上，或者60岁以上人口占总人口比重的10%或以上，则可以认为是老龄型人口。第六次人口普查结果表明，我国60岁及以上人口约为17765万人，占总人口比重为13.26%，其中65岁及以上人口约为11883万人，占总人口比重为8.87%，说明我国已经开始进入了人口老龄化社会。据有关专家预测，到2050年我国65岁以上老年人口将达到3.2亿以上，约占我国总人口的1/5，占世界老年人口的1/4。与此同时，我国老年人口中的高龄化趋势也日益明显，预计到2040年80岁以上人口将达到0.56亿。从全球来看，人口老龄化是必然趋势，而且也是社会进步和文明的表现。我国人口老龄化是计划生育政策的直接结果，因而具有老龄化进程快、区域差异明显以及人口老化与综合国力不相适应等特点。目前，世界上进入老龄社会的国家的人均GDP至少在1万美元以上,而我国只有1000美元左右。这就是说,我国不得不面对"未富先老"的现实,而"未富先老"会直接带来两大社会问题:一是对老年人的赡养问题,二是对老年人的医疗保健问题。这两个问题如果解决得不好,均将影响社会的稳定发展。

由于独生子女独立成立家庭,大部分老年家庭处于"空巢状态",老人,尤其是生活在大、中城市的老人们,希望由社会福利机构集中收养的志愿日趋强烈。但是,我国目前社会福利机构的数量还难以满足老年人的需要。民政部发布的2014年社会服务发展统计公报显示,全国共有各类养老服务机构和设施94110个,拥有床位577.8万张,比上年增长17.0%,其中社区留宿和日间照料床位187.5万张。年末收留抚养老年人318.4万人,比上年增长4.2%。全国共有老龄事业单位2558个,老年法律援助中心2.1万个,老年维权协调组织8.0万个,老年学校5.4万个,在老年学校学习人员733.1万人,各类老年活动室34.9万个。这与我国超过2亿的老年人口相比,集中收养的人数不足2%。在发达国家,老年人的集中收养率一般达到5%~7%。另外,我国养老基金也严重不足。这是由于退休人员快速增加和待遇水平不断提高等原因造成的,致使许多地区当期收支缺口逐年扩大。再有,农村老人赡养模式也在发生变化。尽管"反哺式"的家庭养老模式目前仍广泛存在于大多数农村地区,但随着大量青壮年人口向城市流动、转移,这一传统养老模式正在日益面临严峻挑战。

一个社会的老年人越多,其患病的可能性及由此产生的医疗服务需求就越高。据国家卫生部门2013年一项调查表明:在调查地区,我国城市65岁以上的老年人两周患病率为58.1%,而城市总人口患病率为22.2%,老年人口患病率为总人口患病率的2.62倍。同样,农村老年人的患病率约为39.8%,农村总人口的患病率为17.7%,老年人患病率是总人口患病率的2.25倍。由此推知,老年人的医疗费用开支也会数倍于普通人口。但是,我国医疗保健系统尚未覆盖全国,尤其在农村地区,老年人享有社会医疗保健的比例更低。因此,未来一段时期,我国城乡各地都会面临相对于老年人群而言的相对匮乏的卫生资源所产生的巨大社会压力。

第五,人口流动对人口管理提出的新挑战。

随着我国人口城市化速度的不断加快,我国正在形成流动人口的高峰。据2010年第六次人口普查的结果显示,我国居住地与户口登记地所在的乡镇街道不一致且离开户口登记地半年以上的人口为26139万人,其中市辖区内人户分离的人口为3996万人,不包括市辖区内人户分离的人口为22143万人。在今后相当长的一段时期内,流动人口的规模将进一步扩大。统计资料显示,在流动人口中,15岁至30岁的人员大约占同年龄组的70%,35岁以下的大约占80%。

这说明，流动人口的主体是处在生育旺盛期的育龄人口。

流动人口规模扩大所造成的社会问题主要体现在以下两方面：一是流动人口成为计划生育管理上的一个漏洞。统计表明，中国目前的违法生育主要发生在流动人口中，约占计划外生育总量的50%。另外，由于管理上的疏漏和规章上的缺陷，导致流动人口比较容易进行胎儿性别鉴定和选择性人工终止妊娠，已成为直接影响出生人口性别比升高的重要原因之一。二是流动人口的合法权益未得到有效保护。由于长期以来的城乡二元体制，很多行政管理部门忽视了对流动人口特别是农村流动人口合法权益的保护。流动人口在现居住地基本属于弱势群体，他们面临着比同龄常住人口更多、更复杂的性与生殖健康风险。流动人口中常见病发病率及婴儿死亡率、孕产妇死亡率要高于城市人口，但政府相关部门的服务很少延伸和覆盖到这部分人。

第六，国家人口发展不平衡问题严重。

我国的人口发展在人口素质、出生率等方面存在很多的不平衡现象，主要表现为城乡不平衡和东西部地区不平衡。我国城镇人口出生率较农村为低，城市居民大多能做到一对夫妇只生一个孩子，而在农村，特别是贫困地区农村，一对夫妇违规生育三胎、四胎的现象极为普遍。在人口素质方面，我国城镇人口的素质普遍高于农村人口。例如，根据2010年的统计，我国每10万人口中，大专及以上文化程度人口的平均数为8930人，其中，城镇地区每10万人口中"大专及以上"文化程度人口的平均数为8899人，而乡村地区该指标仅为492人。

就东西部地区观察，这种人口发展不平衡问题也很严重。东部发达地区的人口出生率远低于西部欠发达地区，这主要是由西部地区家庭超生现象较东部地区普遍这一原因造成。东部地区经济的高增长和生活的快节奏也带来了生育观念的适应性更新，人们的价值取向已经从传宗接代向自我发展递进。在北京、上海等地区，甚至出现人口负增长现象。人口出生率差异导致东西部地区在人口素质及人口受教育水平上产生明显差异。例如，2010年我国总人口文盲率已经下降到了4%左右，但不同地区间的文盲率指标存在显著差异：华北、东北、东部、东南、华南地区的文盲率较低，绝大多数省份都在5%以下，但西南、西部、西北地区的文盲率较高，其中青海、甘肃、宁夏、贵州、云南的文盲率都在10%以上，分别为16.68%、17.77%、10.09%、14.58%、13.29%。[①]

上述人口发展不平衡态势势必会引发新的社会问题：在落后地区的农村，教育基础薄弱，人们生活贫困，新增人口很难受到良好的教育；而这些落后地

---

① 本书第十章对于这个问题进行了全面的分析。

区人口增长速度过快,容易陷入"越穷越生、越生越穷"的恶性循环,进而影响我国人口整体素质的提高。同样,人口发展不平衡也不利于缩小城乡差距、区域差距,实际上这种差距已经严重影响了我国经济的协调发展和可持续发展。

第七,婴儿性别比失衡导致婚龄人口积压现象将逐渐凸现。

出生婴儿性别比反映的是婴儿出生时男婴与女婴数量上的比例关系,通常表示为平均每100个活产女婴所对应的活产男婴的数量。按照国际上长期的观察,正常的出生婴儿性别比比较稳定,一般在103~107之间。我国新生人口性别比自20世纪80年代初露偏高的端倪,新生婴儿性别比一直处于逐渐上升状态。该比值从1981年的108.5上升到1989年的113.8、1995年的115.8和2000年的116.86,严重偏离了正常值域。2003年人口变动抽样调查又显示,4岁以下男女平均性别比出现了惊人的畸高现象,为121.22:100;2010年第六次人口普查时略有下降,为118.06;到2013年有所改善,男女平均性别比降为117.6:100。2015年,男女平均性别比为113.51:100,进一步有所改善,但性别比依旧偏高。此外,我国出生婴儿性别比失衡还具有两个显著特点:一是该比例偏高问题主要集中在农村,2010年第六次人口普查显示我国城市出生婴儿性别比为114.1,而在农村的镇与乡,则分别为118.6和119.1。二是胎次越高,出生婴儿的性别比越不正常(见表9-1)。从表中的数据不难看出,第一胎出生的婴儿性别比一般比较正常,从第二胎开始,出生婴儿性别比猛然升高,第三胎及以上的出生婴儿性别比则更高。

表9-1 分胎次统计的出生婴儿性别比

统计年份	总计	一胎	二胎	三胎及以上
1990年人口普查	113.3	105.2	121.0	127.0
1995年全国1%人口抽样调查	115.6	106.4	141.0	154.3
2000年人口普查	116.9	107.1	151.9	159.4
2005年全国1%人口抽样调查	120.5	108.4	143.2	143.7
2010年人口普查	118.1	113.7	130.3	150.6

资料来源:根据全国人口普查公报和人口抽样调查公报的相关数据整理得出。

造成我国出生婴儿性别比偏高的原因在于传统习俗形成的性别不平等以及计划生育政策与传统生育观念的冲突。随着计划生育政策的深入实施,每对夫妇只允许生一个孩子,而许多育龄夫妇则仍受传统的姓氏传承文化影响和重男轻女观念影响,他们往往更期望生育男婴。为此,出于躲避强制性计划生育所实施的惩罚,许多人在生育过程中利用超声波扫描仪等先进仪器人为地进行性别选择,造成大量女婴的"消失"。此外,女性儿童在医疗保健、入院治疗等方面被忽视,甚至女婴被抛弃现象在我国各地均不少见,这也在一定程度上降低了女性儿童的存活率。出生婴儿性别比长期偏高必然造成婚姻年龄段男女两性人口的比例失调,产生婚姻挤压。婚姻年龄段男性人口的富余会导致男性婚姻竞争加剧,造成拐卖妇女、家庭不稳定等一系列人口现象发生,从而危害我国社会经济健康稳定的发展。

第三节 深化改革时期的人口政策

对世界主要发达国家人口状况变化的一般观察发现,在人均收入处于较低水平时,人均收入的提高会导致出现人口生育率迅速上升的现象;但是,伴随着经济发展和国民收入水平的继续提高,通过某个临界点,生育率就会出现明显下降的趋势;最后,在国民收入水平持续提高的情况下,人口生育率便会停留在某一较低水平上。因此,可以得出这样的结论,降低生育率的根本办法是发展经济、提高人民的收入水平和社会福利水平。

毫无疑问,中国是需要长期进行人口生育控制的国家。通过长期推行计划生育政策,我国政府在实践中摸索了许多切实可行的人口控制措施、技术、办法、手段等。当然,我国政府在人口控制过程中也一贯坚持了一个基本原则,即坚决排除人为提高死亡率或听凭人口死亡率提高的做法。不过,就以上分析看,我国深化改革时期的人口政策还需要进行优化、调整。为此,借鉴某些成功实行人口政策的国家的经验是有益的。在此基础上,这里将就我国未来人口政策调整有针对性地提出一些建议。

一、关于人口控制的国际经验

在亚洲国家中,新加坡、印度与日本属于目前存在人口增殖压力的国家,这些国家也一直在推行各自的具有特色的人口政策,某些实施效果值得关注。尽管中国与这几个国家的国情不尽相同,但这些国家在制定人口政策过程中所取得的经验和教训是值得我国政府参考与借鉴的。

1. 新加坡

新加坡20世纪60年代以来陆续出台的一系列人口政策主要包括两个方面的内容:一是控制人口数量的增长,防止"人口爆炸";二是提高人口素质,避免出现"人口逆淘汰"。

第九章 深化改革时期的人口政策与就业政策

第二次世界大战结束后,新加坡人口死亡率迅速下降,外部移民大量涌入,致使该国的人口数量快速增长,1947—1957 年间其人口增长率约为 4.4%。人口规模迅速扩张给新加坡带来了就业、住房、公共卫生、医疗服务、教育等一系列社会问题。为了缓解迅猛增长的人口与国土面积狭小之间日益突出的矛盾,新加坡政府从 1965 年开始制定了一系列旨在控制人口增长率的政策。其政策核心内容涉及四个方面:(1)政府通过舆论宣传,号召国民建立小家庭,并提倡晚婚晚育。(2)政府通过灵活的税收政策,引导民众的生育行为。例如,有关税法规定,对 3 个子女以上的家庭征收高额所得税,超过 4 个孩子的家庭不能享受所得税减额优待;相反,少子女家庭则可以获得某些减免所得税的优待。(3)实施多项奖励措施。例如,鼓励公务人员做绝育手术,凡公务人员做绝育手术的,均可获得 7 天全薪产假;3 个孩子以上的产妇通常不能获得带薪产假,但其若在产后自愿接受绝育手术,则可以获得带薪产假;此外,对少子女家庭的子女入小学还给予选择学校的优待等。(4)关注妇女的生殖健康。政府向已婚妇女提供家庭生育计划和门诊服务,通过提高妇女对节育知识的了解来保障妇女的权益和减少非计划怀孕。通过这些政策,新加坡人口出生率明显下降,从 1960 年的每名妇女平均生育 6 个孩子下降到 1990 年的平均生育 1.9 个孩子,该值在 1992 年降低到 1.8 个,低于理论上的人口替代值(2.1 个)。

在一个国家里,如果受教育程度高的家庭生育子女数量明显少于受教育程度低的家庭,最终会导致该国整体人口素质的不断下降。这种现象被称为"人口逆淘汰"现象,主要发生在某些发达国家。为了不断提高人口素质,避免发生这类现象,新加坡政府于 1984 年提出了一项旨在鼓励受过高等教育的妇女多生育子女的新人口政策。该政策主要内容包括:允许并提倡具有高等教育文化程度的夫妇一生生育 3 个或 3 个以上子女,规定这些子女在一年级新生入学报名中享有优先权,有优先进入重点学校的权利。同时,对于那些没有接受过高等教育的妇女,则鼓励她们减少生育。例如,国家政策规定育龄妇女可以生育 3 胎,但是如果低教育水平的妇女在不到 30 岁时就生育了 1 到 2 胎,政府希望通过颁布绝育奖的办法鼓励她们采取绝育措施。当然,如果政府发现她们以后再生育子女,则不仅要索回已发奖金,还要按照 1% 的复利年息进行惩罚。尽管社会各界对这一政策的公正性存在较多争议,但实施这一政策的效果表明,新加坡各类妇女的生育率基本被维持在大体相同的水平上,估计可以避免出现"人口逆淘汰"现象。

2. 印度

印度的人口政策始于 20 世纪 50 年代,同我国人口政策的演变相似,该国人口政策的发展也经历了一段曲折的不断摸索的过程。为了更为有效地控制人口生育，印度政府于2000年制订了其历史上第一个涉及人口发展的纲领性文件《国家人口政策》，该文件本着"以人为本"的原则，对以往以单一节育为目标政策进行了调整，提出对国家人口发展实行综合治理的观念。

根据这份文件，印度联邦政府逐渐对有关政府部门主持的计划生育工作，全国范围的，尤其是农村地区的医疗基础设施改造工作，以及培训计划生育人员和专业卫生人员的工作等，给予更多的财政支持。新政策强调指出，国家应该通过协调、调整、整合各种社会相关因素来改变人们的生育动机、生育行为，最终达到国家控制人口增长的宏观目标。印度人口控制政策的基本特点是，它不单纯强调避孕、节育活动，也没有直接提出任何强制性控制措施，而是希望通过扩大妇幼保健范围、提高保健质量、降低婴儿死亡率、改善基础设施和卫生设备等方法以及通过增加妇女受教育和就业机会来提高妇女的社会地位等途径，最终改变国民的生育观念和生育模式。

3. 日本

作为世界上人口密度最大的国家之一，日本政府在20世纪就较早地制定了人口政策。其政策重点是：在法律上放宽对人工流产的限制，健全和普及家庭生育计划，鼓励社会各界注重人口质量的提高，重视人口控制方面的宣传教育活动。日本实施的人口政策取得了显著效果，战后10年内该国的总和生育率便从4.5降到2.1。此后，日本经济迅速发展，促进了国民生活水平持续提高。与此同时，日本国民的生育观念也发生了适应性变化，控制生育数量逐渐成为日本民众的自愿选择。最近十几年里，日本的总和生育率一直控制在较低水平，1998年为1.39，2002年又降至1.32。[1]

应该注意到，20世纪70年代的日本，其人口年龄结构发生了急剧变化，形成人口抚养系数较低的特点。[2]相比较而言，90年代后的我国也出现了与之大体相似的人口年龄结构（见表9-2）。因此，借鉴日本在这一时期的人口和就业政策，就显得意义较大。这种人口结构对社会经济发展来说，利弊兼有：有利的是它在相当程度上减轻了国民与国家的抚养负担。据计算，日本1950年至1970年间，劳动年龄人口剧增2197万，而同期被抚养人口却净减少138万，这就从整体上减轻了人们的抚养负担。但是，不利的是这种人口年龄结构必然导致国内就业压力较大，给政府解决失业问题带来更多的困难。不过，日本政府及时地实施了积极的就业促进政策，充分地利用了这一时期的人口优势，最终实现了经济的高速增长。日本的经验说明，在上述人口结构下，只要制定适

---

[1] 新华网. 日本人口出生率创新低[EB/OL]. http://www.xinhuanet.com，2003-06-06.
[2] 1970年，日本的抚养系数为45.1%，而同期的10个发达国家和发展中国家的平均值分别为57.9%和90.4%。

宜的就业政策，还是有可能获得"人口红利"的。

表 9-2 人口年龄结构表

	0~14 岁（%）	15~64 岁（%）	65 岁及以上（%）
1991 年发达国家组	19.1	66.5	14.5
1991 年发展中国家组	40.0	55.9	4.0
1970 年日本	24.0	68.9	7.1
1990 年中国	27.56	67.5	5.68
2000 年中国	22.78	70.25	6.96
2010 年中国	16.61	74.52	8.87
2015 年中国	16.52	72.98	10.5

资料来源：根据 2016 年中国人口统计年鉴和 2010 年人口普查数据等整理得出。

当然，自 20 世纪末开始，日本人口出生率的持续下降以及人均寿命的延长又给日本带来了新的人口问题。目前，日本妇女平均生育子女数为 1.4 个，且有相当多的育龄妇女拒绝生育孩子。前些年，日本厚生省的一份报告指出：在拒绝接受任何移民的情况下，如果按照这个速率发展下去，3000 年时的日本人就会仅仅剩下 500 人，而到 3050 年则只剩下 1 个日本人。这样，日本与其他一些欧洲国家实际上已经进入了所谓的"人口爆裂"状态。[①]预计到 2050 年，日本 65 岁以上的老年人将占人口总数的 30%~40%，而 15 岁以下的人口仅占 10%左右，届时，日本的平均年龄将达到 53 岁。面对未来人口结构失衡和严重的老龄化社会的压力，日本政府目前已出台了鼓励国民生育的政策，如通过减税和增加产假等措施，刺激人们为纠正国家的人口结构失衡而做出努力。

二、深化改革时期的人口政策调整

如上所述，经过三十多年的计划生育实践，中国人口再生产类型已进入"低出生、低死亡、低增长"的"三低"阶段。但是，在当前中国特色的社会主义市场经济体制这一特殊的历史背景下，庞大的人口基数仍与经济发展不相协调，以往计划生育政策导致了我国的特殊人口问题，因而深化改革时期调整人口政

---

① 相对于发展中国家"人口爆炸"而言的"人口爆裂"，是指某些国家因为人口出生率偏低，处于没有足够儿童来替代现有人口的状态。在欧洲、北美、日本等发达国家，人口出生率不足 2%，自然增长率低于 1%，某些国家的目前人口出生率仅仅能够维持现有的人口规模。按照人口统计显示，在其他不变情况下，一个国家要保持稳定，其妇女就必须平均生育 2 个孩子。但是，许多发达国家的妇女平均生育数实际上低于这个水平。西班牙妇女平均生育子女数为 1.15 个，为世界最低；英国也降低到 1.7 个，且有 1/4 妇女拒绝生育。联合国专家对一些国家人口形势所做的预测并不客观，例如，到 2050 年，俄罗斯人口会减少 2500 万，日本减少 2100 万，意大利减少 1600 万，德国、西班牙则会减少 900 万，英国减少 200 万；最具灾难性的是爱沙尼亚，该国人口将减少 1/3。美国宾夕法尼亚大学教授普雷斯顿的预测指出，到 2060 年，欧洲人口会减少 24%。

策势在必行。2015年12月31日,我国政府公布了《关于实施全面两孩政策改革完善计划生育服务管理的决定》(简称《决定》)。该《决定》指出,到2020年,计划生育服务管理制度和家庭发展支持体系较为完善,政府依法履行职责、社会广泛参与、群众诚信自律的多元共治格局基本形成,计划生育治理能力全面提高;覆盖城乡、布局合理、功能完备、便捷高效的妇幼保健计划生育服务体系更加完善,基本实现人人享有计划生育优质服务,推动联合国2030年可持续发展议程的落实;保持适度生育水平,人口总量控制在规划目标之内。因此,在经济深化改革时期,我国政府和全体人民遵循新的政策原则并采取更有效的政策工具来实现这些目标。

1. 深化改革时期制定人口政策的原则

该《决定》坚持计划生育基本国策,统筹推进生育政策、服务管理制度、家庭发展支持体系和治理机制综合改革,努力实现规模适度、素质较高、结构优化、分布合理的人口均衡发展,促进人口与经济社会、资源环境协调可持续发展。具体来说这主要表现在以下几个方面。

第一,以人为本。尊重家庭在计划生育中的主体地位,坚持权利与义务对等,寓管理于服务之中,引导群众负责任、有计划地生育。在以往较长时期的计划生育工作中,由于各级政府官员片面地强调人口生育数量的控制,使得经济社会为此付出了极高的代价,如干群关系紧张问题、人口统计数据掺水问题、出生婴儿性别比偏高问题等。因此,未来的计划生育政策必须从"以数为本"的工作原则逐步转向"以人为本"的工作原则。但是,工作原则的转换并不意味着各级政府可以不再关注人们的生育数量,而是要求政府要在更宽泛的视野上考虑如何慎重协调国民生育与社会经济可持续发展的关系。无论如何,在未来的人口发展中,我国要推行更具人性化的人口政策,以此最大限度地减少在人口控制方面可能发生的社会矛盾,特别是要避免以牺牲人权为代价来实现人口控制目标。

第二,创新发展。推动人口和计划生育工作由控制人口数量为主向调控总量、提升素质和优化结构并举转变,由以管理为主向更加注重服务家庭转变,由主要依靠政府力量向政府、社会和公民多元共治转变。美国经济学家西奥多·W. 舒尔茨说过:"人类的未来并不完全取决于空间、能源和耕地,而是取决于人类智慧的开发……"①由此看来,人口问题归根结底是人的发展问题,要实现人的全面发展,提升个人的实质性自由,也就是提高人口的素质。在我国,只有不断提高人口素质,才能将沉重的人口负担、丰富的人力资源转化为

---

① [美]西奥多·W. 舒尔茨. 论人力资本投资[M]. 北京:经济学院出版社,1990:42.

巨大的人力资本，进而提升经济增长中的综合要素生产率的贡献率。最终在人力资本与综合国力相互促进的基础上，保持社会经济可持续发展和国民福利的持续改善。

第三，法治引领。充分发挥立法对完善生育政策和服务管理改革的引领、规范、保障作用，坚持严格、规范、公正、文明执法，不断提高计划生育法治水平。尽管我国目前已进入了低生育水平国家的行列，但是必须注意到，我国目前的低生育水平主要是靠强有力的行政手段取得的，并不完全是社会经济发展导致的国民生育观念转变的结果。因此，必须继续做好计划生育工作，发挥立法的引领作用；大力宣传计划生育取得的伟大成就，做好实施全面两孩政策解读；加强人口基本国情和计划生育基本国策教育，不断增强全社会的国情和国策意识；总结推广计划生育服务管理改革的好经验、好做法，表彰先进典型；正确引导社会舆论，营造支持政策落实和改革创新的良好氛围。

第四，统筹推进。注重改革措施的系统性、整体性、协同性，做到调整完善生育政策与服务管理改革同步推进以及配套政策措施同步制定。人口控制目标的实现以及人口政策的制定须从社会、经济、文化等多维角度入手进行制度整合。这意味着中国目前的人口政策不能继续就人口论人口，也不能就计划生育论计划生育，而要把人口问题放在经济和社会发展的全局中加以考虑，把解决人口问题的政策整合到社会发展的各项政策中去。这就要求改革完善计划生育服务管理，完善生育登记服务制度，做好相关经济社会政策与全面两孩政策的有效衔接。同时，做好优生优育的全程服务，注重家庭发展，综合治理出生人口性别比偏高问题。

2. 关于深化改革时期人口政策调整的有关建议

根据以上人口政策制定原则和深化改革时期我国的现实情况，未来人口政策的调整，该政策与相关经济、社会政策的协调，应该注意以下问题。

第一，改革目前的城乡二元体制，逐步建立统一的人口政策。就我国深化改革时期的特殊国情看，制度、体制改革的重要性远远超过政策调整与组织重构的重要性，因为实践说明，只有在对重大制度、体制进行了系统性改革并且这种改革基本到位的情况下，政策调整与组织重构才能被落到实处。比如说，原先计划经济时代我国所实施的以城乡分割为特点的二元体制，已经与目前社会、经济、人口发展要求不相适应；那么，只有在改革这种城乡二元体制基础上，逐步建立统一的人口政策才与目前的经济与社会的发展相协调，而统一的人口政策才能符合深化改革时期国家人口发展的要求。以统一的人口与生育政策替代原先的城乡分治政策，一方面，可以避免产生人口素质逆淘汰现象；另一方面，如果与改革城乡分割的户籍制度和就业制度相结合，把（曾因城乡有别的严格户籍制度而长期被剥夺的)"迁徙权"和"择业选择权"等基本人权赋予广大农村人口,则将有助于加快我国城市化进程,后者对控制人口发展规模具有重要意义。

第二,持续加大公共教育投入,全面提高人口素质。针对我国目前人力资本状况不适应经济发展的现实,各级政府应该努力做好以下两方面的工作:一是从优生、优育入手,努力改善出生人口的素质。改善出生人口素质是全面提高人口素质的前提,为此就要高度重视新生人口的出生缺陷或残疾问题。这就要通过加强生育指导工作和提高对孕期妇女的医疗保健水平等措施来降低残缺婴儿的出生率。二是在增加政府财政对公共教育支出的同时,鼓励社会各方面力量支持教育事业的发展。各级政府要坚持教育资源的平等分配,注意提高女童的受教育水平、保障女性获得与男性同等的受教育权利。此外,各类教育机构要加强教育管理体制的改革,努力提高有限教育资源的使用效率。

第三,随着我国市场经济体制的逐步确立,人们要求在政策设计上体现更多的人文关怀,用文化的、教育的、心理的、道德的(尤其是经济的)机制和手段去影响和制约人们的生育行为、生育动机,使少生、优生成为人们自由选择的结果。实践说明,推行合意的生育政策需要一定的社会经济政策与之配套。这些社会经济政策,既要起到利益导向、激励作用,还要发挥利益补偿、利益分享作用。目前,在我国农村推行计划生育工作之所以存在许多困难,其中一个重要原因就在于某些主动实行计划生育的家庭,其付出与回报不成比例,导致这些家庭在可预见的未来生产、生活中面临着诸多困难。这就要求政府在今后人口政策调整工作中,注重完善计划生育政策的利益导向机制。具体来说,就是加紧建立并完善完善计划生育家庭奖励扶助制度和特别扶助制度,实行扶助标准动态调整。帮扶存在特殊困难的计划生育家庭,妥善解决他们的生活照料、养老保障、大病治疗和精神慰藉等问题。对政策调整前的独生子女家庭和农村计划生育双女家庭,继续实行现行各项奖励扶助政策,在社会保障、集体收益分配、就业创业、新农村建设等方面予以倾斜。

第四,建立完善的社会养老保障制度以适应人口老龄化的发展。最近几年我国在人口经济方面逐渐呈现出一种"未富先老"的现象,迫使我国必须抓住未来20年人口抚养负担轻、劳动力资源丰富的有利时机,建立起完善的社会养老保障制度体系,以确保平稳度过未来的老龄化阶段。为此,政府要努力从目前较低的社会总抚养比中获得某种"人口红利",以应对老龄化后期社会抚养比转而上升的"人口负债"期的需要。在人口老龄化社会中,"老有所养"的问题是人们所不能回避的,只有完善的社会养老保障制度才能替代传统社会的孩子养老的功能,从而使人们消除后顾之忧。换言之,完善的社会养老保障制度有助于降低孩子对成年人或家庭的边际效用,从而使广大社会成员易于接受以计划生育为核心内容的人口政策。

具体而言,政府在有关政策制定上要注意以下几点:(1)扩大养老保障覆盖面,逐步拆除城乡"二元养老保障"的体制屏障,建立把广大农民包括在内的社会养老保障制度体系。(2)提高养老保障水平,随着经济的发展和人均收入的增加,适当提高养老金,防止老年贫困化。(3)完善法律保障,保障养老金按时足额发放。社会养老保障同其他社会保障一样,是带有强制性的保障,要在政府主持和监督下实施。与此同时,也应发挥市场机制的作用,资金筹措渠道、管理方式和养老金发放等都要尽可能地借助市场机制。(4)在使老年人获得经济保障之外,还应倡导"积极老龄化"①战略,提高老年人的生活质量和生活水平。

第五,保障流动人口的合法权益,完善对流动人口的计划生育管理和服务。目前,我国流动人口计划生育工作的突出问题表现为,长期施行的防范型管理对流动性育龄妇女的生殖健康服务很难到位,而这种服务缺失的一个重要原因是缺少对维护流动人口合法权益的正确认识,因此缺少为提供此类服务活动而积极寻找有效措施的动机。这种状况急需改变,即要求各级政府在对流动人口计划生育进行管理和服务方面逐步实现从防范型管理方式向服务型管理方式的转变。例如,通过规范管理使流动人口享受市民待遇,获得完善的计划生育指导与相关服务。当然,这需要各级政府在制定地方性流动人口管理政策时坚持以人为本、公平对待、合理引导、完善管理、优化服务等原则。可以设想,如果能够做到切实保障流动人口的合法权益,大部分流动人口会逐渐提高他们自身执行计划生育基本国策的自觉性。

第六,大力提升计划生育服务管理水平。对此,应当加强妇幼健康计划生育服务,推进优生优育全程服务,落实孕前优生健康检查,加强孕产期保健服务和出生缺陷综合防治,提高出生人口素质;向不孕不育等生育困难人员提供必要的辅助生殖技术服务,推进妇幼保健计划生育服务机构标准化建设和规范化管理,加强孕产妇与新生儿危急重症救治能力建设;加快产科和儿科医师、助产士及护士人才培养,合理确定服务价格,在薪酬分配等方面加大政策倾斜力度;全面推进知情选择工作,向育龄人群提供安全、有效、适宜的避孕节育服务,提高服务的公平性和可及性;加强基础研究和科技创新,开发推广避孕节育、优生优育、生殖保健的新技术、新产品;推进流动人口基本公共卫生计生服务均等化,按照常住人口配置服务资源,将流动人口纳入城镇基本公共卫

---

① 1997年6月召开的西方七国首脑丹佛会议提出了积极老龄化(active aging)的主张。其基本内容是通过各种方式为老年人参与社会创造条件,以期老年人能更好地适应老龄化社会的发展变化。

生和计划生育服务范围，巩固完善流动人口信息互通、服务互补、管理互动的全国"一盘棋"工作机制；推进网上信息核查和共享，做好流动人口在居住地的生育登记服务。广泛开展生殖健康科普宣传，增强流动人口等人群自我保健意识和防护能力，关怀关爱流动人口和留守人群，促进社会融合。

第七，加大对西部和贫困地区的扶贫力度，在促进这些地区经济发展的同时，推动其计划生育工作。经济发展是生育水平降低和人口素质提高的前提与基础，中国国民在生育率水平及人口素质上反映出来的区域性不均衡之最根本原因是地区间经济发展水平的不均衡。许多经济发达国家的经验说明，随着生活质量的提高以及人们对自我价值的追求，对生育的自愿控制将逐步取代政策控制，从而成为降低生育率的原因。这就是为什么不同国家会出现下述那种共同的人口现象，即在国民的收入水平超出一定"阈值"——经验数据显示，人均国民收入须超过1000美元，其收入水平的继续提高就会自动地促使生育率下降。据此看来，增加中、西部地区及其他贫困地区居民的经济收入，使其尽快接近或达到制约生育率下降的"阈值"，是有效降低这些贫困地区人口出生率的关键。目前，中央政府正在落实西部大开发战略，不仅成为中西部地区经济腾飞的绝佳时机，而且也为这些地区更好地开展计划生育工作——以减低生育率为重点——提供了机遇。可以预见，在加快中西部地区经济开发过程中，通过持续开展扶贫工作，加大脱贫力度，这些地方的贫困居民会尽快摆脱"越穷越生，越生越穷"的恶性贫困陷阱。与此同时，只要各级政府对这些地区的贫困居民在计划生育方面给予必要的指导与技术援助，贫困地区的计划生育工作还是可以顺利推行下去的。

第八，加大对新型生育文化的宣传，改善人们的生育观念。生育观念的转变是实现人口良性循环的关键，而生育文化对生育观念的转变则有举足轻重的作用。在传统生育文化中，"传宗接代""多子多福""养儿防老""重男轻女"等旧式观念占据了统治地位，甚至成为一部分国民的意识形态，它对家庭人口数量控制，进而对国家整体地降低生育水平，无疑起着严重的阻碍作用。因此，政府必须长期坚持推广以"晚婚晚育、少生优生、生男生女一样"为主体内容的健康的文明的新型生育文化，从而逐渐促使国民的生育观念发生转变。新型的生育文化将影响人们的生育观念，促进国民更加理性地对待生育行为，进而自愿、自觉地服从计划生育这一公共政策的各项规定，最终实现使全民族受益的那些经济、社会目标。当然，要从根本上改变传统的生育观念绝不是一朝一夕能够做到的事情，除了利用电影、电视、广播、文艺节目、报纸等各种媒体大力宣传新型生育文化以外，更重要的是，还须依靠经济发展提高国民的生活水平和文化素质以及在社会、政治、经济生活中真正落实体现男女平等的各项政策的协同作用。如果说我国目前推行的人口控制政策还带有某种强制性的话，那么未来通过转变生育观念而实现的国民自觉降低生育意愿的人口控制方式，则完全属于人的自觉行为，是个人不断拓展自己享有真实自由的过程，是（作为社会的）人进行成本—效益理性分析的结果，是可持续发展观念深入人心的最重要体现。

第四节　我国劳动就业制度的演进

所谓劳动就业，简言之，就是（使劳动者的）劳动力与生产资料相结合并在生产对社会有价值产品的同时给劳动者带来经济收入的过程。在生产分工与专业化程度达到如此高度的当今社会，劳动就业不仅是个人赖以生存的前提，而且是个人融入社会关系总和并成为社会人以及据此保障人的本质特征随着人类社会整体进步而不断升华的基本条件。可见，劳动就业，既有其经济价值，又有其社会价值。另外，劳动就业还意味着劳动者有工作可做，而工作除了作为个人生存、融入社会、实现自我和为后代带来希望的手段外，社会成员平等地获得工作权利也是国家和社会稳定的关键因素。鉴于劳动就业的重要性，发达国家通常把国内就业政策视为各项社会、经济政策中的第一政策，把实现"充分就业"作为政府各项工作的重心，成为宏观经济调控的首要目标，其他目标则是物价稳定、经济增长和国际收支平衡。

我国在中华人民共和国成立以来的 30 年里，长期推行了"低工资、高就业"的政策，虽然维持了一种"社会主义没有失业"的状态，但是这种状态导致经济效率的大量损失。随着经济体制改革的逐步推进，特别是 20 世纪 90 年代以来，原有计划经济体制的就业政策掩盖的各种弊端逐渐暴露出来，国有企业职工下岗、城镇劳动力失业和农村劳动力转移给社会带来的就业压力日益突出，就业问题已成为社会各界关注的焦点。2002 年 9 月，中共中央、国务院召开全国再就业工作会议，首次提出实行"积极的就业政策"。十六大明确提出要把"充分就业"作为政府宏观调控的四大目标之一，2007 年十七大指出了实施扩大就业的发展战略，促进以创业带动就业。2012 年十八大报告提出，推动实现更高质量的就业，这是在新时期下对就业的更高层次的要求。这一新的理念的提出，充分地反映了加快转变经济发展方式对就业工作提出的新要求，顺应了人民过上更好生活的新期待，对于推动经济发展、保障和改善民生、构建社会主义和谐社会具有十分重要的意义。2013 年政府还专门发布《关于做好 2013

年全国普通高等学校毕业生就业工作的通知》，鼓励毕业生自主创业以及为创业等做好积极准备。2016年政府工作报告指出，着力扩大就业创业。实施更加积极的就业政策，鼓励以创业带动就业。换言之，作为世界上劳动力资源最为丰富的经济大国的我国，在市场经济体制改革过程中，政府努力逐步实现"没有失业"的社会、经济目标，具有比任何国家都更为重要的意义。

我国就业政策的演变过程与经济体制的变迁密切相关。计划经济时期的城镇就业制度以统包统配为主要特征；而改革开放以来，市场取向的经济体制改革则要求建立与之相适应的市场化就业制度。另外，由于具有显著的"二元经济"背景以及中华人民共和国成立后基于这一背景长期实行城乡隔离的就业政策，中国就业制度在城镇和农村又表现出不同的演变过程。本章以下内容在前面人口理论、人口政策研究的基础上，首先分析了中华人民共和国成立后就业制度的演变过程；然后分析现行就业制度存在的问题；最后阐释我国深化改革时期的就业政策。

一、中国城镇就业政策的演进

以1978年党的十一届三中全会为标志，中国城镇劳动就业制度的演进可以划分为两个完全不同的阶段：（1）1949—1978年期间，与计划经济相适应的统包统配劳动就业制度；（2）1978年至今，与市场经济相适应的，依劳动市场供求变化规律调节加政府宏观指导的劳动就业制度。

解放初期，面对严峻的政治经济形势和就业压力，政府为维护社会稳定，对国民党公职人员和官僚资本主义企业职工实行"包下来"的政策，分别予以录用。应该说，此项政策的推行对当时安定社会秩序、恢复和发展生产、巩固新生人民政权等都具有重要的意义。随后，"包下来"的政策逐步成为一种习惯性的制度，其适用范围扩大到中华人民共和国成立后培养出来的大中专院校毕业生和城镇复员转业军人。同时，随着整个国民经济工作开始由中央集中统一管理，劳动用工制度也开始由中央统一管理，各企事业单位的用人自主权逐步被削弱。事实上，这种劳动力统一调配的政策是与在当时的国际国内政治经济环境下所采取的优先发展重工业的工业化路线相适应的。中华人民共和国成立初期，面对严峻的国际国内形势，只有通过对劳动力的统一调配才能更好地集中人力、物力和财力从事大规模的重工业项目建设，保证重点建设单位的需要，走独立自主、自力更生之路。同时，这一政策在当时也起到了缓解就业压力、稳定社会秩序的作用。另一方面，劳动力统一调配的政策也限制了各单位的用人自主权。这样，从1949年到1978年，20世纪50年代"包下来"的政

第九章 深化改革时期的人口政策与就业政策

策和劳动力统一调配政策逐步发展成了"统包统配"的就业政策。

到计划经济年代末期,不合理的产业结构和所有制结构使我国劳动力的就业矛盾相当突出。为此,中共中央和国务院在1980年8月召开的全国劳动就业工作会议上提出了"三结合"的就业方针,即在国家统筹规划和指导下,实行劳动部门介绍就业、自愿组织起来就业和自谋职业相结合,从而突破了原有统包统配就业政策的框架。这在当时是就业工作指导思想上的一次重大转变,具有突破性的意义。

1982年后,随着国有企业改革的不断深化,就业制度的配套改革逐渐展开。在招工制度上,劳动人事部于1983年2月颁布了《关于招工考核择优录用的暂行规定》,允许全民所有制单位对新工人进行试用,并给予用人单位通过考核择优录用的权利。1986年,国务院发布《国营企业招用工人暂行规定》,进一步允许企业面向社会公开招考所需要的工人。这些政策的实施,打破了以往的"统包统配"框架,使企业拥有一定的招工自主权。

在用工制度上,劳动人事部在1983年2月发出的《关于积极试行劳动合同制的通知》中首先明确提出实行劳动合同制的用工形式。1986年7月,国务院又发布了《国营企业实行劳动合同制暂行规定》,进一步规定对新招收的工人统一实行劳动合同制用工形式。此后,为了进一步深化就业制度改革,解决既有的固定工制度和劳动合同制之间的矛盾,用工制度改革的重点放在了搞活固定工制度和进一步推广劳动合同制上。1992年2月,劳动部发出《关于扩大试行全员劳动合同制的通知》,提出试行全员劳动合同制的要求,范围包括企业干部、固定工人、劳动合同制工人及其他工人(包括统一分配的大、中专毕业生,城镇复员退伍军人和军队转业干部等)。同年7月,国务院颁布《全民所有制工业企业转换经营机制条例》,规定企业享有劳动用工、工资和资金分配自主权,但对企业到农村招工仍加以限制,并重申企业有义务按规定录用复员退伍军人、少数民族人员、妇女、残疾人以及刑满释放人员。[①]这说明,随着中国经济改革治理整顿期的结束,劳动就业制度的改革也从搞活固定工制度进一步发展到试行全员劳动合同制,即对新增工人和原有固定工实行统一的劳动合同制。

1993年11月,党的十四届三中全会提出了在国有企业中建立现代企业制度的改革目标。为适应国企改革的需要,劳动部于1993年12月发布了《关于建立社会主义市场经济时期劳动体制改革总体设想》,进一步明确提出推行全员劳动合同制的任务,并规定到"九五"期间全国各类企业的全部职工应统一实行劳动合同制。同时,《劳动法》于1994年7月正式颁布,进而从法律上明确

---

① 胡鞍钢等. 扩大就业与挑战失业——中国就业政策的评估(1949—2001年)[M]. 北京:中国劳动社会保障出版社,2002:60-61.

了劳动合同制度的地位和作用,在新的用工制度下保障了企业和职工的合法权益,极大地推动了劳动合同制的实施。1994年8月,中共中央组织部、国家人事部、国务院提出了《加快培育和发展我国人才市场的意见》,要求加快人才市场建设,逐步消除各种影响人才流动的限制和障碍,努力实现单位自主择人、个人自主择业和市场调节供求以及国家宏观调控的劳动力市场目标。1998年中央10号文件又提出了按照科学化、规范化、现代化的要求建设劳动力市场的目标,并确定要通过5年左右的时间建立与市场经济体制相适应的就业机制。

伴随着传统就业制度向市场化就业制度的转变,国有企业职工下岗问题越来越成为劳动就业工作的核心。1994年,国有企业失业人员达到180万,相当于前7年的总和,待岗人数三百多万;截至1994年底,国有企业从原岗位上分离出来的富余职工约1200万,占国有企业职工总数的12%[①]。针对这一严峻的就业形势,劳动部于1995年1月向国务院提交了《关于实施再就业工程的报告》。此后,再就业工程成为就业制度改革的重要组成部分。再就业工程主要围绕建立下岗失业人员生活保障体系和制定促进其再就业的扶持政策展开。1999年1月和9月,国务院分别发布了《失业保险条例》和《城市居民最低生活保障条例》,旨在"保障失业人员失业期间的基本生活,促进其就业"。2002年,又发布了《中共中央、国务院关于进一步做好下岗失业人员再就业工作的通知》,并同时制定了8个配套文件。这些文件进一步完善和落实了促进再就业的财政税收等方面的扶持政策,支持下岗失业人员自谋职业,鼓励服务型企业吸纳下岗失业人员,对就业困难对象实行再就业援助,鼓励国有大中型企业通过主辅分离和辅业改制来安置富余职工。2004年一号文件明确指出:小城镇建设要同壮大县域经济、发展乡镇企业、推进农业产业化经营、移民搬迁结合起来,引导更多的农民进入小城镇,逐步形成产业发展、人口聚集、市场扩大的良性互动机制,增强小城镇吸纳农村人口、带动农村发展的能力。2005年6月,温家宝同志在全国农村税费改革试点工作会议上的讲话明确指出:解决"三农"问题,从根本上讲确实需要推进城镇化。我们对提高城镇化的速度和水平应该有一个清醒的估计和判断。同年10月,十六届五中全会指出:坚持大中小城市和小城镇协调发展,提高城镇综合承载能力,按照循序渐进、节约土地、集约发展、合理布局的原则,积极稳妥地推进城镇化。2009年,又发布了《关于延长下岗失业人员再就业有关税收政策的通知》,具体包括对持《再就业优惠证》人员从事个体经营的,3年内按每户每年以8000元为限额依次扣减其当年实际应缴纳的营业税、城市维护建设税、教育费附加和个人所得税;对符合条件的企业在

---

① 胡鞍钢等. 扩大就业与挑战失业——中国就业政策的评估(1949—2001年)[M]. 北京:中国劳动社会保障出版社,2002:8.

新增加的岗位中当年新招用持《再就业优惠证》人员并与其签订 1 年以上期限劳动合同和缴纳社会保险费的，3 年内按实际招用人数予以定额依次扣减营业税、城市维护建设税、教育费附加和企业所得税。其定额标准为每人每年 4000 元，可上下浮动 20%。由各省、自治区、直辖市人民政府根据本地区实际情况在此幅度内确定具体定额标准，并报财政部和国家税务总局备案。2011 年起国家实施了新的支持和促进就业的税收优惠政策，进一步扩大了享受税收优惠政策的人员范围，对支持重点群体创业就业、促进社会和谐稳定和推动经济发展发挥了重要作用。2014 年，国家又发布了《关于继续实施支持和促进重点群体创业就业有关税收政策的通知》，继续实施支持和促进重点群体创业就业。2015 年，十八届五中全会指出："促进就业创业，坚持就业优先战略，实施更加积极的就业政策，完善创业扶持政策，加强对灵活就业、新就业形态的支持，提高技术工人待遇。"

通过上述措施，我国劳动力市场建设取得很大进展，以职业介绍、就业训练、创业扶持、失业保险等为主要职能的公共就业服务体系基本形成，与市场经济相适应的就业制度初步建立。

二、农村就业政策的演进

改革开放以前，农村劳动力通过户籍制度被限制在农村地区，政府制定的劳动就业政策通常不涉及广大农民，事实上，长期以来我国并没有直接针对农村特点的劳动就业政策。1949—1983 年期间，我国实行严格的城乡分治的户籍制度，农村劳动力的流动受到严格的限制，这种限制到改革开放初期都没有根本改变。1958 年，国家颁布了第一个限制城乡人口自由流动的法令——《中华人民共和国户口登记条例》，规定农民在没有特殊情况并经有关部门批准时，原则上不得把农业户口转为非农业户口，农民被限制在农村，从而确立了城乡隔离的就业制度，这一制度一直持续到 20 世纪 80 年代才有所松动。

1981 年以后，由于联产承包责任制的普遍推行，农业劳动力的剩余状况显现出来，但由于户籍制度和城镇用工制度的限制，大量农业剩余劳动力不可能流入城镇。为了将剩余劳动力转移到非农部门，中央制定了鼓励乡镇企业发展的政策，剩余劳动力开始向乡镇企业转移。20 世纪 80 年代中期，这种转移达到顶峰。

随着联产承包责任制的全面实施，农村剩余劳动力及其转移问题日益严重，政府无法继续回避，农村劳动就业政策也开始受到各级政府的关注。1984 年 10 月，国务院发布《关于农民进入集镇落户问题的通知》，允许满足一定条件的农民在集镇办理常住户口,口粮自理。这一户籍管理制度方面的初步变革使得农村劳动力跨地区流动成为可能。之后,政府又进一步出台了一些政策和措施,允许和鼓励农村劳动力的地区交流、城乡交流和贫困地区的劳务输出,使农村劳动力的转移和流动进入了一个较快增长时期。

1989年后,国家实行宏观经济紧缩政策,同时通过政策调整加强了对农民劳动力盲目流动的管理。不过,这次调整并未像计划经济时期那样实行"一刀切"式的清退农村劳动力的办法,而是在肯定农村劳动力流动、转移的社会经济意义基础上,于政策调整中保留了大部分允许农村劳动力自由流动的内容。1992年后,对农村劳动力流动、转移的管理工作进一步规范,政府有关部门从控制农村劳动力流动主动转向鼓励、引导农村劳动力实现在宏观指导下的有序流动。1997年6月,国务院批转公安部《关于小城镇户籍管理制度改革的试点方案》,允许满足一定条件的农村人口在小城镇办理常住户口。1998年8月,国务院批转公安部《关于当前户籍管理中几个突出问题的意见》,进一步放宽了农村人口进入城市的条件。同时,需要指出的是,在此期间,随着城市下岗职工的增加,实施再就业工程已成为各级政府的重要任务。在这一背景下,部分省市出台了一些限制农村劳动力进城及外来劳动力务工的歧视性规定和政策。

2000年10月,劳动和社会保障部、农业部等7部门发出通知,针对当时农村就业急需解决的突出矛盾和问题,提出开展城乡统筹就业试点的要求,在沿海和经济发达地区及部分具备条件的中西部地区,选择一些中小城市或县城,逐步建立统一、开放、竞争、有序、城乡一体化的劳动力市场,加快城市化进程。2001年3月30日,国务院批转公安部《关于推进小城镇户籍管理制度改革的意见》,对办理小城镇常住户口的人员,不再实行计划指标管理;经批准在小城镇落户的人员,在入学、参军、就业等方面与当地原有城镇居民享有同等权利,履行同等义务,不得对其实行歧视性政策。这是我国户籍制度的一次重大改革。这些措施显示了国家关于农村劳动力就业的政策取向:一是积极推进就业、保障、户籍、教育、小城镇建设等方面的配套改革,为劳动力的公平流动提供条件;二是赋予城乡统筹就业以新的含义,取消对农民进城就业的各种不合理的限制,逐步实现城乡劳动力市场一体化。

2001年3月,全国人大在《中华人民共和国国民经济和社会发展第十个五年计划纲要》中提出,要"打破城乡分割体制,逐步建立市场经济体制下的新型城乡关系,引导农村富余劳动力在城乡、地区间的有序流动"。2002年10月,中共十六大关于《全面建设小康社会,开创中国特色社会主义事业新局面》的报告指出,"农村富余劳动力向非农产业和城镇转移,是工业化和现代化的必然趋势……引导农村劳动力合理有序流动"。各地按中央的要求,清理对农民进城务工的不合理限制，取消对农民工的乱收费，改善了农民进城务工的环境。

2003年1月，国务院办公厅发布的《关于做好农民进城务工就业管理和服务工作的通知》提出，要"取消对农民进城务工就业的不合理限制""对农民工和城镇居民应一视同仁"。《关于做好农民进城务工就业管理和服务工作的通知》，是中华人民共和国成立以来第一次专门就促进农民进城务工下发的综合性文件。该《通知》要求各地要进一步提高做好农民进城务工就业管理和服务工作的认识，取消对农民工进城就业的行政审批和职业工种限制，改善农民工的生产生活条件，高度重视农民工的生产安全和职业病防治问题，多渠道安排农民工子女就学，加强对农民工的管理等。至此，农民工合法权益包括休息休假权、平等就业权、接受教育权、劳动报酬权等权益，其权益才算是较系统地确定了下来。2003年农民工维权成为社会广为关注的一个焦点问题。

2004年1月，中共中央国务院《关于促进农民增加收入若干政策的意见》表明，国家对农民工的认识发生了根本改变，农民工的身份有了客观界定，对农民工的作用评价趋于合理。该《意见》第四点"改善农民进城就业环境，增加外出务工收入"，专门就农民工问题提出了指导性意见。"进城就业的农民已经成为产业工人的重要组成部分""健全有关法律法规，依法保障进城就业农民的各项权益"。这是国家在政策层面上第一次承认农民工是工人阶级的组成部分，承认以往对农民工的歧视规定是不合理的，明确要求予以取消。这是关于农民工问题认识的重大战略转折，是解决农民工问题的迫切需要，对促进各地区、各部门、社会各阶层转变观念，对正确认识农民工，对采取切实措施改变观念、法律滞后的局面，对推动农民工各项权益的保障，都具有重大意义。

2005年，中共中央国务院《关于进一步加强农村工作提高农业综合生产能力若干政策的意见》发布，中央政策开始明确鼓励农民进城打工。2008年，中央一号文件提出"加快大中城市户籍制度改革，探索在城镇有稳定职业和固定居所的农民登记为城市居民的办法"。这成为迄今为止国家最为权威和全面的关于农民工权益保护的政策文件。

2009年《关于2009年促进农业稳定发展农民持续增收的若干意见》公布，该文件高度重视农村内需和外出农民工回流与就业问题，力图通过扩内需、保就业来保障农民持续增收。2012年2月国务院办公厅发布《关于积极稳妥推进户籍管理制度改革的通知》，要求各地区、各有关部门认真贯彻国家有关推进城镇化和户籍管理制度改革的决策部署，积极稳妥推进户籍管理制度改革，继续探索建立城乡统一的户口登记制度。2014年国务院发布《关于进一步推进户籍制度改革的意见》，明确提出要取消农业户口与非农业户口性质区分和由此衍生的蓝印户口等户口类型，统一登记为居民户口，并建立居住证制度。2015年《关于加大改革创新力度加快农业现代化建设的若干意见》指出，引导有技能、资金和管理经验的农民工返乡创业，落实定向减税和普遍性降费政策，降低创业成本和企业负担。优化中西部中小城市、小城镇产业发展环境，为农民就地就近转移就业创造条件。2016年《关于落实发展新理念加快农业现代化实现全面小康目标的若干意见》指出，要加快培育新型职业农民，将职业农民培育纳入国家教育培训发展规划，基本形成职业农民教育培训体系，把职业农民培养成建设现代农业的主导力量。

综上所述，改革开放以来，农村流动劳动力就业政策在改革中逐步推进，这一推进过程经历了一个由紧到松、从无序到规范有序、由歧视到公平的过程。

第五节　我国现阶段的就业状况与就业压力

从我国就业制度的演进过程中不难看出，伴随着经济体制的转轨，中国的就业政策正在经历着从计划化到市场化的演变过程。同时，作为从计划经济向市场经济转型的代价，我国出现了大批待业和失业人口。可以说，经济转轨时期多种原因所造成的就业困难问题已经给我国造成了巨大的社会压力。目前，如何制定科学的就业政策、降低失业率，已经成为我国各级政府的首要任务。

作为世界上人口最多的发展中国家，我国政府一直十分重视就业和失业问题，并取得了很大的成绩。1978年我国城乡从业人员为40152万人，2015年为77451万人；2015年与1978年比，增加37299万人，增长了92.89%。从人口的增长情况看，1978年为96259万人，2015年为137462万人；2015年与1978年相比，增加41203万人，增长了42.80%。单纯从数字对比看，改革开放以来，我国城乡从业人员增长速度快于人口增长速度。从失业的发展情况看，改革开放以来，我国的失业率一直维持在较低的水平上（见表9-3），这说明了政府致力于解决失业问题的决心和努力。同时，伴随着由计划经济向市场经济的转轨，我国的劳动力市场从无到有逐步建立，公共就业服务体系不断完善，就业制度也在实现着从计划体制向市场体制的转轨。2003年以来，国家将就业和再就业目标纳入到国民经济和社会发展宏观调控目标中，并开始实施积极的就业政策，这充分表明了政府对就业问题的重视和控制失业的决心。

表 9-3 城镇登记失业率变动表

年份	城镇登记失业率（%）	年份	城镇登记失业率（%）	年份	城镇登记失业率（%）
1992	2.3	2000	3.1	2008	4.2
1993	2.5	2001	3.6	2009	4.3
1994	2.8	2002	4.0	2010	4.21
1995	2.9	2003	4.3	2011	4.1
1996	3.0	2004	4.2	2012	4.1
1997	3.1	2005	4.2	2013	4.05
1998	3.1	2006	4.1	2014	4.09
1999	3.1	2007	4.0	2015	4.05

注：对失业人口的定义是：非农业户口并在一定的劳动年龄内（16 岁以上，男 50 岁以下，女 45 岁以下）有劳动能力却没有工作而要求就业的在当地就业服务机构进行求职登记的人员。

资料来源：中国统计年鉴（2016）。

随着体制改革的深化和产业结构的调整，如何安置国企下岗职工和转移农村剩余劳动力等问题也给我国政府带来了沉重的就业压力。因此，我国目前的就业形势仍十分严峻，具体表现在以下三个方面。

第一，劳动力数量长期供大于求。人口基数大和新增劳动力多是我国的基本国情。据测算，"十二五"期间，我国每年新增转移劳动力大约在 800 万～950 万人之间，2016—2020 年每年约为 600 万～750 万人，而 2021—2025 年间约 500 万～600 万人左右，2030 年前每年新增转移劳动力约 400 万人。这其中包括了通过上大学等途径实现的劳动力转移，农民工转移总量要少于总转移人数。从 2011 年开始到 2015 年，我国城镇新增就业 4500 万人，转移农业劳动力 4000 万人，城镇登记失业率控制在 5%以内。

第二，结构性失业矛盾凸现。自 20 世纪 90 年代以来，我国市场存在着严重的缺位与失业并存的现象，结构性失业问题十分突出。一方面，失业人数不断增长，劳动力供给持续增加。随着农业生产率的提高，农业部门有大量的剩余劳动力需要转移。在工业部门，纺织、轻工、家电、钢铁等技术要求较低的传统支柱产业中则集中了大量下岗职工。而一方面，劳动者的素质不能满足需求，不少岗位空缺。据人社部 2016 年 7 月公布的数据显示，中国的就业市场岗位空缺与求职人数的比率约为 1.05。从需求侧看，54.8%的市场用人需求对劳动者的技术等级或专业技术职称有明确要求。其中，对技术等级有要求的占 34.5%，对专业技术职称有要求的用人需求占 20.3%。从供给侧看，54.5%的市场求职者都具有一定技术等级或专业技术职称。其中，具有一定技术等级的求职者占 34.6%，具有一定专业技术职称的占 19.9%。从供求状况对比看，各技术等级或专业技术职称的岗位空缺与求职人数的比率均大于 1。其中，技师、高级技师、高级工程师、高级技能岗位空缺与求职人数的比率较大,分别为1.83、1.81、1.75、1.74。

第三,就业质量低,劳动者权益未得到有效的保障。由于我国目前正处于经济深化改革时期,适应市场经济体制的社会保障制度、户籍制度、就业制度等尚不完善,保护劳动者基本权利的法律法规及监督机制也不健全。特别是对于就业弱势群体而言,如农村流动劳动力,其合法权利不能得到有效的保障。因此,违反《劳动法》的规定而故意压低工人收入、提高劳动定额、拖欠职工工资等现象时有发生。

造成我国现阶段就业压力的原因比较复杂,既包括人口因素,也包括经济体制转轨与经济结构调整等特定经济发展阶段的原因。

首先,我国人口众多,人力资源供过于求严重,这是产生就业形势严峻的基本原因。正如在本章人口状况中所指出的那样,我国现在正处于一段劳动力资源空前丰富的"人口红利"期,在今后的二三十年里,劳动力人口占总人口的比重将维持在70%左右的高水平上。这意味着我国每年都要为新增的上千万劳动力提供工作岗位,这一巨大就业压力也充分说明,我国现阶段就业问题的解决必须与控制生育的人口政策相结合。

其次,从一定意义上说,我国目前出现的大批待业和失业人口,是由计划经济向市场经济转型的成本。一方面,经济体制的转轨促使隐性失业显性化。计划经济时期"低工资、高就业"的政策造成了"冗员"和"在职剩余劳动力"的广泛存在。随着市场经济改革的推进,效益原则及竞争压力迫使国有企业不得不提高自身生产率和降低成本,造成大量国企职工下岗,隐性失业显性化,从而激化了劳动力的供需矛盾。从20世纪80年代到90年代初,国有企业中的冗员为职工总数的20%~30%,1993—1997年国有工业企业的下岗职工总数已达1000万人,为现有国有工业企业职工总数的20%。[1]另一方面,劳动力市场的逐步完善使劳动力的流动性增强。改革开放以后,随着对计划经济体制下二元就业制度的改革,农村剩余劳动力转移加快,给城镇就业造成很大冲击。

再次,随着我国经济的快速发展,产业结构的变化与调整在不断深入,其中一个显著的特点是农业产值和农业人口的比重持续下降。1978年,我国乡村人口占全国人口的82.08%,到2012年是47.43%,未来农村转移人口的规模和速度还将进一步增大。同时,一些新兴产业如高新技术产业具有一定的"技术门槛"效应,导致大量未受过培训的劳动力被拒之门外,从而出现失业与缺位并存的结构性矛盾。另外,经济结构调整时期,非公有制经济建设不到位,第

---

[1] 陆跃祥. 就业、就业政策与经济增长[J]. 北京师范大学学报(人文社会科学版),2001(1):66.

三产业发展不到位等也是造成就业压力的重要原因。

最后,随着科学技术的不断发展及其在生产领域的广泛应用,全社会资本有机构成不断提高,各产业部门对劳动力的吸纳能力逐渐降低。尤其是对那些资本、技术密集型的产业而言,资本、技术在很大程度上替代了劳动力,降低了经济增长的就业弹性,因此在一定程度上加剧了就业压力。这也提醒我们,从缓解社会就业压力、关注"民生之本"的角度看,在我们加快经济发展的进程中切不可一味地去追求 GDP 的增长而忽视劳动密集型产业的发展。

第六节 深化改革时期的就业政策

从经济分析的角度来看,就业增长取决于两个要素,一是经济增长,二是就业弹性的增加。各国政府为增加就业所采取的一切措施都是围绕这两个要素展开的。如果没有经济总量的增长,无论采取什么措施,就业状况也很难改善。然而,国内外的实践也表明:经济的高增长并不一定会带来较高的就业增长。因此,在保持较高经济增长速度的同时,政府的就业政策还应包括鼓励就业弹性高的经济增长模式以及积极引导和帮助本国民众选择适当的就业方式等。

改革开放以来,我国政府始终致力于解决失业问题并取得了很大的成就。然而,人口增长过快、二元结构的经济特征以及转轨时期的特殊国情等现实造成的就业压力大、结构性矛盾突出、就业质量低下等状况仍然存在。因此,我们有必要对现阶段的就业政策进行适当的调整。为此,本节在借鉴国外劳动就业成功经验的基础上,结合我国转轨时期的特殊国情,对我国现阶段就业政策的调整提出一些建议。

一、关于劳动就业的国际经验

世界各国的经验显示,失业问题在市场经济体制下是一个长期存在的问题,单纯依靠市场的力量难以得到有效的解决,需要政府力量的适当介入。各国在治理失业问题上的共同经验之一是将就业政策与社会保障制度相结合,通过完善的社会保障制度建设来缓解失业带来的社会压力。此外,在就业促进上,各国有一些大致相似的成功经验,即推行就业弹性高的经济增长模式,创造公平、自由的就业环境,建立完善的就业服务体系,保护社会上的弱势就业群体等。以下选取了英国、美国、韩国政府在推行"充分就业"方面的主要政策和措施，并对其中值得借鉴的政策特点、经验进行简要分析。

1. 英国

英国政府把促进充分就业作为其经济政策的重要目标之一。其促进就业的措施主要体现在完善的就业服务体系和适当的宏观调控政策上。英国的就业服务体系由遍布全国的就业中心（job centre）提供，就业中心属政府机构，工作人员为国家公务员，它向当地的失业者提供完全免费的"一对一"式服务。就业中心拥有全国联网的就业信息系统——"劳动力市场系统"，同时还具有针对不同类型失业者的个性化培训方案。此外，英国就业中心的一个显著特点是其失业救济金的发放与失业者在就业中心的表现挂钩。具体而言，失业者需到当地的就业中心登记，签订同意努力寻找工作的协议，接受专业人士对其进行的指导，并定期汇报寻找工作的进程和结果。若失业者违反协议，放弃寻找工作或拒绝培训等就将被停止发放失业救济金。

在宏观调控方面，英国政府还通过适当的财政税收等优惠政策来刺激就业。一是在失业比较严重的地区建立开发区。政府在《地方就业法》中规定，以 4.5%的失业率作为标准来划定享受优惠政策地区的资格进而通过加强这些地区的基础设施建设、改善交通、增加商业区、投资补贴等形式鼓励企业迁往该地，从而促进该地区的就业。二是积极促进中小企业的发展。小企业占英国企业总数的99%，提供了约45%的就业岗位。鉴于小企业在促进就业方面的重要作用，英国政府建立了全国统一的小企业服务中心，为小企业提供信息和咨询服务、贷款担保、税收优惠等措施，以扶持小企业和有效地带动就业。同时，设立了"中小企业人员培训中心"，由政府出资为中小企业的业主和职工提供岗位培训。

2. 美国

美国政府历来重视就业与失业问题。其先进的就业服务体系与完备的就业法案为美国公民创建了良好的就业环境。具体而言，其就业政策主要体现在以下方面。

首先，美国政府注重通过财政税收优惠措施来刺激经济增长从而间接促进就业。在 2001 年美国颁布《经济增长和税收减免协调法案》后，2002 年又颁布了《工作创造和工人援助法案》，目的在于降低企业税赋、刺激投资和增加就业。

其次，美国就业问题的解决得益于其合理的产业结构。随着产业结构的调整，美国的服务业明显上升，目前其服务业从业人员占全部从业人员的比重已达 74%。同时，美国政府鼓励中小企业的发展以带动就业。美国中小企业局的主要任务就是以担保的方式鼓励银行向中小企业提供贷款。在政府采购方面，美国也通过专门的立法规定把采购额的 25%留给中小企业。在 1991—1996 年中，美国小企业共创造了 1500 万个就业岗位，占新增工作岗位总数的 85%。

再次，美国拥有十分先进的就业服务体系。美国近几年提出了"一站式服务"的理念，将职业培训机构和失业保险服务并入职业介绍中心合署办公，为求职者提供方便、快捷的服务。同时，美国拥有覆盖全国的就业信息网，其中，"美国职业信息库"（AJB）每天向全美国发布几百万个职位空缺信息，而"美国人才信息库"（ATB）则免费为求职者发放个人简历，雇主可免费在 ATB 上实现空岗匹配。

最后，美国政府十分重视职业培训和职业教育工作。美国仅职业培训和职业教育方面的立法就有十几部，如《人力资源开发与培训法》《职业教育法》《就业机会法》《就业培训合作法》等。美国前总统布什提出的 2003 年度预算计划中，将政府用于就业和再就业培训方面的款项增加九十多亿美元，比上一年度猛增了三分之一左右。这些法律和财政政策的实施有效地推动了失业人员的开发和利用，促进了就业。

3. 韩国

在遭受了 1997 年的亚洲金融危机和 2008 年全球性金融危机以后，韩国的经济比较困难，失业率一度高达 6.8%。据统计，2014 年 2 月韩国就业人口同比增加 83.5 万人，达到 2481.9 万人，就业人口同比增幅创 2002 年 3 月以来的最高水平。另一方面，值得注意的是，2 月韩国的失业人口同比剧增 19.1%，达到 117.8 万人，失业人口近两年来首次突破百万大关。失业率也同比上升 0.5 个百分点，达到 4.5%，韩国出现大范围就业不稳定的现象。面对国内日趋严峻的就业形势，韩国政府把创造就业岗位作为首要工作任务，逐步形成了以改革劳动力市场"刚性"、促进服务业和中小企业发展、加强就业培训为主要内容的就业政策。这其中有不少做法和经验值得我们借鉴。

首先，韩国改革了以往的劳工制度，内容包括：允许企业按一定的规则解雇员工；打破了年工序列工资制，推行更具效率的业绩工资制；促进更具弹性的临时工作的发展。通过这些劳工制度的改革措施，劳动力市场情况得到了很大的改善，市场弹性提高，企业的竞争力增强，从而促进了就业的增长。

其次，加强创造就业能力较强的服务业与中小企业的发展。韩国政府通过信息、管理、资金、税收、制度、人力资源开发与技术等方面的优惠措施，重点对有助于促进就业的服务业和中小企业进行扶持。例如，政府加强就业引导，鼓励年轻人加入中小企业，并将大学生到中小企业进行为期 1～2 个月的实习制度化。同时，韩国还设立了 60 个中小企业支持中心，对 10 人以下的小工商企业予以咨询和支持。

最后，韩国重视就业与再就业培训。旨在提高劳动者就业能力的职业培训项目主要包括对在业者的培训和对失业者的培训两部分内容。对在业者的培训是指，在劳动部的支持下与雇主无关的完全独立地对被雇佣者实施的就业能力开发项目。为此，政府对企业和受训者以及企业对员工，均要提供一定的费用支持或补贴。对未就业人员或离职人员的培训也由劳动部实施，目的也是通过对失业者职业能力的开发来提高劳动者的素质，增强其竞争力。

二、深化改革时期的就业政策调整

我国正处于体制转轨过程中，政府同市场的关系既不同于计划经济国家，也不同于市场经济国家，具有其特殊性。第一，由于政府是经济改革的设计者和推动者，因而它要承担更多的经济职能；第二，我国的市场机制尚不完善，需要国家对经济进行较多的干预和调控；第三，我国是在公有制基础上进行的市场经济改革，决定着政府必须率先解决公平与效率之间的矛盾，在促进就业、公平收入分配、完善社会保障制度等方面发挥重要作用。因此，在社会深化改革时期，政府一方面要做到不直接介入或基本不介入微观经济活动领域，而主要让市场发挥资源配置的基础性作用；另一方面，鉴于劳动就业问题为直接关系到国计民生的大问题，政府还须在劳动力配置方面发挥重要的导向、控制、协调等作用，即要负起社会劳动管理的职责。此外，政府要把大众创业万众创新融入经济发展的各领域各环节，鼓励各类主体开发新技术、新产品、新业态、新模式，打造发展新引擎。具体来说，包括以下一些具体内容。

1. 实施就业优先的经济发展战略

作为一个人口众多的发展中国家，没有伴随足够就业岗位增加的单纯国民生产总值增长对于当今中国来说几乎没有什么价值，它既不能保持长期的经济发展，也不会给社会稳定做出应有的贡献。因此，政府在按照科学发展观的内在要求制定长期国民经济发展战略以解决各种社会、经济问题时，必须优先处理好社会公平与经济效率、经济增长与劳动就业的关系。处理上述关系的一个基本原则就是选择就业优先的发展战略目标，选择该目标既意味着强调了经济效率，也意味着兼顾了社会平等。不难理解，一个国家如果出现大量劳动力闲置状况，就是该国经济社会发生最大的效率损失的集中反映；同样，国内持续的充分就业状况，肯定是该国国民积极参与经济发展过程且能平等地分享经济发展利益的必然结果。因此，实施就业优先的经济发展战略不仅要求保证经济总量的持续增长，更要选择促进充分就业的经济发展模式和实施以就业为基础的经济政策。扩大就业归根到底要靠发展，通过发展经济来扩大就业，通过扩大就业来促进经济的发展，从而形成良性的互动。在经济政策和社会政策的制定上，也应坚持"富民为本"的原则，以积极创造大量的正规和非正规工作岗位为核心，从而实现经济增长对就业增长的带动作用。同时，各级政府还应按年度确定失业率和新增就业岗位的控制目标，实行目标责任制，把就业增长和失业率控制目标作为各级政府年度经济、社会发展计划的重要内容，并作为政府考核的重要内容以接受各级人大的审查监督。

2. 坚持以"以增加就业为中心"的经济发展模式

选择就业优先的发展战略，实际上是要求各级政府把创造更多的劳动就业岗位作为全部经济工作的核心内容。近年来，我国政府之所以实行积极的财政政策和稳健的货币政策，扩大内需，保持国民经济的持续、快速、健康发展，最重要目的之一无非是缓解国内就业压力，以便尽快形成"扩大内需—刺激投资—经济增长—就业增加—扩大内需"的良性循环。但是，人们也注意到，刺激国民经济增长的某些手段，如增加货币供给、增加物质资本投入等，并不一定能带来相应的就业增加，而且更可能出现的情况是较快的经济增长对劳动就业的拉动作用反而趋于下降。例如，在经济增长速度较快的20世纪90年代中期，我国的就业弹性却从1978—1990年的0.34下降到1991—2002年的0.07，再到2002—2014年的0.02。因此，现阶段我国的经济发展模式、产业发展模式的选择应该尽量符合国内资源禀赋的基本特点——劳动力资源极为丰富，使经济增长目标服从于就业优先目标，即只能坚持选择以"劳动密集型"产业为主的经济发展模式。该模式以持续创造大量不同类型的正规的与非正规的就业岗位为特点，它既使经济增长能够有效地带动劳动就业的增长，也在本质上符合可持续发展的内在要求。[①]

坚持以"以增加就业为中心"的经济发展模式，要求各级政府具体做好以下方面工作。

第一，优化产业结构，大力发展就业弹性较高的第三产业。从各产业的就业弹性来看，1979—2014年，我国第一产业的就业弹性已降至0.01，说明其挤出就业的效果已十分明显；这一时期我国第二产业的就业弹性也降至0.04，说明随着资本有机构成的不断提高，第二产业带动就业的能力也大大减弱；而唯有第三产业，目前仍保持着较高的吸纳就业的能力。[②] 因此，应该把大力发展

[①] 关于这个问题解释，参见本书最后一章的有关内容。
[②] 秦星在其《我国就业问题讨论综述》（载《经济理论与经济管理》，2003年第3期）一文中提到：目前我国每增加投资100万元可提供的就业岗位，在重工业是400个，在轻工业是700个，在第三产业则达到1000个。从国际比较来看，目前发达国家第三产业从业人员已占就业总量的70%以上，北欧一些国家仅社区服务业的从业人员就已占全部从业人员的40%以上。而2002年我国第三产业的从业人员仅占全部从业人员的28.6%。赵秋成．当前劳动就业的几个认识误区[J]．经济学家，2004（5）。

第三产业作为扩大就业的主攻方向,在优化产业结构、促进经济增长中优化就业结构、促进就业增长。在第三产业的发展中,又应着重发展社区服务业和旅游业。统计资料显示,发达国家社区服务人员占全社会就业人员的比重一般为20%~30%,发展中国家为12%~18%,而我国只是在1989年以后才把社区服务业作为产业来发展,就业比重目前只有3.9%。即使按发展中国家的平均最低水平计算,我国社区就业的份额由3.9%提高到12%,大约也可以增加2000万个就业机会[①]。有鉴于此,各级政府还应通过对社区服务业给予适当的就业补贴和对部分公益性服务实行政府购买以及在社区中设专项资金进行扩大就业岗位的基础投资等方式来促进社区服务业的发展。

旅游业,作为世界上主要的就业部门,具有明显的直接或间接产业链带动效应。2010年,旅游部门的直接就业与间接就业比为1:3.6,是创造间接就业比率最高的部门。目前,世界上许多国家旅游业及其相关产业的就业人数比重接近10%,而我国只有1%~2%。1998—2015年期间,我国旅游业就业增长弹性系数在各行业最低。作为一个拥有悠久的历史文化遗产和丰富的自然资源的国家,我国在发展旅游业方面的潜力十分巨大,这就要求我们在政策制定上要进一步开放旅游业市场、规范旅游业秩序、保护消费者权益,从而促进旅游业及其相关产业的发展。

第二,选择劳动密集型的工业化路线,进一步扩展制造业。根据国家信息中心数据显示,2015年中国的总劳动人口数量已突破10亿人,占世界总量的25%以上,而中国资本资源占世界总量不足5%。这说明我国最适宜选择劳动密集型的工业化路线,相反,用资本密集型的高新技术产业无节制地挤压和替代劳动密集型的传统工业是不明智的。当然,这并不意味着不重视产业结构的升级优化和信息化的发展,对少数关系国民经济命脉、带动能力强的关键行业和代表未来发展方向的新兴产业及核心产业技术,国家仍要大力支持其发展,但对多数普通行业和一般产业领域则应实行"就业优先"原则,在不降低效率和技术要求的前提下,尽可能多地满足社会对就业的需求。在工业技术档次的选择上,应有一个合理的梯次结构,因地制宜地发展适用性技术,妥善处置发展与就业的关系[②]。同时,进入21世纪以来,我国的制造业已成为扩张最快的产业领域。目前,中国正日趋成为世界的制造中心,而"中国制造"的发展必将带来对技术工人的广阔需求。因此,从就业优先的角度出发,我们必须进一步扩展具有比较优势的制造业,通过政策上的支持为促进蓝领就业提供更多的援助,加强蓝领队伍的培育和发展。

---

① 杨宜勇. 社区就业:中国城市就业的新增长点[N]. 光明日报, 2002-6-11.
② 郭素芳. 我国经济与就业协调增长的战略选择[J]. 经济纵横, 2004 (3): 10.

第三，大力发展中小企业。从就业政策的国际借鉴中不难看出，由于中小企业在解决就业问题上的重要作用，许多国家都把支持中小企业的发展作为促进本国就业的一个重要内容。在我国，1978年以来从农村转移出来的2.3亿劳动力主要是由中小企业吸纳的。目前，尽管我国中小企业的绝对数量约800万家，但相对数量较少，每千人只有6.4个中小企业，与发达国家每千人有中小企业数量40~50户相比差距仍较大。如果我国中小企业能达到发达国家的最低水平40户/千人，尚需5000多万个的中小企业，并将提供4.5亿多个就业岗位，从而大大缓解我国的就业压力。在促进中小企业发展的政策选择上，主要是努力为中小企业创造一个公平的环境。这包括降低竞争性市场准入条件，取消各种人为的限制，诸如注册登记、经营范围限制等；通过建立中小企业创业基金和组建中小企业贷款担保机构等，为他们提供融资渠道和方便的金融服务；使他们能够公平地获得生产性资本，包括土地、资本和信息，获得使用公共基础设施如电力、通信、公路、货运等的机会；为他们提供技术服务、信息服务、法律服务、劳动力市场服务；使他们融入社会和社区之中，获得自我认同和自我尊敬。

3. 改善劳动力市场环境和完善市场化就业竞争机制

市场经济是在自由竞争的前提下通过市场机制配置资源的经济，在市场经济条件下，无论是就业还是失业，都是市场作用的结果。发达市场经济国家的经验表明，就业问题的根本解决还是要依靠劳动力市场来进行。这是因为，在市场经济条件下，劳动资源与生产资料的合理配置、劳动力供求双方的有效结合，都势必要借助劳动力市场来进行。

目前，中国劳动力市场的发展表现为一种在城乡二元经济结构基础上存于城市内部的二元体制结构，劳动力市场的逐渐发展及成长与企业用工制度的市场化和原有计划体制下的用工制度并存。这种二元体制的状况导致城乡以及城镇内劳动力市场的严重分割。由于劳动力市场存在严重的缺陷和障碍，我国劳动力不能在地区之间、同一地区不同部门或行业之间自由流动，从而大大降低了劳动力市场价格机制在资源配置上的作用。因此，解决深化改革时期特有的就业问题，还是要进一步打破体制性障碍，规范和完善劳动力市场的运行。

具体而言，完善劳动力市场建设要求我们在改革户籍制度和人事制度的基础上，制定有利于劳动力流动的政策，构建城乡统一有序的劳动力市场体系，使劳动者在不断流动中通过公平竞争获得新的就业机会。这包括创造良好的劳动力市场环境，消除就业歧视，如性别歧视、户籍歧视、年龄歧视、文化程度歧视等；鼓励城乡劳动力平等竞争；加强公共就业服务体系的建设；把城镇失业率作为宏观经济指标，按季度公布全国及各地区失业率与新增就业人数；建立健全市场化就业的法律法规体系，保障劳动者的合法权益等。

4. 完善公共就业服务体系建设

目前，世界上绝大多数国家都建立了公共就业服务制度，并把为失业者提供高效率、多层次的就业服务作为政府的一项重要的公共服务职能。从就业政策的国际经验来看，发达国家的就业服务体系一般具有以下特点：（1）就业服务由政府公共机构提供，或者由政府支薪购买，因此对失业者来说都是免费的；（2）无论是政府部门，还是非政府组织，都重视国民的职业培训和职业教育活动；（3）利用现代化信息手段，为失业者提供高效、便捷的服务。发达国家的实践经验还表明，公共就业服务体系在促进就业、增加就业岗位的供求匹配等方面，的确能够发挥很大作用。

我国从20世纪80年代就已初步建立了就业服务体系，但我国就业服务工作人员相对较少，每名工作人员约服务劳动者1.2万人，是发达国家的2至40倍，远远不能适应当前的需要。同时，尽管强化就业培训已成为我国积极就业政策的重要组成部分，但目前就业培训对促进就业的效果还不明显。为进一步完善公共就业服务体系，各级政府应该督促有关部门做好以下两方面工作：一方面，建设创业创新公共服务平台，实施"双创"行动计划，鼓励发展面向大众、服务中小微企业的低成本、便利化、开放式服务平台，打造一批"双创"示范基地和城市。加强信息资源整合，向企业开放专利信息资源和科研基地。鼓励大型企业建立技术转移和服务平台，向创业者提供技术支撑服务。完善创业培育服务，打造创业服务与创业投资结合、线上与线下结合的开放式服务载体。更好地发挥政府创业投资引导基金作用。另一方面，全面推进众创众包众扶众筹。依托互联网拓宽市场资源、社会需求与创业创新对接通道。推进专业空间、网络平台和企业内部众创，加强创新资源共享。推广研发创意、制造运维、知识内容和生活服务众包，推动大众参与线上生产流通分工。发展公众众扶、分享众扶和互助众扶。完善监管制度，规范发展实物众筹、股权众筹和网络借贷。

5. 与其他公共政策协调以有效贯彻就业政策

失业作为一种市场经济国家长期存在的经济问题，很难单独通过就业政策来加以解决。在扩大就业和治理失业的过程中，就业政策还必须与人口政策、社会保障政策等公共政策相互配合、相互协调一致。

一方面，由于就业政策与人口政策密切相关，因此要从根本上解决劳动力供大于求的问题就必须继续贯彻积极的人口政策以控制劳动供给。如前所述，我国拥有近13亿人口，尽管现在人口增长放缓，但由于人口基数大，2015年目前每年仍以680万左右的规模递增。因此，总量性失业是我国的一大特点。

这就要求我国的就业政策必须与人口政策相结合,通过继续实行合理的人口控制政策来降低人口增殖速度,从而缓解就业压力。

另一方面,国外的成功经验表明,就业政策与社会保障政策的良好配合能够大大缓解失业所造成的社会压力并在一定程度上促进失业人员的再就业。社会保障制度是反失业的"稳定器"和"安全网",是解决失业人员基本生活保障的主要手段。建立和完善社会保障制度,就是要给失业和下岗人员以基本的生活保障,从而使其有条件努力争取新的工作岗位,实现再就业。在失业人员社会保障制度的建立上,首先,应加强对就业、失业的申报登记管理。失业申报登记是指失业者必须凭借有法律效力的证明文件在有关机构登记,在找到新的工作之前,失业者必须定期到该机构报到。只有这样才能领到失业保险金和获得与失业有关的扶持政策。失业者在找到新的工作之后,必须向该机构申报,该机构接到申报后,将其从名单中除名,并停止发放失业保险和补助金。其次,应将失业救济与再就业有机结合。西方国家第二次世界大战以后建立的福利国家制度,一直存在保障水平过高而影响失业者再就业积极性的问题。目前,西方国家正在尝试着解决这一"福利陷阱"问题,设法将失业保障与鼓励再就业相结合。因此,我国的失业保障制度也应借鉴国外经验,由消极救济变为积极促进就业,将失业人员寻找工作的努力程度与领取保险金的资格挂钩,逐步建立起广覆盖、可持续和促进就业的失业保障体系。

在过去的二十多年间,伴随着由计划经济体制向市场经济体制的转轨,中国取得了非凡的经济成就。取得这一成就的独特之处在于,我国的这种飞跃性的增长是在人口基数庞大、国民储备仍较低的前提下实现的。然而与此同时,在巨大的经济成就下面也存在着许多矛盾和问题。可以说,中国目前所面临的严重的社会、经济问题一般都与人口问题有关,其给社会带来的最大压力为就业压力。因此,就业政策与人口政策密切相关。在现阶段,要想从根本上解决人口与就业问题,就必须重新审视社会公正与经济增长的关系,在人口政策与就业政策的制定上,采取适当的发展战略和增长模式,努力创造公平、公正的社会经济环境,从而使更多的人分享到市场经济的成果。

第十章　国民教育与人力资本开发政策

从20世纪70年代起，经过对传统发展战略的反思，人们逐渐认识到，增长和发展是两个不同的范畴，增长只是发展的手段，而发展则是社会和人的需要，而且这种需要不仅仅是物质需要，还包括与各个民族的价值及传统相一致的社会、文化和精神需要。与此同时，人类社会也正在经历一次发展战略的重大进步，以信息技术为代表的现代科技迅猛发展，使得以知识为基础的产业成为经济增长的主要领域，以知识为基础的经济增长理论逐渐成为指导经济发展的主流。这种新的经济增长同以人为本的新发展观结合，形成了以人为本、以知识为基础的"知识发展战略"。[①]

要实现知识发展战略，就需要符合时代要求的人力资本，而教育和培训是形成人力资本的重要途径。基于教育的准公共物品特性[②]，世界各国都向其民众提供教育，特别是基础教育，投资于教育的公共财政支出随着社会对人力资本要求的提高而不断增长，与此同时，各国也都以不同的方式激励民间资本投资于教育领域。除此之外，人力资本的形成更需要相应的制度环境，特别是有利于人尽其才的激励机制的建设。制度环境的建设离不开国家的努力，一套好的公共政策体系，会对社会产生良好的激励作用，促进人力资本的形成、积累，更重要的是人尽其才，最终实现社会的全面发展和人类自由的完全实现。

在对人力资本理论的发展进行简要回顾基础上，本章讨论了人力资本计量的基本方法，并用这些方法对中国的人力资本存量进行了尝试性测算。此后，分析了我国人力资本的现状、存在问题及其原因。最后，本章提出旨在持续开发我国人力资本的公共政策基本框架及有关政策建议。

---

① 胡鞍钢，熊义志. 中国的长远未来与知识发展战略[J]. 中国社会科学，2003（2）.
② 由于教育本身所具有的外部性，一个人并不能全部获得其投资教育的收益，出现收益外溢，这会导致理性的经济人减少自己对于教育的投入，于是全社会的教育需求量就会低于最优的需求水平。基于公共经济学的这种分析，国家承担了教育（特别是基础教育）的投资任务。

第十章 国民教育与人力资本开发政策

第一节 人力资本理论

在西方，人力资本思想起源于对人的经济价值的研究。英国古典经济学创始人之一的威廉·配第就提出过"土地是财富之母，劳动是财富之父"的著名论断，而较为系统地论述人力资本思想的是古典经济学鼻祖亚当·斯密。斯密在其《国富论》一书中，明确提出政府应该承担对适龄儿童普及基础教育的责任，甚至将其视为政府财政的基本职能之一。另一位英国著名经济学家马歇尔也曾经提出：健康与强壮、体能、智能与道德情操……是工业财富的基础。可以说，这些是近代经济史上对人力资本理论的最早论述。

现代人力资本的系统研究则始于20世纪60年代初。当时，一些经济学家试图对"经济增长剩余"进行合理解释，在试图揭示国民教育与经济发展的相关性的研究中，做了大量的工作，积累了大量的学术成果，逐渐建立、完善了人力资本理论。[1]在人力资本范式形成的过程中，许多经济学家做出了重要贡献。其中最主要的贡献者为舒尔茨和贝克尔。舒尔茨最早提出了人力资本理论体系，对经济发展的动力做出了全新的解释，是人力资本学说的奠基者和第一创始人。他明确指出，人力资本积累是经济增长的重要源泉，而教育是形成人力资本的重要途径，教育能够提高人们处理不均衡状态的能力，提高人们分配和利用时间的能力，这些能力都是人力资本的重要组成部分。教育除了具有促进经济增长的经济价值，还具有改变工资结构和水平并进而改变收入分配不平等的力量。[2]

贝克尔的贡献在于为人力资本理论分析提供了基本的概念框架。基于经济人、市场均衡和稳定偏好三种前提假定，贝克尔认为只有当预期收益的现值至少等于支出的现值时，人们才愿意投资于教育和培训，人力资本投资的条件是投资的边际收入等于投资的边际成本。贝克尔还运用数理工具对多项人力资本投资的收益率进行了计算。从中可以看出，他更强调正规教育和职业培训支出所形成的人力资本。[3]

继舒尔茨和贝克尔之后，20世纪80年代末90年代初，美国经济学家罗默、

---

[1] 据经济学家马克布劳的统计，关于人力资本理论的论文、专著、研究报告等文献，1966年有792种，1970年达到1350种，到1976年已超过2000种，文献的年增长率达到120%以上。
[2] [美]西奥多·W. 舒尔茨. 对人进行投资：人口质量经济学[M]. 北京：首都经济贸易大学出版社，2002.
[3] [美]加里·S. 贝克尔. 人力资本[M]. 北京：北京大学出版社，1987.

卢卡斯和英国经济学家斯科特等人的研究，将人力资本理论推向一个崭新的高度，更加突出了人力资本对于现代经济增长的重要价值和决定意义。他们将人力资本作为独立的内生变量来解释经济增长。在新经济增长模型中，人力资本被区分为一般化和专业化。专业化的人力资本以及人力资本存量的增长，能够产生递增的收益，同时提高其他非人力资本的生产要素的利用率和收益率，使总收益水平上升，经济实现增长。世界各国的经济增长之所以存在明显的差异，就是由于各国人力资本存量和流量增长的差异以及在国际贸易中人力资本比较优势的差异。

引入人力资本的新经济增长理论也为解释发展中国家的经济发展问题提供了理论依据，并最终促成新发展模型的建立。古典经济学家以及接受古典经济学家观点的早期发展经济学家普遍认为，资本积累或资本投资是决定经济起飞、增长和发展的主要因素。然而，发展中国家几十年的发展实践并没有证明物质资本投资与经济发展之间的必然联系，许多国家在物质资本投资率有较大幅度提高的情况下，经济发展仍然没有很大起色，经济学家和社会学家开始质疑物质资本的战略作用，转向对人力资本功能的研究，并最终建立了将人力资本积累和教育投资作为决定性内生变量的新经济发展模型。

按照发展经济学的一般原理，认为人类发展教育至少有下述四点重要意义：（1）教育使人们提高获取与运用信息的能力，从而深化对自身和对世界的了解。（2）通过教育过程人们可以增加知识和经验，从而优化个人作为消费者、生产者以及国家公民所应做出的各种选择。（3）教育可以提高人们的生产力，从而使个人能更好地实现自己和家庭的各种欲望，增加不断改善生活质量的可能性。（4）教育提高了人们的信心与创造能力，从而增加取得个人和社会成就的机会。

至于教育与经济发展的关系如何，世界银行经济学家们认为：教育影响生产率和经济发展的方式是多种多样的，主要可以归结为：（1）在技术发展的动态的与不确定的环境中，受教育较高的人们具有很大的优势，即一个受过良好教育的个人可以更快地汲取新信息，更为有效地采取新工艺、新材料、新技术等。（2）在市场经济中，企业家是革新与生产之间的纽带，他们能够抓住新的经济机会，及时改变生产与分配的方法。他们在经营能力方面往往具有敢于冒险、敢于承担责任、善于制定长期规划和能够有效组织生产活动的特点，而这些特点的形成无一不与教育有关——是长期情智教育和技能教育有机结合的结果。（3）教育提高了个人劳动的边际产出，在增加个人工资收入的同时，促进了国民经济的增长。这已为各国经验所证实。例如，有资料表明，在韩国凡是增加一学年教育的农民，可以提高其农业产量 2%，而在马来西亚，则可以将此值提高大约 5%。(4) 当使妇女得到平等教育时,教育所带来的经济与社会收益就会成倍地增加。许多国家的实践说明,将更多的教育资源用于女童、妇女,除了能够获得更高的资源收益外,通常还有助于实现其他一些经济与社会目标。例如,受过良好教育的妇女懂得医疗保健与个人卫生的重要性,对降低婴儿死亡率起到难以低估的重要作用。

以上分析说明,在传统经济社会里,经济增长主要源于开发荒地,增加可耕地;在工业社会时代,经济增长主要源于物质资本的投入;而在现代经济社会,经济增长则主要源于增加劳动力和提高劳动力的质量(劳动生产率)。这些因素,既是历史上导致不同国家经济发展差异的基本原因,也是各国经济发展方式上的普遍遵循的进化性选择。就现代意义的经济发展因素——知识的积累而言,可以说,"知识就是发展"。[1]

第二节 人力资本的计量

人力资本的计量是对人力资本总量及其变化情况进行分析、评价的基础,也是测算和分析人力资本在经济增长中作用的前提,完整而准确地对人力资本进行科学的计量是人力资本理论应用的关键。由于人力资本与其载体的不可分离性、人力资本形成的长期累积性以及人力资本的异质性等特征,使得人力资本相对于物质资本的计量困难得多。

一、人力资本的计量对象与范围

人力资本是为提高个人未来收益和生产能力,通过教育、正式和非正式培训获得的凝聚在人身上用于社会生产活动的知识与技能存量。基于这个认识,人力资本的计量对象应该是凝聚在社会劳动者身上的知识与技能。由于人力资本的价值体现具有社会性,即只有当其被用于社会生产活动,其价值才能得到体现,而当其未被用于社会生产活动时,其价值也就无法实现。因此,社会在某一时点的人力资本水平和存量,应该是针对该时点运用到生产过程的知识和技能,而未参与社会生产活动的人,如学生、军人、离退休人员等,即使接受过教育、培训,并且具有一定的知识和技能,也不能作为人力资本计量。

---

[1] 世界银行. 1998/1999 世界发展报告[M]. 北京:中国财政经济出版社,1999:19.

人力资本的计量范围与社会劳动者（社会从业人员）相对应，应与社会劳动力资源（或人力资源）、社会经济活动人口以及全体国民区分开来。人力资本是投入社会生产活动的要素之一，上述其他几个概念所涵盖的范围都宽于社会劳动者的范围。从要素投入与产出一致性的角度看，人力资本的计量范围应该是某时刻参与社会生产活动的全体社会劳动者。

二、人力资本的货币化计量——价值确认

与物质资本一样，人力资本同样也可以表现为价值形态与非价值形态。人力资本的价值确认是采用一定的方法，从某一角度对人力资本进行货币化计量，是计量人力资本的一种方式。至于其计量的角度，可以是从形成人力资本的投入角度，也可以是从人力资本的收益角度，还可以是从人力资本对剩余价值的贡献角度。

1. 人力资本形成的会计成本定价

人力资本形成的会计成本定价是将人力资本资产化，运用会计核算方法反映形成人力资本所花费的成本，它分为历史成本法和重置成本法。历史成本法是从资产最初购置时发生的成本费用反映其价值，而重置成本法是按现行的价格标准，更新重塑同样水平的人力资本所花费的成本。

用人力资本的形成成本反映其价值，这是大多数人认同的一个理论。人力资本的形成成本是人从出生到丧失劳动能力期间接受教育、培训、迁移、医疗、卫生保健等花费的费用总和，具体包括：人力资本载体为人力资本生产所投入的教育费用、培训费用；人力资本载体为发挥和维持其价值发生的迁移费用、医疗、卫生保健费用；政府为各级学校、培训机构提供的公共教育支出和公共培训支出；企业为培训员工支出的培训费用；政府对公立医疗机构提供的各种资助和补贴等。①尽管从理论上讲这种方式可行，但它并不像物质资产核算那样简单，因为物质资产的核算是建立在企业会计核算的基础上，具有完全可操作性。由于人力资本投资主体的多元性和积累的长期性，建立企业之外的人力资本投入会计核算（主要指家庭和个人投入的会计核算）不仅相当麻烦且成本代价较高，也与现代会计核算的目的不符。

---

① 但是就核算范围而言，这一观点有值得商榷之处。首先，用于人力资本载体的医疗、卫生、保健支出从本质上说应属于类似于物质资产价值维护的费用，其支出并不增加人力资本，而只能是维持人力资本的价值或者最大限度地发挥人力资本价值，因此不应作为人力资本计量；其次，人力资本迁移只是其载体为发挥自身价值的个体行为，并不导致全社会知识、技能存量的增加和水平的提高；再次，人力资本形成是长期积累的结果，究竟从什么年龄开始对发生的费用下计（如从出生开始还是从幼儿园阶段开始或者是从上小学开始）难以科学断定；最后，学校教育与培养个人兴趣和提高个人素质有本质不同，后者以获得效用满足为目的，具有完全的消费行为，而非投资行为，这与人力资本的投资特征不符。

2. 人力资本的机会成本定价

这种定价方式是从经济学角度而不是从财务会计角度来计量人力资本的价值。人力资本的机会成本是人力资本载体因选择受教育培训而放弃可能的工作机会所带来的收入,即未选择继续教育和培训者在人力资本载体受教育和培训期间获得的工资收入。虽然这种定价方法考虑到贴现的因素,但是要界定人力资本主体因受教育、培训而放弃了的机会绝非易事。同时,人力资本所放弃的机会收入中,部分属于劳动力补偿价值,部分属于人力资本收益,两者难以准确分离。因此,目前这种方法仅停留在观念意义上。

3. 基于人力资本的收益和贡献来定价

人力资本作为一种生产要素,与物质资本一样对企业的收入做出贡献。从理论上讲,应该拥有对企业的收益分配权,个人对企业贡献越大,其收益理应越高,个体的人力资本价值也就越大。在一个出清的市场中,人力资本的收益(包含工资以外的收入)与其价值是成正比的,因此可以用其收益度量其价值。由于人力资本投资的成本等于选择需要投资而不是不需要投资时所放弃的收入,如果活动 Y 只在基期需要投资而 X 则不要任何投资,那么选择 Y 而不选择 X 的成本就是它们在基期的净收入之差,而总收益就是以后各期净收入之差的现值。[①]

此外,也有人主张用人力资本对企业的贡献确定其价值,但从人力资本对企业贡献的角度确认其价值的关键在于确定人力资本在企业剩余分配中应占的份额(分配比例),而在未解决人力资本的计量以及人力资本投入与产出的关系之前,是不可能确定分配比例的。因此,用收益来度量其价值显然更现实,更可行。一定时期人力资本载体的收益包括企业支付的工资、福利费、保险费、奖金以及人力资本以股权方式获得的股息收益。该收益的确定简单、方便,但用其反映人力资本的价值仍然存在问题:第一,工资收入一般看作是劳动力的补偿价值,劳动力与人力资本是完全不同的两个要素,完全将其作为人力资本的收益并不准确,而在工资收入中确定哪些部分属于人力资本收益难度较大;第二,人力资本能否作为要素参与企业剩余分配,从理论上看存在较大争议,且实际操作困难;第三,从历史上看,不同时期人力资本收益受政策因素影响较大,如我国过去长期存在的"脑体倒挂"现象,即使同一时期人力资本水平相同的两个个体,由于在不同行业或同一行业的两个不同企业,其收益会存在较大差别,因而就存在人力资本水平可比而收益不可比的问题;第四,如果用收益反映人力资本的价值,有违人力资本价值确认的目的,正确的逻辑应该为

---

① 陈光金,刘小珉. 新经济学的拓疆者:贝克尔评传[M]. 太原:山西经济出版社,1998:71-72.

价值确认是收益分配的依据而不是结果。

4. 人力资本变量模型定价

人力资本价值的发挥受多种因素影响，正因为如此，具有同样知识和技能的个体价值可能不同，通常在决定人力资本主体价值的各种因素中，主要因素有受教育年限、工作时间、工作变换次数、性别、工作地点等。因此，可以将人力资本的价值（Y）表述为这些因素的函数：

$$Y = f(EY, WT, WF, S, WA, \cdots) + \zeta \tag{10-1}$$

式（10-1）中，EY 代表受教育年限，是人力资本载体接受从小学到最后学历正规学校教育的标准年限，EY 越大，人力资本价值越高；WT 代表工作时间，是人力资本载体参加社会劳动的累计年数，WT 越长，人力资本价值越高；WF 代表工作变换次数，即人力资本载体因对工作条件和待遇不满意而主动调整工作单位的次数，一般情况下，变换次数越多，代表工作阅历越丰富和其工作能力越强，因而人力资本价值越大；S 代表性别，由于身体和生理原因，在学历等其他条件相同的情况下，男性通常比女性工作能力更强，其价值也就越大；WA 代表工作地点，由于不同地区人力资本生存条件和工资水平存在差异，工资水平越高、生存条件越好，代表人力资本的竞争越强，需要付出更多努力，因而其价值也就不同。ζ 为随机变量，是除上述因素之外所有其他因素对人力资本价值的综合影响。

运用变量模型法对人力资本定价时，模型 f 的形式不同，定价的结果不同。因此，如何找到一种合适的模型是该方法成功运用的关键。显然，不同工作类别（不同职业）的人力资本，其定价模型选择应该不同；其次，因为 ζ 是无法确定的，模型定价的结果只是给出同种变量值下所有人力资本的一个一般性价值（平均价值）；最后，由于模型应用时，首先要取得一组变量的若干组观测值，然后估计出参数值，才能用于测定价值，其过程较为复杂，模型的拟合优度、参数的显著性检验等也都是模型应用必须考虑的问题。

三、人力资本的非货币化计量

从不同侧面使用货币化方式计量人力资本除了上面提到的各自的局限之外，还共同存在计算价格的问题。人力资本价值是经过较长时期累积的结果，不同时期价格水平存在较大差异。因此，不同时期人力资本价值存量必须使用人力资本价格指数消除价格影响之后才可比，而现行的价格统计指数体系中并没有单独编制人力资本或相关内容的价格指数，在计算人力资本积累速度时只能使用其他指数代替，这将带来较大误差，而从非货币角度计量则会避免这一问题。

1. 按受教育年限计量

非货币化计量人力资本的一个常用的指标就是受教育年限。受教育程度是传递个体人力资本水平高低的一个重要信号，因而可用受教育年限对人力资本加以计量。①一般而言，受教育年限越长，人力资本的收益就越高，而接受好的教育相对于一般教育而言，需要投入更多费用。因此，用受教育年限表现人力资本与按人力资本个体收益或人力资本的形成成本表现人力资本价值是内在一致的。此外，接受更长时间的教育要求被教育者有较高的智力、较强的意志力和竞争力，这也与人力资本内涵中将人力资本定义为凝结在个体身上的智力和技能总和是一致的。

个体受教育年限是从小学入学开始到接受最后阶段教育结束为止并且获得一定学历所花费的学习时间。这里必须强调以是否获得学历（或学位）作为衡量标准，因而个体不以获得学历为目的的自我学习时间不应计入。通常将个体受教育程度划分为若干等级以作为个体是否具备相应知识及个体受教育的标准化年限，而不以个体实际受教育年限衡量（因为两个学历相同的个体实际受教育时间可能不同，但其以学历来衡量的知识水平或者说标准受教育年限是相同的），学历与标准受教育年限的对应关系是：小学为5年，初中为8年，高中（含中专）为11年，大专14年，大学为15年，硕士为18年，博士为21年。企业的人力资本总存量就是企业所有员工标准受教育年限的总和，某时间全社会人力资本存量是截止到该时间全体从业人员标准受教育年限的总和，将这一总和除以从业人员数即代表该时间社会人均人力资本水平。不同企业、地区或国家的人力资本总量相比没有意义，只能比较人力资本水平高低，如果将人力资本作为投入要素，分析其与产出关系时，应使用总量指标而不能用水平指标。

用劳动者受教育年限来表示人力资本的优点是简单明了，缺点是没有对接受不同程度的教育加以区别。为此，计量不同受教育程度者的人力资本时，应采用系数加权，即对受教育程度高者给予更大的系数。加权系数可按如下两种方法确定：一种是以不同受教育程度从业人员的工资收入对比折算系数。目前可得的最新折算系数源于2008年中国人民大学社会学系的抽样调查数据，该调查采取随机抽样的办法，在全国28个省市抽取家庭户，然后从家庭户中随机选取一人为受访者。其调查结果显示，2008年小学毕业人员人均工资 11419.15

---

① 需要指出的是，用受教育年限表示的社会人力资本水平与全体国民人均受教育年限是两个不同的概念，前者反映的对象是参与社会生产活动的全体从业人员，而后者反映了全体人口的素质，其计算对象是全部人口，计算方法虽然一致，但反映的内容不同。

元，初中毕业人员人均工资为 18097.31 元，高中毕业人员人均工资为 22073.18 元，大专（正规）毕业人员人均工资为 32252.78 元，大学本科（正规）毕业人员人均工资为 40448.90 元，研究生及以上毕业人员人均工资 41428.57 元。以小学从业人数为 1 折算，初中则为 1.58，高中则为 1.93，大专则为 2.82，大学本科则为 3.54，研究生则为 3.62。第二种方法是以受教育年限数对比折算，以小学受教育年限数为 1，则初中受教育年限数为 8/5，高中（含中专）受教育年限数为 11/5，大专受教育年限数为 14/5，大学受教育年限数为 15/5，硕士受教育年限数为 18/5，博士受教育年限数为 21/5。

表 10-1 是采用方法一计算的我国 1983—2015 年人力资本存量（加权总受教育年限）。

表 10-1 1983—2015 年我国人均受教育年限

年份	人均受教育年限	年份	人均受教育年限	年份	人均受教育年限
2015	9.3	2004	8.3	1993	7.1
2014	9.2	2003	8.2	1992	6.8
2013	9.1	2002	8.1	1991	6.5
2012	8.9	2001	8.1	1990	6.4
2011	8.8	2000	7.9	1989	6.3
2010	8.7	1999	7.8	1988	6.2
2009	8.6	1998	7.7	1987	6.0
2008	8.6	1997	7.7	1986	5.9
2007	8.5	1996	7.5	1985	5.8
2006	8.4	1995	7.4	1984	5.7
2005	8.4	1994	7.3	1983	5.6

2. 人力资本的其他非货币化计量方法

除了使用受教育年限来计量人力资本的价值以外，还可以利用其他方法来计量人力资本的价值。

第一，工作、闲暇时间分配比例与人力资本。人力资本水平不仅影响工资率水平，而且影响劳动力在劳动力市场上的活动时间（工作时间）的长短以及其他生活时间的分配结构。一般而言，人力资本水平越高，工作时间越长，家务劳动时间越短。因此，可以用工作时间与闲暇时间的比例来反映个人人力资本水平。家务劳动是一种非市场劳动，在有酬的市场劳动和无酬的家务劳动两种行为的选择过程中，选择者的时间经济价值起着重要作用。对于时间价值较高的人来说，其机会成本也更高，这就会使其选择社会劳动，而用其收入的一部分购买用于家务的商品或服务。按照选择理论可以推论，时间经济价值高者，家务劳动时间少，工作时间多；相反，时间经济价值低者，家务劳动时间多，而工作时间少。

第二，个人财富与人力资本。人力资本价值应该是其主体能力的体现。张维迎基于个人财富比经营能力更易于观察这一假定，以及一个人选择当企业家的临界能力与他个人资产成正比，证明了个人财富能用来显示一个人的经营能力。①但是，个人财富不完全是经营能力的体现，因为财富是最初到现时累积的结果，而一个工作时间较短的大学毕业生，可能其财富为 0，但其人力资本存量肯定高于一个已经工作较长时间的高中毕业生。再加上生活中"富而不能、能而不富"现象在我国较为普遍。因此，人才市场上用人单位也很少将个人财富作为选聘标准，用其作为人力资本的计量标准也就不太恰当。

第三节 中国人力资本现状

以下所做的分析表明：中华人民共和国成立以来，我国教育事业取得了巨大发展，各种培训、学习活动得到大力开展，与此相适应，人力资本也得到快速积累。但是，也应该看到，由于长期以来国家教育发展政策、人力资本开发政策上存在的重大偏差，与发达国家比较而言，我国人力资本无论在质量上还是在数量上，抑或在发展速度上，都相对落后。

以下内容集中分析我国人力资本现状，力图找出这方面存在问题的基本原因，以便为深化改革时期的教育政策、人力资本政策调整工作提供理论依据。

一、我国现有人力资本存量状况

中华人民共和国成立后六十多年来，我国的成人文盲率已经不到总人口的 3%。2010 年我国就业总人口达到 7.6 亿，我国人力资本存量已经达到 571057.78（年万人），是 1964 年有人力资本存量统计以来的 8.1 倍，同时期我国人口增长 1.9 倍，统计下来，50 年间我国人口素质提高了 4 倍多。同时期，在全国 14 岁以上人群中，平均受教育年限也由 2.6 年提高到 7.5 年，增加两倍。目前，虽然我国人力资本总量水平有了较大提高，但与发达国家相比还有明显差距，这主要表现为以下几个方面。

---

① 张维迎. 企业的企业家——契约理论[M]. 上海：上海三联书店，1995.

第一,我国15~59岁的劳动人口绝对数量已于2012年首次出现下降,2012年劳动人口绝对数量减少了345万人,劳动人口占总人口的比重也下降了0.6%。到2014年,16~59岁劳动年龄人口为9.16亿,比2013年减少371万人,占人口比重为67.0%,比2013年减少0.6个百分点。劳动人口的初次下降主要是由于低龄人口比重下降、劳动年龄人口增速放缓、老龄化速度进一步加快所导致。因此,作为中国三十多年经济高速增长最重要的力量之一,中国的人口红利正逐步消退,如果这种趋势持续下去,必然导致未来我国人力资本存量的下降。

第二,人力资本来源分布极度不平衡。通过对劳动年龄人口初始户籍分布调查发现,农村人口超过60%还只有初中及以下教育程度,大专及以上受教育文化程度只有8%;同时期,在城市户籍人口中,14~59岁劳动人口中70%以上接受过高中及职业技校以上教育,接受过大专以上高等教育的占到30%以上。从侧面说,提高农村户籍人口的受教育程度,是提高我国人力资本存量的重要途径。

第三,科技创新能力偏弱。科技创新能力的大小与人力资本水平高低成正比,中国与发达国家在知识创新能力方面差距十分显著。尽管2012年中国专利申请总数首次超过美国,跃居世界第一位,但中国每百万人口专利申请数大约只有韩国和日本的10%,不到美国的30%,也显著低于英、法、德等发达国家。

二、我国现有人力资本分布状况

在经济社会中,较深层次的经济资源动态分布集中表现为人力资本的流动和再配置,即人力资本载体——蕴涵一定人力资本的劳动者,按照经济发展的客观要求在不同经济领域间以及在各产业间的流动和配置。[①]目前,我国人力资本配置市场存在的主要问题有两个:(1)人力资本的供求表现出结构性失衡,出现人才短缺与人才闲置(浪费)并存现象。一方面,用人单位抱怨找不到自己需要的人才,尤其是新兴产业所需要的高级信息人才、技术人才和国际化管理人才严重短缺;另一方面,人才市场又滞留着众多的求职者(其中不乏高学历者),很多人找不到自己需要的工作;此外,不仅高端人才市场出现了结构性失衡,低端的技术劳务人才市场也出现了结构性失衡,熟练的蓝领技术工人同样供不应求。根据《中国人力资源服务业发展报告(2014)》数据显示:截至

---

① 劳动力流动五种主要形式:(1)劳动者在就业、失业和不参加劳动三种状态间流动;(2)在同一单位内不同工作岗位流动;(3)在不同职业间的流动;(4)在不同产业间和同一产业内流动;(5)在不同地区间流动。这里主要指的是后两种。

2014年底，我国人力资源服务行业已设立各类人力资源服务机构2.5万家，从业人员40.7万人，行业全年营业总收入达到8058亿元，比上年增长了16.03%。从人力资源服务机构构成类别看，县级以上地方政府人社部门共设立公共就业和人才服务机构7332家，比2013年增加850家，占人力资源服务机构总量的29.1%；国有性质人力资源服务机构1352家，比2013年增加200余家，占5.4%；民营人力资源服务机构15558家，比2013年减少约3000余家，占61.6%；外资及我国的港资澳资台资性质的服务机构224家，与2013年基本持平，占0.9%；民办非企业等其他性质的服务机构760家，占3.0%。但是这些人才服务市场仅仅是起到提供一个信息传递、信息交流的作用，并没有发挥培训技工、培训劳动者的作用。

我国现有人力资本在分布上存在一些问题，不能很好地适应经济社会发展，主要表现为人力资本在地区分布、城乡分布、产业分布和不同层次分布等方面存在失衡现象。

1. 人力资本的地区分布失衡

由于空间位置的差异以及面临发展机遇的不同，长期以来，我国经济发展呈现出明显的地区特征，东部、中部和西部地区的生产力水平依次递减。与此相类似，三大地区的人力资本存量也呈现出地区特征。地区间人力资本存量的大小既是经济发展水平高低的结果，也是影响经济发展的原因。我国东、中、西部地区的人力资本存量大小存在着严重不均衡，这可以从以下几方面来分析。

第一，从受教育水平方面来看。根据第六次人口普查数据，我国30个省、市（自治区）人口受教育程度最低的是西藏，其人均受教育水平仅仅为1.81年，远远低于全国平均水平的5.2年，受教育程度最高的是北京的7.72年，这也可以看出我国人均受教育水平出现较大差异。由于西藏的特殊性，我们排除西藏之后，受教育程度最低的是云南省，人均受教育年限为3.59年，云南和北京两个地区之间也相差4.1年。我们从全国各个大地区内部来看，区域内部和区域之间的差异程度也很大。区域内部差别最大的也是云南所在的西南地区，区域内部差别最小的是华南地区。

第二，从影响人力资本的多因素方面来看。教育（包括正规教育和在职培训两部分）、研究与开发、健康等因素都影响着人力资本存量的大小。我们可以借鉴发展经济学中衡量发展水平的指数方法，用其衡量人力资本的存量，即PQLI（The Physical Quality of Life Index）指数，又称为"生命素质指数"。这里分别选取指标从业人员的受教育程度与职工技术培训系数和农民技术培训系数、专利拥有量系数和科技人员拥有量系数、预期寿命和婴儿存活率等，利用数学模型来计算各地区的人力资本存量，丰裕程度越高的地区人力资本存量也就越大。其计算结果显示,东、中、西部地区的人力资本丰裕系数分别为183.18、174.45、173.42,全国为178.20,这表明中、西部地区均低于全国水平。① 胡鞍钢也对地区间人力资本进行了研究,他认为西部地区除吸收知识能力与东部差距不大外,西部综合知识发展程度、人均专利授权数和获取知识能力分别仅相当于东部的35%、30%和14%。②

第三,就西部地区内部而言,也存在着人力资本分布不均的问题。行业方面,约有60%以上的专业技术人员集中在国家机关、事业单位和中央部属大、中型企业当中;空间方面,西安、重庆、成都等城市的人力资本水平较高。例如新疆的人口28.61%集中于乌鲁木齐市,其自然科学专业技术人员占全区的37.5%,社会科学专业技术人员占全区的36.6%。③

2. 人力资本的城乡布局失衡

我国经济发展呈现出典型的城乡二元结构,人力资本也表现出二元特征。第五次人口普查显示,截至2000年,城市大专及以上文化程度占比为11.74%,镇、村两级分别为5%和0.52%,城市与乡村之间的差距为11.22个百分点;而第六次人口普查显示,截至2010年,城市大专及以上文化程度达到32.7%,镇一级比重上升到14.33%,而村一级的比重仅为2.56%。从其中可以得出,城市大专及以上文化程度比农村高19.44个百分点。这说明,10年来,此差距明显扩大,扩大了8.22个百分点。农村的文盲率也明显高于城市,只有小学文化程度和未上过学的人口比重农村地区远远高于城市地区。

目前,我国城市人力资本积累基本上处于中等和高等教育阶段,而农村尚处于普及初中和小学教育阶段。在农村劳动力中,受过专业技能培训的仅占21.68%。在2012年新转移的农村劳动力中,受过专业技能培训的只占26.89%。农村劳动力素质不高,缺乏劳动技能,影响其向非农产业和城镇的转移。城乡和地区间劳动力人口整体素质差异过大,既不适应城市化进程的需求,也不利于农业劳动生产率的提高和农业产业化的推进。

3. 人力资本的行业分布失衡

劳动力受教育程度偏低,直接导致了我国劳动力产业结构失衡,产业、行业人力资源结构性矛盾突出。从人才产业结构看,第一、第二、第三产业人才分布结构为5.1%、20.5%、74.7%。其中,大学文化程度的劳动力约有2/3集中于非物质生产部门,即教育、卫生、科研、行政机关、金融保险等行业。

根据全国第六次人口普查数据分析,从事传统农业的人口中有90%受过教

---

① 闫淑敏,段兴民. 西部人力资本存量的比较分析[J]. 中国软科学,2001(6).
② 胡鞍钢. 地区与发展:西部开发新战略[M]. 北京:中国计划出版社,2001.
③ 闫淑敏,段兴民. 西部人力资本存量的比较分析[J]. 中国软科学,2001(6).

育，大多只上过小学，或者是小学没有毕业，制造业、建筑业、采掘业、交通运输和仓储业受过初中教育水平的分别占比为 84%、91%、86%、93%，上述四个行业中接受过高中及职业学院以上教育程度的不满 5%，在金融、保险、地质勘查、卫生、社会福利事业等行业中，从业人员有 76%以上具有大专以上文化程度。在教学、科研以及综合服务、外贸行业中，其人员有 56%具有大学本科以上文化程度。通过上述数据可以看出，在体力劳动和技术要求低的行业中，从业人员受教育程度普遍偏低，在脑力劳动以及技术要求高的行业中，受教育程度普遍偏高。

4. 不同层次的人力资本比例失衡

受教育程度和掌握技术熟练程度的不同都影响着人力资本水平的高低。我国不同水平上的人力资本存量存在比例失衡现象。根据全国第六次人口普查数据，截止到 2010 年，我国教育类人力资本为 27609 亿元，比 1978 年增长了 26 倍；卫生类人力资本存量为 27582 亿元，比 1978 年增长 17 倍；科研类人力资本存量为 3523 亿元，比 1978 年增加 6 倍；培训类人力资本存量为 1056 亿元，比 1978 年增长 8 倍；迁移资本存量为 2281 亿元，比 1978 年增长 4 倍。可以看出，改革开放以来，科研类人力资本增长速度比较慢，存量也比较少，迁移类人力资本增长速度最慢，这也从侧面说明了我国人力资本流动速度比较慢，科研类和迁移类从业人员受教育年限比较长，素质高，这说明了我国高科技人才增长缓慢。

三、我国现有人力资本投资状况

形成人力资本的投资途径有多种，主要包括国民教育、医疗卫生以及社会的、企业的职业培训等，但是重点则是各类教育投资活动。

1. 我国教育投资状况

教育是形成人力资本的主要途径，一个国家或地区的教育投资越多，越有效率，其人力资本总量也越高。一般来说，教育分为初等教育、中等教育和高等教育三个层次。这里分别从教育投资规模和结构的角度来进行说明。

我国教育投资规模不大，一般来说，在经济发展水平较低时，教育投资占国民生产总值的比重随着经济的发展逐步上升，当经济发展到较高水平时，则会呈现出稳定或缓慢增长的态势。陈良昆教授等人曾选取了人口在 1000 万以上的 38 个国家 1961—1979 年 19 年的统计数据，计算出相同经济发展水平条件下，政府财政性教育投资的国际平均水平（见表 10-2）。

表 10-2 教育经费支出占 GDP 比例的国际平均水平（1980 年美元价格）

人均 GDP（美元）	300	400	500	600	700	800	900	1000
财政性教育经费占 GDP 比重（%）	3.29	3.52	3.69	3.84	3.96	4.06	4.16	4.24

资料来源：蒋洪. 2000 中国财政发展报告[M]. 上海：上海财经大学出版社，2000：244.

据统计，我国人均 GDP 在 2003 年达到 1090 美元，按照以上规律，我国财政性教育经费占 GDP 的比重应在 4%以上。但实际情况是这一比例在 1986 年达到最高点后就陡然降落，1988—1992 年处于徘徊阶段，随后一直处于低迷状态。其比重在 1997 年为 2.49%，虽然比 1996 年有所提高，但仍低于《教育法》实施前 1994 年的 2.68%，更低于 1980—1994 年各年度。在政府一再加大对教育投资后，财政性教育经费占 GDP 的比例在 2001 年终于达到 3.19%，2002 年继续上升为 3.41%，达到 1989 年以来的最高水平（见表 10-3）。但这与世界其他国家的差距仍然甚大。早在 1995 年，财政性教育经费占 GDP 的比重，美国、英国、日本、巴西、俄罗斯、印度，分别是 5.3%、5.5%、3.8%、5.2%、4.1%、3.5%，世界平均水平为 5.2%。从表 10-3 可以看出，这与中共中央、国务院在 1993 年颁发的《中国教育改革和发展纲要》中提出的"到本世纪末，国家财政性教育经费支出占国民生产总值的比例应达到 4%"的目标还有一段不小的距离。[①]直到 2012 年，我国财政性教育经费支出占国民生产总值的比重才首次突破 4%。

表 10-3 财政性教育经费支出占 GDP 的情况（%）

年份	国家财政总支出（亿元）	国家财政性教育经费（亿元）	国家财政预算内教育支出（亿元）	国家财政性教育经费支出占GDP比重（%）	国家财政教育预算内支出占国家财政比重（%）
1990	3083.6	548.7	433.9	3.10	14.07
1991	3386.6	617.8	459.7	3.02	13.57
1992	3742.2	728.7	538.7	2.65	14.40
1993	4642.3	867.8	644.4	2.46	13.88
1994	5792.6	1174.7	884.0	2.44	15.26
1995	6823.7	1411.5	1028.4	2.32	15.07
1996	7937.8	1671.7	1211.9	2.35	15.27
1997	9233.6	1862.5	1357.7	2.36	14.70
1998	10798.2	2032.4	1565.6	2.41	14.50

---

① 这一目标后来又在《教育法》中以法律形式做了相应规定，即规定"国家财政性教育经费支出占国民生产总值的比例应当随着国民经济的发展和财政收入的增长逐步提高。具体比例和实施步骤由国务院规定"。

续表

年份	国家财政总支出（亿元）	国家财政性教育经费（亿元）	国家财政预算内教育支出（亿元）	国家财政性教育经费支出占GDP比重（%）	国家财政教育预算内支出占国家财政比重（%）
1999	13187.7	2287.2	1815.8	2.55	13.77
2000	15886.5	2562.6	2085.7	2.58	13.13
2001	18902.6	3057.0	2582.4	2.79	13.66
2002	22053.2	3491.4	3114.2	2.90	14.12
2003	24650.0	3850.6	3453.9	2.84	14.01
2004	28486.9	4465.9	4027.8	2.79	14.14
2005	33930.3	5161.1	4665.7	2.78	13.75
2006	40422.7	6348.4	5795.6	2.92	14.34
2007	49781.4	8280.2	7654.9	3.09	15.38
2008	62592.7	10449.6	9685.6	3.30	15.47
2009	76299.9	12231.1	10437.5	3.59	13.68
2010	89874.1	14670.1	13489.6	3.66	15.01
2011	109247.8	18586.7	17821.7	3.93	16.31
2012	125952.9	22236.2	20314.2	4.28	16.13
2013	140212.1	24488.2	21405.7	4.30	15.27
2014	151785.6	26420.6	22576.0	4.15	14.87

资料来源：国家教委和国家统计局发布的《全国教育经费执行情况统计公告》。

从教育投资结构上看，我国的教育投资结构也不够合理。世界上其他国家的经济发展表明，初等教育、中等教育和高等教育的投资收益率是递减的。因此，大多数国家都是优先发展初等和中等教育，普及初等和中等教育后，再大力发展高等教育。虽然我国教育财政支出不断增加，但是相对于发达国家和其他发展中国家，我国的教育支出规模还是偏小，2010年教育支出占GDP的比重，世界平均水平为4.9%，发展中国家为4.1%，发达国家为5.1%。可以看出我国教育财政支出低于世界平均水平，远低于发达国家水平。

另一方面，我国教育支出区域分布很不平衡，东部发达地区财政支出比中西部欠发达地区的财政支出比重高得多。2014年，我国各个省级财政支出最高的是广东，教育财政支出为1808.97亿元，最低为宁夏回族自治区，教育财政支出为122.68亿元。从人均教育支出来看，北京市排在第一位，人均教育经费支出达到3448元，最低的为河北省，人均教育支出仅仅为1176元，上海高出安徽4.6倍。归根结底，教育财政支出的不平衡是经济发展水平的不均衡造成的。

1994年实行分税改革后，财政结构发生了变化，中央财力所占比重不断增大，地方财政特别是县、乡两级财政所占比重逐年减小，许多农业县财政成为"吃饭财政""赤字财政"，已无力承担教育经费的正常支出。农村税费改革后，进一步切断了乡统筹教育基金和农村教育集资，中小学校的发展和建设资金更加短缺。于是中小学巧立名目乱收费现象屡禁不止，一些地方乱收费的项目达25种之多。①2013年，全国共查处教育乱收费涉案金额达1.62亿元，3218人受到党纪政纪处理，对42起教育乱收费问题公开通报，对1592件群众举报进行了督办。这些问题的核心就是经费问题和投资体制问题。

2. 我国科技投入与企业培训投入状况

科技投入的多少、研究与开发活动程度的高低直接决定和影响着一国技术进步的条件和人力资本总量的多少。通常用研究与开发（R&D）经费来衡量科技投入的水平。②一般来说，在经济发展的不同阶段，对科技有不同需求。发展中国家在人均GDP较低时，一般处于技术引进、仿制为主的阶段，其R&D经费占GDP的比例不足1%；经济发展到一定程度时，进入以技术的消化、吸收、改进为主的阶段，R&D经费占GDP比例往往超过1%；然后就是以自主创新为主的阶段，比例一般超过2%。我国目前已经进入以消化、吸收、改进为主的阶段，正在向自主创新阶段迈进。通过近几年来的努力，R&D经费占GDP的比例逐步提高，已由2006年的1.52%增加到2015年2.07%，超过巴西和印度等国，与发达国家的R&D经费投入基本处于同一水平（见表10-4）。目前发达国家该比例普遍为2%以上，世界平均水平为1.4%。

表10-4 中国R&D经费及其占国内生产总值的比重（2006—2015年）

（单位：亿元）

年份	2006	2007	2008	2009	2010
经费投入	3303.3	3710.2	4616.0	5802.1	7062.6
GDP	217657	268019	316752	345629	408903
比重	0.0152	0.0138	0.0146	0.0168	0.0172
年份	2011	2012	2013	2014	2015
科技投入	8687.0	10240.0	11846.6	13400.0	14000.0
GDP	484124	534123	588019	635910	676708
比重	0.0179	0.0191	0.0201	0.0210	0.0207

资料来源：《全国科技经费投入公报》。

---

① 分别为"素质教育费""实验班费""增化补差费""奖学金费""军训费""保安费""补课费""台椅费""注册费""考试费""窗帘费""设备费""托管费""文娱费""校牌费""学号卡费""校园卡费""兴趣活动费""电教管理费""周六实验活动费""计算机学习费""体育器材管理费""间乐教育实验费""美术材料学具费"等。参见：民盟中央. 规范学校收费制度，杜绝乱收费[N]. 光明日报, 2002-03-21.

② 科技投入可以用科技投入总经费、R&D经费以及国家财政科技经费支出等三个指标衡量。

总的来说,目前我国在科技投入方面存在以下几个问题:(1)科技投入水平有待进一步提高。尽管最近几年我国的科技经费投入有了很大的提高,但我国是后发国家,正处在经济发展的赶超期,目前的经费投入仍难以有效满足经济社会发展的需要。(2)科技投入是科学研究和技术创新活动的物质基础,科技投入的最终效果体现在经济增长上。因此,在不断提高科技投入占GDP的比例的同时,必须有效提高科技投入的效率,通过科技投入资源的合理配置,真正促进经济社会发展。目前,我国的科技投入效率还不高,其对社会发展的贡献率仍较低。政府在制定经济发展战略和科技政策时,应充分认识到科技投入和GDP两者之间的良性互动关系,最大限度地提高科技投入在促进经济增长中的作用[①]。

另外,职工在职培训是其在完成正规教育参加工作以后继续接受新技术、新知识的有效途径,对职工提升人力资本有着重要意义。因此,发达国家都非常重视员工的在职培训。通过分析2012年的数据可以看出,在我国员工培训经费来源之中,企业占到67.1%,政府占到26.7%。这与其他国家相比,我国员工培训经费来源基本是合理的。

表10-5　2012年部分国家员工培训经费的来源(%)

国家	中国	美国	日本	英国	法国	德国
企业	67.1	65.1	77.2	45.3	52.3	67.5
政府	26.7	29.1	16.1	31.9	38.4	28.3
其他	6.2	5.8	6.7	22.8	9.3	4.2

数据来源:《中国劳动统计年鉴——2013》。

3. 医疗卫生投入状况

劳动者身体健康状况是构成人力资本存量的一部分,一国的医疗卫生投资(即健康投资)的多少影响着其人力资本总量水平。在大多数情况下,健康投资的回报主要借助于疾病损失的减少来间接计算。可是,投资于健康的重要性常常被遗忘,政府对于健康服务直接相关的医疗卫生事业的投资远没有达到对教育事业的那种关切程度。

虽然我国城镇职工、城镇居民和新型农村合作医疗三大保险已经覆盖了全国95%的人口,但是由于城乡之间、不同地区之间、不同收入群体之间经济差异等问题,难以建立全国统一的筹资标准,保障水平仍然有较大提升空间,加之长期以来医疗保险费用控制机制薄弱,不仅浪费了大量的医疗资源,而且极大地削弱了医疗保险的公平性和疾病风险保障作用,最直接的反映就是在老百

---

① 黄滢.中国科技投入和经济增长的关系:1978—2009[J].时代金融,2014(6).

姓看病方面个人卫生支出部分仍然很高,"因病致贫、因病返贫"现象没完全消除[①]。

1978—2011年,我国个人卫生支出总额从22.52亿元增加到8465.28亿元;个人卫生支出占卫生总费用的比重从1978年的20.4%一路飙升至2001年的60%,2002年后才有所下降。新医改实施后的三年(2009—2011年),个人卫生支出总额从6571.2亿元增至8465.3亿元,2010和2011年分别增长7.3%和20.1%。[②]根据《2015年中国卫生和计划生育事业发展统计公报》显示,2015年全国卫生总费用为40587.7亿元,其中个人卫生支出占比为29.97%,比上一年下降2.02个百分点,实现了"十二五"规划目标(降到30%以下)。

4. 我国人力资本投资收益率分析

人力资本投资内容较多,包括教育、在职培训、医疗保健、迁移等方面的投入,但人们更为关心的则是这些不同类型投入的经济收益率情况。这里,仅以教育为例,对我国教育投资的一般收益状况进行简要说明。

根据投资主体的不同,教育投资可分为社会投资和个人投资。个人投资表现为个人及家庭投资于个人的正规学校教育和职业教育,它一般通过日后的个人收入来获得收益。同时,教育投资具有外部经济性,因此社会必须参与教育投资,补充个人投资的不足,以获得国民收入的提高和社会财富的增长。据此,教育投资收益率可分为社会教育投资收益率和个人教育投资收益率。目前,我国政府对教育的投资远低于发达国家,甚至低于印度等一些发展中国家。

表10-6给出了处于不同经济发展水平国家的教育投资收益率。该表数据说明,我国社会教育投资平均收益率为13.14%,低于世界的平均水平17.8% [(27.0%+14.4%+12.1%)/3]。个人教育投资平均收益率为9.39%,也远低于世界的平均水平22.6% [(32.3%+17.3%+18.3%)/3]。李忠民1994年计算得出我国初等教育、中等教育、大学教育和硕博教育的个人投资收益率分别为11.42%、5.76%、2.96%和4.28%。另外,邹至庄(1997)、杰密森(1987)、李实和李文彬(1994)、诸建芳(1995)等学者也对我国教育投资收益率进行了测算,由于选取的样本地区和使用方法的不同使得结果也有所差别。

---

① 徐明江. 1978—2011年我国个人卫生支出的影响因素研究[D]. 南宁:广西医科大学,2014.
② 徐明江. 1978—2011年我国个人卫生支出的影响因素研究[D]. 南宁:广西医科大学,2014.

表 10-6　各国经济发展水平与教育投资收益率

收益率 教育层次	社会投资收益率（%）			个人投资收益率（%）		
	初等教育	中等教育	高等教育	初等教育	中等教育	高等教育
世界各国平均	27.0	14.4	12.1	32.3	17.3	18.3
低收入国家	28.3	17.4	12.6	28.8	14.3	19
中等收入国家	30.3	11.3	13.0	42.2	19.5	24.4
高收入国家	9.6	10.0	9.2	13.5	11.7	11.9
中国	13.14（1997年）			9.39（1997年）		

注：李忠民. 人力资本——一个理论框架及其对中国一些问题的解释[M]. 北京：经济科学出版社，1999：71）。其中教育投资收益率=教育收益/教育投资；社会收益率=社会纯收入/教育总投入；个人收益率=个人纯收入/个人教育成本。

以上分析说明，一方面我国用在教育和培训等方面的人力资本投资不足，另一方面人力资本的投资收益率与国外相比又比较低下，这影响了家庭和社会对人力资本投资的积极性。除了教育投资收益率偏低问题外，在我国最近几年还明显存在人才流失和浪费严重现象。我国的人才流失主要表现在两个方面，一是出国留学，学成不归；二是流到外资或合资企业。从 20 世纪 80 年代初至 2012 年底，中国各类公派赴美留学人员约占公派体系内的一半以上。根据《2015 美国门户开放报告》显示：2008 年，中国在美留学生总数为 81127 人，比 2007 年增长了 13404 人，2009 年的人数增长了 21.1%，在美留学生人数达 98235 人。2010 年较之 2009 年增长了 30.0%，在美留学人数达 127628 名。当年中国在美留学生总数首次超过印度，成为美国大学第一大国际生源地。2015 年在美留学生总数为 304040 人，占美国全部留学生总数的 31.2%。加入世界贸易组织后人才竞争形势日益严峻，我国面临的人才安全形势不容乐观。其中一个主要表现就是，我国短缺的重要、关键人才具有全球趋同性，即我们所缺的也是人家所缺的。比如目前我国人才缺口较大的现代通信、生物工程、电脑芯片制造和软件设计等高新技术人才、熟悉国际金融和世贸组织规则的人才、既懂经营又善管理的复合型人才等，美、日、英、法等发达国家也很短缺。加入世界贸易组织后许多外国公司在中国设立的研发机构实际上成了外资企业争夺我国高层次人才的桥头堡。毫无疑问，高端人才的流失将会对中国高速发展的经济产生影响，创新乏力是其中一个体现。在世界知识产权组织发布的 2015 全球创新指数中，中国仅排在 141 个国家中的第 29 位。在国际移民大潮中，近几年中国海外移民也呈扩大趋势。中国社科院 2007 年发布的《全球政治与安全》报告显示，中国已成为世界上最大的移民输出国，中国知识精英的流失也成为全球之首。根据《2012 中国留学生报告》显示：自 1978 年以来，中国有 107 万海外留学生，而只有 27.5 万人回国，有近 3/4 的人才流失海外。人才流失、特别是关键人才流失已经影响到国家安全，这是不容回避的现实。

另外，我国人才浪费现象也很严重，主要表现在三个方面：一是"学非所用""用非所学"现象比较普遍。我国自20世纪90年代以来，由于脑体倒挂、行业收入差别拉大等原因，引发"改行""跳槽"的增多。在人才市场上，用人单位对所需的人才的学历和要求呈现出一种普遍的走高趋势，人才高消费导致高能低就，高层次的人才不能尽情发挥其创造力，造成人才培养上的浪费。二是科研机构的重复建设，研究方向任务的雷同，使得科研课题重复，很多人重复做同一件事情，造成人才使用上的浪费。三是供需不平衡，使用人的地方得不到人才，不用人的地方挤了一大堆。比如一些高学历的待业青年大多停留在大中城市，而急需大学生的乡镇企业却得不到支援。

四、我国现有人力资本使用状况

经济增长是物质资本、劳动、人力资本等生产要素投入的结果。二十多年来，我国物质资本和人力资本的投入不断增加，尽管二者与国际比较而言均存在经济收益率偏低问题，但在相当程度上还是适应了我国经济持续增长的客观要求。其中，人力资本贡献表现为越来越大，这可以从几个层次予以证明。

第一，人力资本对总产出增长的影响。国内有人运用"柯布—道格拉斯标准生产函数"对不同生产要素在经济增长中所做的贡献进行了研究，结果发现，在资本、劳动力与人力资本三种要素中，资本对经济增长的贡献最大，其次是人力资本，人力资本对经济增长的贡献程度超过20%。[1]史清琪等人采用索洛1957年提出的增长速度方程测算出我国1980—1994年技术进步对经济增长的贡献为30%。[2]中国科学院可持续发展研究组认为，我国技术进步对经济增长的贡献率在1982年为19%，在1999年不到30%。[3]预计到2020年，科技进步对经济增长的贡献率将达到60%。另外，李京文等对我国1953—1995年分时期总量产出、投入和综合要素生产率增长率的分析表明，在这43年中，我国经济增长中86.73%靠要素的投入，其中资本的投入贡献占68.52%，劳动投入贡献占18.21%，综合要素生产率的贡献只有3.27%。造成综合要素生产率贡献低下的主要原因是1953—1977年间其为-20.23%引起的。在1978—1995年期间，综合要素生产率的贡献率则为36.23%。[4]这里技术进步和综合要素生产率其内涵都是指通过影响资本和劳动力数量基本生产要素的配置、质量的改善所提高

---

[1] 孟夏. 经济增长的内生技术分析[M]. 天津：天津人民出版社，2001：173.
[2] 史清琪. 实现集约型经济增长途径研究[M]. 北京：经济管理出版社，1997.
[3] 中国科学院可持续发展研究组. 1999年中国可持续发展战略报告[M]. 北京：科学出版社，1999.
[4] 李京文，钟学义. 中国生产率分析前沿[M]. 北京：社会科学文献出版社，1998：101.

的产出效率，都是由人力资本积累引起的。

　　第二，人力资本对经济增长的影响效应。1978—2010 年中国经济保持平均 9.93%的速度增长，人力资本积累的贡献率约为 25.18%。由前文内容可知物质资本的要素产出弹性虽然小于人力资本，但物质资本 1978—2010 年的平均积累速度为 12.14%，大于人力资本的积累速度 10.25%，故物质资本积累对经济增长的贡献要强于人力资本，而人力资本的贡献也不容忽视。其次，从变动趋势来看，人力资本积累对经济增长贡献的变动趋势与简单劳动投入对经济增长贡献的变动趋势基本保持一致，且人力资本的贡献大于简单劳动的贡献。[①] 这是因为不同人力资本水平的劳动力其自身生产效率以及对他人产生的外部效应也不同。从人力资本结构对行业产值贡献度来看，从第一产业到第二、三产业，初等人才的作用逐渐降低，而中、高等人才的作用逐渐显现，特别是中等人才，比如在占 GDP 比重的 40%左右的工业中，中等人才有着不可替代的作用，贡献度非常明显，但是在公共财政预算的教育拨款中，除去必需的义务教育经费，其分配往往又向高等教育倾斜，中等教育支出是最低的。这样，从中等人才教育的投入和其对行业贡献度大小来看，两者不相匹配，教育支出结构需要做出调整，应该适当增加中等教育经费，特别是中等职业教育经费的增加，这几年教育问题凸显，高等教育"知识人才过剩"，而职业技术人才短缺，这可能也是高等人才在某些行业中贡献不明显的原因，但是教育支出在职业教育上比重仍很低，导致中等技术型人才现在是中国最稀缺的。因此，需要保证教育支出合理地持续增长，寻找可加大投入点和可持续增长点十分重要。[②]

　　第三，人力资本产业间流动和配置对经济增长的影响。早在 17 世纪，威廉·配第与克拉克提出的配第—克拉克定律就阐明了劳动力在产业间流动和配置的规律，即随着人均国民收入的提高，劳动力首先会从第一产业向第二产业转移，而工业化完成时，劳动力又向第三产业转移。从 20 世纪 90 年代初期起，随着工业化的不断发展，我国农村剩余劳动力以每年 2000 万到 3000 万的规模向非农产业转移和向城市涌入。1993 年乡镇企业就业人口达到 1.2 亿，超过了国有企业的就业人口，这个数字相当于三十多年前城市工业吸收劳动力之和，乡镇企业的产值曾达到工业总产值的一半。广大农村剩余劳动力向第二、三产业的转移大大增加了农民收入。有研究表明，1983—1993 年间我国农民工资性收入[③]主要取决于户均劳动力数量和受教育年限，而 1994—2000 年间则主要取

---

① 付宇. 人力资本及其结构对我国经济增长贡献的研究[D]. 长春：吉林大学博士论文，2014.
② 陈晓声，吴晓忠. 教育支出、人力资本形成及对不同产业贡献度分析[J]. 未来与发展，2014（3）.
③ 工资性收入主要包括农民在乡村组织内等非企业组织中劳动得到的收入、在企业劳动得到的收入、常住人口外出务工收入和其他单位劳动得到的收入。

决于劳动力受教育年限和外出打工人数比重。[①]可见,农村剩余劳动力转移的收益率很高。

第四,人力资本地区间流动和配置对经济增长的影响。由于受工作环境和收益的影响,我国目前人力资本地区间的流动和配置表现出这样的特点:大量有知识、有技术、受教育程度高的劳动力从农村向城市转移,形成"民工潮";从西部边远地区向东部和沿海发达地区转移,出现"孔雀东南飞"现象;从经济不发达地区向经济发达地区转移。这一方面满足了城市建设初期对大量低级劳动力的需求,加快了城市化进程,同时也促进了东部沿海地区的发展;但另一方面,城乡之间、东西部之间人力资本存量差别越来越大,出现失衡现象,这不利于西部大开发战略的实施,不利于国民经济的均衡发展和持续增长。例如,当西部地区通过投入大量物力和财力积累的人力资本流向东部地区时,东部地区就免费获得人力资本,加速经济发展,而西部地区的人力资本投资却没有收益,阻碍经济发展,经济越落后,人才就越容易流失。这就陷入了一个恶性循环:西部地区越落后——人才越流失——西部人力资本投资的积极性就越不高——西部人力资本存量就越少——西部地区就越不发展,使得东西部地区经济发展水平的差距越来越大。有关研究也表明:有形物质资本投入的差异性对我国东西部地区总体差异的解释作用仅为19%,其余大部分应当直接或间接归因于以人力资本为依托的知识、技术、信息等无形因素。[②]近年来,随着鼓励"大众创业、万众创新"政策的密集出台,部分具有技术和管理经验的农民工陆续返乡创业,这也为农村地区人力资本形成和促进农村经济增长奠定基础。根据人社部 2015 年上半年定点监测数据显示:截至 2015 年 6 月末,500个行政村本地非农就业人数为 6.0 万人,比上一年同期增长 3.3%,其中劳动力自主创业 1.3 万人,同比增长 3.1%,高于转移就业总人数的增幅。[③]人力资本在产业间和城乡间的流动改善了人力资本和物质资本的配置效率和生产效率,大大促进了经济的增长。

总之,与物质资本不同,人力资本的合理流动和有效配置,不仅会直接影响人力资本对经济增长作用的发挥,而且也将影响其他经济资源的配置效率、生产要素的重组和经济结构的优化,既能产生个人收益,又能产生社会收益。

[①] 段庆林. 中国农民收入增长的影响因素研究[J]. 广东社会科学,2002(6).
[②] 李玲. 人力资本运动与中国经济增长[M]. 北京:中国计划出版社,2003:155.
[③] 为动态掌握农村劳动力外出就业状况,人力资源和社会保障部自 2008 年起开始对 10 个劳务输出大省的 500 个行政村的农村劳动力转移就业状况进行定期监测。本书数据来源于人社部公布的 2015 年上半年农村劳动力转移就业定点监测数据以及《人民日报》2015 年 7 月 30 日公布的《就业形势稳中向好》报告。

第四节 深化改革时期的人力资本政策

深化改革时期,我国应该侧重实施"知识发展战略",该战略的目标是,以人力资本为主导,尽可能地发挥人力资本在经济发展中的核心作用。要成功地实行以人力资本为主的知识发展战略,政府则需制定并不断完善我国深化改革时期的人力资本政策。就发达国家经验看,制定合意的人力资本政策之所以重要,因其有助于经济社会在较短时期内建立、完善人力资本的形成机制、人力资本的配置机制、人力资本的使用机制和人力资本的配套机制。

一、建立完善的人力资本形成机制

人力资本的形成机制是整个人力资本的形成、配置和使用流程的起点,因此这一环节至关重要。为了保证人力资本有一个稳定的来源,要求各级政府在其主持的教育发展活动中注意以下几点。

第一,加大对人力资本的投资力度。增加政府对教育、医疗的投入和政府与企业对在职培训的投入,要改变人力资本投资增速低于物质资本投资增速的状况,这是提高人力资本存量的前提和基础。适当的时候,可以通过立法形式来强制要求对教育、医疗和在职培训的投入每年以一定的幅度增加,并逐步达到世界平均水平。

第二,合理调整初等、中等和高等教育的投入结构。初中等教育属于义务教育,具有公共物品性质,应该以政府投资为主体;高等教育则更多地体现为私人产品,应该以个人投资为主体,辅之以社会、政府投资。我国现实情况却与此相反,在政府对教育的财政性投入中,高等教育占大部分。另外,在教育经费总体向基础教育倾斜的前提下,注意使各类学校教育经费的分配比例日趋合理,对与国民经济发展密切相关的学校、专业要适当加大投资力度。

第三,合理安排在不同地区间的人力资本投入。长期以来,我国的二元结构、地区差别都比较突出,这使得我们现在面临着较严峻的贫富差距。对此,可以利用人力资本具有促进社会公平的作用,通过加大对贫困地区的人力资本投资来缩小贫富差距。在对基础教育进行投入时,要坚持教育财政公平原则。在公共卫生方面,要大幅度提高对农村的财政支出,在农村卫生体制的改革中,要实行有公共政策支持的市场化,防止过度的市场化,要明确"我国卫生事业是政府实行一定福利政策的社会公益事业"。

第四,努力建立开放式教育。现代社会是一个开放的社会,这必然导致教育的开放,这种开放式的教育体现应具有以下特征:一是教育对象大众化。教育对象大众化是指全体社会成员有机会不受限制地受教育。这就要求我们在实现普及九年义务教育的基础上,大力发展高等教育,使高等教育由精英教育向大众化教育过渡。二是教育体制多元化。单纯依靠国家来举办教育已经无法满足社会对教育日益增加的需求,于是教育体制多元化就成为历史的必然。在实现普及九年义务教育的前提下,教育体制多元化是指高等教育的投资主体多元化。这就要求全面开放高等教育市场,打破国有部门长期垄断高等教育市场、缺乏竞争机制、投入产出效益低下的局面,发展多元化的高等教育学校模式。

第五,努力建立新型的人才培养模式。随着时代的发展,传统呆板的、间断的应试教育已经不能适应全球化、知识化的变化,需要建立一种新型的教育模式。这就要求我们做到几点:一是全面实施素质教育;二是重点突出创新教育;三是积极推行终身教育;四是科学制定培训计划;五是提升在职培训效果;六是建立健全激励机制。

二、建立完善的人力资本配置机制

人力资本形成之后,通过在地区之间、企业之间及产业之间的流动配置到所需要的岗位上,这是人力资本发挥促进经济增长作用的前提。在我国深化改革时期,客观上要求政府在宏观经济层面上努力发挥调节人力资本配置的主导性作用。为此,各级政府应该在其主持的人力资本配置活动中坚持以下原则:(1)充分就业原则。从经济学角度看,充分就业应该是人力资本的供给基本上能够被需求所吸收,即有能力并有就业愿望的人能基本上获得工作岗位。(2)合理使用原则。此原则是指人力资本投入取得最高产出率。这一原则在微观上要求避免"大材小用"和"小材大用",在宏观上要求加强人力资本的流动性。(3)良性结构原则。这一原则就是通过调节各地区、各部门、各行业的人力资本,形成一个良性的宏观人力资本结构,以及通过职位的升迁和岗位的流动等形成一个有效的微观人力资本结构。(4)效率原则。此即指追求人力资本的配置效率,提高人力资本的利用效率。一方面,尽可能地降低人力资本的投入,另一方面,提高人力资本的产出,从而提高人力资本的投入产出比率。

政府在深化改革时期发挥调节人力资本的主导性作用,其唯一目的在于尽快实现人力资本的配置方式由计划配置向市场配置的转变,以便尽快地和充分地发挥市场利用供求、价格、竞争等机制来调节人力资本的基础性作用。为了实现这一配置方式的转变,各级政府还要做好以下工作。

第一,改革户籍制度和不合理的用工制度,消除制度障碍,建立全国性、开放性劳动力市场。户籍制度的存在大大增加了人力资本在不同地区尤其是从农村向大中城市流动时的成本,其本身就是为限制劳动力的流动而设立的。因此,需加快步骤,放开对户口、工种的管制,只要符合岗位技术要求、知识要求的劳动者都可以从事该岗位工作。我们要创造一切有利条件,鼓励人力资本的大流通,最终在全国范围内建立起一个开放的、统一的大市场。

第二,大力发展各种中介组织,消除信息障碍,建立一个信息发达的网络。劳动力市场中介组织在劳动交换中发挥着桥梁和纽带作用,是劳动力市场发育成熟的重要标志之一。比如西方的劳动力市场中介组织非常发达,对达成劳资交易产生重要影响。我国劳动力市场上一方面中介机构数量不多、形式单一、规模小,另一方面缺乏诚信,在劳动力流动中还远没有发挥主导作用。同时,还要完善中介机构的自律性机制,倡导行业文明、讲究诚信。

第三,建立多层次的劳动力市场。人力资本具有层次性,为人力资本流动服务的市场也相应具有层次性,有一般劳动力市场、中级劳动力市场、高级劳动力市场之分。完善人力资本配置机制要注意做到:一是要制定和执行有关法律法规,保护劳动者的合法权益,严厉打击劳动力市场上出现的违法行为。二是确保劳动力市场的供求平衡。在劳动力市场上,应该有众多的劳动力供给者和需求者,这样才能发挥市场机制配置资源的作用,但目前我国劳动力市场的情况是供给主体不到位、需求主体缺位、供求衔接机制薄弱等。这就需要政府积极发挥宏观调控作用,实现供求的平衡。三是进一步深化改革,发挥市场在配置劳动力资源中的作用。市场机制对人才结构调整来说是一种自我调节机制,这种机制以追求效益最大化为动力,通过竞争的方式调整和配备人力资源。

三、建立完善的人力资本使用机制

我们根据人力资本与非人力资本各自的产权特性,通过不同的制度合理有效地安排人力资本与非人力资本之间的收益分配等权利。

第一,建立以能力和业绩为导向、科学的社会化的人才评价机制。我们要根据德才兼备的要求,从规范职位分类与职业标准入手,建立以业绩为依据,由品德、知识、能力等要素构成的各类人才评价指标体系。其中,国家公务员的评价重在群众认可。我们要把群众的意见作为考核评价的重要尺度,进一步完善民主推荐、民主测评、民主评议制度,建立健全考核工作责任制。企业经营管理人才的评价重在市场和出资人认可。积极探索社会化的职业经理人资质评价制度,开发适应不同类型企业经营管理人才的考核测评技术,突出对经营业绩和综合素质的考核;专业技术人才的评价重在社会和业内认可。全面推行专业技术职业资格制度,加快执业资格制度建设,在政府宏观指导下,开展以岗位要求为基础的社会化的专业技术人才评价工作,积极推进专业技术人才执业资格国际互认。

第二,建立以公开、平等、竞争、择优为导向和有利于优秀人才脱颖而出、充分施展才能的选人用人机制。针对不同类型人才,采取不同方法。一是要以扩大民主、加强监督为重点,进一步深化党政干部选拔任用制度改革,不断提高科学化、民主化、制度化水平。要进一步完善选任制,改进委任制,规范考任制,推行聘任制。二是要以推进企业经营管理者市场化、职业化为重点,坚持市场配置、组织选拔和依法管理相结合,改革和完善国有企业经营管理人才选拔任用方式。对国有资产出资人代表依法实行派出制或选举制,对经理人推行聘任制,实行契约化管理。三是要以推行聘用制和岗位管理制度为重点,深化事业单位人事制度改革。

第三,完善人力资本的激励机制。对企业人力资本的激励最主要的就是让各层次人力资本参与企业剩余的分享,包括普通人力资本和企业家人力资本,这些都要求得到与其贡献相对应的报酬。这就内在包含着两个含义:一方面要实行按能力分配的原则,另一方面,各层次人力资本的报酬差距要合理。这种按照人力资本贡献取得剩余的分享制在国外已经很成熟。企业家人力资本是企业的最高级人力资本,在企业发展中起着举足轻重的作用。企业家的任何决策失误都有可能导致企业的衰亡,而企业家的正确决策又能极大促进企业的发展。因此,企业家积极性能否被激发,对企业的发展至关重要。

第四,完善人力资本的约束机制。激励与约束实质是一个问题的两个方面,有效的激励本身具有约束功能,而缺乏约束的激励很容易滋生与扩大道德风险。约束主要包括内部约束和外部约束两种。内部约束就是出资人与职业经理人之间要形成相互约束关系和约束机制,内容有公司章程约束、合同约束、组织机构约束、偏好约束和激励性约束等。

四、完善与人力资本相关的配套机制

人力资本对经济增长作用的发挥取决于内部因素和外部条件两个部分,内部因素包括人力资本的存量水平高低、结构是否平衡、流动是否通畅等内容,外部条件是指人力资本在有效发挥对经济增长促进作用时所需具备的外在的一系列制度安排。有鉴于此,各级政府应该注意做好与人力资本形成、使用、配置等相关的配套机制建设与完善工作。

第一,加快科技体制改革,促进科技成果转化。知识经济的兴起大大加速了科学技术化和技术科学化的进程,从根本上改变了科学、技术、生产三者之间的关系,即由原来的生产—技术—科学过程,发展为科学—技术—生产过程,进而形成目前的产业链紧密结合的科学技术生产体系,使科学、技术、生产一体化。解决问题的根本出路在于科技体制与经济体制的配套改革,主要做法有:鼓励一批 R&D 公共机构实行企业化或公司化改组,形成新型科技企业,直接进入产业发展和市场竞争;鼓励那些具有潜在市场需求、高附加值、面向海外市场的 R&D 研究者寻求企业赞助或直接与国内企业合作;推动产业界和学术界联合研究与开发,政府对技术创新 R&D 资助项目,其负责人必须由产业界担任,80%以上的经费应来自参与项目的企业,使新技术转化为具有市场竞争力和商业化的产品。总之,要建立起科技链与产业链相结合的机制。

第二,充分发挥企业的作用,建立以企业为主导的国家创新体系。国家创新体系是指,以国家、企业和科研机构为主体的从新思想的产生到产品设计、生产和市场化的过程以及由不同主体在这一过程中相互作用而构成的关联体系。国家、企业和科研机构的角色不同,是构成国家创新体系基本结构差异性的根源。我们要继续深化企业改革,逐步使企业成为既是研发经费来源的主体以及研发活动的主体,也是研发成果应用和获利的主体。

第三,完善国家科技决策咨询体系,强化政府在科技进步中的战略决策能力和宏观调控能力。目前,无论是在产学研之间、部门之间,还是在科技系统内部,体制分割、各自为政的局面在一定程度上都存在,分散重复现象仍然相当严重。参照国际经验,建议设立国家科技顾问委员会,吸收大学、研究机构、企业等社会各个方面的学者和管理者参与,在国家重大科技发展战略和政策问题方面向国家提供咨询建议。加强行政主管部门的宏观调控职能和综合协调能力,充分体现国家战略意志。

第四,加快立法活动,完善人力资本和科技创新的法律保护制度。目前,我们已经建立起了一整套严密的对物质资本保护的制度体系,不仅制定了各种对物质资本损害、磨损进行补偿及赔偿处罚的政策,而且明确规定了物质资本的法律地位。人力资本的法律保护制度的内容主要有:要明确规定人力资本的法律地位;规定人力资本浪费的惩罚性条款;规定鼓励高效合理配置人力资本的行政性法规;建立对人力资本所有者保护的相关法规。我们要据此对人力资本制定有关法律法规,制定保护和促进科技创新的法律,为高技术产业发展创造良好的制度环境,使潜在生产力最终转化为现实生产力。

第五,促进人力资本合理流动。促进人力资本合理流动主要做到以下几点:

建立有利于人力资本迁移流动的社会保障制度，完善有利于人力资本迁移流动的现代化劳动力市场，制定有利于人力资本迁移流动的激励机制，充分认识人力资本配置受产业结构的制约，通过引入激励机制，吸引更多社会、企业以及个人进行教育投资，提升了人力资本在各行业中的存量，进而提高人力资本配置效率。

总之，在 20 世纪末，人类社会经历了一次发展战略的重大进步，形成了一种新的发展战略——知识发展战略。以信息技术为代表的现代科技迅猛发展，使得以知识为基础的产业成为经济增长的主要领域，以知识为基础的经济增长理论逐渐成为指导经济发展的主流。

第十一章　深化改革时期的生态环境保护政策

当代，人们普遍相信经济增长是社会进步之先决条件。不过，最近几十年，人们在努力促进经济增长的过程中遇到了许多令人困惑的问题：人类究竟为什么需要经济不断向前发展？经济增长是否就必定意味着提高了人们的福利？在经济发展过程中不同群体所付出的代价是什么？经济开发对社会弱势群体的影响是什么？除了工业化、现代化外有无其他途径可以更直接地改善人的生活质量？如此等等。在经济增长的同时，人们还发现，"增长主义""发展主义"给世界带来某种无法弥补的灾难性后果。例如，20世纪末期和进入21世纪后，各国人民越发感到这个世界不安宁，人类发现自己正在日益面临着各种重大风险或正在预料到某种灾难性后果。这些灾难性后果主要包括：除了发生在各大洲的源于各种因素爆发的地区性冲突外，世界性生态环境恶化，国际经济关系趋于紧张，国家社会结构趋于崩溃，传统家庭价值体系趋于解体等。

对此，欧洲工商管理学院经济学教授美国人罗伯特·艾尔斯在其重要著作《转折点——增长范式的终结》中写道："……产生了当代如此多痛苦的社会崩溃的征候很大程度上是大量深嵌的长期趋势的后果，而其中的一些正是驱动经济'增长'和鼓励虚假繁荣的趋势。"① 他认为虚假繁荣是旧式经济增长范式造成的，进而指出："……沿着传统轨迹的经济发展，增长人均GDP不一定会增长社会福利。这是一种零和乃至负和游戏。"②

时至今日，人们越发意识到，"经济发展"应该有更广泛的内涵，它不仅包括经济持续的增长，也包括追求社会公平、公正以及可持续的发展。人类社会的发展应该以环境和生态的承载能力为前提，只有建立在可再生资源的基础上的发展才能保证发展的后劲，同时人类还应该为其下一代子孙的发展做好

---

① [美]罗伯特·艾尔斯. 转折点——增长范式的终结[M]. 上海：上海译文出版社，2001：4.
② [美]罗伯特·艾尔斯. 转折点——增长范式的终结[M]. 上海：上海译文出版社，2001：6.

"积蓄"。这种可持续发展观念在各国国民中不断形成共识，并率先在一些发达国家无可争议地被列入公共政策的目标之一。

本章主要说明可持续发展理念如何转化为国民对某种公共政策的诉求，再就可持续发展的三个重要问题——宏观经济最佳规模、经济增长方式转变以及生态环境保护阐释有关公共政策的制定原理及主要内容。

第一节 可持续发展与政府责任

十六大以后，我国中央政府提出了中国的可持续发展战略，有关政府文件进一步指出："必须把可持续发展放在十分突出的地位，坚持计划生育、保护环境和保护资源的基本国策。稳定低生育水平。合理开发和节约使用各种自然资源。抓紧解决部分地区水资源短缺问题，兴建南水北调工程。实施海洋开发，搞好国土资源综合整治。树立全民环保意识，搞好生态保护和建设。"[①] 2003年10月举行的中共十六届三中全会提出的"科学发展观"，要求实现"以人为本""全面、协调和可持续"的均衡发展，坚决摒弃过去那种单纯追求经济增长率的片面发展观。在2004年3月的全国"两会"上，温家宝总理所做的《政府工作报告》将全年经济增长目标降为7%，希望借此提醒各地更多地关注社会公正和可持续发展。2005年1月，我国制定并颁布了《中华人民共和国环境影响评价法》。

十八大以来，我国中央政府认真贯彻落实关于全面深化改革的战略部署，《中共中央关于全面深化改革若干重大问题的决定》明确提出："完善发展成果考核评价体系，纠正单纯以经济增长速度评定政绩的偏向，加大资源消耗、环境损害、生态效益、产能过剩、科技创新、安全生产、新增债务等指标的权重，更加重视劳动就业、居民收入、社会保障、人民健康状况。"报告进一步指出："积极稳妥地从广度和深度上推进市场化改革，大幅度减少政府对资源的直接配置，推动资源配置依据市场规则、市场价格、市场竞争实现效益最大化和效率最优化。政府的职责和作用主要是保持宏观经济稳定，加强和优化公共服务，保障公平竞争，加强市场监管，维护市场秩序，推动可持续发展，促进共同富裕，弥补市场失灵""紧紧围绕建设美丽中国深化生态文明体制改革，加快建立生态文明制度，健全国土空间开发、资源节约利用、生态环境保护的体制机制，

---

① 江泽民同志在中国共产党第十六次全国代表大会上的报告：《全面建设小康社会，开创中国特色社会主义事业新局面》，2002年11月8日。

第十一章 深化改革时期的生态环境保护政策

推动形成人与自然和谐发展现代化建设新格局""建立系统完整的生态文明制度体系，实行最严格的源头保护制度、损害赔偿制度、责任追究制度，完善环境治理和生态修复制度，用制度保护生态环境。"①

地方政府如今也开始效仿中央的做法，这显示出全面深化改革战略的部署正在各地得到进一步落实。相较以往，2015年各省份GDP增速普遍放缓，稳增长、调结构、促改革成为发展的着力点。除黑龙江省、海南省上调了2016年的GDP增长目标外，其余省份均下调了目标或者保持不变。中西部省份2014年GDP增速目标又一次高于东部省份。其中，贵州省2015年GDP增速目标排名第一，北京市、上海市并列最后（见表11-1）。各地GDP的调整是为了更好地实现经济与社会、环境、资源等的协调发展，表明中央提倡的纠正单纯以经济增长速度评定政绩的偏向、建立生态文明制度、推动可持续发展的观念，正在变成地方的自觉行动，是中国迈向均衡发展的积极信号。

表11-1 我国各地区GDP增速目标（单位：%）

序位	地区	2015年GDP增速	2016年GDP增速预期目标	序位	地区	2015年GDP增速	2016年GDP增速预期目标
1	贵州	10.70	10.00	17	安徽	8.70	8.50
2	西藏	11.00	10.00	18	河南	8.30	8.00
3	云南	8.70	8.50	19	江苏	8.50	7.50~8.00
4	重庆	11.00	10.00	20	辽宁	3.00	6.00
5	天津	9.30	9.00	21	内蒙古	7.70	7.50
6	陕西	8.00	8.00	22	山东	8.00	7.50~8.00
7	甘肃	8.10	7.50	23	山西	3.10	6.00
8	新疆	8.60	7.00	24	四川	7.90	7.00
9	福建	9.00	8.50	25	广东	8.00	7.00~7.50
10	青海	8.20	7.50	26	黑龙江	5.70	6.00~6.50
11	湖南	8.60	8.50	27	河北	6.80	7.00
12	广西	8.10	7.50~8.00	28	吉林	6.50	6.50~7.00
13	湖北	8.90	9.00	29	浙江	8.00	7.00~7.50
14	江西	9.10	8.50	30	北京	6.90	6.50
15	宁夏	8.00	7.50	31	上海	6.90	6.50~7.00
16	海南	7.80	7.00~7.50				

数据来源：http://wfwb.wfnews.com.cn/content/20160129/Articel15002EL.htm。

---

① 中国共产党第十八届中央委员会第三次全体会议通过的决定：《中共中央关于全面深化改革若干重大问题的决定》，2013年11月12日。

本节主要阐述在十八大全面深化改革的战略部署下，政府努力适应可持续发展战略目标要求的问题，这是对政府责任提出的新要求，它具体反映在公共政策理念的改变和相关主体公共政策的调整上。就是说，将可持续发展理念引入政府公共政策制定过程中，将对我国的公共政策体系产生深远影响，甚至有可能要重新安排公共政策体系。

一、可持续发展与可持续性公共政策

可持续发展理论是在传统的经济增长发展观的基础上提出的。该理论强调人类社会发展才是最终目标，而经济增长只是为了达到这个目标的一种手段。从经济增长观念上升到可持续发展观念，应该说是人类在对自身与自然的关系认识上的连续飞跃：从"经济增长"到"经济发展"，表明人们开始认识到经济目标与社会目标的统一性；而从"经济发展"到"可持续发展"，则进一步表明人类认识到人类社会经济发展绝对地依赖于人与自然（资源、生态、环境）之间长期保持的和谐关系。当然，这种发展观的演变是人类对自己长期所从事的所有经济活动的后果进行反思的结果，也是人类不断追求更人性化的发展目标和更理性化的发展模式的必然结果。

可持续发展对人类社会是如此重要，可以说，如果没有可持续发展，就不会有人类经济福利的持续提高。联合国在"新千年宣言"中把可持续发展作为人类社会活动的重要目标之一，而且特别强调可持续发展与环境管理、环境保护的关系，认为确保环境的可持续发展是完成其他社会经济目标的前提或基础。为此，联合国提出六项指导环境政策的原则：（1）加强制度建设和政府管理；（2）把环境可持续性作为所有部门政策的一部分；（3）改善市场以消除所有对环境破坏的补贴；（4）支持对环境治理的国际机构；（5）加大环境保护的科技投入；（6）对更关键性的生态保护付出更多努力。这些目标和实现这些目标的原则设想，实际上都在强调政府的作用以及其代表国民意志制定的相应公共政策的作用。

可持续发展的特殊性质，要求政府在制定与之相关的公共政策时必须突破传统经济学思维定式，既不能低估生态环境作为生产要素的作用，更不能忽视有效保护生态环境对未来发展之延伸能力的重要意义。政府应该站在人类与自然协调发展的高度，承诺对国民未来的社会经济发展承担道德义务，积极、慎重地制定并实施有针对性的公共政策。换言之，在可持续发展目标约束下，政府需要建立一套"可持续性公共政策"——在理念、方法及政策工具选择上与传统公共政策有所不同。推行可持续性公共政策应注意：首先，有助于使宏观经济在最佳规模状态下实现质量意义上的增长；其次，有助于使人类超脱单一物质维度上的福利标准，转而按照更广泛、更深远的多维福利标准来界定个人幸福；最后，"可持续性公共政策"通过纠正人类活动目标与行为方式，使地球变得更清洁，使人类变得更高尚，使人类社会变得更和谐。

美国联邦政府的总统可持续发展委员会在 1995 年提出了可持续发展的原则清单，清单内容勾勒了可持续性公共政策的具体目标：[①]（1）只要可能，就要保护自然系统——土壤、大气、生物多样性等——的完整性，以使经济保持繁荣和生活得以持续；（2）经济增长、环境保护、社会公平等是相互依赖和相互加强的国家目标，因而政府应该对有关政策进行整合；（3）市场战略应该和保护措施相结合，私人资本也要为保护和改善环境服务；（4）人口发展必须稳定在一个与地球支持能力相适应的水平上；（5）保护自然系统需要改变消费模式，该模式应该与社会使用自然资源效率改进状况相一致；（6）消除贫困手段的进步和消除贫困活动本身对经济进步、环境质量与社会公平至关重要；（7）社会对所有部门都应该平等地分享环境的成本和收益；（8）所有经济和环境决策都应该考虑到未来人的福利，为他们保存最大可能的选择范围；（9）在公共健康可能受到反向影响以及环境破坏不可逆的情况下，人们应该谨慎地对待科学的不确定性；（10）可持续发展要求政府、私人机构、个人行为的根本改变；（11）对环境和经济的关心是国家安全与全球安全的中心问题；（12）可持续发展在一个自由体制繁荣的社会中最可能达到；（13）影响可持续发展的决策应该交给受影响和感兴趣的公众公开讨论，这需要有知识的公众、信息的自由流动以及公正平等的讨论和纠正机制；（14）科学技术是实现可持续发展目标的重要手段，为此，必须按照既定目标寻求技术改进；（15）（美国）国家的可持续发展与全球可持续发展密切相关，国家的贸易、经济发展、资助、环境等政策必须放在国际背景下进行考虑。

上述"可持续发展原则清单"中的 15 项建议，对我国政府制定符合中国国情的可持续性公共政策无疑具有很好的参考价值与借鉴意义。按照目前情况，我国制定的可持续性公共政策应该有助于尽快实现以下社会经济目标：保持最佳的宏观经济规模，消除贫困现象并增强社会公正。

二、最佳宏观经济规模

在现代主流经济学理论中，"经济增长"意味着国民生产总值（GNP）的增

---

① 总统可持续发展委员会. 华盛顿特区. 最新状况，1995（4）Ⅱ.

加,而且社会福利水平也主要以收入水平来衡量;主流理论还假设,GNP 增长永远不会出现极限,即永远不会出现边际成本大于边际收益的情况。但是,如果把宏观经济看作是有限的、非增长的生态系统的子系统,那么上述假设就不能存在。因此,和微观经济一样,宏观经济本身也具有最佳规模,即经济的"流量"限于生态系统的再生能力或可吸收范围。所谓"经济流量"是指,物质从原材料输入作为开端,然后转化成为商品,最后形成废物输出的流程。再通俗一些讲,无论如何,经济发展最终要受到物质维度的制约。

为此,戴利提出了"没有增长的发展"理论,即资源效率改进理论。[①] 在这个理论中,"增长"是指用以维持商品的生产和消费的经济活动的物质(能量)"流量"在物理规模上的增加。在物理学中,物质流量实际上是一个低熵原料转换为商品并最终成为高熵废弃物(垃圾)的过程——流量以衰退为开端,并以污染为末端。源于技术、知识的改善,或对目标的更深理解,导致在既定流量规模使用中的性能改善,才能被称之为"发展"。换言之,增长是资源流量的扩张,而发展是资源效率的改进,后者构成可持续发展的"核心"内容。"没有增长的发展"理论要求人们在经济活动过程中必须考虑到生态成本、经济增长受自然资本制约以及经济活动永远不能满足人们无限膨胀的欲望等各种问题。其理论进而十分明确地指出,对自然资本[②]保护以及更为重要的是,必须节俭地使用之,成为可持续发展的恒久条件。

"没有增长的发展"理论,主要强调人类在自己的经济活动中要协调好经济需求与资源禀赋、生态环境的关系,要求在计算经济收入上严格考虑生态环境成本,从而体现人类保护资源、保护环境的长远意义。但是,相比之下,在我国经济转轨时期,企业、个人,甚至各级地方政府,常常为了眼前利益无视资源环境容量的限制,无论生产领域还是消费领域都热衷于物质资源和产品的极大丰富,不计较环境损坏的成本代价。其实,从可持续发展角度看,我国在生产方面、消费方面,抑或政府财政收入方面,经济效率的含量普遍很低。通过对我国支出法核算的 GDP 项目结构分析,可以发现存在着把一部分资源环境成本利润虚化的现象。又如,我国现行 GDP 核算体系中的固定资产折旧部分不考虑环境资源折旧,即使考虑到某些自然资源的损耗问题,其计算方法也相当简单——仅按市场价格计算,而不涉及其真实的机会成本。至于可再生与不可再生资源,在我国现行的 GDP 核算体系中也是不加区分的。其实,如果剔除环境成本,营业盈余的实际数值要比表中数值低得多。环境成本转化为虚增利润,

---

① [美]赫尔曼·E. 戴利. 超越增长——可持续发展经济学[M]. 上海:上海译文出版社,2001.
② 自然资本是指产出自然资源流的存量,如大洋中能为市场再生捕鱼量,能再生出伐木流量的现存森林,能产生原油的流量的石油储量。自然资本产生的自然收入是由自然服务以及自然资源组成的。自然资本包括可再生的和不可再生的资源。

意味着我们的社会从破坏环境的行为中攫取了大量的、原本应该成为留给后人的"生存资料"。

自然资本性质本身说明，人类活动在自然面前不是绝对自由的——在经济发展进程中既要注重环境保护，也要关注人类的长远利益。在现代意义上，自然资本的保护、环境的保护、人类长远利益的保护就是特殊形式的公共物品，需要通过公共政策途径予以提供，公共政策内涵由此变得深邃而丰富。因此，这方面有关的公共决策要在维护自然持续发展的基础上，以"保护自然并协调其与人类关系"为基本目标。无论对于国民，还是对于政府来说，"人与自然和谐一致"是一种新的发展观。制定有助于实现"人与自然和谐一致"的公共政策，则须坚持两个基本原则：一是以新的伦理道德和价值标准把人类利用自然的自由限制在自然界允许的限度内；二是把体现在财政、税收政策上的公共财力拓展到自然界，在更广的范围内协调人类发展过程中涉及的个人与公众、经济与社会、局部与整体、近期与长远等各类关系。不难看出，既定的公共政策至少发挥了两个作用——外部成本内部化和控制宏观经济规模。

"人与自然和谐一致"在程度上可能没有最高标准，但其最低标准可以界定为：保持人类活动规模严格控制在自然资源、自然资本存量所允许的范围内，即保持宏观经济最佳规模。理论上，宏观经济的最大规模取决于生态系统的再生能力和吸收能力的大小。所以，宏观经济的最佳规模不受任何试图进一步增长的目标影响，但是在单纯的市场条件下，人们往往总是忽视这种限制。一般情况下，市场可以有效地处理经济效率问题，却不能较好地解决社会公平问题。同样，市场也不能有效地解决（最终决定可持续发展是否可能的）最佳宏观规模问题。很显然，宏观经济规模不是由价格决定的，而是由反映生态极限的社会契约决定的。正如合意的社会福利分配格局一般条件下不能通过市场价格机制形成，它是体现公平原则的社会契约决定的。通过公共政策决定宏观经济最佳规模的重要性在于：（1）科学地选择适度经济增长目标以及对物质财富生产的效率激励方式，通过最小的自然资源、自然环境代价得到最大的人类满足程度；（2）通过政府有选择的财政手段，提高经济活动中的资源使用成本，包括提高污染权的购买成本；（3）在价格调节之外，提高社会伦理道德的自我约束力，防止允许一切物品都被货币化的倾向。[①]

[①] 这是公共政策引导人们尊重自然、爱惜自然的作用。正如莱斯特·布朗在其《1990年世界状况》一书中所讲："没有个人着重点和价值观的转变，便不会出现永续社会的演进。"具体到正在议论的问题，只有人们对经济活动存在客观的规模限制的事实形成一种共识，人类经济活动的宏观最佳规模才能实现。

三、消除贫困与强调经济公平

当代各国普遍存在着社会贫困现象，造成这种现象的重要因素之一是社会财富、收入分配上的不平等。虽然在自由竞争的市场条件下经济结果的平均分配会导致效率的丧失，但是人与人之间的和谐关系、人与自然的和谐关系肯定不能建立在社会成员间财富、收入差距不断拉大的基础上。为此，戴利明确提出，可持续发展需要人们观念的转变：除了要认识到地球资源的有限性、熵增原理和经济学也不能背离热力学第二定律以及技术发展最终也要受到物质约束等原理外，端正对人类平等的认识最为重要。尽管人们常常不能对"经济平等""政治平等"给出明确的定义，但是人类平等至少有其明确的外在表现，即人与人之间表现在收入、财产以及社会权利分配上的差距应该保持在合理的范围内。这种差距一旦出现不受限制的扩大趋势，则社会肯定会趋于更大的不平等，从而导致严重的社会贫困进而产生日益严重的社会问题。

戴利认为，上述"平等"观念，即人与人的经济差距应该被限制在合理的范围内，对人类社会发展具有重要意义。他通过引证《圣经》第11条戒律——"你不可以允许私有财产分配上无限制的不平等"，解释了以私有财产合法性为前提的条件，坚持了不平等的程度必须受到限制的严肃意义。人类社会创造私有财产制度是为了保护个人基本的自由权利免受他人剥夺，强调人与人之间在私有财产分配上的不平等程度必须受到限制则是为了达到人类的总体平等。建立基于不平等程度必须受到限制原则的私有财产分配制度之合理性在于：它会导致所有权分配的广泛性，使之具有真正意义上的普遍性。换言之，只有在所有权分配上具有广泛性、普遍性的前提下，差异性财产分配才可能具有合理性。

本书第一章曾经指出过，在强调社会公平方面，罗尔斯的社会正义理论及其衍生出来的社会福利函数对当代政府公共政策研究与实践活动做出了巨大贡献，它确定了政府在制定公共政策中从容平衡"平等－效率"关系的一般原则——社会和经济的不平等必须符合处于最不利地位的人的最大利益。深入理解罗尔斯的关于自由与权利的理论，不难发现，他对社会公平的强调与可持续发展理论所强调的宏观经济最佳规模在本质上是一致的。因为无论是在绝对意义上，还是在相对意义上，只要穷人与富人之间存在着不受限制的不平等，人类社会就无法在经济活动中长期避免追求过度增长而难以保持最佳规模。这就是受到限制的不平等与可持续发展之间的重要的内在联系。①

---

① 有关这些理论和这种联系的深入分析和完整阐释，请参见戴利.超越增长[M].北京：译林出版社，2002。

第十一章 深化改革时期的生态环境保护政策

结合社会公正和宏观经济最佳规模考虑，人类社会在收入、财富的分配上应该有最大值限制和最小值限制，尽管二者间可能不存在不变的比例关系。在这一命题下，有关公共政策就应该通过"最大""最小"的限制标准来强化社会公平。二者既可以用于收入限制，也可以用于财富限制。不过有关的税收政策分析表明，对个人收入实行最小值限制而对财富实行最大值限制符合社会公平的基本逻辑。虽然限制财富积累有可能对富人的储蓄产生抑制性影响，或是客观上起到鼓励富人从事炫耀性消费、炫耀性闲暇和炫耀性浪费的作用。但是这仍有助于人类社会按照可持续发展的目标，在财富、收入分配不平等方面得到应有的限制。就是说，可持续发展强调的宏观最佳规模，最终要通过受到限制的不平等方式予以实现。不能按照宏观规模确定人类社会不平等程度，是导致传统经济增长方式长期盛行的一个重要因素。现在，人们越发认识到，受到限制的不平等，作为某种制度，具有产生合意经济刺激的作用：在符合人类尊严的最低收入保障情况下，即在消除绝对贫困的情况下，社会平等地对所有成员提供了发展个人"可行能力"的机会，社会经济发展成为可能；而在有效防止社会财富、收入分配的不平等程度无限扩大的情况下，即在消除相对贫困的情况下，人类进行经济活动，进而社会经济发展，才能避免走入歧途。

政府制定体现"受到限制的不平等"原则的公共政策并不一定会导致经济效率的下降，因为这类政策并没有违背"帕累托效率"的逻辑，即仍然是在"使穷人的境况好起来，而不使富人的境况坏下去"的前提下，强调按照宏观最佳规模变化调整社会财富、收入分配的相对比例。这种可持续发展的公共政策所提倡的公平不仅仅是"代内公平"，而且也包括"代际公平"——按照戴利的说法，可持续发展本身就是一种延伸到未来人身上的公正。这两类公平都不是通过单纯经济增长可以实现的，"增长永远不能取代重新分配……在摆脱贫穷中的作用。"①尤其是"代际公平"，它甚至不能依靠价值流的分配获得，只能依靠在人类生命延续中的各代人对自然资本的公平享有这一理念予以维持。这就要求当代人树立合适的道德观，并且按照合适的方法保护后代人的权利。总之，可持续发展的公共政策力图实现"代内公平"与"代际公平"的统一，使政府维护经济、社会发展秩序，满足社会公共利益要求。

按照联合国的贫困标准，一国平均的恩格尔系数大于60%时，该国处于绝对贫困状态；在恩格尔系数高于50%低于60%时，该国处于勉强度日状态；而当恩格尔系数低于50%时，该国则进入了富裕状态。按照这个标准，我国在1985年以后就摆脱了绝对贫困状态，而到2000年后便进入了富裕状态（见表11-2）。

---

① [美]赫尔曼·E. 戴利. 超越增长——可持续发展经济学[M]. 上海：上海译文出版社，2001：276.

表11-2 我国城乡居民家庭人均收入及恩格尔系数

年份	农村居民家庭人均纯收入		城镇居民家庭人均可支配收入		农村居民家庭恩格尔系数（%）	城镇居民家庭恩格尔系数（%）
	绝对数（元）	指数（1978=100）	绝对数（元）	指数（1978=100）		
1978	133.6	100.0	343.4	100.0	67.7	57.5
1979	160.2	119.2	405.0	115.7	64.0	—
1980	191.3	139.0	477.6	127.0	61.8	56.9
1981	223.4	160.4	500.4	129.9	59.9	56.7
1982	270.1	192.3	535.3	136.3	60.7	58.6
1983	309.8	219.6	564.6	141.5	59.4	59.2
1984	355.3	249.5	652.1	158.7	59.2	58.0
1985	397.6	268.9	739.1	160.4	57.8	53.3
1986	423.8	277.6	900.9	182.7	56.4	52.4
1987	462.6	292.0	1002.1	186.8	55.8	53.5
1988	544.9	310.7	1180.2	182.3	54.0	51.4
1989	601.5	305.7	1373.9	182.5	54.8	54.5
1990	686.3	311.2	1510.2	198.1	58.8	54.2
1991	708.6	317.4	1700.6	212.4	57.6	53.8
1992	784.0	336.2	2026.6	232.9	57.6	53.0
1993	921.6	346.9	2577.4	255.1	58.1	50.3
1994	1221.0	364.3	3496.2	276.8	58.9	50.0
1995	1577.7	383.6	4283.0	290.3	58.6	50.1
1996	1926.1	418.1	4838.9	301.6	56.3	48.8
1997	2090.1	437.3	5160.3	311.9	55.1	46.6
1998	2162.0	456.1	5425.1	329.9	53.4	44.7
1999	2210.3	473.5	5854.0	360.6	52.6	42.1
2000	2253.4	483.4	6280.0	383.7	49.1	39.4
2001	2366.4	503.7	6859.6	416.3	47.7	38.2
2002	2475.6	527.9	7702.8	472.1	46.2	37.7
2003	2622.2	550.6	8472.2	514.6	45.6	37.1
2004	2936.4	588.0	9421.6	554.2	47.2	37.7
2005	3254.9	624.5	10493.0	607.4	45.5	36.7
2006	3587.0	670.7	11759.5	670.7	43.0	35.8
2007	4140.4	734.4	13785.8	752.5	43.1	36.3
2008	4760.6	793.2	15780.8	815.7	43.7	37.9

第十一章 深化改革时期的生态环境保护政策

续表

年份	农村居民家庭人均纯收入		城镇居民家庭人均可支配收入		农村居民家庭恩格尔系数(%)	城镇居民家庭恩格尔系数(%)
	绝对数（元）	指数（1978=100）	绝对数（元）	指数（1978=100）		
2009	5153.2	860.6	17174.7	895.4	41.0	36.5
2010	5919.0	954.4	19109.4	965.2	41.1	35.7
2011	6977.3	1063.2	21809.8	1046.3	40.4	36.3
2012	7916.6	1176.9	24564.7	1146.7	39.3	36.2
2013	8895.9	1286.4	26955.1	1227.0	37.7	35.0
2014	9892.0	1404.7	29381.0	1310.5	40.0	36.0

资料来源：《中国统计年鉴》（2002—2015）。

事实上，我国在经济脱贫方面已经取得了很好的成绩。按照家庭年收入低于城市家庭平均收入的40%，或者低于农村家庭平均收入的50%为绝对贫困标准，1978年，中国尚有2.5亿的贫困人口，据中国科学院完成的《2012中国可持续发展战略报告》提出，按2010年标准，贫困人口仍有2688万，而按2011年提高后的贫困标准（农村居民家庭人均纯收入2300元人民币/年），中国还有1.28亿的贫困人口。[①]李克强总理在介绍2014年重点工作时指出，积极推进农村改革，创新扶贫开发方式，加快推进集中连片特殊困难地区区域发展与扶贫攻坚。地方要优化整合扶贫资源，实行精准扶贫，确保扶贫到村到户，引导社会力量参与扶贫事业。2014年再减少农村贫困人口1000万人以上。[②]不过，应该注意的是，我国在绝对贫困得到缓解的同时，收入分配差距不断扩大的问题却表现得越发严重，基尼系数持续扩大。世界银行在1997年9月发表的一个题为"中国的差别化：分享增长中的收入"的报告中指出，中国的基尼系数已由20世纪80年代初期的0.281上升到1995年的0.383。我国国家统计局在2001年1月的《中国国情国力》中也提到，全国居民基尼系数已经接近0.4的国际警戒线，并有持续上升态势。而2009年我国居民基尼系数甚至达到了0.548。虽然近年来基尼系数有下降趋势，但也基本保持在0.45以上（见表11-3）。城乡收入这些情况客观说明，我国在防止社会财富、收入分配不平等程度扩大方面，即在消除相对贫困方面，还要做大量的工作。即使我国已经解决了绝对贫困问题，但是如果无力解决相对贫困和收入分配不公平问题，便无法实现宏观经济最佳规模，则可持续发展仍是空想。

---

① http://www.chinanews.com/gn/2012/03-12/3737442.shtml.
② http://money.163.com/14/0305/10/9MILGSAS00253B0H.html.

表 11-3 我国城乡收入基尼系数状况

年份	农村基尼系数	城镇基尼系数	总体基尼系数	城乡收入比
1985	0.2831	0.166	0.3194	1.86
1990	0.3097	0.179	0.3414	2.20
1995	0.3513	0.2153	0.3829	2.71
2000	0.3714	0.2532	0.4101	2.79
2001	0.3905	0.2648	0.4244	2.90
2002	0.3936	0.3164	0.4471	3.11
2003	0.4088	0.3266	0.4603	3.23
2004	0.3982	0.3342	0.4602	3.21
2005	0.4183	0.3395	0.4684	3.22
2006	0.4291	0.336	0.4686	3.28
2007	0.4599	0.3321	0.4718	3.33
2008	0.5252	0.3399	0.4919	3.31
2009	0.6738	0.3342	0.5477	3.33
2010	—	—	0.481	3.23
2011	—	—	0.477	3.13
2012	—	—	0.474	3.10
2013	—	—	0.473	3.03
2014	—	—	0.469	2.92
2015	—	—	0.462	2.73

资料来源：1985—2009 年的数据源于胡志军. 基于分组数据的基尼系数估计与社会福利：1985—2009 年[J]. 数量经济技术经济研究，2012（9）：118；2010—2015 年总体基尼系数源于国家统计局网站。

在我国，如何在保持宏观经济最佳规模的前提下合理化社会成员在财产、收入分配上的差距以及有效解决相对贫困问题，是转轨时期以及未来较长时期内我国政府公共政策体系建设中最重要的内容，必须予以认真对待。本章以下两节专门研究有关政策的制定原理和政策工具的设计。在第二节中，首先说明为什么传统经济增长方式会经常破坏宏观经济最佳规模，因为这种增长方式不能有效克服经济活动中产生的两类外部性：空间外部性与代际外部性。其次针对两类外部性的不同特点，提出对现行财政政策的调整，使之发挥有助于改变传统经济增长方式的公共政策功能，即使之发挥有助于形成可持续发展基本条件、实现可持续发展基本目标（宏观规模和社会公平）的公共政策功能。在第三节，重点研究"人与自然和谐一致"目标下的环境政策。作为"可持续性公共政策"的组成部分，环境政策把人类经济活动中的一项重要成本——生态环境成本——显性化并予以量化，这不仅刺激人们主动改变传统经济增长方式，而且有助于社会按照精心计算的宏观经济最佳规模来组织人们的社会经济活动。

第二节 保障经济可持续的财政政策

可持续发展本质上涉及经济学中的外部性问题。所不同的是，标准经济学所处理的主要是"空间外部性"①，而可持续发展所要解决的外部性问题还包括时间上的外部性，即"代际外部性"。②空间外部性通常可以采取按庇古税原理设计的补偿机制（如环境税），或者通过"科斯机制"，予以解决；而在处理代际外部性问题上，这两类方法均力不从心。代际外部性的特殊性在于其外部性产生的时间滞后比较长，干扰因素比较多，而且很难追根溯源到真正的实施者。即使在很长时期以后追查到代际外部性的实施者，也可能因为该实施者已经消亡而变得没有任何实际意义。可见，代际外部性问题中存在的"肇事"行为主体缺失现象，导致产权的代际界定和交易变成事实上的不可能，导致该问题的解决尤其困难。

对于代际外部性，政府需要通过转变经济增长方式的公共政策予以解决，而特定财政政策对此可能产生实质性影响。至于空间外部性，政府可以通过推行生态环境保护的公共政策予以解决。本节重点阐述刺激经济增长方式转变的财政政策，下一节则专门研究消除环境污染和保障生态安全的公共政策及其手段。

---

① 空间外部性是指个体行为给他人的福利带来的影响。这种影响从时间上说主要是现期的、静态的，不跨越时空。一种是类似于"公地的悲剧"，个体在追求自利情形下，过度使用公共资源，无视选择的公正性和整个社会的意愿；一种外部性是随着生产消费活动而生产副产品给他人带来的影响。传统经济学的观点是将自然资本和人造资本看作是生产中的替代品，虽然政府有对资源与环境污染进行干预的必要，但一个运行良好的市场可以将资源和环境的损耗保持在一个可接受的限度内。只要各种人均资本总量能够保持增长，就可以认为发展是可持续的。这种持续性被称为"弱可持续性"（Pearce and Atkinson）。因此，传统经济学解决外部性的方法是通过简单的征收污染税、排污收费手段，促使减少资源的消耗和浪费，减少对环境的污染和损害。如我国征收的矿山使用费、水资源费、排污收费等手段。目的就是对外部性支付必要的成本，而对外部性成本的测算并未考虑代际间的补偿。实际上用传统解决外部性问题的手段和思维方法无论如何精美设计都无法解决代际公平问题。

② 代际外部性是指个体行为给他人的福利带来的影响。这种影响是指当代人的行为对下代人福利造成的影响，是动态、跨越时空的影响。生态经济学家认为可持续性意味着把目前的生态系统不退化地传给下一代。因此，认为用来衡量可持续性的标准是生态系统的恢复力和人均资源存量。这种持续性被称为"强可持续性"（Daly，1996）。如果当代人不能按可持续发展的路径发展，势必使后代人失去基本的生存条件。也就是说，下一代人的福利取决于当代人的行为。只有按强可持续发展的准则，才能有效解决代际外部性。可行的手段是体现可持续发展准则的规范的环境税制度、宏观经济最佳规模限制以及可持续性发展的GDP核算体系等。

一、鼓励清洁生产和消费的财税政策

　　传统经济增长方式带来较多外部性问题的主要原因，或是在经济活动（生产与消费）过程中过多地使用了直接破坏生态环境的能源与其他自然资源，或是这种经济过程本身容易形成过多的工业垃圾。如果在经济活动过程中尽量多使用清洁的生产要素(如劳动)，尽量减少使用那些容易产生污染的生产要素(如石油、煤炭等）原料，不仅可以减少（对当代人来说的）空间外部性，而且还可以通过节约自然资源途径减少（对后人而言的）代际外部性。就是说，与此有关的公共政策应该起到鼓励全社会进行清洁生产、清洁消费以及节约自然资本的导向作用。

　　仅就字面含义理解，清洁生产是指生产方式（包括生产技术）从过度使用不可再生且容易带来环境污染的生产要素（主要是自然资源）向集约化使用清洁生产要素（主要是劳动）的方面转变。这就要求在现代经济过程中，鼓励人们把注意力集中在劳动的反向替代上。[①]清洁消费，又称可持续消费，按照联合国环境署1994年于内罗毕发表的《可持续消费的政策因素》中给出的定义，可持续消费是指"提供服务以及相关的产品以满足人类的基本需求和提高生活质量的同时，使自然资源的有毒材料的使用量最少，服务或产品的生命周期中所产生的废物和污染物最少，从而不危及后代的需求"。可持续消费是把人们的消费活动放在由经济、社会和生态三个子系统构成的大系统中予以考察，在传统消费活动的物质、精神维度上增加了生态维度。清洁消费被认为是科学、文明和理性的消费。提倡清洁消费不仅有助于人们较多地关注产品生产过程中减少对生态环境的破坏，而且有助于人们改变奢侈、浪费的消费行为，改变人们对过度物质消费的盲从，从而在消费方面也能够体现出"人与自然的和谐"。因此，当社会成员普遍具有较高的生态、环保意识并能以自己的消费行为实践这种意识时，可持续发展也便得到了根本保障。

　　实现劳动的反向替代，就要鼓励人们在生产过程中更多地使用人力资本和污染较少且相对丰富的可再生性资源，相应减少使用物质资本和污染较大且不能再生的自然资源。为了达到这样的目的，政府有必要采取税收方式来改变各

[①] 自19世纪工业革命以来，人类经济活动方式发生的重要变化是，人造的物质资本、现代科学推动的技术进步越来越多地替代了人类劳动，不仅造成了自然资源的大量消耗并产生同样规模的工业垃圾，而且导致越来越多的劳动力处于失业、半失业状态。面对这种状况，人类逐渐意识到，只有放弃这种传统的经济增长方式，代之以集约化使用劳动资源、人力资本的新型经济增长方式——表现为劳动对资本的反向替代，人类可持续发展才是可能的。理论上，劳动对资本的反向替代通常会给人们经济生活带来多种好处：一方面可以更有效地提高劳动生产率，另一方面有助于保持自然资源存量；此外，由于使用人力资源和清洁资源更多，使产量更容易被限制在环境所许可的范围内。

第十一章 深化改革时期的生态环境保护政策

类生产要素的相对价格。例如，对物质资本、不可再生资源的使用课以重税，而对人力资本、可再生性资源的使用课以轻税或免税，实际上就改变了两类资源的比价，只要这两类资源之间存在替代性，生产者就会在既定技术水平条件下调整各种要素的投入比例，即改变它们的边际替代率。同样原理，为了鼓励清洁消费，政府也可以通过税收政策，对高耗能、高污染消费品（如鞭炮、烟花、含磷洗涤剂、塑料袋、电池等）课以重税。如果要引导国民适度消费某种产品，还可以对该产品的过度消费行为采用较高的边际税率。

表 11-4 提供的数据信息是根据特定方法对我国现行税收体系中的劳动、资本和消费课税的有效税率所进行的估计。[①]就国际比较来看，这三个重要税收的有效税率均低于列选的 OECD 国家及其他主要发达国家水平（见表 11-5）。我国劳动有效税率[②]明显低于表中列选国家水平及其平均水平；资本有效税率除个别年份偏高外，大部分年份明显低于美国、日本、加拿大、英国；消费有效税率近年来已经与主要发达国家持平。

通过国际比较，可以得出经验结论，在鼓励劳动反向替代——改变传统经济增长模式上，我国似乎具有相对优势。值得注意的是，从表 11-4 中可以发现，改革开放以来，我国劳动课税的有效税率呈持续上升趋势，资本课税的有效税率则在明显下降后重新上升，而消费课税的有效税率比较稳定。这种税制安排，总体来说，与国内促进劳动反向替代和鼓励清洁生产、清洁消费的公共政策目标仍有不适应之处。从可持续发展角度看，在具体税收措施上仍需做一些必要的调整。

---

① 根据 Mendoza et al.的方法，劳动有效税率估计有两种方法：

第一种：$\tau_p = [\frac{T_p}{OSPUE + PEI + W}] \times 100$；第二种：$\tau_p = [\frac{\tau_p W + TSP + T_w}{W + SI}] \times 100$

其中，τ_p 代表个人所得税的平均税率，T_p 代表个人利益、利润及资本利得的征税额，$OSPUE$ 代表私人未设立公司的企业盈余，PEI 代表家庭财产和经营所得，W 代表工资薪金所得。T_w 代表对劳动工资征税，TSP 代表总的社会保障缴款，SI 代表雇主的社会保障缴款。由于在 OECD 的收入统计资料中只有个人所得税总额，但是在个人所得中既有劳动所得，也有资本所得，所以个人所得税额中有一部分是属于对劳动所得征税，还有一部分是属于对资本征税，所以在 Mendoza et al.的方法中，第一个公式计算出家庭总收入的平均税率，然后再把它乘以工资薪金所得就等于个人所得税中属于对劳动所得征税部分，乘以资本收益就等于属于资本征税部分。第二个公式中，分子是对劳动征税总额，包括个人所得税中工资薪金所分配的比例、独立劳动者劳动力和工资所征税额以及社会保障缴款额，社会保障缴款额也作为是对劳动所得征税的一部分，尽管有的国家还没有开征。

② 在我国税制中，属于对劳动所得征税的税种有个人所得税、农业各税以及社会保障性缴款。在我国个人所得税中，既含有对资本征税部分，如对股息、利息、红利、财产租赁所得征等，也含有对劳动所得征税，如工资薪金、劳务报酬、稿酬等，由于我国个人所得税实行分类税制模式，按理可以直接按照个人所得税中各项目收入数额加总就可以把它直接分解为对劳动征税和资本征税，但是个人所得税分项收入数字难以获得，所以我们只能也用前面的公式来把它分解为劳动征税和资本征税，即按家庭收入统计中工薪收入和资本收益各自所占的比例分配。按这种方法对个人所得税收入进行了分配。按上述分摊公式，我国劳动有效税率的计算公式为：$\tau_L = \frac{T_P^L + T_F + T_{SS}}{n} \times 100$，其中，$\tau_L$、$T_P^L$、$T_F$、$T_{SS}$ 分别代表劳动有效税率、个人所得税中对劳动课税部分、农业税和社会保障缴款。

表 11-4 中国劳动、资本和消费有效税率估计

年度	劳动有效税率（%）	资本有效税率（%）	消费有效税率（%）
2000	5.87	24.30	7.49
2001	6.74	25.97	7.79
2002	8.14	26.49	7.73
2003	8.47	29.79	8.14
2004	8.50	31.84	8.60
2005	9.40	23.87	8.52
2006	9.94	24.27	8.55
2007	10.63	26.59	8.75
2008	11.15	26.04	8.82
2009	10.54	30.59	9.40
2010	10.74	29.42	9.93
2011	11.38	30.86	9.90

资料来源：根据各年度《中国统计年鉴》和《中国财政年鉴》数据，按 Mendoza et al.的方法编制；李凯，张生勃.中国资本、劳动、消费的有效税率测算——基于 2003—2010 年数据的实证研究[J].税收经济研究，2012（4）：87。

表 11-5 2000—2009 年主要发达国家的平均有效税率（单位：%）

年份/国家	项目	2000	2001	2002	2003	2004	2005	2006	2007	2008	2009
法国	资本	38.7	42.1	40.0	36.6	39.1	38.8	42.9	41.5	42.8	36.9
	劳动	31.9	31.8	31.6	31.8	31.8	32.1	32.4	32.5	32.5	32.3
	消费	12.3	12.0	11.8	11.5	11.7	11.7	11.4	11.5	11.2	10.8
德国	资本	34.9	27.5	27.1	28.3	27.4	28.2	29.3	29.5	30.7	32.2
	劳动	35.4	35.7	34.9	34.7	34.2	34.3	35.0	35.2	36.6	36.1
	消费	11.8	11.7	11.6	11.7	12.1	11.4	11.5	12.4	12.3	12.1
英国	资本	68.1	68.5	58.3	53.6	54.8	58.9	62.6	59.2	56.5	56.8
	劳动	24.1	24.2	23.6	23.8	24.4	24.9	25.3	25.4	25.9	25.3
	消费	12.2	11.8	11.6	11.5	11.4	10.9	10.7	10.7	10.5	9.7
美国	资本	42.2	39.9	37.0	36.8	35.7	39.0	39.8	43.2	39.8	35.3
	劳动	20.9	22.9	23.6	23.1	22.6	21.7	21.7	22.8	25.1	25.7
	消费	4.7	4.9	5.1	5.2	5.2	5.0	5.0	5.0	5.1	5.3
日本	资本	75.1	80.5	64.5	61.0	59.0	60.0	68.3	61.2	63.4	64.5
	劳动	23.6	25.0	23.7	23.6	24.3	25.2	25.8	26.9	27.0	27.1
	消费	6.3	6.2	6.1	6.1	6.2	6.3	6.2	6.0	5.7	5.7

资料来源：吕玲.中国资本、劳动与消费平均有效税率的测算及国际比较：2000—2010[D].北京：对外经济贸易大学硕士学位论文，2013：18-24。

第一，我国目前个人所得税的分类课征项目中，属于对劳动所得课税的有工资薪金所得、个体工商业户生产经营所得、对企事业单位生产承租经营和承包经营所得、劳务报酬所得，属于资本课税的项目有对私营企业利润征收的个人所得税、利息股息红利所得、财产租赁所得、财产转让所得。从法定名义税率看，劳动所得税负高于资本所得，如工资薪金所得采用 7 级超额累进税率，最高边际税率为 45%；个体工商户的生产、经营所得和对企事业单位的承包经营、承租经营所得采用 5 级超额累进税率，最高边际税率为 35%；利息股息红利所得采用 20%的比例税率；劳务报酬所得采用 20%比例税率，考虑到加成征收后，最高边际税率达到 40%。比较来说，对劳动的课税普遍高于对资本的课税。那么，为了刺激生产过程中的反向替代，就应该降低工资薪金的边际税率，相应提高对资本项目的所得课税。此外，现行个人所得税税制在税前扣除项目的安排上，很少考虑到扣除项目应该有助于发挥鼓励清洁消费的功能。所以，未来的税制改革应该增加对诸如重大疾病的医疗费支出、教育支出等的税前扣除，这既符合社会公平要求又起到鼓励清洁消费的作用。

第二，鼓励企业使用清洁技术，一方面可以减少资源消耗和生产过程对生态环境的污染，另一方面则会通过提高产品技术含量和改善产品质量的方式给消费者带来更多的经济福利。税收在刺激清洁技术使用方面较快奏效的方式是采取多种税收优惠政策，激励企业选择可持续性行为。具体做法主要包括：（1）制订清洁技术标准，对高新环保技术的研究、开发、转让、引进和使用予以税收鼓励。例如，对符合条件的技术转让收入增值税实行免税，企业所得税政策为转让所得不超过 500 万元的部分免征企业所得税，超过 500 万元的部分减半征收企业所得税；而对于新技术的研发费用企业所得税准予按照研发费用的50%加计扣除。（2）制定清洁产业政策，为促进清洁产业的优先发展给予不同的税收优惠。例如，环保产业中的所有企业均可享受一定的所得税减免，对环保产业生产过程中使用的固定资产设备实行加速折旧，为鼓励环保产业投资实行环保投资退税，对环保产业产品出口给予税收支持等。（3）制定资源综合利用和再回收的税收政策。①我国现行的增值税对企业销售自产的资源再利用的产品实行免征、即征即退 100%、即征即退 50%和先征后退等税收政策，这在一定程度上促进了资源的综合利用和再生产业的发展。今后，还应进一步通过税收政策促进废旧物资的回收和利用。例如，为促进科研单位加大对"三废"技术的开发力度和鼓励有关企业积极使用"三废"技术从事产品生产，在一定时期给予这些单位、企业减免营业税和所得税的照顾。（4）企业从事符合条件

---

① 资源综合利用不仅有利于环境保护，而且也有利于资源使用效率的提高。目前，我国资源回收利用的潜力很大。据估算，我国每年可再生利用而未回收的废旧资源价值将近 250 亿～300 亿元人民币。

的"环境保护、节能节水"项目的所得，自项目取得第一笔生产经营收入所属纳税年度起，第1年至第3年免征企业所得税，第4年至第6年减半征收企业所得税。企业购置用于环境保护、节能节水、安全生产等专用设备的投资额，缴纳企业所得税时可以按一定比例实行税额抵免。再如，对国内目前不能生产的污染治理设备、环境监测仪器以及环境无害技术等进口产品，实行减征进口关税。

第三，企业所得税允许税前按实际工资列支。我国现行的企业所得税制度规定：税前可列支的项目中的工资只允许按计税工资标准列支，实际工资超过计税工资的部分在税法上不能视为成本费用，而应视为应税利润，计算缴纳所得税。这样的税收制度不利于可持续发展的方面主要是不利于降低企业的劳动要素成本。实际上现行税制对劳动工资双重征税，因为企业所得税税前不允许按实际发生工资扣除，造成在企业所得税环节税前将部分工资视为利润，作为税基的一部分按25%计算缴纳企业所得税。个人领取劳动工资后，对工资又按3%～45%的累进税率计算缴纳个人所得税。由于个人所得税工资纳税实行源泉控税，个人所得税是由雇主代扣代缴，受雇人员得到的是税后工薪。受雇人员会因税后工资的减少而向雇主要求提高工资，导致雇主实际负担个人所得税税款，最终增加了雇主的税收负担，提高了劳动要素成本，使社会清洁要素负担较多税负，这与社会可持续发展的目标相违背。

第四，要扩大消费税课税范围，尽量涵盖所有被技术部门认定为不清洁的产品；在此基础上，普遍提高消费税税率，并按照应税商品的不清洁程度实行差异税率，这就决定了相关消费税的税目选择和税率设计。从可持续发展角度看，我国现行消费税应进一步扩大征税范围，使消费税主要为可持续发展目标服务，而不是主要出于财政目的，因此可将自然资源的消费逐步纳入消费税征税范围之中。相关消费税的税率可以根据资源存量和可再生程度设计累进税率，资源可再生性越差，税率越高。此外，清洁消费不仅针对消费品也针对劳务，应该对清洁劳务课以轻税，对无助于清洁生产和消费以及社会可持续发展的劳务应该课以重税，这方面主要体现在原先的营业税和当前的"营改增"政策方面。如教育劳务、农业技术培训、农牧业保险等劳务享受相关税收优惠政策，而对于高档的劳务和无益的广告宣传劳务收入则需进一步课以重税。

第五，我国目前还未正式开征社会保险税，但已开始执行社会保险缴款制度。从福利国家角度考虑，开征社会保险税确实必要，不过应该注意，从刺激劳动反向替代的政策目标看，未来社会保险税税负不宜定得太高。因为开征社会保险税必然增加企业对职工福利的支出，实际上增加了雇佣劳动的成本，在一定程度上会抑制企业对劳动的需求，而因此造成的社会失业增加，既不利于经济社会提高对清洁资源的使用，也有违于政府旨在推行鼓励劳动反向替代之税收政策的初衷。西方国家在这方面的改革动向值得政府关注并适当加以借鉴。例如，德国引进了环保税，将其部分税收收入充作社会保障的财源，同时降低对企业和个人征收的社会保障金的缴纳，即由"劳动课税"转向自然资源消费课征的资源环境税，增加自然资源使用的课税，从各个角度减少对劳动使用行为的课税。最终目的是降低劳动要素的使用成本，鼓励使用劳动这一清洁要素。目前，世界各国趋向于可持续发展的税制改革越来越明显。

二、财政支出结构的可持续性优化

应该看到，从根本上讲，实现可持续发展的各种目标——宏观经济最佳规模、劳动的反向替代、代内公平与代际公平、清洁生产与清洁消费等，不仅取决于税收刺激的程度，而且还取决于政府财政支出结构的调整。考虑到政治自由程度、资源分配的公平程度、公民受教育的程度等因素与可持续发展的内在一致性，各级政府在财政支出结构上体现出来的对这些因素成长的不断提高的支持程度，具有重要意义。换言之，最有助于可持续发展的财政支出是环保支出、教育支出、科技费支出和基本权利保障支出，这些支出项目必须予以优先确保。目前，这些类型的财政支出在我国各级政府财政支出中所占比重偏低，应该注意加强调整。由于经济转轨时期各级政府财力相对有限，当前情况下，支出调整一般应该集中在增加节能环保支出、教育支出、科学技术支出三个重要方面。

1. 环保支出

国家节能及环境保护支出应该是政府公共产品提供的最重要领域之一，但正如表11-6、表11-7所示，目前我国环境污染治理的完成投资额呈现逐年增加的趋势，但是相对于政府技能环保预算支出的逐年增长，环境污染治理的投资效率不高，远远不适应投入规模与可持续发展的要求。从各地区情况看，福建、山东、山西及浙江省投入较大，当然，其中有相当大部分是与自然资源及经济发展的专项投入有关系。

表11-6 国家公共财政预算节能环保支出比重

年份/项目	环境污染治理完成投资总额（亿元）	国家公共财政节能环保预算（亿元）	完成投资占节能环保预算的比重（%）
2007	552.39	1698.69	32.52
2008	542.64	1385.15	39.18
2009	442.62	1934.04	22.89

续表

年份/项目	环境污染治理完成投资总额（亿元）	国家公共财政节能环保预算（亿元）	完成投资占节能环保预算的比重（%）
2010	396.98	2441.98	16.26
2011	444.36	2640.98	16.83
2012	500.46	2963.46	16.89
2013	849.66	3435.15	24.73
2014	997.65	3815.64	26.15

资料来源：根据各年度《中国统计年鉴》计算编制。

表11-7 2014年各地区污染治理项目当年国家公共财政节能环保预算投资情况

地区/项目	污染治理完成投资总额（亿元）	国家公共财政节能环保预算（亿元）	投资总额占节能环保预算的比重（%）	地区/项目	污染治理完成投资总额（亿元）	国家公共财政节能环保预算（亿元）	投资总额占节能环保预算的比重（%）
北京	7.57	213.36	3.55	湖北	26.29	103.78	25.33
天津	22.09	57.93	38.13	湖南	17.34	137.49	12.61
河北	88.95	193.43	45.99	广东	37.86	259.04	14.62
山西	31.15	95.26	32.70	广西	17.89	84.00	21.30
内蒙古	77.54	142.75	54.32	海南	5.62	23.28	24.14
辽宁	38.22	106.10	36.02	重庆	5.03	105.51	4.77
吉林	16.37	140.30	11.67	四川	23.25	168.69	13.78
黑龙江	17.76	111.57	15.92	贵州	18.48	85.34	21.65
上海	17.79	77.32	23.01	云南	24.40	108.88	22.41
江苏	58.51	237.78	24.61	西藏	1.03	29.23	3.52
浙江	67.59	120.65	56.02	陕西	33.45	112.51	29.73
安徽	17.62	104.76	16.82	甘肃	17.62	73.21	24.07
福建	42.38	61.80	68.58	青海	7.45	56.73	13.13
江西	12.35	68.13	18.13	宁夏	27.30	34.60	78.90
山东	141.65	166.67	84.99	新疆	31.65	70.86	44.67
河南	55.46	119.95	46.24	—	—	—	—

资料来源：根据《中国统计年鉴2015》有关数据计算编制。

为促进资源的永续利用和环境保护，有关公共政策应该发挥两项作用：一是促进在市场条件下建立资源更新的经济补偿机制，如在地区层次和部门层次上实行将资源环境的综合成本纳入各自国民经济核算体系的制度；二是在上述基础上，促进各级政府增加用于环保方面的财政支出。鉴于传统GNP统计上的

第十一章 深化改革时期的生态环境保护政策

缺点，美国经济学家托宾和诺得豪斯提出过一种 GNP 矫正方法，即"经济福利测度指标"概念（Measure of Economic Welfare, MEW）。该方法是在传统方式计算 GNP 基础上，减去那些不被认为属于当前消费的东西（如信贷消费、资本贬值、投资）和"不幸的必需品"（如为工作而发生的交通费用、居住城市带来的较高的生活成本等），加上估计的来自国民资本存量的收益（包括健康和教育收益）与非货币交易产生的收入。然后，再扣除按照某种技术标准计算的环境污染损失和国民健康损失，就得到按另一种国民经济核算体系（MEW）计算的调整后的 GNP。[①] 我国也可以参考这种做法，根据我国国情建立合适的 GNP 调整方法。

至于如何增加各级政府的财政投入，可以考虑采取以下措施：（1）要建立各级政府财政环保支出有效增长机制，如通过立法形式确定一定时期内各级政府财政用于环保投资必须占各自经济行政区域 GDP（或各自财政总支出）的特定比例，并明确规定环保投资增长速度要略高于国民经济增长率。（2）不断完善政府公共财政预算制度，在中央和地方财政支出预算中设立明确的科目，稳步提高政府财政对环境保护的制度规模，优化结构。（3）明确排污费为国家公共财政预算，取消各地区将部分排污费无偿"返还"给企业的政策，统一按照预算内资金使用管理。（4）根据环境事权的划分和财政分权理论，对区域性的环境治理项目由本地区财政因地制宜地进行专款投入加以改善；对跨地区污染综合治理和生态环境保护与建设的项目应该由中央财政直接支出建设，尤其是对有助于全国范围内生态环境改善的环境公共基础建设和对跨代产生重大影响的环境公共产品应该由中央财政专款解决。（5）增加对生态品修复、改善、保护性投资。针对那些已遭破坏但尚可修复的生态系统，如森林生态系统，各级政府财政可设立生态品修复基金（如造林、育林基金）以加速其恢复。财政对生态品的改善性投资，实质上是强调财政对初始生态状态的优化，主要包括建设防洪、发电、灌溉等水利系统工程的投资防护林和水土保持林建设的投资以及大江大河综合治理工程的投资。财政对生态品的保护性投资对于保持生态系统动态平衡具有重大意义，此项投资支出应主要用于环保产业部门和（通过某

---

① 这样计算出来的 MEW 与 GNP 出现了较大差异：例如，美国在 1929—1965 年之间的 GNP 增长率平均为 1.7%，而 MEW 增长率则平均为 1.1%。再如，美国从 1935 年到 1945 年 GNP 增长了 90%，而 MEW 仅增长了 13%；1947 年到 1965 年，GNP 增长了 48%，而 MEW 仅增长了 7.5%。MEW 指标不仅揭示了经济增长和经济福利的一般关系，而且还揭示了 GNP 本身高估社会经济福利的一般程度。后来，戴利和科布设计了"可持续的经济福利指标（Index of Sustaining Economic Welfare, ISEW）"，该指标在 MEW 基础上，对自然资源的存量进行贬值调整，并且考虑到医疗开支和教育开支有不断膨胀的趋势，其货币价值难以真实反映人们得自于二者的实际利益，对健康和教育成本也进行了相应调整。比较一些国家的 GNP 和 ISEW 关系，可以发现：20 世纪 80 年代，美国 GNP 增长得很快，但是 ISEW 几乎不变或下降；英国的 ISEW 在 1974 年以后出现绝对下降；德国的 ISEW 在 1978—1984 年间一直下降，此后则有所恢复。参见戴利. 超越增长[M]. 上海：上海译文出版社，2001.

种基金建设投资形成的）特殊生态保护机构的事业费。

2. 教育支出

公民教育水平的提高本身也是可持续发展的重要内涵，政府加大教育投入不仅有助于解决社会收入不平等问题，而且有利于解决环境问题。将国家生态环境问题与发展国民教育挂钩，其理由非常简单，因为往往是在公众对环境状况表现出强烈不满或对改善环境质量显示出强烈偏好情况下，才能推动政府积极制定并贯彻特定的旨在保护生态环境的公共政策。在广大民众教育发展水平较低的时候，他们的环境意识比较差，也不能正确估计环境问题的严重性，对各类污染的潜在危害性认识不足，没有建立可持续发展所要求的足够的风险观念，于是整个社会对保护环境、改善环境质量的公共需求并不强烈，政府自然也不会对环境问题引起重视，更不会在没有强烈社会偏好显示的情况下制定这类公共政策。正如彼德·休伯所说："在民主社会，平民的绿色是唯一能够持久的绿色。"[1]因此，政府除了采用直接措施进行保护环境外，从长远利益来看，最重要的还在于加大对国民的教育投入，以便从根本上改变人们的生态观念、环境意识，改变国民环境资源分配上的不平等状态。换言之，提高国民的环境保护意识，首先在于提高他们的受教育水平，此举关键在于政府增加财政教育投入，政府教育投入产生的间接环境保护作用甚至比其直接的环境税还重要。

增加政府的教育支出还有利于增加国家的人力资本存量，后者在提高国民就业选择能力和提高劳动反向替代的范围、规模与质量的同时，还有助于改善国民收入分配不平等状态。英国发展研究所的艾德里安·伍德（Adrian Wood）提出过一种理论模型[2]，假设存在三类不同性质的劳动力，分别为未受过教育的、受过基本教育的和受过高等教育的；再假设一国要发展技术含量较低的劳动密集型制成品产业，至少需要受过基本教育的劳动力。该种制成品产业的扩大将会增加此类教育程度的劳动者的个人收益，于是一方面缩小了他们与受过高等教育的劳动者的收入差距，另一方面却扩大了与没有受过教育的劳动者的收入差距。最终的净效应如何取决于这三类劳动力在人口中的分布：如果一国中受过基本教育的劳动人口比重非常大，他们的收入增加会降低因经济增长造成的社会收入分配不平等程度；而如果没有受过教育的劳动人口的比例太大，以劳动密集型产业支撑的经济增长肯定会导致社会收入差距的扩大。东亚国家由于长期受儒家文化传统的影响，社会整体对教育重视程度较高，国内受过完整初级教育的人口比例较大，这就很好地解释了为什么这些国家能够借助出口

---

[1] [美]彼德·休伯. 硬绿——从环境主义者手中拯救环境·保守主义宣言[M]. 上海：上海译文出版社，2002：26.
[2] Wood, A. North—South Trade Employment and equality: Changing Fortunes in a Skill—driven World Claredon, Oxford, (1994).

替代战略，通过发展劳动密集型产业，在不太长的时期内实现了国民经济的历史性的转变——从原先的农业国转变为新兴工业国，并且比较成功地避免了国内收入分配两极分化的趋势。

虽然我国的基础教育投入这些年里有所增加，但其占财政支出的比重，就国际比较而言，仍属于偏低水平。再就国内各省区情况看，地区间政府教育投入方面存在着较大差异。以 2014 年为例，我国中央财政的教育事业费支出占中央财政支出的比重为 5.55%，地方财政教育事业费支出占地方财政支出的平均水平为 16.86%；其中，最高的是山东省，达到 20.36%，最低的是青海省，仅为 11.60%。显然，在未来很长时期内，大部分地方政府应该持续增加对教育的财政投入；而与此同时，中央政府也要增加对各下级政府在发展基础教育方面的财政转移支付。

除了从财政角度支持国民教育发展外，政府还要通过立法、专项政策以及针对某些具体问题制定操作性强的规章条例，以动员全社会力量开展教育事业。有关这方面的公共政策研究，请参见本书相关章节的内容。

3. 科学技术支出

依靠向大自然肆意索取方式来满足人类需求和欲望，就不可能保持自然、经济、社会复合系统协调发展。可持续发展则要求人类通过合意的技术创新，提高各种经济资源的使用效率，建立资源节约型和环境友好型的国民经济体系，最终保持人类从事的旨在财富稳定增长的经济活动不对人类赖以生存的资源和生态环境造成压力。长期、稳定的技术创新直接刺激经济增长，而经济增长进一步提高人类的能力；人类能力的不断提高进一步促进技术变革，技术变革再反作用于人类的能力提高。这就是技术与人类发展的一般关系。但是，实践证明，长期、稳定的技术创新以经济社会保有雄厚的人力资本存量为基础，所以科学技术进步一方面要求不断提高国民的教育水平，另一方面还需要政府对国民科技创新活动采取积极的扶持政策。

长期以来，我国各级地方政府财政支出中直接用于鼓励技术创新的部分无论在绝对量上，还是在相对量上，都是比较低的，有些县级政府甚至连续多年科学技术开支几乎为零。政府对科学技术研究、开发、推广、应用的资金投入偏低，明显成为可持续发展的阻碍因素。世界银行经济学家曾经对不同国家经济增长差异做过比较研究并指出：物质资本投入的差异可以解释增长差异的 30%，其余的 70%则被列入构成综合要素生产率增长的各种无形因素，以科学进步、技术创新、人力资本积累为主，其余尚有制度、组织和管理等因素。[1]对

---

[1] 世界银行. 1998/1999 世界发展报告[M]. 北京：中国财政经济出版社，1999.

此，各级政府应该对现代科学技术进步在可持续发展过程中的重要性予以高度重视，并通过财政支出结构的调整，增加对经济社会科学技术开发的支持。一般来说，技术开发的高风险和高成本，导致私人企业无力做大规模的研发投资，政府资助成为必要。只有在国内技术水平提高到相当档次，国家整体经济实力明显发生变化情况下，私人和私人企业的研发投资才会增加。但是，私人研发资金大多集中在近期产生明显商业利益的项目上，而政府对基础性科学研究的投资、对战略产业的研发投资、对大规模商业化之前的技术开发投资则并不能因此减少。

鉴于此，各级政府在努力建立正确的科技进步激励机制和机构体制的同时，必须调整财政资金使用方向以确保经济生活中技术创新活动的资金投入：（1）增加投入总量，提高我国 R&D 经费占 GDP 的比重。（2）改善投入结构，提高环保新材料、清洁能源等技术研发投资比重。同时，解决好政府科技投入在基础研究、应用研究与实验发展之间的有效分配问题，以有利于科技成果的转化。（3）明确投资重点，加大技改项目的环保投资力度，利用高新技术改造传统产业，促进产业升级。同时，要不失时机地加速发展那些有市场需求和前景的高科技以及高新技术产业，并带动和促进新兴产业的崛起。（4）创新和完善投入机制，通过提高政府资金使用效率的途径来增强其促进科技发展和成果转化的财力保障能力。例如，对政府 R&D 经费的使用范围和对象加以明确界定与划分，政府利用竞标择优机制，采用财政投资、贷款贴息、资金补贴和风险投资等措施支持科技成果转化活动，按照国家有关法规设立科技成果转化基金或风险基金，以及建立财政科技资金使用与运作的新机制等。（5）各级地方政府还应对各种形式的高新技术创业服务中心、高等院校、专业科技研究机构在科技开发、成果转化方面给予必要的财力支持，如适当增加用于科技成果转化的专项拨款。（6）充分重视和运用政府采购的方式和政策手段，以促进和刺激科技成果转化。

有助于可持续发展的财政政策会影响社会发展和公民的长远行为，而可持续发展的财政政策若与可持续发展的环境政策相互配合，更能够增强政策的有效性。因此，财政政策应该有效运用税收、财政转移支付、国家预算等多种手段和工具，以此促进社会的可持续性发展。

第三节 可持续发展的环境政策

无论是发达国家，还是发展中国家，各国政府在制定可持续发展的公共政策时，均要关注两类政策目标：一是通过限制人口增长，增加公共教育、公共医疗投入，争取在较短时期解决社会贫困问题；二是通过自然保护提高资源、能源利用率和控制工业污染等，以便解决（作为可持续发展的基础）环境可持续问题。一般情况下，发达国家通常主要关注后一个政策目标，因其资源消耗量及污染物排放量大大超过发展中国家。然而，发展中国家则要对上述两个政策目标予以同等关注。就是说，发展中国家政府同样要下大力气解决本国所面临的涉及资源永续利用、清洁生产、生态保护等一系列重大的社会经济问题。这里，统称为环境问题。其实，在许多发展中国家，目前的环境问题与贫困问题一样，都属于严重的社会问题。鉴于环境问题的紧迫性，在各国，环境政策越来越成为人类社会的最基本的公共政策。

公共环境政策可以理解为，国民为了达到某种既定的环境、经济及社会目标，授权政府制定或确认的，包括环境资源配置、环境保护机制、环境补偿机制以及环境福利调节手段在内的所有的能对环境质量产生积极影响的对策的总和。环境政策的实施是政府的责任，其实施手段包括法律手段、行政手段和经济手段等。实施针对污染治理、防范的环境政策也可以视为政府对社会经济的干预行为。其具体干预的方式方法有：制定法律、直接管制、实行污染权交易管理、源头控制以及实行财政补贴等。此外，政府也可以模拟市场机制，采取征收环境税收或排污收费方式来解决问题。当然，在特殊市场条件（如所有权明晰化、交易成本较低）具备的情况下，私人或私人企业之间也能够通过权利交易方式自行解决环境问题，这种方式称为"科斯机制"。除了"科斯机制"外，其他解决问题的手段都是政府推行公共环境政策过程时可选择的政策工具。

本节首先分析了目前我国环境状况及其存在的主要问题。然后简要分析各种政策工具的作用机制。最后结合我国目前环境政策现状，阐述我国环境治理的政策工具选择。

一、中国环境状况及其存在的主要问题

表 11-8 资料说明，目前我国环境污染问题十分严重，主要污染物排放规模

也大得惊人。虽然在2000—2014年间（除个别项目外）每万元GDP的大多数污染物排放规模都有所下降，但每年的降幅很小，"三废"综合利用水平变化很大，环境问题依然不容乐观。

表11-8 我国主要污染物排放量

项目/年份	废水排放总量（亿吨）	化学需氧量排放总量（万吨）	烟尘排放总量（万吨）	工业粉尘排放总量（万吨）	工业固体废物产生量（亿吨）	工业固体废物综合利用量（万吨）	工业固体废物贮存量（万吨）	工业固体废物处置量（万吨）	"三废"综合利用产品产值（亿元）
2000	415.20	1445.00	1165.40	953.30	8.16	37451.20	28921.20	9151.50	310.50
2001	428.40	1406.50	1059.10	841.20	8.87	47285.20	30166.40	14489.40	344.60
2002	439.50	1366.90	1012.70	804.20	9.45	50061.20	30039.50	16617.50	385.60
2003	460.00	1333.60	1048.70	846.20	10.04	56040.10	27667.20	17751.40	441.0
2004	482.40	1339.20	1095.00	886.50	12.00	67795.90	26011.90	26011.90	573.30
2005	524.50	1414.20	1182.50	948.90	13.44	76993.90	27876.00	31259.1	755.5
2006	536.80	1428.20	1088.80	864.50	15.15	92601.00	22398.10	42883.00	1026.80
2007	556.80	1381.80	986.60	771.10	17.60	110311.50	24119.00	41350.00	1351.30
2008	571.70	1320.70	901.60	670.70	19.00	123481.90	21882.80	48291.00	1621.40
2009	589.70	1277.50	847.70	604.40	20.40	138185.80	20929.30	47487.70	1608.20
2010	617.30	1238.10	829.10	603.20	24.10	161772.00	23918.30	57263.80	1778.50
2011	659.20	2499.90	1278.80	1100.90	32.28	195215.00	60424.00	70465.00	—
2012	684.80	2423.70	1234.30	1029.30	32.90	202462.00	59786.00	70745.00	—
2013	695.40	2352.72	1278.14	1094.62	32.77	205916.00	42634.00	82969.00	—
2014	716.20	2294.60	1740.80	1456.10	32.56	204330.20	45033.20	80387.50	—

资料来源：根据《中国环境统计公报（2000—2014）》及《中国统计年鉴（2000—2015）》计算编制。

联合国在《2002人类发展报告》中指出，环境污染问题使中国的经济损失约为GDP的3.5%～8%。据世界银行经济学家估计：中国空气质量恶化对人的健康损失每年约为329亿美元；酸雨对农作物、森林破坏性造成的经济损失每年约为50亿美元；1997年中国空气和水污染造成的经济损失则高达540亿美元。[①]占水资源总量2/3的地表水中，污染问题同样严重。据2006年国家地表水监测，IV-V类和劣V类水质占比达到32%和28%。根据全国水资源综合规划评价成果，84个湖泊中常年呈现富营养化状态的湖泊有48个，占比达到52.4%。渤海是中国的内海，已严重遭受污染。在渤海海域里，海洋生物大量

---

① 中国科学院可持续发展战略研究组．中国现代化进程战略构想[M]．北京：科学出版社，2002：74-75．

第十一章　深化改革时期的生态环境保护政策

减少，鱼、贝类濒于绝迹，几乎已变成没有生命的"死海"。我国湖泊普遍遭到污染，尤其是重金属污染和富营养化问题十分突出。例如滇池是昆明最大的饮用水源，供水量占全市供水量的54%，由于昆明市及滇池周围地区大量工业污水和生活污水的排入，致使滇池重金属污染和富营养化十分严重，作为饮用水源已有多项指标不合格，藻类丛生，夏秋季84%的水面被藻类覆盖。由于饮用污染的水，中毒事件时有发生；滇池特产银鱼大幅度减产，鱼群种类减少，名贵鱼种基本绝迹。[1]近年来，中国也遭遇了严重的大气污染。有报告显示，中国最大的500个城市中，只有不到1%的城市达到世界卫生组织推荐的空气质量标准，与此同时，世界上污染最严重的10个城市有7个在中国。持续的雾霾天气笼罩着全国十余个省份，雾霾天气，空中浮游大量尘粒和烟粒等有害物质，会对人体的呼吸道造成伤害；空气中飘浮大量的颗粒、粉尘、污染物病毒等，一旦被人体吸入，就会刺激并破坏呼吸道黏膜，使鼻腔变得干燥，破坏呼吸道黏膜防御能力，细菌进入呼吸道，容易造成上呼吸道感染。[2]

评估世界各国（地区）环境质量的"环境可持续指数"（ESI），于1999年开始由耶鲁大学和哥伦比亚大学联合研究小组开展研究，并于2000年发布了第一份全球ESI评估报告。该项研究的初衷在于定量地衡量各个经济体（国家或地区）在实现环境可持续发展方面所做的努力。该联合研究小组在2001年、2002年、2005年又先后发布三次全球ESI评估报告，在ESI的基础上又在2006年、2008年、2010年发布了三次全球EPI评估报告，引起了各国的广泛关注。在2002年第一次发布该指数时，全球142个国家和地区中，中国位居第129位，全球倒数第14位；[3]2006年在参与排名的133个国家或地区中，我国总得分为56.2分（满分为100分），位居第94位，即倒数第40位，低于同等收入国家的平均水平；2008年在参与排名的149个国家或地区中，我国总得分为65.1分，位居第105位，倒数第45位；2010年在参与排名的163个国家或地区中，我国总得分为49.0分，位居第121位，即倒数第43位。[4]中国人民大学中国调查与数据中心于2012年12月23日向社会公开发布了中国2012年的

---

[1] 资料来源：http://www.zjgedu.com.cn/ztwypb/xy/swrdy.htm；七大流域中，辽河、海河、淮河已严重污染。洞庭湖、巢湖、白洋淀、南四湖、滇池等已遭不同程度的污染。中国90%以上城市水环境恶化，城市河流遭受严重污染（详见：http://www.yc.e21.edu.cn/xstd/zy/szy/swr.htm）。

[2] http://www.askci.com/news/201303/19/1911441429186.shtml。

[3] 芬兰位居第一，列第二到第五的国家分别是挪威、乌拉圭、瑞典和冰岛。位居倒数前5位的国家或地区分别是：朝鲜、中国台湾地区、土库曼斯坦、伊拉克和乌兹别克斯坦。这项环境指数是由美国耶鲁大学和哥伦比亚大学的环境专家合作完成，并与达沃斯世界经济论坛共同发布。信息显示，排名前5位的国家主要得益于丰富的自然资源、较低的人口密度以及成功的环境管理三大方面。排名靠后的主要原因在于，这些国家或地区都面临自然资源贫乏和管理不当（详见：http://news.sohu.com/20050128/n224134537.shtml）。

[4] 曹颖，王金南，曹国志，曹东. 中国在全球环境绩效指数排名中持续偏后的原因分析[J]. 环境污染与防治，2010（12）.

发展指数（RCDI）。其借鉴联合国人类发展指数（HDI）的编制思想，结合中国国情，全面测量了我国地区社会、经济、环境发展状况及差异（见表11-9）。

表11-9 2012年中国发展指数及社会环境指数

序位	地区	中国发展指数	地区	社会环境指数
1	北京	105.28	海南	95.70
2	上海	99.13	江苏	93.37
3	天津	95.47	山东	92.58
4	浙江	91.89	浙江	91.55
5	江苏	91.73	广东	90.83
6	山东	88.86	北京	90.43
7	辽宁	87.54	西藏	90.42
8	广东	87.14	天津	89.68
9	吉林	86.40	福建	87.40
10	福建	86.16	江西	86.94
11	内蒙古	86.02	广西	85.84
12	黑龙江	83.89	河北	85.33
13	河北	83.20	安徽	85.15
14	山西	83.10	内蒙古	84.87
15	湖北	82.91	云南	84.48
16	湖南	82.88	上海	84.07
17	海南	82.78	湖南	83.85
18	重庆	82.33	陕西	83.32
19	陕西	81.94	湖北	82.97
20	河南	81.79	吉林	82.87
21	宁夏	81.13	重庆	82.37
22	广西	80.90	宁夏	82.36
23	新疆	80.75	辽宁	82.26
24	江西	80.66	河南	81.24
25	安徽	80.65	贵州	80.99
26	四川	80.50	四川	80.94
27	青海	78.10	山西	80.19
28	云南	77.37	新疆	79.15
29	甘肃	77.19	甘肃	78.93
30	贵州	75.85	黑龙江	78.81
31	西藏	73.17	青海	78.43

资料来源：中国人民大学调查与数据中心。

我国经济正处于深化改革时期,导致环境污染严重的主要原因有二:一是长期以来以单纯 GNP 增长率为政绩考核依据,客观上诱导了各级政府盲目追求经济高增长行为,而在以粗放型增长方式为主的情况下,必然造成资源和环境的严重破坏;二是国家公共环境政策体系建立长期严重滞后,至今尚不健全,无法指望制度约束在环境保护方面切实发挥积极作用。尤其是在环境污染严重的地区,现行公共环境政策根本不能够满足当地环境治理要求,即环境政策无法通过干预社会经济过程发挥效力。

目前,我国的公共环境政策还处在"以行政命令、末端治理、浓度控制、点源控制为主"的阶段,尚未建立健全在市场经济体系下适用的公共环境政策体系。现有的环境政策通常表现出"治标不治本"的特点,即过多强调生态环境的表层治理,而对可持续发展所要求的特定生态环境质量则缺少政策保障。另外,政府环境政策的重点通常放在已经恶化或者激化的环境问题上,较少关注如何把环境问题的预防和解决与追求宏观经济最佳规模以及劳动的反向替代等可持续发展目标结合起来。再有,我国政府在环境治理过程中惯用行政命令手段,较少注意把行政手段与借助市场机制发挥作用的具有导向或间接控制性质的其他手段相结合。例如,我国至今还未建立相对独立的环境税收,即尚未把环境和自然资源保护的特殊税系纳入国家税收体系或税收政策体系中,致使税收政策在环境综合治理进程中并未发挥重要作用。

二、公共环境政策工具

政府在环境治理过程中,通常可以选择以下多种政策工具或政策手段。具有行政干预性质的环境立法、制定环境标准、污染源头控制等,这些都属于政府的直接管制范畴。除"科斯机制"外,其他各种环境政策工具,如环境税、财政补贴、排污收费、可交易排污许可证等,都属于政府的间接控制范畴。以下择其中重要者分析它们的作用机制,这些政策工具各有其相对最适用的场合,政府可以依据既定的政策目标,通过成本—收益比较,自由裁决使用。

1. **政府直接管制**

政府直接管制包括环境立法和制定环境质量标准以及限制或禁止生产、生活排污并对污染者实行法律惩处等。直接管制对环境保护的作用机制是通过两种路径实现的:一是规定产出品的污染程度必须符合某种最低标准,如从人类健康和生态学意义上,食品应为零污染,否则,禁止企业投产运营;另一种是规定含有污染成分的产出品之最高产量,严禁超量生产,即限产。

经济学理论认为,只有在执行零污染标准情况下,政府施行直接管制手段是最好的。不过，如果考虑到政府治污要付出代价，那么从经济效率角度看，政府制定非零污染标准可能更好。然而，这样做政府可能会遇到另外的问题，即在缺乏有关经济活动的边际私人纯收益和边际外部成本的信息场合，政府所制定的环境标准和处罚标准在执行中可能产生两种非合意结果：(1) 如果把污染治理标准定得过高，就会偏离经济效率准则；(2) 如果把污染治理标准定得过低，根本就起不到治污目的。就是说，除非像某些国家那样，法律上不允许政府根据"成本—效益"分析结果制定标准，而必须根据自然科学界关于工业污染对人身健康以及对生态环境带来不利影响或福利损失的资料进行测算后制定某些标准；否则一旦政府采取了非零污染标准，人们很难事先证明这种标准对于控制环境污染一定有效。正如保罗·萨缪尔森所说："标准天生就是一种笨拙的东西。有效率的控污水平要求各行各业和各种污染源的边际成本都相等。命令—控制通常不允许厂商、区域和产业之间存在差别。因此，管制对大企业和小企业、城市和农村、高污染和低污染的产业都是'一刀切'的。即便A厂商的均衡污染成本仅为B厂商的一小部分，但两个厂商都被要求达到同样的标准。结果低成本的厂商得不到任何激励去更多地减少污染，即便这样做会更经济。进一步的研究还表明，由于使用命令—控制管制法，实现环保目标的成本已经在不必要地增加。"[1]

不过值得注意的是，政策对如何制定环境标准以及其制定的标准是否可行，往往取决于国民的价值判断和经济目标间的权衡。如果社会绝对不以在公众的健康和福利方面做出丝毫让步来维持经济学的效率，说明国民普遍追求环境保护的无形收益，那么零污染环境状态将成为国民优先选择的社会经济目标。零污染标准不考虑"成本—效益"之间的权衡问题，这在现实国家政策中几乎是做不到的，因此包括我国在内的大多数国家，要以公众健康为主要目标，兼顾治污效率作为公共环境政策目标的现实选择。

在污染源很多而政府主管部门必须决定各个污染源应按何种力度降低其环境损害程度的时候，可以考虑按照以下原则进行决策：(1) 最低成本原则。该原则要求政府总是按照既定的污染削减目标来选择污染治理成本最低的方法，其明显优点是确保经济社会尽可能以最少的代价来实现所希望达到的环境治理目标。毋庸置疑，采用这个原则实际上非常困难，它要求政府主管部门必须掌握反映有关各种污染削减目标和不同污染削减方案的边际成本情况的充分信息。另外，假设政府能够找到最佳的污染削减方案，但是它无论按照下面解释的"比例均等原则"还是"负担能力原则"在企业或经济单位间进行（污染

---

[1] [美]保罗·萨缪尔森.微观经济学（第十六版）[M].北京：华夏出版社，1999：271.

削减）成本分配，都会遇到公平与否的问题。（2）比例均等原则。如果经济活动的排污水平总体按某种水平减少便能达到既定环境标准，那么可以要求每一污染源均按其自身排污量减少相同的百分比。这种方法具有表面上的公平性，但是不同污染源造成的财务负担并不一样。这是因为各类污染源的治污技术和治污成本不同，等比削减排污量意味着不等的财务支出。（3）负担能力原则。政府对不同污染源分配降低污染任务量时，可以按照某种标准对不同财务负担能力的污染源（企业或经济单位）分配不同的任务量，即财务负担能力较强的企业须承担较多的污染治理任务，而财务负担能力较差的企业则可以承担较少的污染治理任务。比较个人所得税税负担分配上使用的支付能力原则，这种污染治理负担分配原则具有一定的合理性，可以视为税负分配中的"横向公平原则""纵向公平原则"向污染控制领域的延伸。不过，该原则明显具有惩罚先进、鼓励落后的缺陷，尤其是在企业财务状况与其污染排放之间并不存在直接联系的情况下，那些因自身管理不善造成财务状况恶化的企业反而可能把自身造成的污染成本转移给财务状况良好的企业。

2. 排污收费制度

排污收费制度是政府通过立法，依据行政权力对造成环境污染的经济主体收取一定的补偿性费用的环境治理方式。这种治理方式在一定程度上克服了政府直接干预的缺陷，能够更多地利用经济激励机制达到环境政策目标。建立排污收费制度的意图，在于按照合理收费标准对污染排放给人类健康或生态系统造成的损害进行恢复性补偿，在性质上体现为内部化经济活动的负外部性。这种方法并不规定每个企业或经济单位应该削减多少排污量，而是让企业依据费用标准自行选择合适的经济行为。

如果企业等经济单位的污染治理成本低于政府对其单位污染物排放收取的费用，则这些污染源将立即得到很好的治理，因为企业削减排污量有利于它们按照单位控制成本和单位污染物排放收费之间的差额节约自己的财务支出。当然，也有另外一些企业会选择继续排污，因为它们发现支付污染物排放费比治理污染所费成本更为经济。这一方法的主要优点是：（1）它确保选择对污染进行控制的企业都是能以最低成本来完成污染控制目标的企业。就是说，它模仿了最低成本的集中管制方法，却无须管理机构指定每一个污染源应削减多少排污量，起到类似亚当·斯密所谓的"看不见的手"的作用。（2）它提供给企业不断提高污染控制效率（降低控制成本）的持续动力，因为在知道自己要支付污染排放费用的情况下，如果能够不断地找到降低污染控制成本的办法，企业就将持续地获得经济利益。

但是，这种方式也有缺点，主要是排污收费标准难以科学制定。因此，排污收费制度，即使力图借助市场激励原则达到环境政策目标，实际上并不能有效克服政府直接管制的缺点——资源配置低效率。那么，政府到底应该选择"直接管制"方式，还是选择"排污收费"方式呢？这要通过比较"直接管制"与"排污收费"方式各自给社会经济带来的效率损失程度才能最后决定。

假设无论"直接管制"方式，还是"排污收费"方式，都会由于政府判断失误，如低估制造污染者的私人边际纯收益，给社会带来经济效率损失。根据图 11-1 做如下分析可知，从短期静态地看，这种效率损失的大小取决于 MNPB 与 MEC 曲线斜率的大小。

其中 MNPB、MNPB' 分别代表污染者真实的私人纯收益曲线和政府判断的私人纯收益曲线。假如政府采取直接管制方式，将会把环境标准定为 Q'，但事实上最优污染水平应为 Q_1，政府决策的效率损失为 ΔABE_1；假如政府采取的是排污收费制度，促使私人决策的最优量为 Q_2，社会效率损失为 ΔCE_1D。由于图 11-1 中 MEC 与 MNPB 的斜率绝对值相等，所以 $\Delta ABE_1 = \Delta CE_1D$。显然，当 MEC 的斜率绝对值大于 MNPB 斜率的绝对值时，$\Delta ABE_1 < \Delta CE_1D$，说明在制定环境标准上，政府直接管制方式优于排污收费方式；相反情况是排污收费优于政府直接管制方式。不过，长期动态地看，因为 MEC_L 是一条垂直线，斜率绝对值等于 1，而 MNPB 曲线斜率绝对值一定小于 1，即 MEC 线斜率的绝对值大于 MNPB 线斜率的绝对值。所以，从可持续发展观念出发，为减少政府判断失误造成的损失，就政府直接管制的环境标准和排污收费制度相比而言，应择优选择政府直接管制。

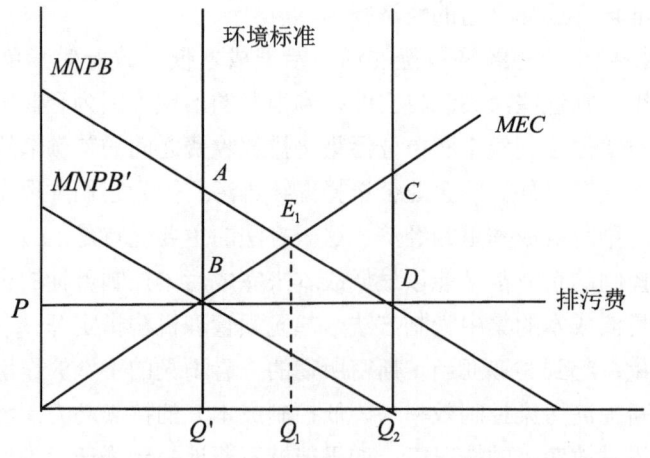

图 11-1　直接管制和排污收费下的效率损失

3. 财政补贴

财政补贴是政府为了刺激生产者进行污染控制对企业从事污染防治活动所发生的费用给予货币补贴或间接补贴的一种财政支出政策。在有些情况下，财政补贴可以替代政府的直接监管，其好处或是减少监管活动对私人经济的干扰，或是减少直接监管的费用。财政补贴的形式通常有财政拨款、政府贴息贷款、税金减免等。例如，法国政府给工业部门提供优惠贷款来鼓励它们控制水污染；意大利政府为国内主动治理污染而改进生产程序的企业，为固体废弃物的回收和再利用提供财政补贴；荷兰政府利用财政援助手段，刺激企业服从政府监管并激励它们积极进行有关污染防治的技术研究或积极从外部引进污染控制设备；德国政府也为那些因采用污染控制措施而导致资金周转不灵的小企业提供财政帮助，以加速国家环保计划的实施；瑞典政府利用财政基金形式，为私人农场提供虫害预警服务和技术帮助，以及训练农场主掌握现代农药喷洒技术以减少农药对环境的破坏；美国政府则在加强污水治理活动的同时，投入上亿美元资金帮助农场主实施水土保持、维护土地生产能力等生态环保项目。

财政补贴政策与排污收费政策有相同性质，都试图通过价格机制影响企业的经济利益，进而刺激它们改变生产决策和经营行为。然而，财政补贴存在一些致命的缺陷：（1）无论是货币补贴，还是间接补贴，都会耗费大量的财政资金，实际上把环境保护成本转嫁给纳税人。另外，如果财政补贴在分配上由于政治原因或技术原因而不能体现社会公平，也难以取得理想效果。（2）因为事前缺乏补贴依据，大多数财政补贴往往属于事后纠偏措施或事后鼓励措施，治污效果一般不好。（3）至少理论上认为，理性的企业在获得财政补贴时的边际收益大于其治理污染的边际费用情况下，它只会增加排污，而不是减少排污。因此，财政补贴政策并不一定会减少社会的排污总量，政府难以使排污量控制在最适规模。

4. 可交易的污染许可制度

可交易污染许可制度（Tradable Pollution Permits，TPP），是政府主管部门依据污染物的最适排放量来确定"污染权"总量，然后按照市场原则将其出售给出价最高的那些污染性企业，或者按照某种标准分配给（或以合理价格出售给）所有污染性企业。污染权可以像商品一样在拥有排污权的企业之间彼此交换，这不仅具有经济学意义上的优化资源配置的作用，而且较好地解决了政府直接制定环境标准反而有可能把本应该承担治污成本的企业排除在外的问题。

假设现在政府打算通过可交易污染许可制度诱导不同排污规模的各企业都要削减排污量到 Q 的水平，并且把排污权的市场价格定为 P。很显然，如果厂商为达到减少排污量为 Q 水平的目标，其边际治理成本低于或正好等于排污

权的市场价格 P，那么这些厂商就没有必要向政府购买排污权。只有在厂商为达到减少排污量为 Q 水平的目标，其边际治理成本高于 P，则该厂商愿意购买一定数量的排污权。

同样，如果政府按照一定的分配标准把"可交易污染许可证"分配给各厂商，那么对"排污权"需求量较大的企业也可以通过市场交易，从对"排污权"需求量较少的企业那里购买到额外的"排污权"。只要买方计算的治理额外污染的边际成本高于卖方愿意出售的"排污权"的价格，交易就能成立。当然，"排污权"交易发生在不同企业之间，最终会形成市场均衡的价格。对于政府来说，认真观察不同规模的"排污权"分配与市场均衡价格之间的关系，可以大致了解某一行业、某一地区对某种污染"排污权"的需求曲线。在确定的需求曲线下，管理当局可以根据管理目标的变化，结合考虑企业支付"排污权"的能力，更好地控制"排污权"的供给数量。

虽然可交易污染许可制度充分利用了市场机制在企业间分配"污染能力"的调节作用，但这一机制也存在明显缺陷：（1）资源配置效率仍然偏低，因为衡量控制不同规模的污染排放量的边际成本是一项复杂工作，并不如想象得那样简单；有些场合，根本无法确定其边际成本。（2）适用范围较小，这种方式并不适合所有的污染治理活动，毕竟大多数污染的排放是需严格禁止的，不宜实行"污染权"买卖制度。（3）由于污染权可以转让，刺激了某些企业大量购买"污染权"，容易形成"污染权"的市场垄断，违背了公平竞争原则。

5. 随机惩罚机制和其他类似制度

随机惩罚机制（Xepapadeas）是基于道德风险存在的可能性提出的一个理论上似乎可行的激励企业自觉进行污染防治的手段。设想的该机制是这样运行的：如果社会总体环境污染程度超过了标准，监管者（如政府）就要随机选择至少一个生产者予以处罚；然后，将收取的罚金用于补偿因环境污染而受到损害的社会成员；如果罚金做了上述扣除尚有余款，可以再分配给那些有效控制污染的生产者，以示鼓励。这个随机惩罚机制提高了不进行污染控制的企业或经济单位的预期成本，如果设计得好，该机制应该能够刺激企业自动地进行污染防治工作，政府则可以在没有直接监管的情况下把经济社会的环境污染程度控制在合宜的水平上。

使用随机惩罚机制的好处是：（1）使用随机惩罚机制，政府通常只要站在受污染者角度进行监督，掌握总体环境污染数据就可以了，不必详细了解每个生产者实际的污染控制水平，因此所需信息较少，节约监管成本。（2）随机惩罚机制具有自身收支平衡功能，不需要财政方面提供额外的资金。

应该注意的是，赫利吉斯（Herriges）等人指出，随机惩罚机制实际上具有使一个生产者的损失变成另一个生产者的收益的特点。这样，生产者之间就产生了相互依存的关系：其对生产者的激励效应不仅取决于它自身的预期惩罚，也取决于其他生产者的预期惩罚，因为它可以从其他人的受罚中获得好处。因此，政府如果提高罚金的数量，虽然意味着提高了生产者逃避污染控制的成本，但是同时也意味着提高了生产者逃避污染控制的收益。因此，只有在所有生产者都是风险回避者的情况下，该机制才能有效地发挥作用。①

与随机惩罚机制相似的还有押金退还制度。在这一制度下，政府规定潜在污染性产品的购买者（消费者和生产者）要预先支付一笔额外的费用，当他们把污染性产品或其包装物送回到回收中心再利用或处理的时候，这笔额外的费用将退还给他们。这种方法对纠正人们的不良行为有着较强的刺激作用和增强环保意识的作用。多年以来，在印度、叙利亚、黎巴嫩、埃及、塞浦路斯、澳大利亚、加拿大、法国、德国、瑞士和美国等许多国家，都采用了押金退还制度来处理特定种类的饮料容器和一些有毒的废弃物，如废旧电池、塑料焚烧剩余物和化学包装物等。实行押金退还制度还能刺激安全废弃物市场的形成，它鼓励人们寻找机会回收废物，以便从中获得一定的收益。无论从经济角度看，还是从政府角度看，押金退还制度都是有效率的：它为环保行为提供了经济利益，并给破坏环境的行为增加了成本。

与押金退还制度相似的还有绩效债券制度，后者是一种直接促使生产者采用社会所希望的方式进行生产的激励机制。在绩效债券制度下，生产者在生产开始之前须预先缴纳一笔债券基金，如果它的行为导致了环境污染或者在生产过程里发生了污染超标事件，那么这笔债券基金就要被没收；相反，如果它的行为没有造成环境污染或者在生产过程里没有发生污染超标事件，这笔债券基金就可以被返还。这种制度提高了逃避污染控制的成本。不过，绩效债券没有罚金制度应用得那么普遍，现在只是初步地应用于情况比较明了的污染治理方面，如对采矿业的污染治理。

6. 环境税

环境税是政府为实现可持续发展的环境保护目标以筹集环境保护资金和强化纳税人环境保护行为而设立的一个税系，其包括一系列税种以及相应的税收措施。由于国情和税收政策的差异，各国环境税收制度的具体内容不尽相同，但基本内容一般由两部分组成：一是污染税，即对排放污染物直接征收的税种，如大气污染税、水污染税、噪音税等；二是在其他一般性税种中为保护环

---

① 如果生产者是风险回避者，逃避污染控制的预期收益小于遵守规定的预期收益，随机惩罚机制就可以达到目的了，也就是说生产者的个人目标和社会目标达到了一致。如果生产者是风险中性的，逃避污染控制的预期收益大于遵守规定的预期收益，此机制将丧失良好效应。

境而采取的各种税收调节措施,如为激励纳税人治理污染、保护环境所制定的各种税收优惠措施,以及对污染、破坏环境行为所采取的某些加重其缴税负担的措施。

污染税是环境保护税系的主要内容,如荷兰政府征收的污染税有燃料税、垃圾税、废物处理税、地表水污染税、超额粪便税和汽车特别税等;德国政府征收的矿物油税和汽车税;美国联邦政府对使用损害臭氧层的化学品进行从量征收的消费税,对自然资源开采征收的消费税,对没有回收、再利用的包装物和材料课征的固体废物处理税等;部分经合组织成员国课征的二氧化碳税以及噪音税;如此等等。环境税是解决负外部性的重要方式之一,目的在于通过征税纠正私人边际成本对社会边际成本的偏差,后者是内部化私人负外部性并使之经市场机制反映出来的社会真实成本。由于这一思路最初由福利经济学家庇古于 20 世纪 20 年代提出,因而又称"庇古税"。

尽管在理论上解决污染问题的方式有很多,每一种方式都具有优势一面,但比较而言,环境税制度应该说是较为科学、规范的手段,也是具有国际性惯例和符合社会道德准则及价值观念的理想方式。环境税的优势是:(1)环境税具有法律的强制性和权威性。环境税在手段分类上与征收排污费有很多相似之处,具备排污收费的优点,但同时比排污收费制度更具强制性。排污收费制度以政府行政的强制性为基础,环境税以法律的强制性为基础。(2)环境税的税基比排污收费的税源要广泛得多。环境税可以对有悖于可持续发展的多个环节和多个领域征税,既可选择某些不可持续的行为,也可选择某些破坏资源的产品的生产和消费,或者选择某些特定产品征税。(3)环境税收会产生一种有助于可持续发展的正激励效果。如果一个国家长期存在稳定、规范的环境税制度,将使企业形成一种计算环境成本的惯例和意识,企业会努力改进生产技术,自由选择低廉且适合于自己的防治污染的方法,以减少排污量,而且环境税中的各种鼓励清洁生产的优惠措施,还将促使企业增加环境保护的投入。(4)较好地兼顾了公平与效率。因为对环境资源课税既保护环境资源,同时也调节不同单位开采资源所获得的级差收入和利润水平,后者实际上就是一种收入的再分配。环境税收的缺陷在于:很难精确测算出准确反映污染外部成本的合意税率水平;如果以大量的环境税替代对劳动课税,很容易造成税基狭窄,[①]导致更大的税收超额负担;相对于科斯方式,环境税收尽管交易成本较低,但面临更高的管理成本或者组织成本。

---

① 从理论上说,环境污染征税的税基要窄于对劳动收入征税的税基。

7. 科斯机制

通过观察，人们可以发现，某些场合即使没有政府介入，当事者各方也会自发地进行利益协调并达成某种协定，使外部性内部化。这就是所谓的"科斯机制"。以下是"科斯机制"解决环境问题的一个最典型例子。设想在同一办公室内，吸烟者和不吸烟者的利益是矛盾的，前者给后者带来负的外部性。鉴于室内空间划分产权在技术上的不可能性，那么吸烟者和不吸烟者之间就可以通过以下一些办法解决矛盾：（1）吸烟者愿意给不吸烟者以货币补偿，以此获得室内吸烟的权利；（2）不吸烟者愿意给吸烟者以货币"贿赂"，以获得室内空气清洁的利益；（3）干脆限制室内吸烟，这种限制可以视为不吸烟者强加给吸烟者的外部性。至于具体选择何种办法解决矛盾，取决于二者不同的福利—损失的比较。如果吸烟者认为花钱买吸烟权带来的福利大于支付的货币，他们愿意采取（1）；如果不吸烟者认为他们花钱获得清洁空气的福利高于货币支付，则他们愿意采取（2）；如果通过谈判取得限制室内吸烟，则属于吸烟者自己愿意内在化外部性。

不难得出，如果人们通过以上方法成功地消除人们的经济活动对环境产生的负外部性，则政府的环境政策就是多余的。但是在现实生活里，由于一些重要因素的影响，私人之间解决外部性问题在许多场合是不成功的。这些原因具体来说有如下几点：（1）诸如干净的水源、清洁的空气这些公共物品能够产生正的外部性，但提供这些公共物品需要只有政府才能承担的巨额投资开支。即使某些时候私人可以承担类似的开支，但在无法有效杜绝"免费搭车"行为的情况下，私人可能不愿意承担这种开支。（2）在信息不完善的情况下，私人之间的协议未必可以产生双方同等受益的结果。假设上例中吸烟者诱使不吸烟者给他们"货币贿赂"以换取他们戒烟行为，但是不吸烟者无法准确了解"贿赂"的价格。于是，在他们之间订立协议时，不吸烟者显然要冒某种风险——贿赂支出与他们得到的福利不对称。同样的风险也会出现在不吸烟者以货币诱使吸烟者向他们出售"污染权"的行为方面。（3）交易成本①的存在导致外部性问题单纯依靠自发行为无法解决。例如，说服不吸烟者与吸烟者进行谈判以便实现内部化负外部性的目的，要付出很多时间、物质、精神成本以至组织者个人难以承受。

---

① 通常可以简单地理解为人们使用市场价格机制要支付的成本，例如，购买商品时双方发生的讨价还价成本和了解商品价格时发生的问询成本以及制定合同要发生谈判成本、执行成本等。类似的交易成本还包括使用法律的成本。例如，理论上，福利受损者可以通过法律过程获得补偿，但在使用法律过程前他会考虑到的补偿能否超过使用法律的成本。如果低于该成本，他不可能获得利益。因此，会出现这样的情况，制造负外部性者有意识把这种负外部性提高到接近福利受损者进行法律诉讼的成本，因为他知道在法院判定的惩罚低于诉讼成本的情况下，福利受损者不会把问题拿到法院去解决。

不难看出，利用"科斯机制"解决环境问题仅在有限且能符合苛刻条件要求的场合下奏效，即在信息充分和"交易成本"极低的情况下，环境污染者和被污染者之间可以通过协商、谈判途径，最终实现权利、资源的有效配置，且这种配置与权利、产权的法律规定无关。不过，在大多数场合，"科斯机制"无法广泛用于解决环境与生态问题。正因为如此，政府必须制定公共环境政策并采取有效措施落实政策。当然，这里并不否认，"科斯机制"确实给人们提供了一种整合社会经济矛盾的思路。如果人们能够巧妙运用之，可以在减少对诸如政府、制度、法律等公共资源使用的情况下，解决某些问题。

三、公共环境政策的现状、问题与调整

改革开放以来，我国政府一直探索符合基本国情并有利于国家经济可持续发展的公共环境政策。应该说，经过近二十年的努力，生态环境质量持续恶化的趋势基本上得到了控制，在环境保护方面也取得了许多成绩。但是，由于存在的问题积重难返，加之国民环保意识普遍薄弱，短期内政府仍然难以全面扭转在环境问题处理上的被动局面。不过我国政府已经把握了治理国内生态环境的正确方针、原则，今后的主要任务是认真分析、总结以往环境政策实施中存在的主要问题以及经验教训，在积极开发有效治理环境的政策工具的同时，不断改革、优化环境公共政策。

1. 目前环境政策存在的主要问题

我国政府在致力于生态建设及环境保护的过程中，在环境管理方面从过去以政府行政干预和直接控制为主，逐渐转变为更多地利用符合转轨经济时期要求和体现市场机制作用的环境治理手段为主。目前，在政府采用的多种环境政策工具中属于排污收费制度的有超标排污付费、污水处理付费和生态环境补偿费以及试点中的 SO_2 收费；属于税收制度的有（准环境税性质的）矿产资源税和补偿费以及相关的税收优惠；属于罚金制度的有"三同时"保证金、治理设施运行保证金和废物回收押金；此外，还有属于财政补贴的政府环保投资补贴和处于试点中的排污许可证交易制度。其中，实施范围最广的是排污收费制度和准环境税制度，而这两种制度本质上都属于庇古手段。

在上述分析中，理论上的各种环境政策手段都从不同角度存在着有效发挥作用的可能性。应用庇古手段和科斯手段获得的经济效率和环境效果都可能达到帕累托最佳状态，但从以往的生态环境保护的历史来看，庇古手段的应用多于科斯手段的应用。由于我国目前处于经济转轨时期，市场体制并不健全，污染程度较严重，面临的资源环境问题较棘手。交易的污染许可制度和科斯机制

第十一章 深化改革时期的生态环境保护政策

在我国起步较晚,而且也只能作为辅助手段用于解决污染问题,主要手段仍是靠传统的庇古方式。在以污染收费和准环境税制度治理环境方面,首要解决外部成本内部化问题。随着我国市场化程度的加强,科斯等市场化手段将进一步强化,但环境政策手段的主体还应该是庇古方式的排污收费和环境税收手段。

我国于20世纪70年代,在借鉴国外经验的基础上,结合中国国情,开始试行并在实践的摸索中建立排污收费制度。这项制度大体经历了三个发展阶段:第一阶段,从1978年至1981年处于排污收费制度的提出与试行阶段。1978年12月,原国务院环境保护领导小组在《环境保护工作汇报要点》中首次提出在我国实行"排放污染物收费制度"的设想;1979年9月颁发的《中华人民共和国环境保护法(试行)》第18条规定:"超过国家规定的标准排放污染物,要按照排放污染物的数量和浓度,根据规定收取排污费",从法律上确立了我国的排污收费制度。至1981年底,全国有27个省、自治区、直辖市逐步开展排污收费的试点工作。第二阶段,从1982年至1987年处于排污收费制度的建立和实施阶段。1982年2月,国务院在总结全国27个省、自治区、直辖市开展排污收费工作试点经验的基础上,发布了《征收排污费暂行办法》,对实行排污收费的目的和排污费的征收、管理、使用做出法律规定。自此,排污收费在全国普遍实行。在此期间,1989年财政部和原城乡建设部、环保局联合颁布了《征收超标排污费财务管理和会计核算办法》,标志着对排污收费的财务与财政意义有了新的认识。1985年国务院做出《关于环境保护工作的决定》,其中重申了排污费中80%可以用作重点污染源治理的补助资金,其余20%作为地区的综合性防治和环境保护机构的业务和建设活动开支。在1985年全国第一次排污收费工作会议上,提出了排污收费"拨改贷"的思想,为排污收费制度的改革打下了基础。第三阶段,从1988年至2003年,是排污收费制度改革发展和不断完善阶段。1988年国务院颁发《污染源治理专项资金有偿使用暂行办法》,在全国实行排污收费有偿使用。根据《中华人民共和国水污染防治法的规定》,国家计委、财政部等1993年颁发《关于征收污水排污费的通知》,全国一些省市在征收超标排污费的同时,开始实行征收排污水费的制度。同时,原有不合理的收费标准得到逐步调整,如1991年,国家环保局、国家物价局、财政部下发《超标污水排污费征收标准》和《超标噪声排污费征收标准》,使污水和噪音超标排污费的经济激励力度加大。另外,对一些新污染物征收排污费。如1992年,国家下发了《征收工业燃煤 SO_2 排污费试点方案》,并首先在贵州、广东两省和重庆、宜宾、南宁、桂林、柳州、宜昌、青岛、杭州、长沙九个城市开展征收

工业燃煤 SO_2 排污费试点，1995 年这一收费扩展到其他省市地区。[①]第四阶段，从 2003 年至今，排污收费制度为适应发展的需要，提出了以总量控制为原则和以环境标准为法律界限构筑新的排污收费框架体系。以往的排污收费制度受到计划经济体制的制约，其功能主要为促进企业治理达标，因此设计出的标准是超标排污收费，对资金的使用主要是补助重点污染企业的治理，没有强调对环境损害的补偿。随着我国经济体制的改革和环境保护工作的深入，这种体系已经不能适应新形势下环境保护的要求，必须用更强的功能体系来替代。在这种背景下，国务院出台了《排污费征收使用管理条例》及其配套办法，取代了国务院《排污费征收暂行办法》，它是以总量控制为原则并以环境标准为法律界限构筑的新的排污收费框架体系。该《条例》及办法从 2003 年 7 月 1 日起实施，对我国的排污收费制度体系、标准体系以及排污费征收体制、资金使用、监督管理及计算方法等方面做了重大改革。

中国目前的排污收费制度存在的主要问题有：第一，现行排污收费制度存在的直接问题是标准制定偏低、设计项目不全，而间接问题是检测技术落后、污染损害估价不准，从而影响了收费标准的科学性、合理性和公平性。由于缺乏足够的科学依据，导致排污收费严重低于污染的治理成本。例如，我国排污收费的现行标准仅为污染治理设施运行成本的 50%，某些项目的收费甚至不到治理成本的 10%。此外，由于排污收费偏低，企业或经济单位以低价排污费购买合法排污权的现象大量存在。第二，从表 11-10 可知，我国实际征收的排污收费占 GDP 的比重非常低，这与目前我国实行（省、区、县）三级管理（区、县）两级收费的体制有直接关系。这种体制的弊端是排污费的收、管、用不能很好地统一起来。由于排污收费制度中存在严重的权责利不统一问题，导致污染企业在排污缴费时抵触情绪很大，也导致产生地方保护主义，排污费不能足额征收。第三，鉴于我国在超标收费与排污收费、浓度收费与总量收费、单因子收费与多因子收费的关系处理上存在缺陷，现行排污收费制度与环境保护的要求不相适应。例如，在使用超标收费和浓度收费时，出现了达标单位的污染物排放总量远远大于一些超标单位的排污总量这种不正常现象。再如，现行的排污收费制度还规定，当有多种污染物超过规定标准向外排放时，仅对其中一种收费额较高的污染因子收费。从污染物对环境损害的污染机理而言，各种污染物相互作用对污染程度产生叠加、不变或抵消三种情况，因此实行单因子收费是不合理的。[②]

---

① 武亚军,宣晓伟.环境税——经济理论及对中国的应用分析[M].北京：经济科学出版社,2002：183-184.
② 沈满洪.环境经济手段研究[M].北京：中国环境科学出版社,2001：236-237.

表 11-10 我国征收排污费规模（单位：亿元）

年度/项目	GDP	排污费收入	排污费收入占 GDP 比重（%）
1995	58478.100	37.100	0.060
1996	67884.600	40.960	0.060
1997	74462.600	45.430	0.060
1998	78345.200	49.000	0.060
1999	82067.500	55.450	0.070
2000	89442.200	57.960	0.060
2001	95933.300	62.200	0.060
2002	102397.900	67.400	0.070
2003	117251.900	73.100	0.060
2004	159878.338	94.200	0.059
2005	184937.369	123.200	0.067
2006	216314.426	144.100	0.067
2007	265810.306	173.600	0.065
2008	314045.427	185.237	0.059
2009	340902.813	172.619	0.051
2010	401512.795	188.190	0.047
2011	473104.049	189.896	0.040
2012	518942.107	188.920	0.036
2013	588091.000	216.050	0.036
2014	636138.700	186.800	0.029

资料来源：根据各年度《中国统计年鉴》和《中国环境统计公报》计算编制。

针对我国排污收费制度中存在的问题，应从以下方面完善排污收费制度。（1）排污收费制度要与其他环境管理手段配合使用，并使排污收费制度与经济增长规模相适应，以保证在经济增长的同时环境质量有一个明显的好转。从目前我国的生态环境状况来看，排污费仍应该继续加大征收力度。（2）建立科学合理的排污收费制度，使现有排污收费制度实现四个转变：一是由超标收费向排污收费转变；二是由单一浓度收费向浓度与总量相结合的收费转变；三是由单因子收费向多因子收费转变；四是由静态收费向动态收费转变。

我国至今尚未开征独立意义或法律意义上的环境保护税，只是在现有的一些税收规定中增加了某些有助于资源、环境保护的优惠条款，或者设计一些兼具环境税作用的税种，如资源税、消费税、耕地占有税、土地使用税、固定资产投资方向调节税、车船税和城市维护建设税等，人们通常称这些条款和税种为准环境税。目前，即使这些准环境税，其税收收入占财政收入的比重也是比较低的（见表 11-11）。

表 11-11 我国与资源环境保护有关的税种（单位：亿元）

项目\年份	资源税	消费税	车船税	城市维护建设税	固定资产投资方向调节税	土地使用税	耕地占用税	合计	税收收入	占全部税收的比例（%）
1994	45.50	487.40	11.30	176.27	43.20	32.50	36.50	832.67	5126.88	16.24
1995	55.10	541.48	13.40	212.05	53.60	33.70	34.50	943.83	6038.04	15.63
1996	57.30	620.23	15.10	245.10	63.30	39.40	31.20	1071.63	6909.82	15.51
1997	56.60	678.70	17.20	272.29	78.30	44.00	32.50	1179.59	8234.04	14.33
1998	61.90	814.93	19.10	294.98	107.60	54.20	33.40	1386.11	9262.80	14.96
1999	62.90	820.66	20.90	315.29	130.50	59.10	33.00	1442.35	10682.58	13.50
2000	63.60	858.29	23.40	352.13	46.10	64.90	35.30	1443.72	12581.51	11.47
2001	67.10	929.99	24.60	384.40	15.60	66.20	38.30	1526.19	15301.38	9.97
2002	75.10	1046.32	28.90	477.92	8.02	76.80	57.34	1770.40	17003.58	10.41
2003	83.50	1183.20	32.20	550.24	4.91	91.50	89.90	2035.35	20017.31	10.17
2004	98.80	1501.90	34.20	674.06	—	120.09	106.23	2535.28	24165.68	10.49
2005	142.20	1633.81	45.70	795.68	—	137.34	141.85	2896.58	28778.54	10.07
2006	207.11	1885.69	58.40	939.72	—	176.81	171.12	3438.85	34804.35	9.88
2007	261.15	2206.83	68.16	1156.39	—	385.49	185.04	4263.06	45621.97	9.34
2008	301.76	2568.27	144.21	1344.09	—	816.90	314.41	5489.64	54223.79	10.12
2009	338.24	4761.22	186.51	1544.11	—	920.98	633.07	8384.13	59521.59	14.09
2010	417.57	6071.55	241.62	1887.11	—	1004.01	888.64	10510.50	73210.79	14.36
2011	595.87	6936.21	302.00	2779.29	—	1222.26	1075.46	12911.09	89738.39	14.39
2012	904.37	7875.58	393.02	3125.63	—	1541.72	1620.71	15461.03	100614.28	15.37
2013	1005.6	8231.32	473.96	3419.90	—	1718.77	1808.23	16657.18	110530.70	15.07
2014	1083.8	8907.12	541.06	3644.64	—	1992.62	2059.05	18228.29	119175.31	15.29

资料来源：根据《中国统计年鉴》（1995—2015）、《中国财政年鉴》（1995—2015）和国家税务总局网"税务统计"计算编制。

2. 我国政府奉行的环境保护原则

在当代环境理论和可持续发展思想指导下，近年来我国政府逐渐明确了环境保护的原则和基本方针：第一，环境与经济、社会协调发展的原则。根据这一原则，我国制定了环境工作的基本出发点和战略方针：主张环境保护与社会经济协调发展，既反对盲目采取超越经济技术发展水平的环境保护措施来限制经济发展，也反对以牺牲环境资源为代价从事经济增长活动——"先污染、后治理"的经济增长方式。第二，环境责任原则——"谁污染谁付费"。根据这一原则，政府不仅负责起草、制定各类环境保护技术标准、环境保护工作责任规范等法规、制度，而且要对那些危害环境者给予严厉的经济、法律制裁。第三，环境民主原则。该原则强调依靠群众保护环境、公众参与环境管理等，力图通过环保意识的灌输，把社会环境保护工作内化于每个公民的自觉行为。第四，市场原则。中国政府在《环境与发展十大对策》和《中国21世纪议程》中都明确提出，各级政府部门都应更好地利用经济手段和市场机制促进可持续发展和环境保护，使市场价格准确反映经济活动造成的环境代价。

从空间上来讲，可持续发展是全球的事情。从主体来讲，可持续发展是全人类的事情。因此，可持续发展需要全球和全人类的世代合作才能实现。同时由于每个国家的具体国情、经济发展水平以及文化传统的差异，在可持续发展目标下的具体路径应该是有差别的。对中国来讲，可持续发展的首要问题是发展，资源与环境问题是可持续发展的重要保障，但它的实质仍然是经济问题，发展经济是解决资源与环境问题的基础和支撑。可持续的公共政策应体现中国国情，由追求"弱可持续性"向追求"强可持续性"目标迈进。

3. 建立有中国特色的环境保护公共政策体系

鉴于我国目前较高的污染水平和转轨时期产权市场不健全的实际情况，我国应该在使用政府管制确认社会可污染的总量的基础上，建立以环境税为主体和以其他手段为补充的环境保护公共政策体系。近期内仍有必要使用排污收费方式，但在进行彻底的"费改税"之前，应提高收费范围和标准，强化政府监管收费入库制度，把征收排污费作为环境税合理设计的前提准备。还应设立独立的资源、环境类税种，从而创造一个用准确的市场信息来重新检验经济主体活动的积极的激励机制，保护不可再生资源。环境税是通过利益机制激励厂商和消费者行为的绿色化和可持续化，实际上提供的仍然是一种价格信号，假设人们对市场信息反应灵敏，要求的是经济主体的自我利益推动，而不是道德的驱动。所以，税种设计的维度、税基的选择、税负的轻重是否合意对其环境税的作用发挥是至关重要的。在宏观经济最佳规模下，我们要通过科学、合理和富有弹性的环境税制度促进社会活动向可持续发展方向努力。就我国情况而言，可以考虑设计下列税种。

第一，开征大气污染税、水污染税、固体废物税、农业污染税、垃圾税和噪音税等。大气污染税主要包括SO_2税（二氧化硫税）[①]、CO_2税（二氧化碳税）[②]和NO_X税（氮氧化物税）[③]，以污染物的排放量为税基；水污染税是根据废水排放量和其污染浓度征缴，包括工业废水、生活废水、农业废水；固体废物税可将工业废弃物、难以降解和再回收利用的材料制造、在使用中对环境造成严

[①] 美国早在20世纪70年代初开征该税，法国于1985年开征该税。此后，荷兰、意大利、挪威、西班牙、瑞典等国也在20世纪90年代相继开征该税。
[②] 1990年芬兰开征此税，此后，瑞典、挪威、荷兰和丹麦也相继开征该税。
[③] 目前法国、瑞典、西班牙、意大利等国都按特定标准对氮氧化物排放进行征税。

重污染的各种包装物纳入征收范围，在废物废弃前的生产或使用环节按产量或使用量予以征收。农业污染税是对农业污染物征收的污染税，主要对农药、化肥征收；垃圾税如以一次性饭盒、塑料袋、旧轮胎、电池等为征税对象，可以选择在生产环节，也可选择在消费环节对施害者征收，也可以根据受益原则，对所有的人征税，以便为垃圾的处理筹集资金。噪音税是对超过环境规定标准的噪音征税，范围可选择飞机噪音、汽车噪音及生产作业噪音。一是通过征税来筹集治理噪音的资金，如美国对使用洛杉矶等机场的每位旅客和每吨货物征收一美元的治理噪音税，税款用于支付机场周围居民的隔音费用；二是根据噪音排放量对排放单位征收，如日本、荷兰等国的机场噪音税就是按飞机着陆次数对航空公司征收。

在此，我们必须注意的是各项环境税收的税率的设计。尽管在实践中环境税不能按"庇古税"原则精确确定，但在征收范围确定的条件下，环境税收的税率应保持适度。首先，税率不宜按"全成本"定价，以防把税率定得过高造成生产抑制，导致社会为"过分"清洁而付出过大代价。税率过低则难以使外部成本有效地内在化，从而就显示不出环境税的激励效果，就很难约束人们的行为。其次，环境问题极其复杂，地区差异性大，为了体现税收政策的灵活性，税率不应过度统一，应实行差别税率，根据气候条件、人口密度以及对环境清洁的需求程度确定具体的税率。最后，税率应当有弹性。随着防治污染技术与设备的不断提高与更新，治理污染的边际成本不断下降，环境税税率也应随之调整至合理水平，以使防治污染的总成本在每一时刻都趋于最小。

第二，扩大资源税的征收范围。对资源课税的基本原则是保持自然资源存量的可持续性，使经济处于最佳经济规模，而不是调节级差收入。从理论上说，资源税的征收范围应尽可能包括所有应该给予保护的资源。我国现行资源税征收范围过窄，仅对矿产品和盐类资源课税起不到全面保护资源的作用。因此，应扩大资源税的征税范围，把矿藏和非矿藏资源列入其中。可将水资源、森林资源、土地资源、海洋资源等纳入征税范围，减少对这些非纳税资源的肆意浪费和破坏。并且对非再生性、非替代性、稀缺性资源课以重税，以扩大资源的保护范围。此外，鉴于对土地课征的税种属于资源性质，可将土地使用税、耕地占用税、土地增值税并入资源税中，使资源税制更加规范和完善，以进一步促进我国资源的合理保护和开发。鉴于征收成本的考虑，有些污染税直接征收存在技术问题，使用法律手段加以实施不切实际，成本太高（如侦察成本和受理成本都难以想象得大）。现在比较通常而简单的做法是开征碳税，一是税源容易控制，二是征收成本也低。罗伯特·艾尔斯认为："在污染者也是消费者的情况下，还是存在一种代替直接对污染者征税的便利选择。这就是对投入的原料征税。与气候变暖问题相关的得到广泛讨论的碳税就是这种方法的范例。碳税是一种根据化石燃料的碳含量比例以及在燃烧时产生二氧化碳的潜力征税的税种。该税可以从煤矿、石油和天然气生产商、燃料处理者或进口商那里征收。"[1] 提高征收标准也十分必要。我国的资源长期在政府控制下实行低价政策,未反映资源的真正成本,造成不必要的资源浪费。适当提高非再生性、非代替性、稀缺性的资源税率,对环境造成污染和破坏的成本增大,从而限制它们的开采和使用。

第三,改革完善现行消费税,开征燃油税。现行消费税的征税范围小,应进一步扩大其范围,将容易造成环境污染和资源浪费的消费品纳入征税范围,如电池、一次性产品、农药、不可回收的容器等。我国消费税对汽油、柴油各规定了一档税率以定额的方式征收税款。汽油、柴油、重油等在其销售环节从价开征燃油税,一方面控制燃油的使用,保护大气环境;另一方面增加国家税收收入。可适当提高含铅汽油的税收负担,以抑制含铅汽油的消费。

第四,借鉴美国经验征收"保险费税"。我国对特殊行业和产品的生产作业还缺乏保护自然环境和人类健康的安全和补救措施,以至于生产者并没有付出在这方面应该付出的对环境和健康造成巨大隐患的代价。在美国,一些联邦税种通过向工业或利益集团征税来形成针对潜在环境风险的保险基金,这些潜在的环境风险与被征税产品的生产和使用有关,这些税收能鼓励企业在决策中考虑环境风险的内化。如向特定的危险化学物品征收的税费通过超级基金项目用于对危险废弃物场地进行清理的部分资助。由于税收形成的基金用于将来的清理工作,所以在一定程度上,该项税收可被视为保险税。如像美国实行的"地下贮量泄露信托基金"于1987年建立,该项基金是通过向所有的石油燃料征税,而由埃克森—瓦尔德兹溢油事件促成的"溢油责任信托基金"是向石油及石油制品征收的税费来备足。该基金的使用可以面向溢油事故中无法恢复的责任赔偿。"肺病残疾信托基金"于1954年建立,旨在资助那些因长期在矿井中吸入大量煤尘而患病且不能工作的矿工。自1977年始,该项基金由对煤炭征收的消费税来资助。我国应该在对环境损害最大的行业的产品领域试点这类"保险费税"。

可持续发展的公共环境政策,除了建立规范独立的环境税种之外,还应该对税收政策和制度进行可持续调整,综合利用财政补贴、税式支出等各种工具和手段实施对资源环境的保护。值得强调的是,在这些政策中要重视对环境正外部性的激励政策,这正是被传统公共环境政策所忽略的方面。从理论上说,环境政策不应该仅仅关心负的外部性,还应该更关注环境的正外部性。事实上,

---

[1] [美]罗伯特·艾尔斯. 转折点——增长范式的终结[M]. 上海:上海译文出版社,2001:271-272.

税收只有对正外部性给予优惠才能从根本上抑制负外部性，实现税收的可持续性。所以，环境税收应该考虑征收"负污染税"或给予必要的税式支出。①从环境保护的角度出发，可以将产品（包括劳务，下同）分为三类：环境破坏性产品、环境中性产品、环境友好性产品。环境破坏性产品，即它对环境产生负的外部性，是受环境公共政策抑制的主要对象；与之相反，环境友好性产品，如林业的生产与经营，则对环境产生正的外部性，是受环境公共政策鼓励的主要对象。那么，在税收政策方面，对这两类产品的好恶就应该有所体现。不过，我国目前的税制对环境友好性产品的政策优惠还是比较少的。一些国家的实践表明，刺激负外部性内在化的税收政策应该作为短期政策使用，一般情况下，这类政策权宜之计色彩较浓；而刺激正外部性内在化的税收政策则应该成为长期性、根本性政策。从理论上讲，政府可持续性税收的基础就是对正外部性内在化的持续激励。

我国目前正在运行的财政补贴和税式支出中，有相当多项目实际上对环境保护工作起着负激励作用。我国大气污染严重、自然资源过度消耗问题之所以难以解决，在某种程度上与不适当的财政补贴政策、税式支出政策有关，如对农药的补贴导致对农药的需求量与日俱增。今后，在这方面需进行必要的调整，应该尽快减少和取消所有不利于资源环境保护的财政补贴性项目，而将有限的财力用于对清洁生产和消费的补贴。此外，还要考虑最适宜的补贴方式和补贴环节。例如，政府应该权衡是对生产者进行补贴还是对消费者进行补贴更符合经济效率标准，或更符合可持续经济增长要求，如此等等。②

环境生态与自然资源具有典型的公共物品属性，市场机制对这类公共物品的配置在一定程度上是低效率的，要解决环境与资源领域的外部性问题，需要依靠政府的更多更积极的干预。可持续发展是我国公共政策的根本目标，公共政策的其他目标均以可持续发展为归宿。所以，对公共政策效果的甄别应当考虑其所带来的环境收益，而非政策本身。我国可持续发展目标的实现最终需要有效的公共政策的协调运行来实现。

---

① 如美国采用的税收差异化措施，"税收差异化"在此意指信贷、减税和补贴等措施对有损环境的行为所形成的暗税。已执行的几项联邦和州税收政策试图鼓励采用可再生的能源，暗含了对石油能源生产和使用过程所产生的外部性的考虑。1992年的《能源政策法》规定，利用风和生物燃料发电可得到0.015美元/千瓦时的信贷资金，太阳能和地热投资能得到高达10%的税收减免。

② 如将取暖的消费环节补贴改在生产环节，热力供应商可以用清洁的电力供暖而不是采用煤，这中间可以对发电公司进行补贴以降低电价（发电也燃烧煤，但可以采用治污技术集中控制而不分散泛滥下去），对煤气公司补贴可以降低煤气价格，鼓励人们使用清洁燃料，而减少煤的分散燃烧。

第十二章　深化改革时期的社会收入分配政策

当代中国在从计划经济向市场经济的转轨过程中，征地、开采、贸易等经济活动活跃，大量财富被疯狂创造出来，行业差距、区域差距、城乡收入差距等越来越大，引发当前我国经济社会发展的"黄宗羲怪圈"问题。历史上"黄宗羲怪圈"现象之所以难以破解，其根本原因在于周期性发生的（包括财富分配在内的）社会收入分配严重失衡。同样，在现代社会，如果属于初次分配的"资本—劳动"收入分配比例和属于再次分配的"政府—国民"收入分配比例长期处于失衡状态，就会引发社会问题。

因此，在社会主义市场经济不断发展和完善的今天，我国经济已经进入深化改革的"新常态"阶段，政府出台了一系列"稳增长、调结构、促改革、惠民生、防风险"的政策措施，对于收入分配也不例外。政府从社会财富（收入）分配政策改革入手，似乎是破解"黄宗羲怪圈"正确的路径选择。对此，本章首先分析我国当前社会收入分配失衡现象和某些政策偏差问题。进而，为彻底走出"黄宗羲怪圈"现象，探讨了政府相关政策的改革问题，提出在坚持社会公平原则下实行产权改革和优化劳资关系、兼顾社会分配的"存量调整"和"增量调整"以及处理好"富民""课税"和"国用"之间关系等对策建议。

第一节　社会收入分配失衡问题

自20世纪70年代末，我国开始实施"对外开放，对内改革"的基本国策。各级政府为了尽快摆脱国家的贫穷落后状态，在"效率优先、兼顾公平"的原则下开始推行"允许一部分人先富起来""东部带动西部"的新时期社会经济发展政策。三十多年来,改革取得了举世瞩目的成就,国民的福利状态也得以普遍改善。然而,在此进程中,社会财产(收入)分配失衡现象也变得愈发严重,由此导致社会不同阶层间的利益冲突、矛盾突出等问题不断发生。

一、"城乡二元财政格局"形成"逆向财政机制"

我国从 2002 年开始实行农村税费改革,到 2006 年取消农业税和对农民的一切税外收费。这似乎表明,历史上农民负担过重问题已经解决,也彻底切断了基层政权对农民的收钱渠道。媒体宣传甚至以此断言,废除农业税意味着"黄宗羲怪圈"的破解。

事实上,免除农业税不过意味着中国城乡二元税制格局向城乡一元税制格局的转化,但其对农民减负的作用则是有限的,即取消农业税的措施并没从根本上解决农村和农民的财税负担过重问题。这是因为,一方面农民的税费负担不仅包括农业税和"三提五统"(2004 年以后完全取消)[①]等直接税费,而且还包括以下几项:农民,作为消费者与城镇居民一样在进行消费时要承担的增值税、消费税等货物税;由于不是增值税的纳税人而要负担农产品进项税额;[②]进城务工的农民要承担个人所得税、社会保险税等;而土地被征用的农民,可能还会遇到补偿金支付不足的问题。另一方面,在对农民的财政支出方面,或是存在着各级政府转移支付规模不足、难以到位等问题,或是存在着农村公共产品、公共服务提供不足、质量不好等问题。表面上看,上述现象仅仅反映了农民在承担纳税义务的同时并没有享受到相应的纳税人利益而已,然而进一步分

[①] "三提五统"指三项村提留和五项乡统筹的简称。三项村提留指村级组织向农民收取的公积金、公益金和管理费。其中,公积金用于农田水利基本建设、植树造林、购置生产性固定资产和兴办集体企业,公益金用于五保户的供养和特别困难户的补助、合作医疗保健以及其他集体福利事业,管理费用于干部报酬和管理开支。五项乡统筹指乡政府向农民征收的农村两级办学、计划生育、优抚、民兵训练、修建乡村道路等民办公助事业的费用。国务院《农民负担费用和劳务管理条例》明确规定"三提五统"的征收标准为"以乡镇为单位,不能突破农民上年人均纯收入的 5%"。"三提五统"在制度设计上体现为以规费的名义征收、由基层政府或集体经济组织(实质上是村政府)自收自支的"比例所得税"。其实行结果却变为最恶劣的"人头税"。因为制度设计存在不确定性,限制性指标"农民上年人均纯收入"由县级统计部门和乡镇农经站统计,存在极大的"主观随意性"。征收单位可通过农民收入的虚报、瞒报,突破这个上限。征收对象原则上为农户,但由于人口流动造成农户数量不稳定,实际操作中,各地为了获得足够多的财政收入,往往指定征收对象,其标准五花八门。最常见的做法是各乡镇将总的收入目标"分解"到各村,各村再把该村应征额的一半摊到土地上,另一半摊到人头上,最后根据每户劳动力数与承包土地数计算出每户应缴纳的"三提五统"数量,并以户为单位征收,没有考虑到农民的贫富差距,这个制度实际上变为按户征收的摊派式人头税。既然是摊派式人头税,只能由整个基层政权(党、政)直接面对农户催缴要款。不仅征收成本太大,而且极易激化基层政权与农户之间的矛盾。概言之,20 世纪 90 年代,我国实际上在农村推行了劣等的摊派式人头税征收方式,所收数量有限,但政治成本和经济成本十分巨大,难以为继,税收制度倒退了千年以上(杨斌. 税收学[M]. 北京:科学出版社,2011)。

[②] 根据我国增值税政策,农民自产的农产品免征增值税,但农产品加工企业收购免税农产品时可凭收购凭证按照收购金额的 13%抵扣进项税。在这种没有给农民补偿的情况下,农民承担了农产品的进项税,而收购企业实际上是本无进项而得到了抵扣。即使给与农民补偿,也由于农民的弱势地位而出现补偿不足的情况,这不得不说是制度设计时的一个失误。

析则会发现,上述现象说明部分社会财富实际上是从农村流向了城市,从不发达地区流向了发达地区。这种"逆向财政机制"①,不仅导致农民财税负担的持续沉重,而且也是城乡之间社会收入分配失衡的重要原因之一。

二、初分配中存在资本—劳动收入分配不合理现象

在我国,由于财产所有制结构的特殊性,加之经济发展方式和经济结构不合理等多种因素影响,社会收入初次分配领域长期以来存在着"资本—劳动"收入分配严重失衡现象。通过分析我国劳动要素对资本要素之收入分配比例的变化(见图12-1),不难发现,在1998—2010年期间这一比例基本呈下降趋势,直到2011年才略有回升,该现象大体说明我国社会收入分配中资本所有者的收入增长较快,而劳动者的收入增长则相对缓慢。加之"马太效应"作用,两者之间的收入差距就越来越大。

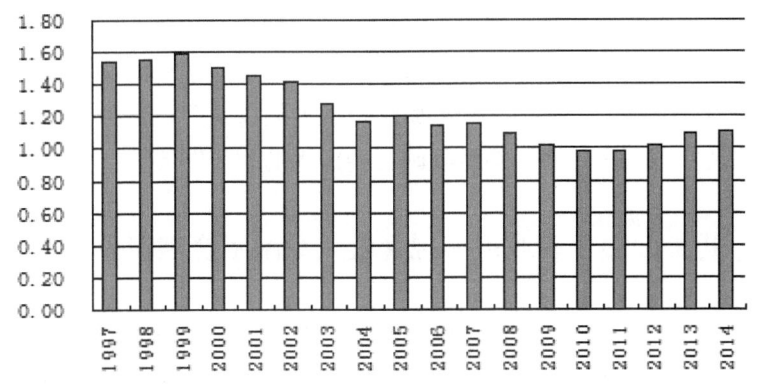

注:劳动要素收入指劳动者报酬,资本要素收入包括固定资产折旧、生产税净额和营业盈余。
资料来源:根据历年《中国统计年鉴》中资金流量表计算而得。

图12-1 1997—2014年我国劳动要素与资本要素收入分配比例

另外,不同所有制行业劳动者的收入差距也在扩大。如国家统计局2015年统计数据显示,在最近15年里,城镇非私营单位在岗职工年平均工资实际增

---

① 逆向财政机制是指财政不但没有对贫困者补贴反而向其索取,产生杀贫济富的后果。在仍然存在着农民权利—义务不对等且造成城乡收入分配失衡的情况下,断言绕出了"黄宗羲怪圈",为时尚早。杨斌在《中国财政的特殊规律:逆向财政机制——城乡收入差距拉大和多数县乡财政持续困难的隐性原因》一文中计算得出从1998年到2007年农民负担的主要流转税总额达到39379.92亿元,年平均约4000亿元;负担农产品增值税进项税总额5173.43亿元,年平均约517亿元;土地所有权制度的不利安排所导致的税收达到20079.84亿元,年平均约2000亿元。同样从1998年到2007年,一般预算中农民全部负担合计为59177.35亿元,而农民从其中享有的财政收益仅为35218.08亿元,缺口达23958.26亿元,逆向程度十年平均超过40%。

长 10.10%，城镇私营单位就业人员年平均工资实际增长 8.8%，但是城镇私营单位就业人员年均工资仅为城镇非私营单位职工年均工资的 63.8%，最具典型的就是城镇私营单位"农林牧渔"行业就业人员的年平均工资为 28869 元，而非私营单位"金融行业"就业者的年平均工资则高达 114777 元，二者相差三倍左右。究其原因，不外是后者垄断了国家金融资产这一最重要的资本要素，而使该行业就业人员在其劳动所得之外普遍地获得了数量不等的资本所得。

现代经济社会的"资本—劳动"收入分配比例不合理现象，主要源于社会财产分配的不合理。特别是在像我国这样的所有制结构的国家里，行政垄断性企业、行业，无论在政治上还是在经济上，都处于强势地位，自然能在国民收入分配过程中对政府施加较大影响而制定有利于它们的"游戏规则"。对此，经济学家华生先生在接受《冰点周刊》记者采访时讲道："现在的各类富豪榜上，地产商独占最大的份额。在自然资源丰富的省份，则是坐山吃山的老板最风光。社会不可再生的土地、矿藏这些垄断性资源成为少数人暴富的资本，这就是我们这些年制度安排的最大失衡。"①正是因为资本所有者（资源占有者）能够凭借政治地位和经济实力攫取生产成果及其增长的收益，才会出现分配领域中的社会收入向资本倾斜以及劳动者收入与贡献逆向偏离的情况。尤其是在当前各级政府介入不力、各类工会组织维权乏力的情况下，这种"资强劳弱"的分配关系现象正在极大地影响着我国社会经济的和谐发展。

三、再分配中存在政府—国民收入分配不合理现象

收入再分配是指在社会收入初次分配之后，各级政府以社会管理者身份通过税收、财政转移支付和社会保障等形式参与的国民收入分配过程。因此，处理好社会收入再分配领域中的各种关系，对于促进社会公平的实现和维护社会财富再生产过程顺利进行均具有重大意义。

不过近年来，从我国国民收入的再分配结果来看，国民收入分配存在向政府倾斜的现象，导致政府—国民收入比例的失调。这一现象的存在，不仅不利于刺激消费从而扩大内需，而且也与经济发展的一般规律相背离。政府—国民的收入再分配情况我们可以通过对比国民收入中居民、企业和政府三者之间的分配来说明，这三者之间存在此消彼长的关系。在 20 世纪 90 年代后期，三者比例呈相对稳定状态。自 2000 年以来，国民收入分配有向政府倾斜的态势，政

---

① 华生在《收入分配改革：改谁，保谁》中谈到韩国政府关于"土地公有"概念的立法："人家是私有土地，但增值部分都要拿出来分享，我们恰好相反，名义上还是国有集体土地，增值却被少数人装了腰包。这好像说不通吧，明明是土地公有，怎么好处全归少数私人了呢？"（参见华生. 收入分配改革：改谁，保谁 [EB/OL]. http://news.ifeng.com/mainland/detail_2013_01/16/21230857_0.shtml，2013-01-16）。

第十二章　深化改革时期的社会收入分配政策

府所占的比例越来越大：2000年政府收入所占比例为19.5%，居民占67.5%，企业占13%；到2014年政府收入所占比例为22.7%，居民占61.7%，企业占15.6%。参照国际上通常的发展经验，特别是当人均GDP超过1000美元之后，国民收入分配在政府方向的比例应该是逐步缩小才对，而我国却违背这个趋势。对于这种违背一般发展规律的现象及其可能对社会经济发展产生的潜在危害，我们需要予以高度重视。因为这可能从两个层面直接削弱了居民消费增长的动力。一方面，政府财政收入的快速增长挤压了居民收入增长的空间；另一方面，由于政府转移支付和社会保障支出的滞后，居民获得的社会补助等转移支付要少于缴纳收入税和社会保险付款的支出，这又导致居民消费倾向下降，为养老、教育等支出的储蓄倾向上升，压抑居民消费的欲望，进而阻碍了居民消费水平的进一步提升。

在我国，造成政府—国民收入比例失衡问题最重要的原因有三：一是政府财政收入的高速增长导致在国民收入分配中居民收入比重的不断下降。2014年全国税收收入达到119175亿元，比上年增长7.8%。税收收入的增长，使得政府财政收入占GDP的比重从1995年最低的10.7%上升到2014年的22.1%。二是我国"间接税密集型"的税制结构呈"累退"状况。以2014年为例，其中增值税、营业税、消费税、进口商品消费税和增值税占总税收收入的比例分别为25.9%、14.9%、7.5%和12.1%，加总起来占总税收收入的比例高达61%。由于这些税会被转移到物价里，消费者不论其个人收入的高低，同样的购买支出要支付同样的税款。因此，整体税制便呈现明显的"累退性"特征。尽管个人所得税属于累进税，但其所占总税收收入的比例极小（2014年仅为6.19%），故而在尚未开征个人财产税、遗产税、赠与税等直接税的情况下，单靠个人所得税根本无法抵消整体税制的"累退性"程度。由此可见，现行税制能够较好地发挥增加政府收入并强化社会储蓄（政府投资）以刺激经济增长的作用，但难以发挥社会财富（收入）之存量调整、增量调整的作用。三是政府以公共福利等形式返还给国民的某些财政支出项目的增长相对缓慢，如果比较（居民的）社会保障缴款和（政府的）社会保险支付状况就会发现，自2000年以来，政府对居民所做的社保福利支出，一直低于居民的社会保险缴款，且二者差距尚有不断扩大趋势。[①]这至少说明政府的转移支付手段，在调节社会收入分配格局方面尚未充分发挥出其应有的积极作用。如此种种现象客观上说明，由于政府在社会公共服务方面的缺位，在我国还有相当数量的居民没有通过国民收入的二次分配成为获益者，反而成为受损者。

---

① 根据2015年《中国统计年鉴》资金流量表计算得出：2000年两者差距为259.3亿元，到2014年两者差距达到7250亿元。

四、片面追求增量调整的社会财富（收入）再分配政策

政府通常可以通过两种途径实现对社会财富（收入）的再分配：一是有关政策目标着眼于对已经形成的社会财富（收入）分配格局进行调整，俗称"存量调整"。其具体实施方式不一，从最激进的"打土豪分田地"，到高额累进的"遗产税"，再到较为温和的国有企业红利分享和政府主动向纳税人"退税"，如此等等。二是有关政策目标着眼于对未来新增社会财富（收入）的分配格局进行调整，即试图通过改变现行"游戏规则"的方式对未来经济增长成果的分配施加特定影响，俗称"增量调整"。其具体实施方式也是多种多样，如我国"十三五"规划等文件中提及的坚持劳动报酬提高和劳动生产率提高同步，持续增加城乡居民收入，规范初次分配，加大再分配调节力度以及跨越中等收入陷阱，增加农民财产性收入等。虽然两种涉及社会财富（收入）再分配的"调整"方式，都会产生"损有余，补不足"的政策效果，但是对于某些已经取得大量既得利益的强势利益集团而言，前者明显具有"拿"的色彩，而后者多少具有"让"的色彩。因此，相比之下，以"增量调整"为主要内容的社会财富（收入）再分配政策往往比"存量调整"政策较为容易推行。长期以来，我国政府之所以侧重于甚至（单纯）依赖于通过"增量调整"方式来优化社会财富（收入）分配格局，主要也是出于上述考虑。例如，各级政府的有关文件中，经常宣称把"蛋糕做大"的同时"走共同富裕的道路"以及类似的提法，基本上体现了"增量调整"的政策取向。

然而，片面追求"增量调整"的分配政策本身存在着一些弊端。首先，"增量调整"型再分配政策，对优化社会财富（收入）分配格局的作用不仅奏效慢（效果差），而且还缺乏"雪中送炭"的功能，也使"富者越富，贫者越贫"的状态一时难以扭转，导致民怨四起，仇富仇官。单纯的"增量调整"型再分配政策，很难有效克服可能发生在普通工薪阶层的隐性的存量财富逆向转移问题。特别是在财富极度金融化的社会，不完善的金融制度往往成为财富差距扩大的加速器。最典型的如居民手中的大量金融资产并没有随着经济增长而相应升值，相反有的金融资产如储蓄存款甚至贬值了。这主要是因为国家制定的储蓄政策、投资政策等一系列"增量调整"政策实施的手段技术比较简单，没有全面根据风险、通货膨胀等因素进行指数化调整，导致在通胀过程中，居民手中的金融资产价值通过银行存款、股票、债券等金融工具隐性地向金融部门转移，这实际上是向居民征收了一笔通货膨胀税。所以国家政策不根据实际情况而做的单纯增量调整，极度影响了存量财富的逆向变化，把广大居民手中以金融资产形

式存在的存量做了再分配，使居民部门一部分财富转移到了金融部门。这种由于增量调整造成的存量逆向转移所导致的财富差距要比单纯增量调整所导致的财富差距要大得多，特别是在金融监管不严、金融体制改革不完善的情况下所出现的"圈钱"现象则进一步导致了收入分配的严重失衡。

第二节　社会收入再分配与"黄宗羲怪圈"的破解

政府通过努力不断优化财产（收入）分配关系格局，是一国社会历史发展摆脱"黄宗羲怪圈"模式的唯一路径，而优化财产（收入）分配关系格局则是一项长期而困难的社会工程。

理论上讲，主持完成这项伟大社会工程的政府必须是特定意义上明智的、强而有力的政府，该政府不仅要有能力为不断优化社会财富（收入）分配格局调整有关的"游戏规则"和制定相应的政策，而且也要有足够的手段去落实那些合意的社会财富（收入）分配政策。

一、明智的、强而有力的政府组织至关重要

美国学者大卫·兰德斯在其《各国的财富与贫困》一书中，对明智、强而有力的政府的基本特征做了如下精辟描述：该政府不仅能够听进不同声音，具有较强的反应能力，而且是诚实的（尽量避免提供寻租机会的）、高效的、温和的、不贪婪的政府。具体来说，在当今市场经济条件下，一个明智的、强而有力的政府会谨慎地选择在其具有比较优势的地方发挥自己的职能作用，而将大部分社会经济活动交由市场力量和市场过程完成；同时，它能够在诸如政治压力、制度约束的影响下，尽量做出有利于改善本国国民福利和有益于其他国家发展的社会经济政策，且能够有效地避免陷入政策困境。

那么，仅就解决社会财富（收入）分配不平等问题而言，政府的行动原则应该是怎样的，这里不妨考虑一下凯恩斯的思路。针对市场经济本身决定的社会收入与财富的分配有欠公平合理的问题，凯恩斯认为这既有社会的原因，也有人们心理的原因。在后一种原因上，人类自身存在的许多危险性格在不能正常宣泄的情况下可能会导致残暴行为的产生，如不顾一切唯个人权势是图等。对此，凯恩斯以为，政府应该负起管理人性的责任。所谓管理人性，就是希望政府既要承认"发财的动机"与"私有财产制度"是人类有价值活动产生的基

础,又要使人们的"发财游戏"能够在一定的规则与性质中得以进行。由此看来,在现代市场经济条件下,科学、合理地界定每个社会成员的个人财产占有、使用、收益取得范围,是政府有效解决社会收入分配不平衡问题的基础行动。如果政府不承认私有财产制度的现实意义,或者虽然承认却不采取相应的行动,便为少数人利用权势、权力、暴力去剥夺大多数社会成员的财产、劳动成果创造了现实条件。前面提到的"华生先生之问",其实就是社会产权制度安排失衡问题。

二、政府的社会收入分配政策必须坚持"社会公平"原则

所谓"社会公平",可以从多个角度进行分析。从政治学角度讲,"社会公平"体现了各参与主体的权利平等,不受歧视;从经济学角度讲,"社会公平"体现了经济增长、资源合理分配、保护环境等方面公平与效率的权衡;从伦理学角度讲,"社会公平"体现了社会资源的分配必须符合人类生存与发展的共同目标。

即使人们不甚了解"社会公平"原则的种种复杂含义,但其在社会发展过程里所能发挥的"功利性"作用则是相对容易理解的。早在两千六百多年前,我国最伟大的思想家孔子就讲道:"丘也闻:有国有家者,不患寡而患不均,不患贫而患不安。盖均无贫,和无寡,安无倾。"[1] 汉代大儒董仲舒在其《春秋繁露·度制篇》中,最为准确地阐释了上述孔子思想观念的"功利性"。他说:"孔子曰:'不患寡而患不均;不患贫而患不安'……大富则骄,大贫则忧。忧则为盗,骄则为暴,此众人之情也。圣者则于众人之情见乱之所从生,故其制人道而差上下也,使富者足以示贵而不至于骄,贫者足以养生而不至于忧。以此为度而调均之,是以财不匮而上下相安,故易治也。"据此可以认为,孔子所谓的"均",绝无"平均化"的含义。他所强调的"患不均",乃指公共利益分配悬殊之患。他所提倡的"均",对于我国政府制定社会收入分配政策而言,至少有如下重要启示:必须遏制富人特别是利益集团对物质财富的疯狂欲望和行为,因其产生的"骄"与其进而导致的"忧",均属于社会不安定因素;而只有首先排除"骄"这个不安定因素,才有可能使社会处于和谐发展的状态。

---

[1] 参见《论语·季氏》:季氏将伐颛臾。冉有、季路见于孔子,曰:"季氏将有事于颛臾。"孔子曰:"求!无乃尔是过与?夫颛臾,昔者先王以为东蒙主,且在邦域之中矣,是社稷之臣也。何以伐为?"冉有曰:"夫子欲之,吾二臣者皆不欲也。"孔子曰:"求!周任有言曰:'陈力就列,不能者止。'危而不持,颠而不扶,则将焉用彼相矣?且尔言过矣,虎兕出于柙,龟玉毁于椟中,是谁之过与?"冉有曰:"今夫颛臾,固而近于费。今不取,后世必为子孙忧。"孔子曰:"求!君子疾夫舍曰'欲之'而必为之辞。丘也闻有国有家者,不患寡而患不均,不患贫而患不安。盖均无贫,和无寡,安无倾。夫如是,故远人不服,则修文德以来之,既来之,则安之。今由与求也,相夫子,远人不服,而不能来也,邦分崩离析,而不能守也,而谋动干戈于邦内。吾恐季孙之忧,不在颛臾,而在萧墙之内也。"

因此，在构建和谐社会中，必须首先对富人阶层、腐败官员片面追求财富而不顾社会公平的行为加以有效遏制，这既是有效避免产生（社会财富、收入）分配悬殊问题的路径，也是"社会公平"的内在要求。

三、通过改革产权制度优化社会收入分配关系

大概有三类原因导致了我国目前经济生活中出现"资本—劳动"收入分配比例不合理问题：一是现实生产过程中所形成的劳动者与用人单位之间的社会经济关系协调不力，造成劳动者收入水平增长过慢。二是公有产权制度安排上存在着诸多漏洞，导致公有的自然资源、国有资产以及其资本化的收益事实上并未归全民共同享有，而是通过各种渠道变成了少数私人的巨额财富。三是公有产权制度下形成的大量行政性垄断企业，通过垄断价格方式，将广大劳动者的劳动成果转化为垄断利润。尤其是在社会财富极度金融化的情况下，不完善的金融制度和行政垄断性金融机构，往往成为社会财富分配差距持续扩大的加速器。

因此，我国分配制度的改革仅仅从"收入"着手，仍然属于治标之策，而只有积极涉及产权制度改革，才能起到标本兼治的效果。因此，改革、调整产权关系，进一步优化国有经济布局，实现产权结构多样化，乃当务之急。具体来说，以下几点改革内容是不可回避的：（1）通过民营化途径，对国有企业进行混合改革等，这既有助于削弱行政垄断企业对市场经济的扭曲以促进社会生产力的发展，也有助于平衡劳资关系以使劳动者在收入分配过程中提高工资议价能力。（2）改革私人经济市场准入制度和准入的市场范围，努力通过引入竞争的方式削减行政垄断组织的力量。这样做的好处有二：一是最大限度地有助于防止垄断势力扭曲市场经济条件下的社会收入分配关系，二是最大限度地保障各相关生产要素能够按照其贡献程度得到相关的收益。（3）在平衡社会财富（收入）分配特别是平衡城乡居民收入分配方面。如果目前尚不具备农村土地私有化的条件，至少也要考虑土地增值部分的合理分配问题。[①]

[①] 华生先生最近关于未来改革的接入点分析，尤其具有启发性。他说："未来的改革必须从土地制度入手，政府要带头下决心放弃倒卖土地的财政。没有这一条，其他就是白扯。未来土地增值的主要收益，都要归到进城的农民工和外来人口上，他们是城市化的主体。什么是城市化？农民变市民嘛。以后他们得有地方住嘛，你土地收益应该给他们，不是给政府盖大楼或者修漂亮的大马路，不是给开发商暴利，不是让城中村的人都一夜暴富。至于方向，一百年前孙中山已经给我们想到了，平均地权，涨价归公。"参见华生. 收入分配改革：改谁，保谁[EB/OL]. http://news.ifeng.com/mainland/detail_2013_01/16/21230857_0.shtml.

四、兼顾收入分配的存量调整和增量调整

早在公元前 6 世纪，老子（李耳，约公元前 571 年—公元前 471 年）便提出了一个哲学（其实也是政治学、经济学）命题："天之道，其犹张弓与？高者抑下，下者举之，有余者损之，不足者补之，天之道，损有余而补不足。人之道，则不然，损不足以奉有余。孰能有余以奉天下，唯有道者。"① 简言之，老子认为，"天道"的特点在于减少有余者而补给不足者；"人道"则反之，通常是不足者进一步受损，而有余者却可以因此进一步受益。春秋战国时期的商鞅（公元前 390 年—公元前 338 年），深谙这一哲学、政治学、经济学命题。受老子启发，后来他把这一命题发挥成为个人的政治主张，继而变成自己治国施政政策制定的理论基础。商鞅在其《商君书·说民》中讲道："民贫则弱国，富则淫，淫则有虱，有虱则弱。故贫者益之以刑，则富；富者损之以赏，则贫。治国之举，贵令贫者富、富者贫。贫者富，国强，富者贫，三官无虱。国久强而无虱者必王。"②

他首先指出，部分社会成员"过于贫苦"，而另一部分社会成员又处于"过于富有"的状况，这会给社会生活造成不良后果。继而他提出调整社会收入分配格局的两种政策：一是"贫者益之以刑，则富"；二是"富者损之以赏，则贫"。"贫者益之以刑，则富"，其政策要点在于积极创造条件，甚至不惜采取"强迫"手段，让穷人、低收入者增加劳动供给，以便实现增加个人收入的目标。这一政策在古代秦国有过实践。③ 至于"富者损之以赏，则贫"，是指让富人对国家多交粮食，以便换取爵位，换爵位可以光宗耀祖，可以减徭役，可以在犯某些罪时减罪或替亲人赎罪，虽然富人因此而变得贫困，但是其部分财富转移增加国家收入。该政策要点在于通过各种激励方式，甚至不惜采取"以征代罚"的手段，让富人、权贵等自愿地把个人财产奉献出来，以便政府用于实现某些

---

① 参见《老子》，第 77 章。
② 译文：民众贫穷，那么国家就弱，民众富裕，那么就放纵自己，民众放荡就会产生（象虱子）寄生之害，有了寄生性危害，国家就会被削弱。所以，对穷人用强制劳役等方式，迫使他们服役、务农以增加收入，这样贫者就会富裕起来；对于富裕的人，要用鼓励他们买官的办法，使他们减少财富，变得贫穷。治理国家的措施，最重要的是贫穷的变富裕，富裕的变贫穷。贫困的变富裕，国家就会强大；富裕的变贫困，农民、官吏、商人这三种职业的后代就不会产生寄生性。国家能长久强大，称霸天下。
③ 据解放后出土的《睡虎地秦简》中的《秦律·司空》记载：当时在秦国，服徭役者如需政府管饭，每天支付其 6 钱；如果不需政府管饭，则每天支付其 8 钱；基本可以解决个人（以至家庭的）吃饭、穿衣问题。不过，服劳役者的这些收益通常远小于自耕农的收入。有文献指出，当时秦国地广人稀，每人可"承包"土地几百亩，且政府免费提供农具。（另据史书记载，在当时各国亩的面积有所不同，例如，在秦国，商鞅执政前一亩为方圆 100 步，其执政后扩大为方圆 200 步）。一般情况下，人们必须在自己的土地上勤耕，否则第二年就可能断粮，不仅自己没饭吃，而且交不起粮税。那么，还得靠给政府服更多的劳役挣钱。有学者认为，秦国的"徭役制"，有些类似于现在"农闲"时的"打零工""搞副业"，穷人可以借此增加个人收入。

社会目标。按照商鞅的理解，推行"富者贫，贫者富"政策，不仅可以使政府借此调节社会成员之间的贫富差距，增加国家收入，而且能够保障国民经济长期稳定与发展，即做到"仓廪虽满，不偷于农。"①

按照现代经济学理论，在经济分配方面，政府为实现社会公平，通过特定方式转移富裕社会成员的财富（收入），属于存量调整；而为此目的积极寻求新的经济增长点，刺激经济增长，为广大穷人增加、扩展劳动就业机会，提高他们的收入水平，属于增量调整。二者之间存在着正向的或是负向的相互加强的关系。就是说，如果政府能够同时妥善处理好上述的两种收入调整（分配）关系，其相互作用就会导致社会经济、国民生活长期处于稳定、和谐的发展状态；反之，结果则相反。另外，就启示性而言，商鞅所提倡的社会财富（收入）再分配办法，内含两点要义：一是重视存量调整，二是通过合适的存量调整机制刺激社会财富增长，进而为增量调整创造必要的条件。实践说明，两种社会收入调节方式具有互补的作用——存量调整具有雪中送炭功能，而增量调整则多发挥锦上添花的功能；交替、反复使用之，可以实现不断优化社会收入分配格局的目的。

政府在实施增量调整的政策时要兼顾存量调整，措施主要有：第一，在不存在阶级斗争的情况下，政府应该在保护所有人的合法财产（收入）的同时，采取积极措施剥离、没收任何社会成员的非法财产（收入），尤其是贪官污吏的腐败所得。②十八大以后，政府对社会上严重腐败现象、为富不仁现象的惩治力度有所加大，这是一个很好的征兆。第二，加大政府的转移支付力度，继续加强对农业基础设施建设、加大对农村教育、公共卫生、社会保障等方面投入，提高财政资源的配置效率，确保财政支农资金规范合理地使用于农村收入分配政策中。第三，逐步推进房产税、物业税、遗产税和赠与税等财产税的开征，从调整存量分配入手减少资本或财富分布不均对收入差距扩大的杠杆效应。财产税的征收面不宜过宽，起征点要高一些并实行累进税率，同时要建立完善的征管体制和严格的财产评估制度，有效发挥财产税调节收入分配差距的作用。

---

① 参见《商君书·农战》。此外，还有人认为，秦国的"徭役制"等政策，客观上起到如同近代欧美国家对富人征收较重遗产税的作用——欧美国家对富人征收遗产税使其后代变得比原来贫困，激发后代子孙的斗志；同时，对弱势群体实行最低生活保障，并帮助其就业，使这些人变得比原来富裕。

② 直接没收私人财产是在历史上社会革命、土地改革等时代经常运用的财富再分配手段，其优势在于在较短时间内达到预定的目标。负影响是带有暴烈性质以及可能会损害人们自由、权利乃至生命，极大增加了再分配成本和代价。因此没收手段只适用于法律规定的特殊领域，如违法所得、罚款等，对于合法的个人财富，滥用没收手段可能会适得其反。

五、处理好"富民""课税"与"国用"的关系

孟子一贯认为,薄赋敛既能富民,又有利于发展生产;而多税、重税则适得其反。他讲过:"易其田畴,薄其税敛,民可使富也。食之以时,用之以礼,财不可胜用也。"他更强调指出:"有布缕之征,粟米之征,力役之征。君子用其一,缓其二。用其二而民有殍,用其三而父子离。"①可以说,现代经济学的需求管理理论无非就是某些古代思想家观念的扩展:普遍降低税负,使国民可支配收入增加,使商品价格下降,国民的有效需求就会普遍提高;国民有效需求的持续提高,对于发展生产、保障供给、繁荣社会经济、减少商业周期波动等大有裨益,更是置社会生活长期处于良性循环状态的物质基础。

至于"薄赋敛"政策是否会减少政府的财政收入进而减少政府对公共物品的提供规模或降低公共物品的质量?答案是否定的。这是因为,一方面,"薄赋敛"政策导致社会生产规模日益扩大,起到了不断扩大税基的作用,而不断扩大的税基抵消了税率下降对财政总收入扩大的不利影响;另一方面,政府还可以通过减少不必要的财政开支的方式,或者通过设法不断提高财政支出效率的方式,来补偿财政收入的相对减少。对此,墨子曾经讲过:"圣人为政一国,一国可倍也;大之为政天下,天下可倍也。其倍之,非外取地也,因其国家去其无用之费,足以倍之。……是故用财不费,民德不劳,其兴利多矣。"② 不言而喻,这里提到的减少财政浪费就等于增加政府收入的观点,对我国各级政府如何妥善处理好"富民""课税"与"国用"三者关系,具有极高的启示意义。

目前,我国政府正在积极推行的结构性减税政策,其出发点不仅仅是针对以往宏观税负过重问题,更是要通过减轻国民税负方法去实现"富民"与满足"国用"的两个目标,即兼顾"发展生产"和"保障民生"的平衡。

首先,无论是从绝对规模上看还是从相对规模上看,目前我国财政经济方面具有极大的减税空间。我们以 2014 年统计得到的政府收入计算得到中国的全口径宏观税负水平为 35.96%,③而按照国际货币基金组织的统计,国际上低收入国家的宏观税负平均为 13.07%,中下等收入国家平均为 18.59%,中上等收

---

① 方勇. 孟子·尽心下[M]. 北京:中华书局,2010.
② 李小龙译注. 墨子·节用上[M]. 北京:中华书局,2011.
③ 2014 年所能统计的政府 5 个方面收入渠道的相关收入为:①税收收入 119175.31 亿元,②一般预算中的非税收入 21194.72 亿元,③政府性基金收入(不包括国有土地使用权出让收入)12886.43 亿元,④国有土地使用权出让收入 34422.8 亿元,⑤社会保障缴费收入 39827.7 亿元,⑥国有资本经营预算收入 1981.79 亿元。2014 年 GDP 收入为 636138.7 亿元,因此以税收收入口径计算的宏观税负为 18.73%,以一般预算收入或财政收入口径计算的宏观税负为 22.07%,以上述前三项计算的宏观税负为 24.09%,以前四项计算的宏观税负为 29.50%,以前五项计算的宏观税负为 35.76%,以六项计算的宏观税负为 36.08%。

入国家为21.59%，高收入国家平均为28.90%，像美国这样发达的国家，其宏观税负也不过35%。[①]另外，2014年我国人均GDP达到46629元，按平均汇率折算为7590美元，按照世界银行相关标准，[②]我国最佳宏观税负为23%左右。因此，我国税负水平过高，严重影响了我国的生产发展。世界银行工业部原顾问基思·马斯顿研究指出，宏观税负每提高一个百分点，经济增长率就下降0.136个百分点，高税负必然以经济增长为代价。所以我国宏观税负存在减税空间，而根据我国实际情况和世界银行的标准，我国宏观税负应维持在25%为宜。

其次，结构性减税的重点应该放在直接税改革和间接税调整上，对于所得税的改革，应以综合收入计征，以家庭为单位，减少级次并提高高收入档次的税率，考虑通货膨胀以及家庭赡养系数等参数，这样才能体现累进性功能；在改革企业所得税的同时对垄断行业开征暴利税和烟草税；扩大消费税的征收范围，提高消费税税率，如将高档家具、高档皮毛皮革制品等传统高档消费品纳入征税范围；完善现行的房产税，逐步推进物业税、遗产税和赠与税等财产税的开征。这种结构性减税调整有利于增加国民收入和调整国民收入分配格局。

再次，结构性减税有利于改善民生和发展经济。在我国间接税体制下，随着我国的消费转型升级，大量生活必需品价格过高让居民面临着巨大压力。调整相应的税率对于缓解居民的物价压力是一个重要措施，如通过减免农副产品各种税费，让利于民，扩大消费。另外，在当前经济形势严峻时期，通过各种税收优惠措施的组合来减轻企业负担（如小微企业减负、第三产业"营改增"等），留下提高职工工资的空间。因此，结构性减税在运用税收杠杆时，配合提升有效供给、促进结构优化和扩大内需，在提高增长质量和加快发展方式转变方面应有不可忽视的作用与贡献。[③]我国下一步结构性的减税政策也应进一步与保障改善民生结合起来，着眼于促进就业和再就业，研究完善支持特殊群体（养老、医疗和公益性教育等）的税收优惠政策，以民生为本，促进经济发展。

最后，在推进结构性减税政策时，还要让政府节约开支。我国财政改革应

[①] 根据国际货币基金组织的统计口径，政府财政收入包括税收、政府性基金收入、国有资本经营预算收入和社会保险基金收入，但不包括国有土地使用权出让收入，这些收入加总后与GDP的比例，就是宏观税负。如果我国按该口径计算，则2014年宏观税负为30.66%。

[②] 根据世界银行的调查资料显示，一国宏观税负水平与该国人均GDP呈正相关，人均GDP在260美元以下的低收入国家，最佳宏观税负为13%左右；人均GDP在750美元左右的国家，最佳宏观税负为20%左右；人均GDP在2000美元以上的中等收入国家，最佳宏观税负为23%；人均GDP在10000美元以上的高收入国家，最佳宏观税负为30%。

[③] 从2012年起我国进行"营改增"试点到2016年5月1日全面推行营改增，其减税效果明显。根据国家税务总局初步统计，截至2015年底，全国营改增试点纳税人共计592万户，全年有超过95%的试点纳税人因税制转换带来税负的不同程度下降，合计减税2845亿元，累计减税6412亿元，改革效应日益显现。而2016年全面推行"营改增"后，预计可减轻企业税负5000多亿元（来源：2016年6月1日《国际金融报》）。

该从节约政府开支入手,这样财政改革才有经济基础,减税才有更大的空间。政府节约开支要遵循这样一个原则:雪中送炭的钱要尽量花,但锦上添花的钱则要注意节制。具体表现在:一是节约不该大量支出的开支。如社会上诟病已久的"三公"开支以及公款盖的豪华办公楼和大型广场等。二是进一步推进预算透明的建设,让财政更加关注民生项目的投入,防止财政资源错配导致财政支出的流失。三是减少那些既不公平又超出现阶段发展水平的民生工程、惠民项目,经济建设和城市化过程中不能片面追求高速度,即便在民生支出方面也需要有一个过程。四是能让企业去干的事以及能让社会去干的事,政府应该少参与或不参与,这样也能为政府省下大量的钱。因此,从节约开支入手,减税才有可能,才能给其他的改革腾出空间和腾出资源,这于国、于民、于政府都是一件大好事。

后　记

本书是在《中国转型经济时期的公共政策》（中国财政经济出版社，2005年出版）一书基础上，经由张志超、雷晓康、吴晓忠三人组织南开大学、西北大学和北京师范大学的相关专业教师、博士研究生共同修改、撰写而成，并且将原书名更改为《深化改革时期的中国公共政策研究》。

由于种种原因，本书第一版的部分撰稿人李锦望、白力威、张冬梅、郝春红、刘哲、杨晓猛、高雅君、张铁惠等未能参与本书的修订、撰稿工作，但是他们对我国公共政策研究活动所做出的主要贡献仍然被保留在本书中。在此，本书全体撰稿人员对他们表示衷心的感谢。

以下人员参与了本书各章的修改、撰稿工作：张志超（第一章）；肖尧、常宇航（第二章）；张茜茜、王婷婷（第三章）；伍勇、雷晓康、卢宝燕（第四章）；贾占标、冯雅茹（第五章）；吴晓忠、韩玺（第六章）；朱松梅、雷晓康、薛瑞卿（第七章）；雷晓康、贾伟、李菊（第八章）；黄钰婷、李京（第九章）；孙正、常宇航（第十章）；张茜茜、殷金朋（第十一章）；张志超、吴晓忠（第十二章）。

全书由雷晓康、张志超定稿，雷晓康、吴晓忠承担了全书后期编纂工作。全书文字校对由吴晓忠负责。

鉴于时间仓促和作者水平有限，本书难免存在诸多不足之处，敬请各位读者和专家、学者不吝赐教。

张志超

2017年4月于南开园